Marcus Willaschek

KANT

Die Revolution des Denkens

Marcus Willaschek

KANT

Die Revolution des Denkens

C.H.Beck

Mit 19 Abbildungen

Originalausgabe

www.chbeck.de
Umschlaggestaltung: Rothfos & Gabler, Hamburg
Umschlagabbildung: Immanuel Kant im Alter von 44 Jahren.
Gemälde (vermutlich von Johann Wilhelm Becker) im Schiller-Nationalmuseum in Marbach. © akg-images
Satz: Fotosatz Amann, Memmingen
Druck und Bindung: CPI – Ebner & Spiegel, Ulm
Gedruckt auf säurefreiem und alterungsbeständigem Papier
Printed in Germany
ISBN 978 3 406 80743 5

myclimate
klimaneutral produziert
www.chbeck.de/nachhaltig

Inhalt

Dieses Buch ist den Mitgliedern meines Kolloquiums und des Frankfurter Kant-Arbeitskreises gewidmet, von denen ich viel über Kant gelernt habe.

Vorwort

Immanuel Kant ist der bedeutendste Philosoph der Neuzeit, die *Kritik der reinen Vernunft* ein Meilenstein der Geistesgeschichte. Seit Platon und Aristoteles hat niemand über so viele und unterschiedliche Themen tiefer und innovativer nachgedacht als Kant. Er «zermalmte» die traditionelle Metaphysik – und begründete eine neue. Er erklärte die Entstehung unseres Planetensystems und formulierte den kategorischen Imperativ. Er war Wegbereiter des Kosmopolitismus und der modernen Idee der Menschenwürde. Sein Denken hat nicht nur Philosophie und Wissenschaft, sondern auch das deutsche Grundgesetz und die Vereinten Nationen geprägt.

Am 22. April 2024 jährt sich Kants Geburtstag zum dreihundertsten Mal. Das ist ein willkommener Anlass, aber nicht der einzige Grund, sich mit Kant zu befassen. Denn er hat uns auch heute noch viel zu sagen: Seine Überlegungen zu Demokratie und Frieden, seine Reflexionen über Schönheit und Natur, seine Begründung von Moral und Recht und seine Erkundung der Grenzen menschlichen Wissens sind heute aktueller denn je. In einer Welt, in der Frieden und Demokratie bedroht sind wie lange nicht, in der wir unser Verständnis von Natur und Wissenschaft grundsätzlich überdenken und moralische Verantwortung auch für künftige Generationen übernehmen müssen, kann Kants Philosophie uns Orientierung geben.

Die folgende Darstellung will aber keine Heldengeschichte erzählen, sondern zu einer kritischen Diskussion einladen, wie der kritische Denker Kant sie verdient. Die aktuelle Relevanz seines revolutionären Denkens soll ebenso deutlich werden wie die historische Fremdheit mancher seiner Auffassungen. Auch die problematischen Seiten des kantischen Werkes werden dabei zur Sprache kommen – seine rassistischen und antisemitischen Äußerungen, seine herabsetzenden Urteile über Frauen oder seine moralische Verurteilung von Homosexualität. Diese Aussagen müssen in ihrem historischen Kontext betrachtet, aber auf ihre aktuelle Relevanz hin beurteilt werden. Es gibt an ihnen nichts zu beschönigen: Sie sind falsch und fallen hinter Kants eigene Einsichten zurück. Doch dürfen sie auch nicht den Blick auf die großartigen Leistungen Kants verstellen und von dem zutiefst humanen Geist ablenken, der sein Werk bestimmt.

Kants Bedeutung geht weit über einzelne Beiträge zu philosophischen Debatten oder politischen Institutionen hinaus. Sie ergibt sich aus drei Merkmalen seines Denkens, die uns in diesem Buch immer wieder begegnen werden. Erstens nimmt Kant konkurrierende Positionen auf und zeigt, wie sich ihre berechtigten Einsichten vereinbaren lassen. Zweitens gelingt dies Kant auf der Grundlage eines neuen Verständnisses unseres menschlichen Standpunkts in der Welt. Er nennt das eine «Revolution der Denkart». Sie besteht in einer faszinierenden Idee, die wir im Folgenden näher kennenlernen werden: dass unser Denken sich nicht nur nach der Welt richten muss, sondern die Welt auch nach unserem Denken. Und drittens überwindet Kant den traditionellen Gegensatz zwischen Theorie und Praxis, Denken und Handeln, indem er die Theorie in den Dienst der Praxis stellt. Im Mittelpunkt seiner Philosophie steht der Mensch als freies und aktives Wesen.

Dieses Buch verfolgt Kants Revolution des Denkens in 30 in sich geschlossenen Essays durch sein gesamtes Werk. Dabei folgt die Darstellung keiner chronologischen, sondern einer thematischen Ordnung: Sie beginnt mit Politik und Geschichte, gefolgt von Moral, Recht, Religion, Natur, Erkenntnis und Metaphysik. Dieser Aufbau erleichtert den Einstieg in das kantische Denken und führt die Lesenden nach und nach an die abstrakteren Bereiche seiner Philosophie heran. Die einzelnen Kapitel verweisen zwar aufeinander, sind aber jeweils für sich verständlich und können daher unabhängig voneinander gelesen werden. Zusammengenommen vermitteln sie einen umfassenden Einblick in das kantische Denken. Knappe Erläuterungen einiger philosophischer Fachausdrücke, die für Kant typisch sind, finden sich im Glossar am Ende dieses Buches.

Die einzelnen Kapitel erleichtern den Zugang zu Kants Philosophie außerdem dadurch, dass sie seine Ideen in ihrem jeweiligen Kontext verorten und einen Bezug zu Kants Leben und seiner geschichtlichen Situation herstellen. Biografische und historische Miniaturen vermitteln auf diese Weise zugleich ein Bild von Immanuel Kant als Mensch in seiner Zeit. Anders als oft behauptet war Kant eine faszinierende, ja schillernde Persönlichkeit: ein sozialer Aufsteiger, als junger Mann eine elegante Erscheinung und ein beliebter Gesellschafter, im Alter Mittelpunkt eines großen Freundeskreises. Er verbrachte sein gesamtes Leben in seiner Geburtsstadt Königsberg und ihrer Umgebung, aber er dozierte kenntnisreich über die entlegensten Teile der Welt. Er war ein begeisterter Anhänger der Französischen Revolution, die er zugleich als Rechtsbruch verurteilte. An den kategorischen Imperativ scheint Kant sich meistens gehalten zu haben – manchmal aber auch nicht. Das erste Kapitel vermittelt einen Eindruck von Kants Leben und Werk, der in den folgenden Kapiteln dann schlaglichtartig vertieft wird. Ein tabellarischer Überblick über Kants Leben findet sich im Anhang.

Dennoch handelt es sich hier weder um eine Kant-Biografie noch um ein Lehrbuch oder einen Beitrag zur Kant-Forschung. Es ist der Versuch, Kants *Denken* für moderne Leserinnen und Leser, die über wenig oder keine Vorkenntnisse in der Philosophie verfügen, *lebendig* werden zu lassen. Sie werden daher bei der Lektüre immer wieder eingeladen, selbst philosophisch nachzudenken – ganz nach dem kantischen Motto, dass man nicht die Philosophie, sondern nur das Philosophieren lehren und lernen kann.

Frankfurt am Main, April 2023

Zitierweise

Zitate werden der leichteren Lesbarkeit willen an heutige Schreibweisen angepasst – zum Teil auch an die Grammatik des Satzes, in dem sie vorkommen, ohne dies im Einzelfall zu vermerken. Auslassungen sind mit drei Punkten, Einfügungen mit eckigen Klammern gekennzeichnet.

Stellenangaben in Kants Schriften finden sich im Haupttext dieses Buches, alle anderen Nachweise in den Anmerkungen. Stellenangaben im Format «A...», «B...» und «A.../B...» (z. B. A xii; B406; A365/B390) beziehen sich, wie in der Kant-Literatur üblich, auf die *Kritik der reinen Vernunft* (A: erste Auflage von 1781, B: zweite Auflage von 1787), Stellenangaben im Format «Bandzahl:Seitenzahl» (z. B. «5:120») auf die Akademieausgabe der Schriften Kants (*Kant's gesammelte Schriften*, hrsg. von der Königlich-Preußischen Akademie der Wissenschaften, Berlin 1900ff.). Hinweise der Form «Kapitel xy» beziehen sich auf Kapitel dieses Buches, in denen ein bestimmtes Thema vertieft, eine Person eingeführt oder ein Begriff näher erläutert wird.

«Die wichtigste Revolution im Innern des Menschen ist der Ausgang des Menschen aus seiner selbstverschuldeten Unmündigkeit».

Anthropologie in pragmatischer Hinsicht (7:229)

1

Kants drei Revolutionen

Bei dem Wort «Revolution» denken wir heute zumeist an einen politischen Umsturz. Aber seinen ersten großen Auftritt in der europäischen Geistesgeschichte hatte es in der Astronomie. *De revolutionibus orbium coelestium*, «Über die Umwälzungen der Himmelssphären», so lautet der Titel des seinerseits revolutionären Buches, in dem Nikolaus Kopernikus 1543 sein heliozentrisches Weltbild darlegte: Nicht die Sonne dreht sich um die Erde, wie der Augenschein es nahelegt und die Bibel behauptet, sondern die Erde und die anderen Planeten drehen sich um die Sonne. An diese kopernikanische Bedeutung des Wortes «Revolution» als «Umwälzung» oder «Umdrehung» knüpft Immanuel Kant an, der 1755 selbst einen bedeutenden, wenn auch lange vergessenen Beitrag zur modernen Astronomie leistete (Kapitel 19).[1]

Drei sehr unterschiedliche Revolutionen haben das Leben und das Werk Immanuel Kants geprägt – eine persönliche, eine philosophische und eine politische. Die erste von ihnen, eine innere Umkehr Kants, ereignete sich Mitte der 1760er Jahre um seinen vierzigsten Geburtstag herum. Sie hatte großen Einfluss auf seine Philosophie, denn sie machte aus dem Naturwissenschaftler und Metaphysiker Kant einen ethischen und politischen Denker. Die zweite Revolution vollzog sich in den

1770er Jahren und fand ihren Ausdruck in Kants Hauptwerk, der *Kritik der reinen Vernunft* von 1781. Deren «Revolution der Denkart» bestand darin, das Verhältnis von erkennendem Subjekt und erkanntem Objekt umzukehren und das menschliche Subjekt in den Mittelpunkt der Welt zu stellen. Die dritte Revolution begann am 14. Juli 1789 in Paris mit der Erstürmung der Bastille und führte zur Erklärung der Menschenrechte und der Errichtung der Französischen Republik. Die Französische Revolution radikalisierte Kants politisches Denken und prägte seine späten Werke der 1790er Jahre.[2]

Diese drei revolutionären Umwälzungen ereignen sich in einem Leben, das äußerlich durch Regelmäßigkeit und Konstanz gekennzeichnet ist. Immanuel Kant – ein kleiner und zierlicher Mann mit hellen blauen Augen, stets elegant gekleidet und mit freundlichen Umgangsformen – lebte still und gleichförmig im ostpreußischen Königsberg, der alten Residenz- und Handelsstadt, dem heutigen Kaliningrad. Dort wurde er am 22. April 1724 geboren, dort unterrichtete er über 40 Jahre an der ehrwürdigen Albertus-Universität und dort starb er am 12. Februar 1804 als berühmtester und bedeutendster Denker seiner Zeit. Er blieb sein Leben lang Junggeselle, reiste nie und schlug alle Einladungen und Berufungen an andere Orte aus, um sich ganz seinem Werk zu widmen. Doch durch Briefe, Besucher, Zeitungen und Bücher war er bestens über das Geschehen im Rest der Welt informiert. So versorgte ihn sein Schüler Johann Kiesewetter, in Berlin Erzieher der preußischen Prinzen, nicht nur mit den von Kant geschätzten Teltower Rübchen, sondern auch mit Hofklatsch und Neuigkeiten aus der preußischen Politik. Auch in viele andere deutsche Städte und bis nach England, Frankreich und Russland reichte Kants Netz von Korrespondenzen und Informationsquellen.[3]

Dass Kant einmal ein berühmter und international vernetzter Denker werden würde, war ihm nicht in die Wiege gelegt worden. Er stammte aus einer ehrbaren Handwerkerfamilie, die aber im Laufe seiner Kindheit zunehmend verarmte. Stipendien und die Unterstützung eines Onkels ermöglichten ihm den Besuch eines angesehenen Gymnasiums, des Collegium Fridericianum, und dann ab 1740 ein Studium an der kurz «Albertina» genannten Königsberger Universität, wo Kant vor allem philosophische Vorlesungen hörte, aber auch solche über Mathematik,

Abb. 1: Zeichnung des jungen Kant von Caroline von Keyserlingk, etwa 1755

Physik, Theologie und Dichtkunst. Bereits 1737 starb seine geliebte Mutter, 1746 der Vater, sodass er sich gegen Ende seines Studiums um seine vier Geschwister kümmern musste. Wie viele seiner Kommilitonen arbeitete Kant in den ersten Jahren nach dem Studium bei wohlhabenden Familien in der ostpreußischen Provinz als Hauslehrer. Erst 1755 kehrte er an die Universität Königsberg zurück, wo er von nun an 82 Semester lang ununterbrochen lehren sollte. Anfangs hielt er Vorlesungen über Logik, Metaphysik, Mathematik und Physik, dann kamen weitere Fächer hinzu: physische Geografie, Mineralogie, Mechanik, philosophische Enzyklopädie, praktische Philosophie, Ethik, Anthropologie, Naturrecht, natürliche Theologie und Pädagogik. Die Studenten scherzten, dass Kant ganz allein die Vorlesungen der gesamten Philosophischen Fakultät halten könne – das waren damals alle Fächer außer Jura, Medizin und Theologie. Als «Magister», nach heutigen Begriffen also als Privatdozent, lebte Kant zunächst von Hörergeldern, die aufgrund seines großen Lehrerfolges in ausreichendem Maße flossen. Seine (ausschließlich männlichen) Studenten hingen an seinen Lippen, wenn er in seinen Vorlesungen von fernen Ländern und Sitten berichtete, metaphysische Fragen diskutierte oder religiöse und gesellschaftliche Vorurteile kritisierte. Kant konnte sich bald zwei Zimmer und einen Diener leisten.[4]

Die intensive Lehrtätigkeit hielt Kant nicht davon ab, sich seit Anfang der 1760er Jahre als origineller und produktiver Autor im deutschen Sprachraum einen Namen zu machen. Dabei waren die Themen seiner Schriften ähnlich weit gefächert wie die seiner Vorlesungen. Während seine ersten Veröffentlichungen vor allem naturphilosophische Themen betrafen, die man heute zum Teil der Physik, Astronomie und Geologie zuordnen würde, wendet sich Kant in den 1760er Jahren vor allem metaphysischen, erkenntnistheoretischen und ethischen Fragen zu. Kant stand nun mit vielen bedeutenden Köpfen seiner Zeit im Austausch. Zugleich war er in Königsberg ein angesehener Dozent mit einem großen Kreis von Freunden und Bekannten. In dieser Zeit war er, wie sein damaliger Student Herder schreibt, «der galanteste Mann von der Welt». Stets modisch gekleidet, war Kant ein lebenslustiger Mensch, der gerne ausging und beim Billard oder Kartenspiel Geld gewann. Vor allem aber war er ein glänzender Gesellschafter, der seine Gesprächspartner bezauberte und auch eine große Runde geistreich unterhalten konnte. Er verkehrte in der vornehmen Königsberger Gesellschaft und hat in dieser Zeit angeblich auch daran gedacht, zu heiraten.[5]

Mit seinem vierzigsten Geburtstag im Jahr 1764 begann sein Lebensstil sich jedoch zu verändern. Er ging weniger aus und unterwarf sein Leben strikten Regeln. So stand er nun jeden Morgen um fünf Uhr auf, um gleich mit der Arbeit zu beginnen. Auslöser dieser Veränderung soll der Tod seines Freundes Johann Daniel Funk gewesen sein. Auch der Einfluss eines neuen Freundes, des in Königsberg lebenden englischen Kaufmanns Joseph Green, könnte eine Rolle gespielt haben. Doch das sind bloße Vermutungen. Die Zeugnisse aus Kants Leben in dieser Zeit sind spärlich. Fest steht, dass Kant im Rückblick dem vierzigsten Geburtstag eines Menschen, also auch seinem eigenen, eine besondere Bedeutung beigemessen hat: «Der Mensch», so Kant 34 Jahre später, «der sich eines Charakters in seiner Denkungsart bewusst ist, hat ihn nicht von der Natur, sondern muss ihn … erworben haben». Dazu sei eine «Art der Wiedergeburt», ja eine «Explosion» und «Revolution» nötig: «Vielleicht werden nur wenige sein, die diese Revolution vor dem 30sten Jahre versucht, und noch wenigere, die sie vor dem 40sten fest gegründet haben» (7:294). Mit zwanzig, so Kants Überlegung, ist man ein bloßes Produkt von Erziehung und Umwelt, mit dreißig immer noch abhängig vom Urteil anderer. Erst mit vierzig ist man reif genug, «einen Charakter zu erwerben» – was heißt: selbst zu bestimmen, wie man sein Leben führt. Eine solche «Umwälzung» scheint auch Kant mit 40 Jahren, also etwa in der Mitte seines Lebens, vollzogen zu haben. Sie bestand darin, dass er sein Leben von nun an ganz bewusst nach festen Grundsätzen führte – nach «Maximen».[6]

In seinem Buch *Religion innerhalb der Grenzen der bloßen Vernunft* von 1793 begründet Kant die Notwendigkeit einer solchen Revolution folgendermaßen: Wir alle neigen dazu, für uns selbst unzulässige Ausnahmen zu machen. Eine Lüge zum eigenen Vorteil und zum Nachteil anderer zum Beispiel ist moralisch falsch – aber wenn es uns zu peinlich ist, die Wahrheit zu sagen, ziehen wir uns trotzdem mit einer Notlüge aus der Affäre. Reisen mit dem Flugzeug, um ein aktuelles Beispiel zu nennen, sind schlecht für die Umwelt und sollten möglichst vermieden werden – aber wenn der Urlaub lockt, sehen wir darüber hinweg, wenn auch vielleicht mit schlechtem Gewissen. Nach Kant kommt in solchen Entscheidungen die grundlegende Einstellung zum Ausdruck, das eigene Wohl stärker zu gewichten als das moralisch Richtige und Gute. In diesem Sinn sind wir alle geborene Egoisten.

Wenn wir trotzdem zu moralisch guten Menschen werden wollen – und nach Kant sollten wir das –, dann müssen wir die Gewichtung zwischen Eigeninteresse und Moral umkehren, indem wir eine «Revolution in der Gesinnung» vollziehen (6:47). Natürlich dürfen und sollen wir uns um unser eigenes Wohl kümmern – aber nur unter der Bedingung, dass die von uns gewählten Mittel auch moralisch erlaubt sind. Der Maßstab für das moralisch Erlaubte ist der kategorische Imperativ, der in seiner einfachsten Formulierung lautet: «Handle nach einer Maxime, welche zugleich als ein allgemeines Gesetz gelten kann» (6:225). Nur dann, wenn wir diese innere Revolution vollziehen, so Kant, werden wir dem Anspruch gerecht, den wir vernünftigerweise an uns selbst stellen müssen.

Kants innere Revolution des Jahres 1764 ging auch mit einer grundlegenden Neuorientierung seiner Philosophie einher. Von Rousseau, dessen Werke ihn in dieser Zeit besonders stark beeindruckten, übernahm Kant den Gedanken, dass die Würde eines Menschen nicht von seinem gesellschaftlichen Rang und auch nicht von seiner Begabung und Intelligenz abhängt, sondern allein von der moralischen Qualität seines Wollens und Handelns (Kapitel 9). Diesen Gedanken bezieht Kant auch auf sich selbst und seine eigene philosophische Arbeit, deren Wert er nun nicht mehr allein in der Erkenntnis naturwissenschaftlicher oder metaphysischer Wahrheiten sieht, sondern in ihrem Beitrag zur Verbesserung menschlicher Lebensverhältnisse. Wir stoßen hier auf ein Merkmal der Philosophie Kants, das uns in diesem Buch immer wieder begegnen wird: den *Vorrang der Praxis vor der Theorie.* Kant selbst spricht später vom «Primat der reinen praktischen Vernunft» (5:119). Dabei versteht er unter «Theorie» weniger eine besonders abstrakte und spekulative Form des Nachdenkens, sondern das philosophische oder wissenschaftliche Erkennen im Allgemeinen, das als solches nicht in die Welt eingreift, sondern sie beschreibt und erklärt. «Praxis» bezeichnet dagegen den gesamten Bereich menschlichen Handelns und vor allem die Moral.

Natürlich ist Kants Philosophie in diesem Sinne selbst Theorie und nicht Praxis. Aber für ihn hat das richtige Handeln Vorrang vor der rein theoretischen Erkenntnis. Wissenschaft und Philosophie sind kein Selbstzweck, sondern sollen dazu beitragen, das Leben der Menschen besser zu machen – in materieller, vor allem aber in moralischer und politischer Hinsicht. Für Kant bedeutet das auch, dass im Fall eines Konflikts zwischen theoretischer Erkenntnis und moralischen Zielen die moralischen Ziele die Oberhand behalten (sofern dies dem aktuellen Wissensstand nicht direkt widerspricht).

So gibt es Kant zufolge zwar keine ausreichenden theoretischen Gründe oder Beweise für die Annahme, dass Gott existiert. Aus rein theoretischer Perspektive wäre es daher irrational, an Gott zu glauben. Aber der Glaube an Gott, so Kant, ist moralisch notwendig, weil wir unsere obersten moralischen Ziele (das «höchste Gut», Kapitel 10) nur mit

Gottes Unterstützung erreichen können. Hier widersprechen sich also theoretische Einsicht und moralisch-praktische Aufgabe. Andere Aufklärungsphilosophen wie zum Beispiel David Hume bestehen im Fall eines solchen Konflikts auf dem Vorrang der Theorie: Wofür es keinen Beweis oder gute empirische Gründe gibt, daran sollte man auch nicht glauben. Kant bestreitet das: Wenn es moralisch notwendig ist, die Existenz Gottes anzunehmen (zu «postulieren»), dann ist dies auch ohne wissenschaftliche Belege rational gerechtfertigt, solange eine solche Annahme in theoretischer Hinsicht nicht ausdrücklich widerlegt ist. Das richtige Handeln hat Vorrang vor den Anforderungen der Theorie.

Man mag daran zweifeln, ob Kants Argument für das Postulat Gottes aus heutiger Sicht noch überzeugen kann (Kapitel 10). Die allgemeine Idee eines Vorrangs der Praxis hingegen ist nicht nur revolutionär, sondern auch aktueller denn je. Sie ist revolutionär, weil sie das traditionelle Verhältnis von Theorie und Praxis, mit Marx gesprochen, vom Kopf auf die Füße stellt. Und sie ist aktuell, weil Kants Primat der Praxis uns angesichts der vielfältigen politischen Bedrohungen unserer Tage Mut machen kann, uns auch dann für politische Ziele einzusetzen, wenn die Aussichten rein theoretisch betrachtet wenig ermutigend sind. So ist es Kant zufolge notwendig und sinnvoll, sich aktiv um Gerechtigkeit und Frieden in der Welt zu bemühen, egal wie unwahrscheinlich es ist, dass wir damit in absehbarer Zeit Erfolg haben werden (Kapitel 2, 3, 10).

Auch nach seiner inneren Revolution mit vierzig Jahren blieb Kant ein geselliger Mensch, der die meiste Zeit, in der er nicht arbeitete, im Gespräch mit seinen vielen Freunden und Bekannten verbrachte. Das änderte sich auch nicht, als er 1770 endlich die Professur für Logik und Metaphysik an der Universität in Königsberg erhielt, auf die er sich bereits 1756 erfolglos beworben hatte. Die Professur wurde, wie damals üblich, auf Lebenszeit vergeben. Wäre sie, wie es heute bei Erstberufungen oft der Fall ist, zunächst befristet gewesen, hätte Kant um seine Stelle bangen müssen, denn mit seiner Berufung schien er die wissenschaftliche Produktion ganz eingestellt zu haben. Zwar lehrte er weiterhin regelmäßig und mit Erfolg, aber von kleinen Gelegenheitsschriften abgesehen erschien in den folgenden zehn Jahren kein einziges Werk von ihm. In diesen Jahren des Schweigens arbeitete Kant intensiv an jenem Buch, das eine neue Epoche in der Geschichte der Philosophie einleiten sollte: der *Kritik der reinen Vernunft*, die 1781 endlich erschien.

In diesem Werk vollzieht Kant, was er selbst als eine «Revolution der Denkart» (B xii) bezeichnet. Das ist nach der inneren Revolution der Gesinnung die zweite große Revolution im Leben und Werk Immanuel Kants. Man spricht auch von Kants «Kopernikanischer Wende» – ein Ausdruck, den Kant selbst allerdings nicht gebraucht. Aber er vergleicht sein Vorgehen mit dem «ersten Gedanken des Kopernikus» (B xvi). Dieser erklärte die komplizierten Bewegungsbahnen der Planeten am Nachthimmel, indem er die Perspektive des Beobachters auf der Erde mitberücksichtigte. Da sich die Erde um die Sonne und zugleich um ihre eigene Achse dreht, ändert sich unsere Perspektive auf die anderen Planeten unseres Sonnensystems ständig, sodass die von uns beobachteten Bewegungsbahnen nicht nur auf die Bewegung der Planeten, sondern auch auf die der Erde zurückgehen. Kopernikus erklärte also die wahrgenommene Bewegung der Himmelskörper, indem er klarmachte, wie sie einem menschlichen Beobachter auf der Erde erscheinen müssen.

Diesen Gedanken überträgt Kant auf die menschliche Erkenntnis insgesamt: Unser Bild der Welt ergibt sich nicht allein aus den Eigenschaften der von uns erkannten Dinge, sondern auch aus der Weise, wie diese Dinge einem menschlichen Beobachter aufgrund seiner kognitiven Ausstattung erscheinen müssen. Nach Kant gehören dazu zum Beispiel Raum und Zeit, die keine Eigenschaften der «Dinge an sich» sind, sondern Formen menschlicher Erkenntnis. Wir können daher, so Kant, nur «aus dem Standpunkte eines Menschen» von Raum und Zeit sprechen (A26/B42). Da diese Erscheinungsweisen aber für alle Menschen dieselben sind und jede Erkenntnis der Welt erst möglich machen, sind sie Kant zufolge für die menschliche Realität objektiv gültig.

Die Objektivität menschlicher Erkenntnis und eine von allen Menschen geteilte Realität beruhen also nicht allein auf Eigenschaften der erkannten Gegenstände, sondern vor allem auf den Erkenntnisstrukturen der erkennenden Subjekte. Wie weit ist Königsberg von Berlin entfernt und wie lange dauert eine Kutschfahrt dorthin (Kapitel 13)? Dass diese Frage eine objektive Antwort hat, liegt nach Kant daran, dass alle Menschen die Welt in denselben «Anschauungsformen» betrachten: in den Formen von Raum und Zeit. Unsere Erkenntnis, so Kants berühmte Formulierung, muss sich nicht nur «nach den Gegenständen richten», sondern die Gegenstände auch «nach unserer Erkenntnis» (B xvi), weil sie sonst für uns nicht als Gegenstände erkennbar wären. In dieser Umkehrung des Verhältnisses zwischen Subjekt und Objekt, Denken und Gegenstand, besteht Kants «Revolution der Denkart» in der *Kritik der reinen Vernunft*.

Wir werden diesen schwierigen Gedanken Kants später genauer betrachten (Kapitel 25). An dieser Stelle geht es nur darum, eine erste Bekanntschaft mit einer grundlegenden Idee Kants zu vermitteln, die man als die These der *Objektivität des menschlichen Standpunktes* bezeichnen kann. Auch sie wird uns in den folgenden Kapiteln immer wieder begegnen. Mit «Objektivität» ist hier gemeint, dass die korrekten Urteile verschiedener Personen notwendig übereinstimmen. Wer objektiv urteilt, sieht von seinen persönlichen Interessen und Vorlieben ab, weshalb alle, die dies tun, am Ende auch zu demselben Ergebnis kommen sollten. Kants revolutionäre Idee besteht nun darin, dass Objektivität zwar von *einigen* subjektiven Faktoren wie persönlichen Interessen und Vorlieben absieht, aber nicht von *allen* subjektiven Faktoren. Tatsächlich gibt es Kant zufolge nämlich manche Aspekte unseres Weltbildes, etwa Raum und Zeit, die nicht auf Eigenschaften der Welt selbst zurückgehen und insofern *subjektiv* sind, aber trotzdem *objektive* Gültigkeit haben, weil sie ein objektives Bild der Realität erst möglich machen und daher für alle Menschen gleichermaßen gelten. Objektivität, so Kant, beruht auf Inter-Subjektivität: Sie ergibt sich aus der notwendigen Übereinstimmung zwischen verschiedenen menschlichen Subjekten.

Dieser Gedanke ist im Wortsinn «revolutionär», weil er eine «Umwälzung» des herkömmlichen Verhältnisses von Denken und Realität bedeutet. Unser Denken hängt nicht nur von der Realität ab, sondern die Realität auch von unserem Denken und unserem menschlichen Standpunkt. Wir werden später sehen, dass der Gedanke einer ‹Objektivität des menschlichen Standpunktes› nicht nur für Kants Erkenntnistheorie, sondern auch für seine Ethik und Ästhetik grundlegend ist (Kapitel 9, 18).

Aus der philosophiehistorischen Vogelperspektive betrachtet positioniert sich Kant damit zwischen zwei gegensätzlichen Grundtendenzen der westlichen Philosophie. Auf der einen Seite stehen Platon, Aristoteles und die christlichen Philosophen des Mittelalters. Sie halten die Gegenstände der wissenschaftlichen Erkenntnis, der ästhetischen Erfahrung und des ethischen Handelns, also das «Wahre, Schöne und Gute», für etwas vom Menschen und seinem Denken Unabhängiges. Es gibt eine uns vorgegebene Realität, die wir in unseren wahren Urteilen erkennen können und deren ethische und ästhetische Werte wir entdecken und anerkennen müssen. Auf der anderen Seite stehen die Sophisten im antiken Griechenland und neuzeitliche Denker wie David Hume. Für sie sind das Schöne, Gute und (mit Einschränkungen) das Wahre menschliche Hervorbringungen. Vereinfacht gesagt: Wahr ist, was für wahr gehalten wird; schön ist, was gefällt; und gut, was wir wertschätzen. Doch da verschiedene Menschen Verschiedenes für wahr, schön oder gut halten, droht die Realität auf diese Weise ganz aus dem Blick zu geraten. Es gibt demnach, wie Nietzsche später behauptete, gar keine objektive Realität, sondern nur eine Vielzahl subjektiver Perspektiven.[7] – Religiöse Fundamentalismen unserer Tage sind eine aktuelle Schwundform der ersten, «objektivistischen» Auffassung, oberflächliche Kulturrelativismen («anything goes») ein moderner Nachhall der zweiten, «subjektivistischen» Sichtweise.

Kants großartiges Projekt besteht nun darin, zwischen diesen beiden Extremen zu vermitteln, indem er das jeweils Richtige an ihnen beibehält und miteinander verbindet. Ja, das Wahre, Schöne und Gute sind subjektive Vorstellungen, Hervorbringungen des menschlichen Geistes. Aber diese Hervorbringungen sind keineswegs willkürlich und zufällig, sondern folgen notwendigen Regeln, die für alle Menschen dieselben sind. Die Objektivität, die die meisten Philosophen dadurch erklären wollten, dass sich unser Denken nach den Dingen «richten» muss, gibt Kant nicht auf. Aber er erklärt sie dadurch, dass die Dinge sich nach den notwendigen Strukturen unseres Denkens richten müssen, um *für uns* zum Gegenstand zu werden. Das Ergebnis ist ein Verständnis des Wahren, Schönen und Guten, das es zwar an den menschlichen Standpunkt bindet, aber gerade dadurch erklärt, wie unsere Urteile für alle Menschen gültig sein können.

Wir stoßen hier – nach dem Vorrang der Praxis und der Objektivität des menschlichen Standpunktes – auf ein drittes charakteristisches

Merkmal des kantischen Denkens. Es gelingt Kant nämlich immer wieder, scheinbar unvereinbare Aussagen, Thesen und Theorien miteinander zu verbinden, oberflächliche Gegensätze und Einseitigkeiten zu überwinden und so erst zu Auffassungen durchzudringen, die dem jeweiligen Gegenstand in seiner ganzen Komplexität gerecht werden. Die Verbindung von objektivistischen und subjektivistischen Auffassungen ist nur eines von vielen Beispielen für den vermittelnden, Gegensätze überwindenden Charakter des kantischen Denkens. Wir werden in späteren Kapiteln andere Beispiele dafür kennenlernen, etwa die These, dass Freiheit und Determinismus sich nicht ausschließen (Kapitel 27). Die ganze Philosophiegeschichte beschreibt Kant als ein Hin und Her zwischen Extrempositionen (zum Beispiel zwischen Dogmatismus und Skeptizismus, Rationalismus und Empirismus), zwischen denen seine eigene Philosophie vermittelt und so die Philosophie endlich auf den «sicheren Weg einer Wissenschaft» führt (B x).

Bei Erscheinen der *Kritik der reinen Vernunft* war Kant mit 56 Jahren für seine Zeit schon ein älterer Herr, und doch lag der Großteil seiner bahnbrechenden Beiträge zur Philosophie noch vor ihm. Zunächst dauerte es einige Jahre, bis Kants revolutionäres Buch angemessen rezipiert wurde. Es wurde missverstanden oder einfach nicht beachtet. Doch Kant ließ sich nicht entmutigen und veröffentlichte nach dem Jahrzehnt des Schweigens in den folgenden Jahren ein wegweisendes Werk nach dem anderen: 1785 erscheint die *Grundlegung zur Metaphysik der Sitten*, in der Kant erstmals den kategorischen Imperativ formuliert. Dessen ausführliche Begründung liefert er 1788 mit der *Kritik der praktischen Vernunft* nach, auf die 1790 als letzte seiner drei «Kritiken» die *Kritik der Urteilskraft* folgt. Hinzu kommen einflussreiche Aufsätze wie die berühmte «Beantwortung der Frage: Was ist Aufklärung?» (1784).

Dieses Feuerwerk an bahnbrechenden Publikationen war nur möglich, weil Kant viele Thesen und Ideen bereits seit den 1770er Jahren, also neben seiner Arbeit an der *Kritik der reinen Vernunft*, in seinen Vorlesungen gedanklich vorbereitet hatte. Aus diesem Vorrat konnte er nun schöpfen. Nicht nur in philosophischer Hinsicht scheint Kant gut gehaushaltet zu haben, denn 1785 hat er genug Geld gespart, um sich sein eigenes Haus zu kaufen. Wie damals üblich hielt er dort auch seine Vorlesung und empfing täglich Gäste an seinem Mittagstisch (Kapitel 8, 27).

Seit 1786 machten die *Briefe über die kantische Philosophie* des frühen Kantianers Karl Leonhard Reinhold (1757–1823) Kant auch außerhalb der akademischen Welt bekannt. Kant wurde nun zum meistdiskutierten Philosophen in Deutschland, dessen Bücher sich in immer höheren Auflagen verkauften.

In den 1790er Jahren, bevor seine körperlichen und geistigen Kräfte nachließen, erschienen schließlich Kants bedeutende Werke über Religion, Recht und Politik, darunter die Schrift *Zum ewigen Frieden* von 1795 und die *Metaphysik der Sitten* von 1797. Bereits mit der *Kritik der reinen Vernunft* hatte sich Kant als intellektueller Wegbereiter gesellschaftlicher Veränderungen verstanden. Doch erst die Französische Revolution von 1789 radikalisierte Kants politisches Denken. Nun erst trat er für Volkssouveränität sowie für Freiheit und Gleichheit vor dem Gesetz ein und kritisierte offen Adelsprivilegien, religiöse Bevormundung und Kolonialismus (Kapitel 11–13).

Kein anderes politisches Ereignis hat Kant mehr beeindruckt und beschäftigt als die Französische Revolution – so sehr, dass er, der in Gesellschaft bis dahin immer die Kunst leichter Konversation gepflegt hatte, kaum noch über etwas anderes reden wollte. Dabei ist seine Beurteilung dieses epochalen Ereignisses zwiespältig. Einerseits verstößt eine politische Revolution gegen geltendes Recht und ist daher zu verurteilen. Ein Recht auf Widerstand kann es nach Kant schon aus logischen Gründen nicht geben, denn es wäre ein Recht zum Rechtsbruch, was sich widerspricht. Politischer Fortschritt, von dessen Notwendigkeit Kant fest überzeugt ist, muss daher durch allmähliche Reformen geschehen und nicht durch eine gewaltsame Revolution. Andererseits zeigte für Kant aber gerade die Überwindung des despotischen und ausbeuterischen Ancien Régime, dass politischer Fortschritt in einer bis dahin unvorstellbaren Größenordnung möglich war. Eine gerechtere Welt schien auf einmal realisierbar, weshalb Kant offen mit den Revolutionären sympathisierte. Mit der Spannung zwischen diesen beiden Perspektiven, einer rechtlichen und einer politisch-historischen, hat Kant immer wieder gerungen (Kapitel 11).

Bereits in Kants eigener Zeit war es üblich, die *Kritik der reinen Vernunft* und die Französische Revolution als parallele historische Ereignisse zu betrachten. Heinrich Heine griff einen bereits etablierten Topos auf, als er 1833 über die *Kritik der reinen Vernunft* schrieb: «Mit diesem Buche … beginnt eine geistige Revolution in Deutschland, die mit der materiellen Revolution in Frankreich die sonderbarsten Analogien bietet».[8] Seither ist das Ausbleiben einer erfolgreichen Revolution in Deutschland (jedenfalls bis 1989) immer wieder damit in Verbindung gebracht worden, dass die Deutschen eben nur in der Theorie revolutionär seien, aber nicht in der Praxis. Doch wie sich bereits gezeigt hat, wird eine Reduzierung auf das rein Theoretische Kants Philosophie nicht gerecht. Ganz im Sinne des Vorrangs der Praxis vor der Theorie sieht Kant das Ziel seiner Philosophie nämlich darin, einen Beitrag zum gesellschaftlichen Fortschritt der Menschheit zu leisten – wenn auch möglichst ohne politische Revolution.

TEIL I

Politik und Geschichte innerhalb der Grenzen der bloßen Vernunft

«Wenn ... die Beistimmung der Staatsbürger dazu erfordert wird, um zu beschließen, ob Krieg sein solle, oder nicht, so ist nichts natürlicher, als dass, da sie alle Drangsale des Krieges über sich selbst beschließen müssten, ... sie sich sehr bedenken werden, ein so schlimmes Spiel anzufangen».

Zum ewigen Frieden (8:351)

2

Das höchste politische Gut: Der «ewige» Frieden

In einer Zeit tiefgreifender politischer Umwälzungen wartete 1795 alle Welt darauf, dass der berühmteste Philosoph Deutschlands endlich ein Buch über Politik und Recht vorlegte. Der Beginn der Französischen Revolution lag nun sechs Jahre zurück. Frankreich war seit 1792 eine Republik, mit der Preußen im April nach mehrjährigem Krieg den Frieden von Basel geschlossen hatte. Immanuel Kant hatte sich bereits in einigen Aufsätzen zu politischen Fragen geäußert, aber noch fehlte ein umfangreicheres Werk, in dem er die Grundsätze seiner politischen Philosophie im Zusammenhang entwickelte. Das hatte sicher auch mit der Zensur zu tun, mit der Kant seit dem preußischen Zensuredikt von 1788 zu kämpfen hatte (Kapitel 14). Doch jetzt, im Sommer 1795, wollte Kant nicht länger schweigen. Er war mit 71 Jahren ein alter Mann, den man in Briefen schon lange als «verehrungswürdigen Greis» anredete, als er seinen bedeutendsten Beitrag zur politischen Philosophie veröffentlichte: *Zum ewigen Frieden. Ein philosophischer Entwurf von Immanuel Kant.*[1]

Welche äußeren Umstände Kant 1795 bewogen haben, gerade den Frieden zum Thema seines ersten Buches über politische Philosophie zu machen, wissen wir nicht. Vielleicht war der Frieden von Basel ein Anlass für ihn. In der Sache war es für Kant jedenfalls nur folgerichtig, seine politische Philosophie in einer Schrift über Krieg und Frieden zu entwickeln, denn der «ewige Friede», so schrieb Kant zwei Jahre später, ist das «höchste politische Gut» (6:354f.). Tatsächlich ist der Friede für Kant nicht nur das wichtigste Ziel der Politik, sondern auch ein wesentlicher Zweck seiner eigenen Philosophie.

Und doch war Kant kein Pazifist. Zwar hielt er den Krieg für «das größte Übel, was dem Menschengeschlecht begegnen kann» (19:611), doch konnte er ihm auch erstaunlich positive Seiten abgewinnen. So tragen Kriege dazu bei, dass die Menschheit ihre Fähigkeiten vollständig entwickelt (5:432), denn Krieg erfordert Aufrüstung, die wiederum zu technischem und administrativem Fortschritt führt. In ästhetischer Hinsicht hat der Krieg sogar «etwas Erhabenes an sich» (5:263). Auch erkennt Kant an, dass Kriege rechtens sein können, solange es keine umfassende Weltfriedensordnung gibt, nämlich als Antwort auf eine «Aggression» oder eine «Bedrohung» durch einen anderen Staat (6:346). Und schließlich ist der Krieg ein Mittel zu seiner eigenen Überwindung, denn die Übel des Krieges bringen die Staaten schließlich dazu, einen dauerhaften Frieden anzustreben.

Anders als Goethe, der drei Jahre zuvor, nämlich 1792, als eine Art *embedded journalist* die deutschen Truppen bei ihrem Feldzug gegen das revolutionäre Frankreich begleitete, hat Kant die Schrecken des Schlachtfelds nicht selbst erfahren. Aber die Auswirkungen des Krieges auf die Bevölkerung dürften ihm nur zu vertraut gewesen sein. Familien verloren Väter und Söhne, andere kamen als Krüppel aus dem Krieg zurück, Abgaben und Lebensmittelknappheit drückten die Menschen, die Staatsfinanzen lagen darnieder. Kants langjähriger Diener Martin Lampe war ein ehemaliger Soldat und wird ihm von seinen Erfahrungen berichtet haben. Im Siebenjährigen Krieg war Königsberg fünf Jahre lang (von 1758 bis 1763) von russischen Truppen besetzt. Kant hat sich mit der Besetzungsmacht arrangiert und soll in dieser Zeit auch deutschsprachige Offiziere, die im russischen Dienst standen, unterrichtet haben.[2]

Doch wenn für Kant der Krieg sowohl negative als auch positive Seiten hat, warum ist der «ewige Friede» dann das höchste politische Gut? Wir begegnen hier einem Grundmotiv der kantischen Moralphilosophie: Krieg ist das größte Übel der Menschheit nicht wegen des Leides, das er mit sich bringt, sondern weil und sofern er ein *Unrecht* ist (6:354). Das Unrecht besteht darin, dass im Kriegszustand die Rechte der Menschen nicht hinreichend gesichert werden können. So kann der Staat im Fall eines Krieges die körperliche Unversehrtheit seiner Bürger, aber auch ihr Eigentum und viele andere Rechte, nicht effektiv schützen. Natürlich ist auch das kriegsbedingte Leid ein sehr guter Grund, Kriege zu vermeiden; doch dieses Leid kann immerhin gegen die Vorteile eines Krieges abgewogen werden. In einzelnen Fällen mag in dieser Hinsicht sogar mehr für als gegen einen Krieg sprechen. Doch das Unrecht, das ein Krieg darstellt, kann durch nichts aufgewogen werden – es bleibt ein Unrecht, das es zu vermeiden oder zu überwinden gilt. Ein Krieg ist Kant zufolge daher nur dann gerechtfertigt, wenn es keine effektive internationale Gerichtsbarkeit gibt, die den Streit entscheiden kann, und wenn er zur Verhinderung eines (größeren) Unrechts notwendig ist. (In diesem Fall kann aber selbst ein Präventivschlag vertretbar sein; 6:346.)

Kants Ethik beruht auf einem ganz ähnlichen Gedanken: Es ist nicht das menschliche Leid und Wohlergehen, das ethisch ausschlaggebend ist, sondern allein die Würde des Menschen, die gegen nichts abgewogen oder verrechnet werden kann (Kapitel 9). Das bedeutet natürlich nicht, dass Glück und Leid moralisch unerheblich sind, ganz im Gegenteil (Kapitel 10). Aber Glück und Leid sind komparative Größen, die von anderen Faktoren überwogen werden können. Krieg zu vermeiden und die Würde des Menschen zu respektieren, so Kant, sind dagegen absolute Gebote, die immer und überall zu beachten sind – selbst dann, wenn dies im Einzelfall einmal mehr Leid als Glück mit sich bringen sollte.

Der Friede ist also deshalb ein so hohes Gut, weil nur er es erlaubt, die Rechte der Menschen verlässlich zu schützen. Tatsächlich muss der Kriegszustand zwischen den Staaten gar nicht zu «Hostilitäten», also wirklichen Kampfhandlungen führen, um ein Unrecht zu sein. Deren

Ausbleiben ist zunächst einmal nicht mehr als ein «Waffenstillstand» (8:343) – also immer noch latenter Krieg und damit Unrecht. Wirklicher Friede ist dagegen ein Rechtszustand zwischen Staaten in Analogie zum Rechtszustand zwischen den Bürgern eines Staates (8:348f.). Kant greift hier auf die Theorie des Gesellschaftsvertrages zurück, die seit Thomas Hobbes (1588–1679) zur Rechtfertigung politischer Herrschaft und staatlicher Macht diente. Der gesetzlose Naturzustand, in dem sich die einzelnen Menschen in einem «Krieg aller gegen alle» befinden, ist ein Unrecht, weil die Rechte der Einzelnen ohne staatliches Gewaltmonopol nicht gesichert sind. Genauso ist der Naturzustand zwischen den Staaten nach Kant ein Unrecht, weil ohne dauerhafte Friedensordnung kein Staat vor Übergriffen, Eroberung und Ausplünderung sicher ist (8:354). Und wie der Gesellschaftsvertrag den Krieg aller gegen alle durch Gründung eines Staates überwindet, so überwindet auch nur ein Vertrag zwischen den Staaten den permanenten, wenn auch oft nur latenten Kriegszustand. Ein Friede, der auf einem solchen Vertrag beruht, wäre nicht nur vorläufig (wie ein Waffenstillstand), sondern «ewig», das heißt dauerhaft und zeitlich unbegrenzt (8:343).

Für einen «ewigen Frieden» hatten vor Kant schon andere Philosophen geworben, allen voran der Abbé de Saint-Pierre 1712 mit seinem Vorschlag, durch eine «Europäische Union» einen dauerhaften Frieden in Europa zu sichern. Rousseau, den Kant bewunderte und dessen Werke ihn stark beeinflussten, hatte die zentralen Ideen Saint-Pierres 1756 neu formuliert und wieder ins Gespräch gebracht. Aber bleibt ein «ewiger Friede» nicht eine weltfremde Idee ohne politisches Gewicht? Das ist genau der Verdacht, gegen den Kant sich mit seiner Schrift *Zum ewigen Frieden* wendet.[3]

Kant richtet sich gegen vermeintliche Realisten in der Politik, denen zufolge Krieg als Mittel der Politik unvermeidlich ist. Er nimmt ihnen bereits durch den zutiefst ironischen Ton seiner Schrift den Wind aus den Segeln – und schützt sich damit zugleich vor der Zensur. Ironie, also die für den Leser durchschaubare Täuschung über die wahren Meinungen und Absichten des Autors, ist ein zentrales Stilmittel Kants, nicht nur in der Friedensschrift, sondern in seinem gesamten Werk. In einem Büchlein über den «Geisterseher» Swedenborg von 1766 (2:315–373) treibt er es mit der Ironie so weit, dass bis heute umstritten ist, welche seiner Aussagen ernstgemeint sind und welche nicht. Auch in der *Kritik der reinen Vernunft* ist es manchmal nicht leicht zu entscheiden, wo Kant mit eigener Stimme spricht und wo er nur eine Gegenposition starkmacht, die er selbst gar nicht teilt.[4]

Der ironische Ton der Friedensschrift beginnt mit ihrem Titel, der sich auf ein Wirtshaus bezieht, das bei einem Friedhof gelegen ist und daher den passenden Namen «Zum ewigen Frieden» trägt (8:343). Ist der «ewige Friede» vielleicht nur auf dem Friedhof zu finden?

Kant will diesen Verdacht ausräumen, und er tut es – die nächste ironische Brechung – nicht in Form einer akademischen Abhandlung, sondern eines fingierten Friedensvertrages. Er besteht aus sechs «Präliminarartikeln» und drei «Definitivartikeln», einer «Garantie» sowie – die letzte ironische Volte – einem «geheimen» Zusatzartikel, der in einer Veröffentlichung natürlich nicht lange geheim bleiben kann.

Trotz aller Ironie kann an der Ernsthaftigkeit von Kants Anliegen kein Zweifel bestehen. Kant will zeigen, dass ein «ewiger» Friede nicht nur ein hehres Ideal, sondern ein realistisches politisches Ziel ist. Die Präliminarartikel nennen die Bedingungen, unter denen ein dauerhafter Friede überhaupt möglich ist: So darf es keine stehenden Heere und keine Rüstungsanleihen geben. Die Souveränität aller Staaten muss respektiert werden, was auch den friedlichen Erwerb eines Staates durch einen anderen ausschließt. Solange es noch Kriege gibt, dürfen Heimtücke und Betrug das Vertrauen in einen späteren Friedensschluss nicht untergraben. Und wenn Frieden geschlossen wird, dann ohne den heimlichen Plan, ihn bei nächster Gelegenheit wieder zu brechen (8:343–347).

Die drei darauf aufbauenden Definitivartikel sichern den «ewigen Frieden»: Erstens sollen alle Staaten Republiken sein (8:350), worunter Kant in etwa das versteht, was man heute als gewaltenteilige repräsentative Demokratien bezeichnet. Kants Begründung lautet, dass Staaten, in denen die Bürger beziehungsweise ihre gewählten Vertreter über Krieg und Frieden entscheiden, sehr viel weniger dazu neigen, Krieg zu führen (8:351) – eine Annahme, die unter dem Schlagwort «demokratischer Frieden» bis heute kontrovers diskutiert wird.[5]

Zweitens sollen alle Staaten einer globalen Föderation beitreten, die das Völkerrecht sichert (8:354). Die Analogie mit dem Gesellschaftsvertrag unter den Menschen legt nahe, dass diese Föderation mit einem

Gewaltmonopol ausgestattet ist, das es erlaubt, das Völkerrecht notfalls auch mit Zwang gegen rechtsbrechende Staaten durchzusetzen (8:357). Doch Kant schreckt vor einem solchen «Völkerstaat» aus verschiedenen Gründen zurück. So fürchtet er zum Beispiel den despotischen Missbrauch einer globalen Zentralgewalt (8:311). Stattdessen plädiert er (wie schon Rousseau) für einen bloßen «Völkerbund» souveräner Staaten (8:354).

Und drittens postuliert Kant, darin seiner Zeit weit voraus, ein allgemeines «Weltbürgerrecht»: ein Recht eines jeden Menschen nicht gegenüber dem *eigenen* Staat, sondern gegenüber allen *anderen* Staaten. Es soll, so Kant, «auf Bedingungen der allgemeinen Hospitalität eingeschränkt» sein (8:357), ist also ein bloßes Besuchsrecht und kein dauerhaftes Aufenthaltsrecht (8:358; Kapitel 13).

Kants zentrale Idee lautet: Wenn alle Staaten der Welt diese neun Artikel umsetzen und so eine globale Rechtsordnung etablieren würden, dann wäre der «ewige Friede» erreicht. Doch wie realistisch ist das? Kant weiß natürlich, dass die meisten Staaten seiner Zeit nicht demokratische Republiken, sondern autokratische Monarchien sind, die keine Bereitschaft besitzen, sich in einen globalen Völkerbund einbinden zu lassen. Kant tritt nicht als pazifistischer Träumer auf, sondern als ironisch distanzierter Beobachter, der sich über den natürlichen Egoismus, die Missgunst und Aggressivität, kurz: die «Bösartigkeit» (8:375) der Menschen keine Illusionen macht. Doch Kant setzt auf die Zukunft, den Fortschritt – und die Natur.

Die Natur «garantiert» den ewigen Frieden (8:360f.), so wie eine unbeteiligte Garantiemacht die Einhaltung eines Friedensvertrags sicherstellt. Sie macht die Ausbreitung des Menschen über den gesamten Erdball möglich – unter anderem durch das «Treibholz» (8:363), das an waldlosen Küsten den Bau von Behausungen erlaubt, oder das Kamel, das als «Schiff der Wüste» (8:358) Handel über weite und unwirtliche Strecken erlaubt. Zugleich erzwingen Konkurrenz, Ressourcenknappheit und nicht zuletzt der Krieg, zu dem die Menschen aufgrund ihres natürlichen Antagonismus neigen (8:20–25), dass diese Möglichkeit auch ergriffen wird. Eine wichtige Rolle spielt dabei der Handel, den Kant als global und alle Menschen miteinander verbindend beschreibt. Dabei hat die Kugelgestalt der Erde zur Folge, dass die Menschen einander nicht ausweichen können, sondern miteinander in Kontakt treten müssen und so letztlich auch zur Gründung von Staaten gezwungen sind (8:358). Der natürliche «Handelsgeist, der mit dem Kriege nicht zusammen bestehen kann» (8:368), ist dann der entscheidende Faktor, durch den der Krieg überwunden und ein dauerhafter Völkerbund möglich wird.

Ob wir dieses Ziel tatsächlich erreichen, bleibt Kant zufolge offen. Die «Garantie» der Natur stellt nur sicher, dass der ewige Friede grundsätzlich möglich ist und es sich daher lohnt, ihn anzustreben (8:368). Das ist Kants Idee des Primats der Praxis vor der Theorie (Kapitel 1): Auch wenn man die Umsetzung des ewigen Friedens theoretisch nicht sicher vorhersagen kann, ja selbst dann, wenn sie unwahrscheinlich ist, besteht die politische Aufgabe darin, auf dieses Ziel kontinuierlich hinzuarbeiten. Vielleicht werden wir es niemals ganz erreichen, aber wir können ihm zumindest immer näherkommen (8:386).

Kant versteht seine eigene Philosophie als einen bescheidenen Beitrag zu dieser Aufgabe: Indem er zeigt, dass und wie eine Weltfriedensordnung grundsätzlich realisierbar ist, räumt er Zweifel aus dem Weg, die die Menschen von diesem Ziel abbringen könnten, und gibt ihrem politischen Handeln eine klare Orientierung. Philosophen, so Kant gegen Platon, sollten keine Könige sein, denn Macht verdirbt das «freie Urteil der Vernunft». Aber ihr Urteil sollte von der Politik «zu Rate gezogen werden» (8:368f.). Philosophische Politikberatung statt Philosophenherrschaft, so lautet Kants Forderung.

Kants Verteidigung der Idee des ewigen Friedens ist auch ein Beispiel für jenes Merkmal seiner Philosophie, das wir im vorigen Kapitel kennengelernt haben, nämlich für ihren vermittelnden Charakter. Er besteht darin, scheinbar unvereinbare Gegensätze miteinander zu verbinden. In diesem Fall geht es um den Gegensatz zwischen politischem Realismus und moralischem Idealismus, deren überraschende Verbindung Kants Schriften über Politik und Geschichte durchzieht.[6]

Der Mensch ist einer berühmten Formulierung Kants zufolge aus «krummem Holze» gemacht, aus dem «nichts ganz Gerades gezimmert» werden kann (8:23). Kants Äußerungen über die Menschen, ihre Motive und Absichten, die Ehrlichkeit ihrer Äußerungen und die Verlässlichkeit ihrer Selbsteinschätzung sind von einer tiefen Skepsis geprägt. Menschen sind von Natur aus moralisch verderbte Egoisten, die sich und andere geschickt über ihre eigenen selbstsüchtigen Motive täuschen. Sie neigen dazu, politische Institutionen zu ihrem eigenen Vorteil zu missbrauchen. Staaten und Politiker sind primär an der Vergrößerung ihrer Macht interessiert und nicht am Wohlergehen ihrer Bürger und an friedlicher Kooperation. Recht und Frieden steht die menschliche Neigung zu Vertragsbruch und Gewalttätigkeit entgegen. Kant ist also ein politischer Realist, der sich keinerlei Illusionen über die moralischen und sozialen Qualitäten der Menschen macht.

Das ist allerdings nicht das Bild von Kant, das in Öffentlichkeit, Politik und Wissenschaft vorherrscht. Hier gilt Kant als ein politischer Idealist, der an die Macht der Vernunft und den menschlichen Fortschritt glaubt. Die Politik hat sich höchsten moralischen und rechtlichen Anforderungen zu unterwerfen; selbst scheinbar utopische Ziele wie ein «ewiger Friede» sind Kant zufolge prinzipiell erreichbar und politisch sinnvoll. Das Verblüffende ist, dass beide Beschreibungen zutreffen: Kants politische Philosophie ist realistisch und idealistisch zugleich. Kant hält die Menschen für egoistisch sowie politisch verführbar und besteht gegenüber der Politik zugleich darauf, Recht und Gerechtigkeit vollständig und ohne Einschränkungen zu realisieren und den Frieden dauerhaft zu sichern.

Die aktuelle Relevanz dieses Gedankens dürfte auf der Hand liegen. Die Hoffnung auf eine fortschreitende globale Demokratisierung und eine dauerhafte Weltfriedensordnung, die noch um das Jahr 2000 herum berechtigt erschien, ist verflogen: Nicht Demokratie, Fortschritt und Frieden, sondern skrupelloses Machtstreben, Abbau demokratischer und rechtsstaatlicher Strukturen und kriegerische Aggression bestimmen vielerorts die Politik. Der menschengemachte Klimawandel wird von vielen Menschen immer noch geleugnet, und zugleich gefährden seine Folgen den Weltfrieden. Man könnte angesichts dieser Entwicklungen zum Zyniker werden und sie als Beleg für die unüberwindliche Dummheit der Menschen betrachten. Kant war ein solcher Zynismus durchaus nicht fremd, doch er erlag ihm nicht. Der Grund ist, dass wir ihm nicht erliegen *dürfen*: Es ist nach Kant ein Gebot der moralischen Selbstachtung, an den politischen Zielen von Rechtsstaat, liberaler Demokratie, Gerechtigkeit, internationaler Kooperation und globalem Frieden festzuhalten, denn ohne Rechtsstaatlichkeit, Demokratie und Frieden ist ein menschenwürdiges Leben nicht möglich. Wir können diesen Anspruch nicht aufgeben, ohne unsere Menschlichkeit aufzugeben.

Doch nun scheinen wir vor einem Dilemma zu stehen. Einerseits zeigt ein illusionsloser Blick auf den Menschen, dass Egoismus und Trägheit der Realisierung politischer Ideale entgegenstehen; andererseits dürfen wir aus moralischen Gründen diese Ideale aber auch nicht aufgeben. Wie ist beides miteinander vereinbar?

Kants Antwort hat zwei Teile. Erstens bedient sich Kant einer Denkfigur, die Bernard Mandeville schon 1714 auf die prägnante Formel «private vices, public benefits» (private Laster als gesellschaftliche Vorteile) gebracht hatte. Die rein egoistisch motivierten Handlungen Einzelner führen nach Kant zwar zu einem «Antagonismus» zwischen ihnen (8:20), aber dessen Effekte fördern unter günstigen Bedingungen doch das Gemeinwohl. So bringt der «Handelsgeist» (8:368) die Menschen einerseits in Konkurrenz und Konflikt miteinander, fördert aber andererseits das Interesse an einer friedlichen Koexistenz der Nationen. Das ist der erste Teil von Kants Antwort.[7]

Zweitens ist es, gemäß Kants Primat der Praxis, so lange sinnvoll und richtig, moralisch gebotene Ideale zu verfolgen und an ihrer Realisierung zu arbeiten, wie wir nicht sicher sind, dass ihre Verwirklichung *unmöglich* ist. Und dessen können wir uns, bei aller Skepsis gegenüber den moralischen Qualitäten des Menschen, keineswegs sicher sein. Die moralische Fehlbarkeit und politische Korrumpierbarkeit des Menschen sind daher keine Gründe, von den höchsten moralischen Ansprüchen in der Politik abzurücken. Für Kant bestehen diese vor allem in der uneingeschränkten Herrschaft des Rechts und dem Ziel einer dauerhaften Weltfriedensordnung. Kant löst das Dilemma von Realismus und Idealismus in der Politik also dadurch, dass er einerseits auf Aspekte der Realität wie den Handelsgeist hinweist, die indirekt unsere moralischen Ziele befördern, er aber andererseits darauf besteht, dass wir diese Ziele auch dann aktiv verfolgen müssen, wenn ihre baldige Realisierung nicht realistisch erscheint.

Abschließend lässt sich festhalten, dass der ewige Friede nach Kant deshalb das höchste politische Gut darstellt, weil er alle anderen politischen Güter in sich einschließt und zugleich absichert: die Rechte und die Freiheit des Einzelnen durch Rechtsstaatlichkeit und republikanische Verfassung; die allgemeine Wohlfahrt durch einen (staatlich geschützten und regulierten) freien Handel; und die Rechte der Staaten und den Frieden durch eine Weltfriedensordnung in Form eines Völkerbundes. Ein dauerhafter Friede ist nach Kant das umfassende Ziel politischen Handelns und letzter Fluchtpunkt des menschlichen Fortschritts – den wir im nächsten Kapitel näher betrachten werden. Zugleich ist der ewige Friede ein zwar schwer erreichbares, aber dennoch sinnvolles politisches Ziel. Seine Verwirklichung ist nicht ausgeschlossen, weil selbst menschliche Eigenschaften wie Konkurrenzdenken und Gewinnstreben, die dem Frieden scheinbar entgegenstehen, diesen indirekt fördern können.

Ein gesundes Gewinnstreben legte übrigens auch Kant selbst an den Tag, als er seine Schrift *Zum ewigen Frieden* am 13. August 1795 für beachtliche 10 Reichstaler pro Bogen seinem Verleger Nicolovius anbot («unter der gewöhnlichen Bedingung eben desselben Honorars bei jeder neuen Auflage»; 12:35). Nicolovius nimmt begeistert an und schlägt gleich eine «doppelte Auflage» von 2000 Exemplaren vor, «da eine einfache nur zu kurze Zeit vorhalten möchte» (12:36). Kant war 1795 ein berühmter Autor, seine Bücher waren Bestseller. Die Friedensschrift erlebte in kurzer Zeit mehrere Auflagen, Nachdrucke und Übersetzungen. Heute gilt sie als Meilenstein der politischen Philosophie und Ausgangspunkt vieler wichtiger Debatten in Philosophie und Politikwissenschaft.[8]

Auch in politischer Hinsicht war dieser Schrift ein günstiges Schicksal beschieden – wenn auch mit einiger Verzögerung. So orientierte sich der 14-Punkte-Plan des US-Präsidenten Woodrow Wilson erkennbar an Kants Friedensschrift. Dieser Plan aus dem letzten Jahr des Ersten Weltkriegs sollte nach dem Kriegsende einen dauerhaften Frieden sichern und sah unter anderem Rüstungsbegrenzung und ein Verbot geheimer Verträge vor. Auch in der Idee eines globalen Völkerbundes folgt Wilson Kant. Der 1920 gegründete Völkerbund (League of Nations) konnte den Zweiten Weltkrieg allerdings nicht verhindern, und auch seine Nachfolgeorganisation, die Vereinten Nationen, steht vielen Kriegen in der Welt machtlos gegenüber.

Doch trotz ihrer eklatanten Konstruktionsfehler und sehr begrenzten

Möglichkeiten haben die Vereinten Nationen sowohl auf diplomatischem Weg als auch mit ihren Friedensmissionen immer wieder dazu beigetragen, dass Kriege verhindert oder beendet wurden, und so den Frieden zumindest lokal und vorübergehend gesichert. Man kann in ihnen daher mit etwas gutem Willen einen Schritt der «ins Unendliche fortschreitenden Annäherung» (8:386) an den «ewigen» Frieden sehen, zu der Kant mit seiner Friedensschrift einen, wenn auch indirekten, Beitrag geleistet hat.[9]

«Es ist also ein nicht bloß gutgemeinter und
in praktischer Absicht empfehlungswürdiger,
sondern allen Ungläubigen zum Trotz auch
für die strengste Theorie haltbarer Satz:
dass das menschliche Geschlecht im Fortschreiten
zum Besseren immer gewesen sei und so fernerhin
fortgehen werde».

Streit der Fakultäten (7:88)

3

Moses Mendelssohn und der Fortschritt der Menschheit

1784 wurde Kant 60 Jahre alt. Aus diesem Anlass wollte eine Gruppe von überwiegend jüdischen Hörern seiner Vorlesungen ihm ihre Dankbarkeit bezeugen und ein Geschenk machen. Unter ihnen dürfte auch «der Jude Theodor» gewesen sein, der laut Kants gutem Bekannten Johann Georg Hamann zu jener Zeit Kants «Lieblingszuhörer» war, mit dem er auch privat verkehrte. Die Hörer Kants gaben bei dem bekannten jüdischen Münzmeister Abraham Abramson in Berlin eine Medaille in Auftrag, die allerdings mehrere Schönheitsfehler aufwies.[1]

Auf ihrer Vorderseite zeigte die Medaille ein Profilbild Kants, das ihm aber nicht sehr ähnlich sah. Kants Missfallen erregte auch, dass sein Vorname mit «Emanuel» angegeben war – sein Taufname – und nicht mit «Immanuel», wie Kant sich seit seiner Studienzeit nannte. Auf der Rückseite war ein schiefer Turm zu sehen, von dem ein Lot herabhing, darunter eine Sphinx. Der berühmte Moses Mendelssohn persönlich hatte sich das Bildprogramm in enger Abstimmung mit Kants Schüler und Freund Marcus Herz ausgedacht. Ursprünglich sollte auf der Rückseite stehen: «Drohet, aber fallet nicht» und darunter: «Kritik der reinen Vernunft». Doch dann sorgte sich Mendelssohn, «ob unser Freund die Allegorie nicht falsch verstehen» und denken könnte, «wir wollten eine Satire auf seine Critik machen?» Daher lautete die Inschrift nun «Perscrutatis fundamentis stabilitur veritas» («Durch Untersuchung ihrer Grundlagen wird die Wahrheit gefestigt»), was aber in keinem erkennbaren Zusammenhang mehr mit dem abgebildeten Turm stand, dessen Grundlagen allem Anschein nach ja gerade nicht gefestigt waren. Als wäre das alles nicht genug, nannte die Medaille auch noch das falsche Geburtsjahr (nämlich 1723 statt 1724).[2]

Nach Aussage Hamanns hat Kant sich über die zahlreichen Fehler auf der Medaille geärgert. Noch in seinem Testament von 1799, in dem er die Medaille seinem früheren Schüler Vigilantius vermacht, erwähnt Kant das fehlerhaft angegebene Geburtsjahr (12:391). Tatsächlich scheint ihm die ganze Ehrung eher lästig gewesen zu sein. Am Tag der Überreichung der Medaille schreibt er seinem Vertrauten, dem Hofprediger Johann Schultz: «Auf mich haben dergleichen auszeichnende und prahlende Äußerungen des Beifalls und der Dankbarkeit eine beunruhigende und demütigende Wirkung» (10:369). Genau so hat man sich Kant vorgestellt: Bescheiden, aber auch etwas miesepetrig, weist er jede Art äußerer Ehrung und Aufmerksamkeit für seine Person zurück. Doch dann fügt er versöhnlich hinzu: «was ist aber zu tun, wenn es unseren Freunden beliebt, hierin anders zu denken»? (10:369) Kant scheint sich über die Zuneigung seiner Hörer und seiner Freunde Herz und Mendelssohn also doch gefreut zu haben.

Moses Mendelssohn (1729–1786) war eine Berühmtheit, man nannte ihn auch den «deutschen Sokrates». Seine philosophischen Werke verbanden den Rationalismus von Leibniz und Wolff mit einem Rückgriff auf die Philosophie Platons. Sie waren in einem gefälligen Stil verfasst und erreichten ein weites, auch christliches Publikum, das sich in seinem Glauben durch Mendelssohns Beweise für die Existenz Gottes und die Unsterblichkeit der Seele bestätigt sah. Zugleich war Mendelssohn eine wichtige Stimme im deutschen Judentum, dessen Religion er vor-

Abb. 2: Moses Mendelssohn, Portrait von Anton Graff, 1771

sichtig zu reformieren versuchte. Den dreisten Bekehrungsversuch des Pfarrers und Schriftstellers Johann Caspar Lavater – Mendelssohn möge das Christentum widerlegen oder aber selbst Christ werden – wies Mendelssohn öffentlich zurück und forderte die Gleichbehandlung der verschiedenen Religionen durch einen säkularen Staat. Er hatte viele Freunde unter den Dichtern und Denkern in Deutschland, allen voran Gotthold Ephraim Lessing, dem er 1779 als Vorbild für seinen «Nathan» gedient haben soll. Umgekehrt verteidigte Mendelssohn Lessing nach dessen Tod 1781 im sogenannten «Pantheismusstreit» gegen den Vorwurf des Atheismus, der damals noch einem Rufmord gleichkam (Kapitel 28).[3]

Auch Kant zählte zu Mendelssohns Freunden. Dabei sind sich die beiden nur einmal persönlich begegnet und waren zunächst Konkurrenten. 1763 hatten beide auf eine Preisfrage der Königlich-Preußischen Akademie der Wissenschaften hin einen Aufsatz eingereicht. Kants Schrift kam auf den zweiten Platz – eine große Auszeichnung. Den ersten Platz aber belegte der fünf Jahre jüngere Mendelssohn. Beide waren schon in jungen Jahren mit philosophischen Werken an die Öffentlichkeit getreten. Kant veröffentlichte bereits 1749 mit 25 Jahren sein drei Jahre zuvor entstandenes Buch *Wahre Schätzung der lebendigen Kräfte*, Mendelssohn 1755 mit 26 Jahren die *Philosophischen Gespräche*. Aber während Mendelssohn bald in ganz Deutschland als aufsteigender Stern am philosophisch-literarischen Himmel galt, blieb Kant der Erfolg zunächst versagt. Berühmt ist das vernichtende Urteil von Mendelssohns Freund Lessing über Kants Erstlingswerk: «Kant schätzet die lebendigen Kräfte ..., nur seine schätzt er nicht.» In den 1760er Jahren fanden dann auch Kants Schriften breitere Anerkennung, aber erst nach dem Erscheinen der *Kritik der reinen Vernunft* 1781 konnte Kant ganz aus dem Schatten Mendelssohns heraustreten.[4]

Inzwischen waren die beiden Freunde geworden, und zwar vor allem durch Vermittlung von Marcus Herz (1747–1803), dem jüdischen Arzt und Philosophen. Herz hatte seit Mitte der 1760er neben seinem Medizinstudium in Königsberg Kants Vorlesungen besucht und war zu einem seiner engsten Vertrauten geworden. Kant hatte Herz 1770 bei dessen Wechsel von Königsberg nach Berlin ein Empfehlungsschreiben an Mendelssohn mitgegeben, der mit Kant seit 1766 in brieflichem Kontakt stand. Mendelssohn war wie Kant von Herz' Intelligenz und Liebenswürdigkeit begeistert, sodass sich nun ein persönlicher Austausch zwischen den dreien entwickelte. Kant hatte wie üblich alle Einladungen nach Berlin mit Hinweis auf seine Gesundheit ausgeschlagen. Aber 1777 kam Mendelssohn schließlich zu Besuch nach Königsberg. Kant schrieb nach dem Besuch an Herz: «Einen solchen Mann, von so sanfter Gemütsart, guter Laune und hellem Kopfe in Königsberg ... zu haben, würde diejenige Nahrung der Seele sein, deren ich hier so gänzlich entbehren muss» (10:211). Umgekehrt hatte Mendelssohn schon 1770 an Kant geschrieben, dass er sich im Rückblick wünsche, als junger Mann «einen Kant zum Freunde gehabt» zu haben (10:113).[5]

Doch bei aller Freundschaft und wechselseitiger Bewunderung blieben Kant und Mendelssohn philosophisch Konkurrenten, ja Gegner. Mit keinem Zeitgenossen hat sich Kant in seinen Werken namentlich mehr auseinandergesetzt als mit Mendelssohn, und zwar fast ausschließlich in kritischer Abgrenzung – auch wenn diese stets in Worte der Anerkennung und Hochachtung gekleidet war. Dabei ging es zunächst um Fragen der Metaphysik. Kant kritisierte Leibniz' Theorie der Zeit, Mendelssohn verteidigte sie; Mendelssohn glaubte, die Unsterblichkeit der Seele beweisen zu können, Kant bestritt das. 1781 hoffte Kant dann auf eine inhaltliche Auseinandersetzung Mendelssohns mit der *Kritik der reinen Vernunft*, aber dieser legte das schwierige Buch zu Kants großer Enttäuschung entnervt beiseite. In seinem Spätwerk *Morgenstunden* (1785) gesteht Mendelssohn, die neuesten Entwicklungen in der Philosophie, darunter selbst die Werke des «alles zermalmenden Kants», aufgrund seiner angegriffenen Gesundheit nicht mehr verfolgen zu können – und gibt Kant damit seinen Beinamen als «Alleszermalmer», der bald weit verbreitet war.[6]

Breiten Raum nimmt eine Kontroverse zwischen den beiden ein, die 1783 begann und von Kant auch nach Mendelssohns Tod 1786 fortgeführt wurde. Es ging dabei um ein zentrales Thema der Epoche der Aufklärung, nämlich den Fortschritt, womit nicht nur der technische Fortschritt gemeint war, sondern, wie es bei Kant heißt, das beständige «Fortschreiten» der Menschheit «zum Besseren» (7:79). Musste es mit der Menschheit – wenn die schädlichen Vorurteile in unseren Köpfen erst einmal überwunden, unser Weltbild wissenschaftlich fundiert und alle Lebensverhältnisse vernünftig geregelt waren – nicht unweigerlich aufwärts gehen, in eine Zukunft in allgemeinem Wohlstand, ohne Ungerechtigkeit, Leiden und Krieg? Daran glaubten viele Vertreter der europäischen Aufklärung – nicht aber Kant und Mendelssohn. Und doch waren die beiden sich auch in diesem Punkte nicht einig.

Kant hatte 1784 in dem Aufsatz «Idee zu einer allgemeinen Geschichte in weltbürgerlicher Absicht» in neun markanten Thesen erstmals jene Perspektive auf die menschliche Geschichte skizziert, die auch in *Zum ewigen Frieden* (Kapitel 2) zum Ausdruck kommt: Wir haben Anlass, die Geschichte der Menschheit im Großen und Ganzen als einen Fortschritt zum Besseren zu verstehen, der uns aus einem vorstaatlichen Zustand der Rechtlosigkeit und Gewalt allmählich in eine rechtsstaatliche Ordnung und schließlich in eine umfassende Weltfriedensordnung führt. Der Grund für diese Hoffnung, so Kant schon 1784, ist die Natur, die den Menschen mit einer «ungeselligen Geselligkeit» (8:20) ausgestattet hat. Diese treibt den einzelnen Menschen in einen «Antagonismus» mit allen übrigen: Die Menschen konkurrieren um knappe Güter, sind missgünstig, aggressiv und tendenziell gewalttätig. Das ist der «ungesellige» Teil unserer Natur. Zugleich sind wir aber, wie schon Aristoteles bemerkte, soziale Wesen, die nur in Gesellschaft florieren können. Wir sind nicht in der Lage, dauerhaft allein zu leben, und brauchen die Kooperation anderer Menschen, auch über unser unmittelbares familiäres und soziales Umfeld hinaus. Dieses Zusammenspiel von Geselligkeit und Ungeselligkeit ist es Kant zufolge, das die Menschen einerseits motiviert, ihre Talente in Konkurrenz mit anderen vollständig zu entwickeln, andererseits aber auch die friedliche Zusammenarbeit mit ihnen zu suchen. Sie treibt die Menschen dazu, Staaten zu gründen, die das Recht nach innen und außen sichern und so Handel, Kultur, Bildung, einen öffentlichen politischen Diskurs und wissenschaftlichen Fortschritt ermöglichen – gesellschaftliche Bereiche, die in sich wiederum durch leistungssteigernden Antagonismus und Konkurrenz gekennzeichnet sind.

Das Recht ist nach Kant also der unverzichtbare Rahmen, der die destruktiven Folgen des menschlichen Antagonismus so einhegt, dass dieser seine produktiven Kräfte entfalten kann. Erst der Rechtsstaat, darin folgt Kant Thomas Hobbes, macht ein zivilisiertes Leben möglich, denn ohne Recht und Gesetz würde die «ungesellige» Seite der Menschen zu Willkürherrschaft und Gewalt führen. Diese Funktion von Recht und Staat ist aber erst dann vollständig erreicht und gesichert, wenn die Staaten auch untereinander in ein Rechtsverhältnis eintreten und eine globale Weltfriedensordnung in Form einer internationalen Staatengemeinschaft bilden. Das Ziel der menschlichen Geschichte, auf das aller gesellschaftlicher Fortschritt letztlich hinausläuft, ist also nichts anderes als der «ewige Friede», das «höchste politische Gut» (Kapitel 2). Das mag utopisch klingen, aber es ist doch eine sehr bescheidene Utopie: Das Endziel der menschlichen Geschichte ist kein Zustand friedfertiger Glückseligkeit aller Menschen, kein Paradies auf Erden, sondern der zwangsbewehrte Rechtsstaat bei anhaltendem Antagonismus der Menschen.

Kant bettet diese Fortschrittsgeschichte bereits 1784 in ein teleologisches Naturverständnis ein – also eines, das die Natur als eine zweckgerichtet handelnde Größe begreift (Kapitel 20). Kant schreibt: «Alle Naturanlagen eines Geschöpfes sind bestimmt, sich einmal vollständig und zweckmäßig auszuwickeln» (8:18). Zu diesen Naturanlagen gehört die menschliche Vernunft, die also dazu «bestimmt» ist, sich im Laufe der Geschichte der menschlichen Gattung vollständig zu entwickeln. Da unsere Vernunft unter anderem darin zum Ausdruck kommt, dass sie uns zu einem friedlichen Zusammenleben befähigt, ist der Mensch also in gewisser Weise zur Verwirklichung von Recht und Frieden «bestimmt». Doch von wem? Von der Natur? Das ist im 18. Jahrhundert oft nur ein anderes Wort für die «Vorsehung», die von Gott weise und gütig eingerichtete Ordnung der Welt. Hat also Gott bestimmt, dass wir den ewigen Frieden erreichen sollen?

So einfach kann die Antwort nicht sein, denn Kant fährt fort: «Die Natur hat gewollt: dass der Mensch alles, was über die mechanische Anordnung seines tierischen Daseins geht, *gänzlich aus sich selbst herausbringe* und keiner anderen Glückseligkeit oder Vollkommenheit teilhaftig werde, als die er *sich selbst frei von Instinkt, durch eigene Vernunft, verschafft hat*» (8:19). Es ist also nicht so, dass Gott oder die teleologisch gedachte Natur das Verhalten der Menschen steuern würde und die menschliche Geschichte dadurch vorgezeichnet wäre. Darin unterscheidet Kant sich von vielen anderen Fortschrittsfreunden der Aufklärung. Die Natur, um im Bild zu bleiben, legt das Schicksal des Menschen in dessen eigene Hände, sie entlässt ihn gleichsam in die Freiheit, denn als vernünftiges Wesen muss er seiner eigenen Einsicht folgen.

In einem seiner schönsten Aufsätze, dem ironischen «Luststück» über den «Mutmaßlichen Anfang der Menschengeschichte» von 1786, erläutert Kant dieses Zusammenspiel zwischen Natur und Freiheit anhand einer eleganten und witzigen Umdeutung der biblischen Schöpfungsgeschichte. Der Griff nach der verbotenen Frucht vom Baum der Erkenntnis wird hier zum ersten Akt menschlicher Freiheit, ja zur Selbstbefreiung von Natur und Instinkt durch Erkenntnis und Wissenschaft: «so gingen dem Menschen hierüber doch die Augen auf. Er entdeckte in sich ein Vermögen, sich selbst eine Lebensweise auszuwählen und nicht gleich anderen Tieren an eine einzige gebunden zu sein» (8:112).

Die teleologische Rede von Zwecken der Natur und den Absichten, die sie mit dem Menschen verfolgt, soll also nicht bedeuten, dass der Fortschritt eine natürliche Notwendigkeit ist. Tatsächlich ist die Teleologie bei Kant nicht mehr als eine Perspektive, die wir auf die Natur einnehmen müssen, um sie und uns selbst besser zu verstehen (Kapitel 20). Ob die Natur aber tatsächlich Ziele und Zwecke verfolgt, ob es tatsächlich eine göttliche Vorsehung gibt, sind Fragen, die Kant zufolge alle menschliche Erkenntnis überschreiten (Kapitel 28). Kants Geschichtsphilosophie kennt daher auch keine historischen Notwendigkeiten und unausweichlichen Entwicklungen, sondern nur Möglichkeiten, die die Natur der menschlichen Freiheit bietet, und Bedingungen, die für deren Verwirklichung mehr oder weniger förderlich sind. Die Natur garantiert nach Kant nur die Möglichkeit des Fortschritts. Seine Verwirklichung hängt ganz von den freien Entscheidungen der Menschen ab, von ihren Anstrengungen und Bemühungen, aber auch ihren Fehlern und Umwegen.[7]

Für Mendelssohn war selbst dieser vorsichtige Fortschrittsglaube noch zu optimistisch. Ein nüchterner Blick auf die Geschichte der Menschheit, der sich nicht von Theorien und Hypothesen blenden lässt, sondern nur auf die Tatsachen richtet, könne keinen Fortschritt erkennen – so Mendelssohn 1783 in seinem Werk *Jerusalem oder über religiöse Macht und Judentum*. Einzelne Menschen schreiten fort von der ungestümen Kindheit zum reifen Erwachsenenalter und, wenn alles gut geht, zur Weisheit des Alters. Die Menschheit aber, dieses «kollektive Ding», ist Kind und Erwachsener und Greis zugleich. Manchmal macht ein Teil der Menschheit einen Schritt nach vorn, aber dafür fällt ein anderer zurück. Eine Kultur, die heute aufblüht, ist morgen schon wieder untergegangen: «die Menschheit schwankt beständig zwischen festgesetzten Schranken auf und nieder, behält aber im Ganzen betrachtet … ungefähr dieselbe Stufe der Sittlichkeit, dasselbe Maß von Religion und Irreligion, von Tugend und Laster, von Glückseligkeit und Elend». Die wechselvollen Entwicklungen des 19. und 20. Jahrhunderts, mit friedlichen Phasen wirtschaftlichen Aufschwungs und kultureller Blüte gefolgt von katastrophalen Kriegen und unvorstellbaren Verbrechen, mit einer rasanten Steigerung des Lebensstandards für viele Menschen im globalen Norden bei anhaltender Not vieler Bewohner des globalen Südens, hätte Mendelssohn wohl als Bestätigung seiner Auffassung gesehen.[8]

Auch wenn Mendelssohn sich mit seiner Kritik am Fortschrittsglauben nicht gegen Kant, sondern vor allem gegen seinen verstorbenen Freund Lessing wendet, sieht Kant sich zu einer Antwort herausgefordert. Er gibt sie schließlich 1793, sieben Jahre nach Mendelssohns Tod, in einem Aufsatz mit dem schönen Titel «Über den Gemeinspruch: Das mag in der Theorie richtig sein, taugt aber nicht für die Praxis». Kants Antwort erfolgt in drei Schritten.

Erstens ist jede Generation moralisch dazu verpflichtet, «so auf die Nachkommenschaft zu wirken, dass sie immer besser werde» (8:309). Wir sollen die Generation unserer Kinder so erziehen, dass sie möglichst zu besseren Menschen werden als ihre Eltern und Erziehenden: klüger, geschickter, aufrichtiger, mutiger, hilfsbereiter – und was der wünschenswerten Eigenschaften mehr sind. Wer das bestreiten wollte, müsste sich entweder selbst für vollkommen halten (sodass eine weitere Verbesserung gar nicht möglich ist) oder es begrüßen, wenn Kinder die Schwächen und Fehler ihrer Eltern und Lehrerpersonen übernehmen. Beides, so Kants Überlegung, ist wenig plausibel. Da man aber nicht verpflichtet sein kann, das Unmögliche zu vollbringen, müssen wir annehmen, dass es *möglich* ist, dass unsere «Nachkommenschaft» zu besseren Menschen wird, als wir selbst es sind. Doch dasselbe gilt natürlich auch für deren Nachkommen: Auch sie sollen und wollen aus *ihren* Nachkommen bessere Menschen machen, als sie selbst es sind, und müssen dies daher für möglich halten. Und ebenso deren Nachkommen, und so immer weiter. Die Pflicht, die jeweils nächste Generation möglichst zu besseren Menschen zu machen, impliziert also die Annahme, dass ein beständiger Fortschritt der Menschheit zum Besseren zumindest *möglich* ist (8:309).

Zweitens ist diese Annahme durch keine Erfahrung zu widerlegen. Selbst wenn es stimmen sollte, dass die Menschheit sich bisher immer auf «derselben Stufe» von Moral, Religiosität und Wohlfahrt bewegt hat, wie Mendelssohn meint, würde daraus nicht folgen, dass sich dies in Zukunft nicht ändern könnte. Fortschritt ist also zumindest nicht «demonstrativ-unmöglich» (8:310): Niemand kann beweisen, dass eine Verbesserung der moralischen Qualität und äußeren Lebensverhältnisse der Menschheit *nicht* möglich ist.

Und drittens begünstigt die Natur, gerade in Form der «ungeselligen» Eigenschaften des Menschen, die seiner Verbesserung scheinbar entgegenstehen (Egoismus, Konkurrenz, Neid, Aggressivität), letztlich den Fortschritt. Die «allseitige Gewalttätigkeit und daraus entspringende Not» (8:310) bringt die Menschen nämlich dazu, sich Recht und Gesetz zu unterwerfen, wodurch gesellschaftlicher, aber auch wirtschaftlicher und technischer Fortschritt möglich wird.

Wenn wir also das Unsere tun und jeder von uns zum Fortschritt der Menschheit seinen kleinen Beitrag leistet (durch Beachtung von Recht und Gesetz, Erziehung der «Nachkommenschaft», gesellschaftlich nützliche Arbeit, technische Entwicklungen, wissenschaftliche Forschung und so weiter), dann dürfen wir zumindest als «Hypothese» annehmen, dass wir uns tatsächlich auf dem Weg des Fortschritts zum Besseren befinden. Kurz gesagt: Die «Hoffnung besserer Zeiten» (8:309) ist durchaus berechtigt, weil wir es selbst in der Hand haben, sie zu verwirklichen. Wir treffen hier also wieder auf den Vorrang der Praxis vor der Theorie, um den es in Kants Aufsatz über das Sprichwort «Das mag in der Theorie richtig sein, taugt aber nicht für die Praxis» letztlich geht. Die Theorie – die philosophische Antwort auf die Frage, ob es Fortschritt gibt – muss sich nach der Praxis, nach unseren moralischen und politischen Zielen richten und nicht umgekehrt.

Dass alle «Wohldenkenden» an den Fortschritt glauben, belegt Kant mit einem Argument *ad hominem*: Mendelssohn selbst sei doch um die «Aufklärung und Wohlfahrt der Nation, zu welcher er gehörte, … eifrig bemüht» (8:309) gewesen und muss also an die Möglichkeit des Fortschritts geglaubt haben. Kant meint damit Mendelssohns Bemühungen um eine Reform des Judentums, denen Kant in seinen Veröffentlichungen und Briefen Sympathie entgegenbrachte (10:347). Das mag damit zu tun haben, dass Kant den jüdischen Glauben eigentlich gar nicht für eine wirkliche Religion hielt. Eine Religion müsse an der moralischen Verbesserung der Menschen interessiert sein, der jüdische Gott hingegen verlange nur die äußere Befolgung seiner Gebote. Erst mit dem Christentum beginne die eigentliche Geschichte der Religion (6:127; Kapitel 13). Mit Mendelssohns Reformbemühungen verband Kant daher die Hoffnung, dass das Judentum sich zu einer Vernunftreligion verwandeln könnte – eine Art Christentum ohne Wunder und Messianismus. Das würde aber zugleich die Überwindung des traditionellen jüdischen Glaubens bedeuten, die Kant, mit einem heute erschreckend klingenden

Ausdruck, als «Euthanasie des Judenthums» (7:53) bezeichnete. Damit ist aber nicht die Ermordung von Juden gemeint, sondern der Übergang ihrer Religion in einen reinen Vernunftglauben.

Doch weder die Freundschaft zu den Juden Herz und Mendelssohn und zu seinem Lieblingshörer Theodor noch der Dank seiner jüdischen Hörer hat Kant von der Verbreitung von übelsten anti-jüdischen Vorurteilen und Stereotypen abgehalten. So behauptete er in seiner *Anthropologie* (1798), die Juden – hier als «Palästiner» bezeichnet – seien eine «Nation von lauter Kaufleuten», die größtenteils keine «bürgerliche Ehre» anstrebten und durch ihren «Wuchergeist … in den nicht unbegründeten Ruf des Betruges gekommen» seien. Ihr Reichtum pro Kopf übersteige «wahrscheinlich den eines jeden anderen Volkes» (7:205). Gesprächsweise soll Kant die Juden gar «Vampyre der Gesellschaft» genannt haben. Die Tatsache, dass einige seiner besten Freunde Juden waren, hat auch Kant nicht davor bewahrt, antisemitischen Vorurteilen unkritisch zu erliegen.[9]

In anderer Hinsicht bestätigen aber gerade Kants eigene Fehler und Irrtümer, wie wichtig die Idee des Fortschritts ist: Wenn selbst jemand, der so scharfsichtig und kritisch war wie Kant, sich nicht von allen Vor- und Fehlurteilen seiner Zeit befreien konnte, können wir nur darauf hoffen, dass spätere Generationen «immer besser werden» und diese Fehler überwinden. Kants zentrale These über den Fortschritt lautet, dass diese Hoffnung trotz aller Rückschläge und Enttäuschungen nicht unberechtigt ist.

«Selbstdenken heißt den obersten Probierstein der Wahrheit in sich selbst (d. i. in seiner eigenen Vernunft) suchen; und die Maxime, jederzeit selbst zu denken, ist die Aufklärung.»

«Was heißt: Sich im Denken orientieren?» (8:146 Anm.)

4

Die Aufklärung und ihre Dialektik

Wir können uns heute, wo das Wissen der Menschheit nur einen Mausklick entfernt ist und Nachrichten in Sekundenschnelle die ganze Welt erreichen, kaum noch vorstellen, wie langsam sich Informationen im 18. Jahrhundert verbreiteten. Die Post von Königsberg nach Berlin brauchte mehrere Tage. Briefe, die nicht rein privater Natur waren, wurden oft weitergereicht, vorgelesen und kopiert, damit ihr Inhalt mehrere Adressaten erreichte. Bücher waren eine Investition, die sich nur Wohlhabende leisten konnten. Kant wohnte jahrelang im Haus des Verlegers und Buchhändlers Kanter – wohl nicht zuletzt deshalb, weil er so neue Bücher lesen konnte, ohne sie bezahlen zu müssen. Seine erste Veröffentlichung *Wahre Schätzung der lebendigen Kräfte*, geschrieben 1746 und veröffentlicht 1749, versuchte sich auf 200 Seiten an der Lösung eines physikalischen Problems, dessen korrekte Lösung Jean Le Rond d'Alembert (1717–1783) bereits drei Jahre zuvor in seinem *Traité de Dynamique* veröffentlicht hatte. Kant wusste offenbar nichts vom Buch d'Alemberts.[1]

Einen etwas schnelleren Informationsaustausch ermöglichten seit dem 17. Jahrhundert neben den allmählich aufkommenden «Zeitungen» auch die politischen und gelehrten Magazine und Zeitschriften, deren

Zahl und Bedeutung in Kants Lebenszeit immer weiter zunahm. Sie richteten sich oft an ein breiteres Publikum, versammelten eine Vielzahl von Themen und Autoren in einem Band, erschienen regelmäßig mehrmals pro Jahr und erlaubten schnelle Reaktionen auf frühere Artikel. So entstanden öffentliche Diskussionen und Debatten, die weithin wahrgenommen wurden. Jürgen Habermas hat diese Entwicklung in direkter Anknüpfung an Kant in seinem frühen Hauptwerk *Strukturwandel der Öffentlichkeit* (1962) untersucht und die Bedeutung einer funktionierenden Presselandschaft für die Demokratie herausgearbeitet.[2]

Eine der damaligen Debatten betraf den Begriff der Aufklärung. 1783 hatte der Pfarrer Johann Friedrich Zöllner einen Aufsatz gegen die Zivilehe veröffentlicht. Er erschien in der erst kurz zuvor begründeten *Berlinischen Monatsschrift*, die in den kommenden Jahren zu Kants bevorzugtem Publikationsort werden sollte. Darin beklagte Zöllner das Verderben der Sitten und die Herabsetzung der Religion durch diejenigen, die «unter dem Namen der *Aufklärung* die Köpfe und Herzen der Menschen» verwirrten. Und in einer Fußnote fügt er hinzu: «Was ist Aufklärung? Diese Frage, die beinahe so wichtig ist, als: was ist Wahrheit, sollte doch wohl beantwortet werden, ehe man aufzuklären anfinge! Und doch habe ich sie nirgends beantwortet gefunden.»[3]

Natürlich fühlten sich die angesprochenen Aufklärer herausgefordert. Noch einmal kam Moses Mendelssohn Kant zuvor, indem er als Erster im Septemberheft der Zeitschrift antwortete – Kant folgte drei Monate später. Allerdings kannte Kant Mendelssohns Antwort nicht, als er seinen eigenen Beitrag Ende September abschickte («Mir ist sie noch nicht zu Händen gekommen»; 8:42). Offenbar hatte die Post mit dem Septemberheft Königsberg noch nicht erreicht.[4]

Dass der Begriff der Aufklärung einer Erläuterung bedurfte, lag auch daran, dass er zu dieser Zeit erst seit kurzem im Umlauf war. Zwar bestand die Bewegung der europäischen Aufklärung (engl. *enlightenment*, franz. *lumières*), getragen von bedeutenden Philosophen und Literaten wie Locke, Voltaire, Wolff und Lessing, schon seit über einhundert Jahren. Bei allen lokalen und ideologischen Unterschieden einte die Aufklärer das Bemühen um die Überwindung von Vorurteilen und Aberglauben, die praktische Nutzbarmachung wissenschaftlicher Erkenntnisse, die Kritik an historisch gewachsenen Gesellschaftsstrukturen und der

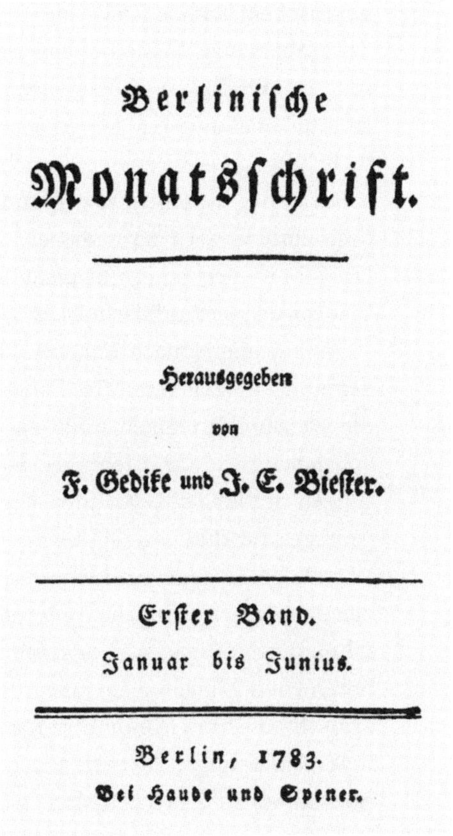

Berlinische

Monatsschrift.

Herausgegeben

von

F. Gedike und J. E. Biester.

Erster Band.

Januar bis Junius.

Berlin, 1783.

Bei Haude und Spener.

Abb. 3: Titelblatt der ersten Ausgabe der Berlinischen Monatsschrift, 1783

Kampf gegen Unterdrückung und Despotismus. Aber der Ausdruck «Aufklärung» (womit ursprünglich die Verwandlung verworrener in klare Vorstellungen gemeint war) kam in Deutschland erst relativ spät auf. So schreibt Mendelssohn: «Die Worte Aufklärung, Kultur, Bildung sind in unsrer Sprache noch neue Ankömmlinge. Sie gehören vor der Hand bloß zur Büchersprache. Der gemeine Haufen versteht sie kaum.»[5]

Der Aufklärungsskeptiker Zöllner fragte also nicht ohne Grund, was mit dem Wort «Aufklärung» eigentlich gemeint war. In seinem bis heute wohl meistgelesenen Text «Beantwortung der Frage: Was ist Aufklärung?» gibt Kant die gewünschte Definition in drei Sätzen, die in ihrer eigentümlichen Verbindung von scholastischer Präzision und emanzipatorischem Pathos kaum mitreißender sein könnten: «Aufklärung ist der Ausgang des Menschen aus seiner selbst verschuldeten Unmündigkeit. Unmündigkeit ist das Unvermögen, sich seines Verstandes ohne Leitung eines anderen zu bedienen. Selbstverschuldet ist diese Unmündigkeit, wenn die Ursache derselben nicht am Mangel des Verstandes, sondern der Entschließung und des Mutes liegt, sich seiner ohne Leitung eines andern zu bedienen». Und Kant fährt fort: «*sapere aude!* Habe Mut dich deines eigenen Verstandes zu bedienen! ist also der Wahlspruch der Aufklärung» (8:35).

Aufklärung ist nach Kant also die Selbstbefreiung des Menschen aus der Abhängigkeit vom Urteil anderer. Den Übergang von der Unmündigkeit zur Mündigkeit muss nach Kant jeder einzelne Mensch selbst vollziehen. Wir alle orientieren uns als Kinder zunächst an den Auffassungen der Eltern, Lehrenden, Freunde und Verwandten, die ihrerseits geprägt sind durch gesellschaftlich vorherrschende Vorstellungen und Weltbilder. Solange ein Mensch diese Auffassungen unhinterfragt beibehält, bleibt er unmündig. Aufklärung ist der langsame, mitunter schmerzhafte Prozess, in dem wir zu diesen als selbstverständlich übernommenen Auffassungen eine Distanz gewinnen, die es uns erlaubt, sie kritisch auf ihre Gründe und Rechtfertigung hin zu befragen. Berechtigte Auffassungen können wir dann beibehalten, unbegründete aber müssen wir aufgeben (8:35f.).

Mendelssohn hatte Aufklärung als eine Form von Wissen definiert: «Aufklärung verhält sich zur Kultur, wie überhaupt Theorie zur Praxis; wie Erkenntnis zur Sittlichkeit; wie Kritik zur Virtuosität.»[6] Dagegen wendet sich Kant zwei Jahre später in einem weiteren Aufsatz in der *Berlinischen Monatsschrift* («Was heißt: Sich im Denken orientieren?»). Der Erwerb von «Kenntnissen», obwohl überaus wichtig, ist für aufgeklärtes Denken weder notwendig noch hinreichend. Er ist nicht hinreichend, weil man Kenntnisse auch erwerben kann, indem man sie unhinterfragt von anderen übernimmt (8:146 Anm.). Aber Wissen und Erkenntnis sind auch gar nicht immer notwendig, um Vorurteile oder Aberglauben aufzudecken. Oft reicht es aus, nach ihren *Gründen* zu fragen. Sind solche Gründe nicht ersichtlich oder unzureichend, dann kann und muss man die jeweiligen Urteile zurückweisen (8:146f. Anm.). Kant bezeichnet diese kritische Haltung als «Selbstdenken».[7]

Aber Aufklärung ist nicht dasselbe wie Selbstdenken, sondern der *Übergang* von einem Zustand der Unmündigkeit in den des Selbstdenkenkönnens. Hat eine Person diesen Übergang vollzogen, so ist sie «aufgeklärt» (z. B. 8:41). Allerdings handelt es sich dabei genau genommen um einen unabschließbaren Prozess, denn auch die aufgeklärteste Person verfügt über blinde Flecken, die es ihr schwermachen, bestimmte Meinungen kritisch zu hinterfragen. Auch Kant selbst war von solchen blinden Flecken nicht frei, wie unter anderem seine Äußerungen über Juden, Frauen und nicht-weiße Menschen zeigen (Kapitel 3, 16). Wenn Kant betont, zwar im «Zeitalter der Aufklärung», aber noch nicht in einem «aufgeklärten Zeitalter» zu leben (8:40), dann gilt das auch für ihn selbst.

Der Aufklärung des einzelnen Menschen stehen vor allem zwei Faktoren entgegen. Da ist zum einen die «Faulheit und Feigheit» (8:35) des Menschen, die dazu führt, dass wir vor dem Selbstdenken zurückschrecken und es uns in der Unmündigkeit bequem machen. Insofern ist diese «selbstverschuldet». Zum anderen werden viele Menschen von anderen durch Einschüchterung und Drohungen in einem Zustand der Unmündigkeit gehalten. Kant bezeichnet sie in Ausgestaltung der Metapher der «Mündigkeit» als ihre «Vormünder». Viele dieser «Vormünder» – Kant denkt an Vorgesetzte, Geistliche, Lehrer und Ehemänner – sind ihrerseits unaufgeklärt (8:36). Aufgrund dieser beiden Faktoren ist es Kant zufolge weder leicht noch wahrscheinlich, dass ein einzelner Mensch sich selbst aufklärt, also aus eigener Kraft den Weg zum Selbstdenken findet.

Die Lösung dieses Problems sieht Kant in der Verlagerung von der individuellen auf die soziale Ebene. Aufklärung ist zwar ein jeweils individueller Vorgang, aber er kann zuverlässig nur im Kontext eines «Publikums», einer Öffentlichkeit gelingen – einer allen Interessierten offenstehenden Gemeinschaft von Autoren und Lesern. In einem solchen Publikum findet das kritische Hinterfragen von Meinungen und das Erwägen von Gründen, das auf der individuellen Ebene das Selbstdenken ausmacht, gleichsam mit verteilten Rollen statt. Jemand vertritt zu einer relevanten Frage eine bestimmte Position und begründet sie, andere erheben Einwände und weisen die Gründe zurück, wieder andere verbessern die ursprüngliche Position und deren Begründung, bis sich schließlich im besten Fall ein weitgehender Konsens herausbildet (8:36). Kants Aufsatz in der *Berlinischen Monatsschrift* war selbst ein Beitrag zu einer solchen Debatte. Wer an einem öffentlichen Austausch von Gründen und Gegengründen teilnimmt, sei es als Autorin oder als mitdenkender Leser, kann es kaum vermeiden, sich eine eigene Meinung zu bilden, die dem kantischen Kriterium des Selbstdenkens genügt. Man stützt sich dann nicht mehr auf bloße Vorurteile, sondern zumindest dem Anspruch nach auf allgemein nachvollziehbare Gründe.

Natürlich ist ein gewisser Bildungsstand erforderlich, um die fraglichen Publikationen – also zum Beispiel die Aufsätze der *Berlinischen Monatsschrift* – verstehen zu können und so am öffentlichen Diskurs kompetent teilzunehmen. Den meisten Frauen sowie Hausangestellten und Lohnarbeitern war dies im 18. Jahrhundert nicht möglich, denn sie waren größtenteils ungebildet. Allerdings gab es Ausnahmen. So antwortete im selben Heft, in dem Zöllner gegen die Zivilehe polemisiert, eine «Wilhelmine Z.» auf einen anonymen Autor, der den Frauen vorwarf, sich spärlich bekleidet ihren männlichen Friseuren, Schneidern und Schustern zu zeigen. Wilhelmines «Verteidigung ihrer Mitbürgerinnen» besteht darin, dass eine anständige Frau sich auch ihrem Friseur oder Schneider nur züchtig verhüllt zeige. Der Eindruck ist also ambivalent: Einerseits handelt es sich um ein Zeugnis weiblicher Emanzipation, da hier eine Frau in einem öffentlichen Diskurs für die Rechte der Frauen eintritt. Andererseits ist der Text durchtränkt von zeittypischen Klischees und Moralvorstellungen und erkennt die untergeordnete Rolle der Frauen in der damaligen Gesellschaft unhinterfragt an.[8]

Auch Kants Frauenbild, das zeigt seine frühe Schrift *Beobachtungen über das Gefühl des Schönen und Erhabenen* (1764) ebenso wie seine späte *Anthropologie* (1798), ist von den zeitbedingten Vorurteilen über das «schöne Geschlecht» geprägt. In der kultivierten Gesellschaft des 18. Jahrhunderts, so Kant, seien Mann und Frau einander einerseits über- und andererseits unterlegen: «der Mann dem Weibe durch sein körperliches Vermögen und seinen Muth, das Weib aber dem Manne durch ihre Naturgabe sich der Neigung des Mannes zu ihr zu bemeistern» (7:303). Die Überlegenheit der Frauen betrifft also nur ihre Fähigkeit, die Neigung der Männer zu gewinnen. Andererseits betrifft die Überlegenheit des Mannes nur Körperkraft und Mut, nicht aber Geist und Intelligenz. Dennoch ist Kant offenbar kein Freund «gelehrter Frauen»: «so brauchen sie ihre Bücher etwa so wie ihre Uhr, nämlich sie zu tragen, damit gesehen werde, dass sie eine haben; ob sie zwar gemeiniglich still steht oder nicht nach der Sonne gestellt ist» (7:307). – So weit die Verhältnisse in einer zivilisierten Gesellschaft. «Im rohen Naturzustande ist das freilich anders. Das Weib ist da ein Haustier. Der Mann geht mit Waffen in der Hand voran, und das Weib folgt ihm mit dem Gepäck seines Hausrats beladen» (7:304). Insgesamt sei der «Zweck der Natur bei Einrichtung der Weiblichkeit ... 1. Die Erhaltung der Art, 2. Die Kultur der Gesellschaft und Verfeinerung derselben durch die Weiblichkeit» (7:305 f.). Die Liste der aus heutiger Sicht teils kuriosen, teils ärgerlichen Äußerungen Kants über Frauen ließe sich leicht verlängern.

Im Kontext seiner Zeit erscheint Kant allerdings keineswegs als besonders frauenfeindlich. So rechtfertigt er zum Beispiel mit soziologisch kühlem Blick die weibliche «Koketterie»: Junge Ehefrauen seien «immer in Gefahr, Witwe zu werden», und müssen daher Vorsorge treffen, dass es ihnen in diesem Fall «nicht an Bewerbern fehlen möge» (7:305). Zwar betrachtet Kant den Mann in der Ehe als «Herrn» über die Ehefrau («er der befehlende, sie der gehorchende Teil»; 6:279). Aber seiner nüchternen Definition zufolge ist die Ehe eine «Verbindung zweier Personen verschiedenen Geschlechts zum lebenswierigen [d. h. lebenslangen] wechselseitigen Besitz ihrer Geschlechtseigenschaften» (6:277). Während Kant damit homosexuelle Partnerschaften, im Kontext seiner Zeit wenig überraschend, von der Ehe ausschließt, betont seine Definition aber die Gleichheit der Ehepartner im wechselseitigen «Besitz» und impliziert auch, dass Sex in der Ehe konsensuell sein muss. Interessant ist Kants Begründung: Beim Geschlechtsverkehr macht man die andere Person zum Mittel seiner eigenen Befriedigung. Das ist nur dann keine moralisch unzulässige Instrumentalisierung des Partners oder der Partnerin, wenn man sich zugleich umgekehrt zum Mittel seiner oder ihrer Befriedigung macht, sodass beide das Wohl des jeweils anderen wechselseitig zum Zweck haben (6:278). Diesen Gedanken kann man auch dann einleuchtend finden, wenn man anders als Kant nicht mehr glaubt, dass es diesen wechselseitigen Respekt beim Sex nur in der Ehe und nur zwischen Personen unterschiedlichen Geschlechts geben kann.[9]

Trotz interessanter Überlegungen wie dieser spielt die Emanzipation der Frauen in Kants Aufklärungsaufsatz (und seinem Werk insgesamt) keine nennenswerte Rolle. Das mag im Kontext des 18. Jahrhunderts nicht überraschen, ist aber dennoch nicht selbstverständlich, wie man an Kants engem Freund, dem Königsberger Bürgermeister Theodor Gottlieb von Hippel (1741–1796) sieht. Hippel, der in Königsberg Jura studiert und auch bei Kant Vorlesungen besucht hatte, war neben seiner höchst erfolgreichen Verwaltungslaufbahn auch als Autor tätig. In seinen Büchern *Über die bürgerliche Verbesserung der Weiber* (1792) und *Über die Ehe* (1793) setzt sich Hippel für die rechtliche und gesellschaftliche Gleichstellung von Männern und Frauen ein. Sicherlich werden Kant und Hippel bei ihren regelmäßigen Treffen über diese Frage diskutiert haben. Es war also nicht so, dass die Möglichkeit der Gleichberechtigung von Frauen für Kant nicht vorstellbar gewesen wäre. Es scheint eher, dass ihm dieses Thema anders als Hippel nicht besonders am Herzen lag.[10]

Zumindest indirekt bezieht Kant jedoch auch Frauen in den Prozess der Aufklärung ein, indem er sie («das ganze schöne Geschlecht») ausdrücklich zu jenem «bei weitem größten Teil der Menschen» zählt, der den «Schritt zur Mündigkeit» für «sehr gefährlich» halte (8:35). Das scheint doch zu bedeuten, dass auch Frauen diesen Schritt tun können, wenn sie nur den Mut dazu aufbringen. Ähnlich verhält es sich mit abhängigen Arbeitern, Bediensteten und Knechten. Noch 1797, acht Jahre nach Beginn der Französischen Revolution, verwehrt Kant ihnen volle Bürgerrechte und das aktive Wahlrecht, da es ihnen an der erforderlichen bürgerlichen «Selbständigkeit» mangele (8:294–296; 6:314f.). Doch es müsse zumindest die Möglichkeit bestehen, dass sie sich zu solcher Selbständigkeit «emporarbeiten» (6:315).

Alles in allem, so Kant, «kann ein Publikum nur langsam zur Aufklärung gelangen» (8:36), indem diejenigen, die durch die Teilnahme an einem öffentlichen Diskurs zu Selbstdenkern geworden sind, diese Haltung an ihre noch unmündigen Schutzbefohlenen weitergeben. Es gehe nicht um eine «Revolution», sondern um eine allmähliche «Reform» (8:36). Je mehr Menschen aber über die nötige Bildung verfügen, desto größer wird das Publikum, das sich tendenziell einer «Weltbürgergesellschaft» (8:37) annähert, zu der dann, so dürfen wir vermuten, auch Frauen und Lohnarbeiter gehören. Aufklärung kann sich daher nur in historischen Zeiträumen vollziehen; sie ist ein Aspekt des langsamen, aber stetigen «Fortschreitens» (8:39) der Menschheit zum Besseren (Kapitel 3).

Wie Fortschritt und Frieden nach Kant durch die Natur des Menschen «garantiert» werden, sofern wir alle dazu unseren Beitrag leisten, so ist auch der Prozess der Aufklärung unausweichlich, sofern nur eine wesentliche Bedingung erfüllt ist, nämlich Meinungs- und Pressefreiheit (8:36). Allerdings hat diese Freiheit Kant zufolge Grenzen. Von ihr ausgenommen sind Äußerungen, die in Ausübung eines staatlich übertragenen Amtes gemacht werden. Das nennt Kant, terminologisch etwas verwirrend, den «Privatgebrauch» der Vernunft. Der Gebrauch der Vernunft in den Publikationen eines Privatgelehrten dagegen ist ein «öffentlicher Gebrauch», weil er sich an das allgemeine «Publikum», die Öffentlichkeit richtet. So darf der Offizier im Dienst nicht die Strategie seiner Generäle in Frage stellen und der Priester nicht die Dogmen seiner Kirche. Das hindert sie jedoch nicht daran, als «Gelehrte», d.h. außer Dienst und als Privatpersonen, «öffentlichen Gebrauch» von ihrer Vernunft zu machen und die Strategie der Generäle oder die Dogmen ihrer Kirche zu hinterfragen, sie zurückzuweisen oder Verbesserungen vorzuschlagen. Nur dieser öffentliche Gebrauch der Vernunft, so Kant, ist durch Meinungs- und Pressefreiheit geschützt. Aber wenn diese Freiheit einmal gewährleistet ist, sei die Verbreitung der Aufklärung «beinahe unausbleiblich» (8:36). Anders gesagt: Die Möglichkeit eines unzensierten öffentlichen Diskurses über alle Fragen von Wissenschaft, Politik und Religion ist nach Kant nicht nur eine notwendige, sondern eine hinreichende Bedingung für Aufklärung.

Um zu sehen, warum das eine rhetorische Zuspitzung ist, die streng genommen so nicht stimmen kann, machen wir einen Sprung in das Los Angeles des Jahres 1944. Dort sitzen, 160 Jahre nach dem Erscheinen von Kants Aufklärungsaufsatz, die aus ihrer Heimat vertriebenen deutschen Philosophen Max Horkheimer und Theodor W. Adorno, zwei der Begründer der «Kritischen Theorie», und fragen sich, wie das Projekt der Aufklärung so furchtbar scheitern konnte. In Deutschland regiert Hitler, in Russland Stalin und in den USA der Kapitalismus. Der von Deutschland entfachte Weltkrieg dauert nun schon fünf Jahre an. In Europa werden Juden und andere Gruppen verfolgt und millionenfach ermordet.

Dieses Unheil, so Horkheimer und Adorno in ihrem Werk *Dialektik der Aufklärung*, ist nicht durch einen *Mangel* an Aufklärung erklärbar, also dadurch, dass die Aufklärung noch nicht weit genug fortgeschritten sei. Es ist vielmehr eine Konsequenz der Aufklärung selbst, die Vernunft und Wissenschaft auf die instrumentelle Beherrschung der Natur reduziert und sich schließlich gegen den Menschen selbst richtet. Diese Kritik trifft auch Kant, der mit Mündigkeit eigentlich wirtschaftliche Unabhängigkeit meine: «Der Bürger in den sukzessiven Gestalten des Sklavenhalters, freien Unternehmers, Administrators, ist das logische Subjekt der Aufklärung».[11]

Kant hätte widersprochen. Zumindest in langfristiger Perspektive ist das Subjekt der Aufklärung die Menschheit als Ganze, einschließlich aller Gruppen, die gegenwärtig noch unterdrückt sein mögen. Doch während Horkheimer und Adorno sich ihren Kant gewaltsam zurechtlegen müssen, um ihn materialistisch demontieren zu können, durchzieht ein anderer Gedanke die *Dialektik der Aufklärung*, der auf ein echtes Problem für Kants Aufklärungskonzeption verweist. Es geht um die von Horkheimer und Adorno so genannte «Kulturindustrie», die in Form von Presse, Radio und Film die Menschen mit Information, Unterhaltung und Propaganda versorgt. Horkheimers und Adornos wichtige Beobachtung lautet, dass die Produkte moderner Massenmedien häufig gerade nicht zur Aufklärung beitragen. Ganz im Gegenteil verbreiten und verstärken sie überkommene Vorurteile und politisch erwünschte Ideologien, propagieren einen bestimmten Lebensstil und die mit ihm verbundenen Formen des Konsums – und all das ganz ohne direkte staatliche Kontrolle und Zensur.[12]

Dieser Effekt ist heute in vielfach verstärkter Form in privaten Fernsehkanälen, im Internet und den sozialen Medien zu beobachten. Fernsehsender versorgen ihre Zuschauer aus kommerziellen Gründen mit einseitigen oder schlichtweg falschen «Informationen». Jugendliche formen ihre Persönlichkeit nach dem Vorbild von «Influencern» (einer neuen Form der kantischen «Vormünder»). Die sozialen Medien versorgen uns mit Inhalten, die unsere bereits bestehenden Haltungen bestätigen und festigen. Und im weltweiten Netz finden die Anhänger jeder noch so absurden Verschwörungserzählung Gleichgesinnte.

Obwohl Massenmedien und das Internet natürlich auch eine emanzipatorische Seite haben (man denke nur an die Wikipedia, die an das zentrale Projekt der französischen Aufklärung, die *Encyclopédie* von Diderot und d'Alembert, anknüpft), decken die genannten Phänomene zwei Lücken des kantischen Aufklärungskonzepts auf, soweit wir es bisher kennengelernt haben: Erstens reicht bloße Meinungs- und Pressefreiheit, anders als Kant behauptet, offenbar nicht aus, um einen gesellschaftlichen Diskurs zu gewährleisten, der der Aufklärung förderlich ist. Vielmehr kann gerade das völlige Fehlen staatlicher Kontrolle von Medien und Internet dazu führen, dass kommerzielle Interessen, Ideologien und Verschwörungstheorien die Meinungsbildung beherrschen und einen kritischen Austausch von Gründen und Gegengründen unterbinden. Und zweitens zeigen die Internetforen von Verschwörungstheoretikern, Holocaust-Leugnern und anderen Anhängern von «alternativen Fakten», dass eine kritische Haltung gegenüber den allgemein anerkannten Autoritäten und der Mut zum eigenen Urteil noch keine Garantie für Aufklärung und Selbstdenken im Sinne Kants darstellen. Ganz im Gegenteil: Der Mut zum Selbstdenken kann zu neuen Vorurteilen und Irrtümern führen.

Kant unterscheidet in seinem Aufklärungsaufsatz zwischen mündigen und unmündigen, aufgeklärten und unaufgeklärten Individuen. Erstere sind in der Lage, sich ihres eigenen Verstandes ohne Leitung anderer zu bedienen, letzteren fehlt dazu der Mut: Ihre Unmündigkeit liegt «nicht am Mangel des Verstandes, sondern der Entschließung und des Mutes» (8:35). Doch was ist mit Menschen, die zwar den Mut haben, sich ihres eigenen Verstandes zu bedienen, dazu aber nicht, oder nur sehr eingeschränkt, in der Lage sind? Kant selbst erkennt diese Möglichkeit an, indem er schreibt, es gebe nur wenige, die sich aus eigener Kraft «aus der Unmündigkeit heraus … wickeln und *dennoch einen sicheren Gang tun*» (8:36). Man kann also auf dem Weg zu Mündigkeit und Selbstdenken sein, ohne dabei aber schon «einen sicheren Gang» zu tun, sodass man mangels Übung und Ausbildung bei dem Versuch des Selbstdenkens noch Fehler macht.

Es ist daher irreführend, wenn Kant die Unmündigkeit allein auf einen Mangel an Entschließung und Mut zurückführt. Tatsächlich folgen auf den Entschluss zum Selbstdenken zahlreiche Fehlversuche, bis man endlich einen «sicheren Gang» erworben hat. Ohne solche mühevollen

Versuche ist man «vor der Hand wirklich unfähig, sich seines eigenen Verstandes zu bedienen» (8:36). Verschwörungstheoretiker mögen zwar den Mut haben, sich ihres eigenen Verstandes ohne Lenkung anderer zu bedienen, aber das bedeutet noch nicht, dass ihnen das auch in angemessener Weise gelingt.

Auch Kants Aussage, dass zur Aufklärung nichts «als Freiheit» erfordert werde (8:36), nämlich Meinungs- und Pressefreiheit, entpuppt sich bei näherem Hinsehen als rhetorische Zuspitzung, die bereits von Kant selbst relativiert wird. Wie auch in der elf Jahre später erschienenen Friedensschrift (Kapitel 2) wendet sich Kant in seinem Aufklärungsaufsatz nicht nur an das gelehrte Publikum, sondern ganz ausdrücklich auch an die Obrigkeit, die er davon überzeugen will, die für Aufklärung erforderliche Freiheit sei «die unschädlichste unter allem, was Freiheit heißen mag» (8:36). Es sei daher für die staatliche Ordnung «nicht das Mindeste zu besorgen» (8:41). Dieser politischen Absicht verdankt sich die etwas einseitige Betonung der Meinungs- und Pressefreiheit als einziger Bedingung der Aufklärung. Wie wir gesehen haben, ist diese aber keineswegs hinreichend. Dass Kant sich darüber im Klaren war, zeigt unter anderem die vorsichtige Einschränkung, es sei «*beinahe* unausbleiblich» (8:36), dass ein Publikum, dem man Freiheit lasse, sich aufkläre. Es gibt also noch weitere Bedingungen der Aufklärung außer der Pressefreiheit, so zum Beispiel eine differenzierte Presselandschaft und eine nicht nur «mutige», sondern auch ausreichend gebildete Leserschaft. Wie wir im nächsten Kapitel sehen werden, betont Kant in seiner *Pädagogik* ausdrücklich, dass Aufklärung auf der individuellen wie der gesellschaftlichen Ebene vor allem eine Bildungsaufgabe ist (Kapitel 5).

Kant hat von den Möglichkeiten des öffentlichen Diskurses, die ihm die *Berlinische Monatsschrift* bot, ausgiebig Gebrauch gemacht. Bis zur Einstellung der Zeitschrift 1796 veröffentlicht er dort insgesamt 14 Aufsätze zu den unterschiedlichsten Themen, die vom Anfang der Menschheit bis zum Ende aller Dinge, von den Vulkanen im Mond bis zur Theodizee reichten. Auch wenn diese Aufsätze ernsthafte Beiträge zu Philosophie und Wissenschaft darstellen, sind sie in einem leichten Ton gehalten und so geistreich und voller Witz, dass sie ein breiteres Publikum erreichten. Kant wollte mit ihnen offenbar auch selbst einen Beitrag zur Aufklärung leisten.

Dass die Aufklärung ihre dialektischen Schattenseiten hat und der gesellschaftliche Fortschritt immer wieder durch Rückschläge unterbrochen wird, war Kant bewusst. Die Katastrophen des 20. Jahrhunderts aber konnte er nicht voraussehen und hätte sie vermutlich auch nicht für möglich gehalten. Ob er unter dem Eindruck dieser schrecklichen Erfahrungen das Projekt der Aufklärung wie die frühen Vertreter der Kritischen Theorie, Horkheimer und Adorno, für gescheitert gehalten hätte? Vermutlich nicht. In unserer Zeit hat nicht zuletzt Jürgen Habermas, der führende Vertreter der zweiten Generation der Kritischen Theorie, gezeigt, dass man auch nach den Kulturbrüchen des 20. Jahrhunderts am Projekt der Aufklärung festhalten kann.[13]

«Der Mensch kann nur Mensch werden durch Erziehung».

Immanuel Kant über Pädagogik (9:443)

5

Freiheit und Zwang: Kant über Erziehung

Was kann ein lebenslanger Junggeselle zum Thema Erziehung schon zu sagen haben? Doch auch wenn Kant keine Kinder hatte und «aus Neigung ein Forscher» war (20:44), war er von Beruf doch vor allem Lehrer und Erzieher. Bereits als Student verdiente er sich ein Zubrot, indem er wohlhabenden Kommilitonen Nachhilfeunterricht gab. (Den weniger gutgestellten half er «aus Freundschaft».) Nach dem Studium arbeitete Kant fast zehn Jahre als Hauslehrer in wohlhabenden Familien, wo er für die Bildung und Erziehung der Söhne zuständig war. Anschließend unterrichtete er einundvierzig Jahre lang ununterbrochen an der Universität Königsberg. Seine Zuhörer waren überwiegend Jugendliche und junge Männer, die wie Kant selbst bei ihrem Studienantritt um die sechzehn Jahre alt waren. Auch wenn die eigentliche Erziehung Kant zufolge mit diesem Alter endet (9:453), bestand das Unterrichten von Jugendlichen auch an einer Universität nicht nur in Wissensvermittlung. So gab Kant seinen studentischen Hörern Ratschläge, Ermahnungen und lebenspraktische Hinweise. Fachliche und persönliche Probleme einzelner Studenten besprach er mit ihnen nach der Vorlesung und auf Spaziergängen. Kant war Pädagoge und er nahm diese Aufgabe ernst.[1]

Auch privat war Kant der Umgang mit Kindern nicht fremd. Schon als Jugendlicher musste er sich nach dem frühen Tod der Mutter als ältester Sohn um die Geschwister kümmern. Als sein Vater krank wurde und dann starb, unterbrach Kant sein Studium, um die Rolle des Haushaltsvorstands zu übernehmen (Kapitel 1). Später war er ein enger Freund der Familie Motherby, deren Kindern er nahestand und an deren Erziehung er Anteil nahm.

Vor allem aber war Kant an dem Thema Erziehung als Philosoph und Aufklärer interessiert, denn ein «Fortschreiten der Menschheit zum Besseren» (Kapitel 3) und eine aufgeklärte Gesellschaft (Kapitel 4) sind nur dadurch zu erreichen, dass immer mehr Menschen der Maxime des «Selbstdenkens» folgen und in der Lage sind, ihren Verstand «ohne Leitung eines anderen» zu gebrauchen. Doch dazu müssen sie erzogen und ausgebildet werden. Wenn das kantische Projekt der Aufklärung Erfolg haben soll, müssen aus unmündigen Kindern durch Erziehung und Bildung mündige Bürger werden.

Die Wichtigkeit der Erziehung hatte niemand so sehr ins öffentliche Bewusstsein gerückt wie Jean-Jacques Rousseau (1712–1778), der die pädagogischen Vorstellungen im 18. Jahrhundert revolutionierte. Wenn Menschen schon nicht in den vorgesellschaftlichen Naturzustand zurückkehren konnten, den Rousseau idealisierte, dann musste ihre Erziehung sie gegen die schädlichen Einflüsse der Gesellschaft wappnen und zu freien Menschen und guten Bürgern machen. Dazu kam es vor allem darauf an, die von der Natur in sie gelegten kognitiven und moralischen Anlagen zum Tragen zu bringen. Erziehung musste also nicht *gegen* die menschliche Natur erfolgen, sondern Kindheit und Jugend sollten möglichst natürlich und ungezwungen erlebt werden. Während Kinder bis dahin oft als unfertige Erwachsene betrachtet wurden, betonte Rousseau den Wert der Kindheit als eigenständiger Lebensphase. Auch wenn Philippe Ariès' berühmte These von einer «Entdeckung der Kindheit» in der Neuzeit vielleicht überzogen ist, dürfte unstrittig sein, dass Kindheit und Jugend erst im 18. Jahrhundert zunehmend in den öffentlichen Fokus gerieten.[2]

Dazu hat nicht zuletzt Rousseaus theorielastiger Bildungsroman *Émile oder Über die Erziehung* (1762) beigetragen. Er erzählt die exemplarische Geschichte des Jungen Émile und seines Erziehers Jean-Jacques (später und kürzer auch die eines Mädchens namens Sophie). Ziel der Erziehung Émiles ist nicht die Vermittlung von abstraktem Wissen, sondern die Bildung einer moralisch und religiös gefestigten Persönlichkeit, deren körperliche und geistige Fähigkeiten so ausgebildet sind, dass Émile ein Leben als freier Bürger und nützliches Mitglied der Gesellschaft führen kann. Um dieses Ziel zu erreichen, müssen die Lehrinhalte Rousseau zufolge dem jeweiligen Alter und seinen Bedürfnissen angepasst sein. Spiel und Bewegung sind keine unnützen Ablenkungen, sondern natürliche Weisen des Lernens. Das mag uns heute selbstverständlich erscheinen – was aber nur zeigt, wie erfolgreich Rousseau mit seinen Vorschlägen auf lange Sicht gewesen ist. Reformpädagogen im deutschsprachigen Raum wie Johann Heinrich Pestalozzi (1746–1827) und Johann Bernhard Basedow (1724–1790) folgten Rousseau darin, dass Erziehung an die natürliche Lernbereitschaft der Kinder anknüpfen muss. Doch anders als Rousseau, der Erziehung vor allem als eine Aufgabe für Eltern und Hauslehrer versteht, entwickeln sie ihre Erziehungsmethoden mit Blick auf die Schulbildung. Im Gegensatz zu Frankreich galt in Preußen bereits seit 1717 eine allgemeine Schulpflicht.[3]

Auch Kant, der seit den 1760er Jahren von Rousseaus Werken zutiefst beeindruckt war (Kapitel 9), war in seinen Überlegungen zur Pädagogik stark von Rousseau beeinflusst. Wie dieser betrachtete Kant es als Aufgabe der Erziehung, dass «alle Naturanlagen im Menschen entwickelt» werden; das sei vollständig allerdings nicht im Individuum, sondern nur in der Gattung möglich (9:445). Kant sah in der Erziehung daher eine Menschheitsaufgabe, die von Generation zu Generation letztlich dem gesellschaftlichen und moralischen Fortschritt der Menschheit dienen soll. Ein wichtiges «Prinzip der Erziehungskunst» lautet daher: «Kinder sollen nicht nur dem gegenwärtigen, sondern dem zukünftig möglichen bessern Zustand des menschlichen Geschlechts, das ist: der Idee der Menschheit und deren ganzer Bestimmung angemessen erzogen werden» (9:447). Wie Rousseau kritisiert Kant Eltern, die ihre Kinder nur mit Blick auf Karriere und Gelderwerb ausbilden lassen, und Fürsten, die Schulen und Universitäten als Ausbildungsstätten für möglichst effizient einsetzbare Untertanen betrachten (9:448). Stattdessen hat Erziehung die Aufgabe, die Welt zu verbessern, indem sie die Einzelnen zu besseren Menschen macht: «Gute Erziehung … ist das, woraus alles Gute in der Welt entspringt» (9:448).

In verschiedenen Werken erläutert Kant seine Auffassungen über Erziehung und Bildung. So enthält die späte *Metaphysik der Sitten* (1797) eine «ethische Didaktik», in der es um die moralische Erziehung von Kindern geht (6:477–484). Am ausführlichsten entwickelt Kant seine Erziehungstheorie aber in seiner Vorlesung über Pädagogik, deren Text Friedrich Theodor Rink 1803, ein Jahr vor Kants Tod, herausgegeben hat. Die Pädagogikvorlesung an der Königsberger Universität hielten verschiedene Professoren im Wechsel; Kant war im Laufe der Jahre viermal an der Reihe. Auch wenn Rinks Edition nicht immer verlässlich ist, gibt sie uns doch einen guten Einblick in Kants pädagogisches Denken.

Kant zufolge geht es in der Erziehung um die Entwicklung der «Persönlichkeit» eines «frei handelnden Wesens, das sich selbst erhalten und in der Gesellschaft ein Glied ausmachen, für sich selbst aber einen inneren Wert haben kann» (9:455). Kant unterscheidet damit vier Erziehungsziele: *Erstens* soll Erziehung aus dem unfreien, weil instinktgeleiteten Kleinkind im Laufe der Zeit ein «frei handelndes» (und frei denkendes) Vernunftwesen machen. Sie soll das Kind *zweitens* in die Lage versetzen, sein Leben selbständig und unabhängig von der Hilfe anderer zu führen («sich selbst erhalten») und *drittens* ein nützliches, aber auch zufriedenes Mitglied «der Gesellschaft» zu werden. *Viertens* schließlich soll das Kind zu einem autonomen moralischen Subjekt heranwachsen, das über den «inneren Wert» der Menschenwürde verfügt und diese auch in anderen Menschen achtet. Diesen vier Zielen entsprechen vier unterschiedliche Aspekte der Erziehung, die Kant als Disziplinierung, Kultivierung, Zivilisierung und Moralisierung bezeichnet (9:449f.).[4]

Grundsätzlich empfiehlt Kant, der freien Entwicklung des Kindes ihren Lauf zu lassen (solange es sich und anderen nicht schadet; 9:454). Stärker als Rousseau betont Kant aber auch die Notwendigkeit von «Zucht» und «Disziplin» (9:443f.) als erster Stufe der Erziehung. Sie besteht in der «Bezähmung der Wildheit» (9:449) und soll verhindern, dass natürliche Anlagen wie die zu Selbsterhaltung, Aggressivität und Sexualität, die der Mensch mit den anderen Tieren teilt, sich für den Einzelnen und die Gesellschaft nachteilig auswirken. Dazu sind auch

Verbote und Strafen nötig. Doch wie ist dieser Zwang damit vereinbar, dass das Ziel der Erziehung ein «frei handelndes Wesen» ist? «Eines der größten Probleme der Erziehung ist, wie man die Unterwerfung unter den gesetzlichen Zwang mit der Fähigkeit, sich seiner Freiheit zu bedienen, vereinigen könne. Denn Zwang ist nötig! Wie kultiviere ich die Freiheit bei dem Zwange?» (9:453)

Diese Frage stellt sich für Kant mit besonderer Dringlichkeit, denn das letzte Ziel der Erziehung ist ihm zufolge die Moralisierung. Aber moralisch wertvoll ist eine gute Tat Kant zufolge nur dann, wenn sie freiwillig getan wird (Kapitel 8). Die Lösung dieses Problems sieht Kant darin, dass an die Stelle des äußeren Zwangs nach und nach die Einsicht tritt, dass die Regeln, denen das Kind (zunächst instinktiv oder aus Angst vor Strafe) folgt, tatsächlich richtig und vernünftig sind: «Aus Pflicht etwas tun, heißt: der Vernunft gehorchen» (9:483). Freiheit, so Kant, ist nichts anderes als die Fähigkeit zur Befolgung von als richtig eingesehenen Regeln. Wir begegnen hier der (ebenfalls von Rousseau inspirierten) kantischen Grundeinsicht, dass Freiheit nicht Gesetzlosigkeit oder «Wildheit» ist, sondern in der Fähigkeit besteht, Gesetze zu befolgen, sofern diese vernünftig begründet sind (Kapitel 9). Es ist also gerade die «Disziplin», die Domestizierung der eigenen Instinktnatur durch Einübung des Regelbefolgens, die aus dem Kind ein «frei handelndes Wesen» macht.

An die Disziplinierung schließt Kant das dreiteilige Schema der Kultivierung, Zivilisierung und Moralisierung an, dass er an anderer Stelle auch auf die Menschheit als Ganze und ihre historische Entwicklung anwendet (z. B. 8:26). Als zweite Stufe umfasst die «Kultivierung» einerseits die Vermittlung von Wissen («Belehrung») und andererseits die Ausbildung von Fähigkeiten («Geschicklichkeiten»). Beides muss an die natürliche Neugierde der Kinder anknüpfen, kann aber nicht nur spielerisch geschehen, sondern erfordert auch «Arbeit» (9:470). Dabei hat die Ausbildung geistiger Fähigkeiten wie Verstand, Urteilskraft und Vernunft Vorrang vor der bloßen «Information» und Wissensvermittlung. Letztlich, so Kant, geht es darum, dass die Kinder «wirklich aufgeklärt werden» und «denken lernen» (9:450).

Dazu reicht es nicht aus, dass Kinder vorgegebene Inhalte auswendig lernen, sondern sie müssen zum Selbstdenken und eigenständigen Urteilen angeregt werden. Andererseits sollen Kinder aber auch nicht über alles «räsonieren», denn ihre Vernunft muss noch «geleitet» werden (9:476). Auch hier geht es also darum, die richtige Balance zwischen Freiheit und Zwang zu finden und letzteren so einzusetzen, dass er am Ende überflüssig wird. Die einzige Rechtfertigung des Zwangs ist die Ermöglichung von Freiheit (sowie der Schutz der Freiheit anderer) – ein Gedanke, der uns in anderer Form in Kants Rechtsphilosophie wiederbegegnen wird (Kapitel 11).

Die dritte Stufe der «Zivilisierung» versetzt den Menschen in die Lage, sich klug und gewandt an die historisch wandelbaren Regeln seiner Gesellschaft anzupassen, sodass «er beliebt sei und Einfluss habe» (9:450). Unter anderem müsse man lernen, «wie man die Menschen zu seiner Absicht gebrauchen kann» (9:486). Das kann natürlich nicht heißen, andere Menschen gegen ihre eigenen Interessen zu instrumentalisieren. Den Abschluss und das Ziel der individuellen Entwicklung (wie auch des gesellschaftlichen Fortschritts der Menschheit) bildet daher die «Moralisierung», die in der Fähigkeit mündet, aus einer moralischen Gesinnung heraus die moralisch richtigen Zwecke zu wählen. So darf man andere Menschen nur auf eine Weise «benutzen», der sie vernünftigerweise selbst zustimmen können. Besonders in der moralischen Erziehung empfiehlt Kant die «sokratische Methode», die darin besteht, das Kind durch geschicktes Fragen dazu zu bringen, die richtigen Einsichten selbst zu erlangen. Ihr Vorteil liegt nicht nur darin, dass man eine moralische Gesinnung ohnehin nur freiwillig, aus eigener Einsicht annehmen kann, sondern auch darin, dass man dasjenige «am gründlichsten lernt und am besten behält, was man gleichsam aus sich selbst lernt» (9:477).

Die vier Stufen der Disziplinierung, Kultivierung, Zivilisierung und Moralisierung bilden zwar eine grobe zeitliche Abfolge, sind aber auf der individuellen wie gesellschaftlichen Ebene nicht strikt zu trennen, sondern vielfältig miteinander verflochten. So ordnet Kant die Disziplin zwar der «physischen Erziehung» zu, doch diese umfasst neben der Kultivierung des Körpers auch die Entwicklung der geistigen Fähigkeiten, die «immer fortgeht» (9:472), also niemals zum Abschluss kommt. Kant war also ein früher Befürworter dessen, was man heute «lebenslanges Lernen» nennt. Das gilt auch für die Zivilisierung, da wir uns im Laufe unseres Lebens an veränderte Moden und Gebräuche anpassen müssen, und sogar für die Moralisierung. Ab dem Alter von etwa 16 Jahren tritt an die Stelle der Erziehung durch andere zunehmend die Arbeit an der eigenen Persönlichkeit, die Kant in moralischer Hinsicht als unabschließbaren Prozess der Selbstvervollkommnung beschreibt (6:51). Deren letztes Ziel, die Gründung eines moralisch gefestigten Charakters, ist, wie Kant in seiner *Anthropologie* ausführt, erst zwischen dem dreißigsten und vierzigsten Lebensjahr möglich (7:294; Kapitel 1).

Im Zusammenhang der physischen Erziehung äußert sich Kant übrigens auch ausführlich über Muttermilch und Stillen, Säuglingspflege und frühkindliche Erziehung – mit der Begründung, dass ein Hauslehrer («Hofmeister»), auch wenn er selbst für diese Phase der Aufzucht und Pflege nicht zuständig ist, als der «einzige Gelehrte im Haus» den Eltern in diesen Dingen oft Auskunft und Rat geben müsse (9:465). Man sieht daran, dass Kant seine Vorlesung auch als Teil der berufsbezogenen Ausbildung seiner Studenten versteht, von denen nicht wenige später als Hauslehrer arbeiten würden. Zugleich spiegelt Kants Vorlesung seine eigenen Erfahrungen in diesem Beruf wider. So beklagt er, dass die «Autorität» zwischen Eltern und Hofmeistern geteilt sei: Um das Kind nicht zu verwirren, sei es nötig, «dass die Eltern ihre ganze Autorität an die Hofmeister abtreten» (9:453). Man darf annehmen, dass Kant hier aus Erfahrung sprach und die Einmischung der Eltern in seiner Zeit als Hauslehrer zu Konflikten geführt hat. Übrigens scheint Kant seine eigene Befähigung als Hauslehrer nicht sehr hoch eingeschätzt zu haben. Wie Jachmann berichtet, pflegte Kant «über sein Hofmeisterleben zu scherzen und zu versichern, dass in der Welt vielleicht nie ein schlechterer Hofmeister gewesen wäre als er». Die lebenslange Anhänglichkeit einiger seiner Zöglinge spricht aber eine andere Sprache.[5]

Während Kant seine Vorstellungen über Erziehung wie Rousseau primär am Modell des Hofmeisters entwickelte, findet sich in seiner Pädagogikvorlesung kaum etwas über schulische Erziehung. Das ist aus drei Gründen überraschend. Erstens dürften nicht wenige seiner Zuhörer mit dem Ziel studiert haben, in den Schuldienst zu gehen beziehungsweise als Gemeindepfarrer auch Schulunterricht zu erteilen. Zweitens hat Kant sich sehr kritisch über seine eigene schulische Erziehung am Collegium Fridericianum geäußert, die er größtenteils als religiöse Indoktrinierung und äußerliches Einpauken lebensferner Inhalte erlebte.[6]

Und drittens war Kant als Aufklärer an dem Thema der Schulbildung außerordentlich interessiert, wie nicht zuletzt sein Engagement für das Philanthropin belegt.

Das Philanthropin war eine Reformschule, die Johann Bernhard Basedow 1774 in Dessau gegründet hatte. Kant stand mit Basedow und anderen Lehrern an dieser Schule im brieflichen Austausch und unterstützte sie in den späten 1770er Jahren, indem er in zwei kurzen Aufsätzen die Wichtigkeit dieser «Musterschule» für eine überfällige allgemeine Schulreform pries und in Königsberg Abonnenten für eine Zeitschrift warb, deren Erträge der Schule zugutekamen. In den 1780er Jahren sorgte Kant dafür, dass sein Freund Motherby seinen Sohn auf das Philanthropin schickte und dieser dort angenommen wurde.[7]

Tatsächlich waren öffentliche Schulen Kant zufolge einer Erziehung durch Hauslehrer grundsätzlich überlegen. Die Schule vermeide nicht nur die Weitergabe von «Familienfehlern», sondern zwinge die Kinder auch, sich mit anderen Kindern unangesehen ihres Standes und Vermögens zu messen. Sie fördert so das Bewusstsein, dass alle Menschen über die gleiche Würde verfügen und dass eine besondere Anerkennung nicht auf der gesellschaftlichen Stellung der Eltern beruht, sondern durch eigene Leistung verdient werden muss (9:453; 27:39). Mehrfach thematisiert Kant in seiner Pädagogikvorlesung die sozialen Aspekte schulischer Erziehung. So beklagt er, dass gute Schulen aus finanziellen Gründen sehr wenigen Schülern vorbehalten sind, die daher meistens Kinder «reicher Leute» seien (9:452). Ob Kant hier auch an seine Kindheitsfreunde aus der Königsberger Vorstadt gedacht hat, die anders als er nicht auf eine weiterführende Schule gehen konnten?

Wie eine gute Schule eingerichtet sein sollte, kann nach Kant nur die Erfahrung zeigen. Er versteht Erziehung als eine «Kunst», das heißt als eine erfahrungsbasierte methodisch angeleitete Praxis. Während die Ziele der Erziehung a priori, also allein durch vernünftiges Nachdenken, erkannt werden können, gilt dies für deren Mittel und Methoden nicht. Sie müssen, wie bereits Rousseau betont hatte, durch Beobachtung und Experiment entwickelt werden. Es sei daher wichtig, erst «Experimentalschulen» wie das Philanthropin einzurichten, in denen bestimmte Konzepte erprobt werden, um dann auf Grundlage dieser Experimente «Normalschulen» (9:451) zu gründen, die allen anderen als Vorbild dienen können. Dabei ging Kant über Rousseau hinaus, indem er als einer der Ersten eine wissenschaftliche Pädagogik als Grundlage für Erziehung und Schulbildung forderte: «Der Mechanismus in der Erziehungskunst muss in Wissenschaft verwandelt werden» (9:447).[8]

Als Kant 1740 anfing zu studieren, scheint er den Wechsel von der Schule zur Universität als Befreiung erlebt zu haben. Die damalige Universität bestand aus vier Fakultäten. Die drei «oberen» Fakultäten Recht, Medizin und Theologie bildeten die jungen Männer zu Juristen, Ärzten und Pfarrern aus. Die Philosophische Fakultät umfasste in Kants Zeit alle übrigen Fächer, von der Physik bis zur Dichtkunst. Kant hörte zwar auch Vorlesungen in der Theologie, war aber, wie es scheint, nie in einer der drei oberen, eher ausbildungsbezogenen Fakultäten eingeschrieben. Er interessierte sich von Anfang an vor allem für die Wissenschaften und die Philosophie. Als er nach seinen Jahren als Hauslehrer 1755 als Dozent an die Universität zurückkehrte, lehrte Kant in den ersten Jahren bis zu 24 Wochenstunden pro Semester, später, nach seiner Berufung auf die Professur für Logik und Metaphysik, immer noch 16 oder mehr.[9]

Für Kant muss die Universität Königsberg, die «Albertina», so etwas wie ein intellektuelles Zuhause gewesen sein. Er gehörte ihr sein ganzes Erwachsenenleben in der einen oder anderen Form an. Von 1740 bis 1744 studierte Kant dort, doch auch danach, als er sich zunächst um seinen Vater und die Geschwister kümmerte und dann Hauslehrer wurde, scheint er weiter an der Universität als «studiosus philosophiae» eingeschrieben gewesen zu sein. Von 1755 bis 1770 lehrte Kant dort als Magister, dann bis 1796 als Professor für Logik und Metaphysik. Auch danach war Kant als Emeritus weiterhin Mitglied der Universität. Er gehörte seit 1780 dem Senat der Universität an – ein Amt, das Kant auch über das Ende seiner Lehrtätigkeit noch eine Weile behielt – und war zweimal Rektor. Auch wenn Kant diese Ämter als Belastung empfand, hielten sie ihn nicht davon ab, weiterhin Vorlesungen zu halten und Bücher und Aufsätze zu verfassen.[10]

Im Laufe der vier Jahrzehnte, die Kant an der Universität Königsberg unterrichtete, haben tausende von jungen Männern seine Vorlesungen gehört und sind von ihm ausgebildet worden. Viele von ihnen haben sich später begeistert über Kants lebendigen Vortragsstil, seinen Humor und die inhaltliche Originalität seiner Vorlesungen geäußert. Seine Vorlesungen waren von Anfang an sehr gut besucht, was für den jungen Kant auch finanziell vorteilhaft war, da er von den Hörergeldern gut leben konnte.

Allerdings musste Kant, wie alle Hochschuldozenten in Preußen, die meisten seiner Vorlesungen nach offiziell zugelassenen Lehrbüchern halten. Doch das bedeutet nicht, dass Kant deren Inhalte unkommentiert an seine Zuhörer weitergab, wie die zahlreichen erhaltenen Mitschriften seiner Vorlesungen zeigen. Immer wieder finden sich darin Formulierungen wie «Unser Autor sagt …», mit denen Kant die Position des Lehrbuches wiedergibt, nur um sie anschließend zurückzuweisen («so ist das falsch») und seine eigene Position darzustellen (z. B. 27:271). In seinen späteren Jahren folgte Kant meist nur noch dem Inhaltsverzeichnis der Kompendien («Der Autor redet noch von …») und präsentierte dann gleich seine eigene Theorie (z. B. 27:318). Für mehrere Vorlesungen hatte Kant zudem die Genehmigung, sie ohne Lehrbuch zu halten, vor allem für seine beiden populärsten Vorlesungen über Anthropologie und physische Geografie, denn für sie gab es keine Kompendien.

Dort vermittelte Kant auch lebenspraktische Kenntnisse und Fähigkeiten. So riet er angehenden Lehrern, sich den eigenen Geist als aus verschiedenen Behältern bestehend vorzustellen und sich bei neu Gelerntem zu fragen: «in welchen Behälter gehört dies?» Auf diese Weise könne man es leichter wiederfinden. In anderen Vorlesungen sprach Kant offen über Themen wie Alkoholmissbrauch und Sex, die im Leben seiner jungen Zuhörer offenbar eine wichtige Rolle spielten. Was den Alkohol anging, riet Kant nicht zu Abstinenz, sondern zur Mäßigung (7:170). Vorehelichen Sex hingegen lehnte Kant den Vorstellungen seiner Zeit entsprechend ab und erteilte den Ratschlag, «dass der Jüngling warte, bis er im Stande ist, sich ordentlich zu verheiraten» (9:498). Überhaupt riet Kant zum Aufschub der Befriedigung, wenn auch aus einem Grund, der nicht zum verbreiteten Bild von Kant als sinnenfeindlichem Moralapostel passt: «Junger Mann! versage dir die Befriedigung (der Lustbarkeit, der Schwelgerei, der Liebe und der gleichen), wenn auch nicht in der stoischen Absicht, ihrer gar entbehren zu wollen, sondern in der feinen epikurischen, um einen immer noch wachsenden Genuss» in Aussicht zu haben (7:165). Wer die sexuelle Befriedigung aber nicht aufschieben wolle oder könne, für den sei es immer noch besser, «sich mit dem andern Geschlechte» einzulassen, als sich selbst zu befriedigen, denn während letzteres gegen die natürliche Ordnung verstoße, verletze Sex vor der Ehe nur die bürgerliche Ordnung und sei insofern vorzuziehen (9:498).[11]

In seinen Vorlesungen blieb Kant seiner aufklärerischen Maxime treu und bemühte sich, seine Zuhörer zu eigenem Nachdenken anzuregen: «Sie werden bei mir nicht Philosophie lernen, aber *philosophieren*; nicht Gedanken bloß zum Nachsprechen, sondern *denken*». Sein früher Schüler Borowski erinnert sich: «Selbst denken – selbst forschen, – auf seinen eigenen Füßen stehen, – waren Ausdrücke, die unablässig wieder vorkamen». Ganz in Übereinstimmung mit seiner eigenen pädagogischen Theorie ging es Kant in seinen Vorlesungen nicht in erster Linie um Wissensvermittlung, sondern darum, dass seine Studenten zu mündigen Bürgern und freien Menschen wurden.[12]

TEIL II

Die Moral der Vernunft

«[S]o ist die Vernunft das Vermögen, von dem Allgemeinen das Besondere abzuleiten und dieses letztere ... nach Prinzipien und als notwendig vorzustellen. – Man kann sie also auch durch das Vermögen nach Grundsätzen zu urteilen und ... zu handeln erklären».

Anthropologie in pragmatischer Hinsicht (7:199)

6

Kult der Vernunft: Von Menschen, Göttern und Außerirdischen

Während man in Deutschland über Kants religionsphilosophisches Hauptwerk diskutierte, sein 1793 erschienenes Buch *Die Religion innerhalb der Grenzen der bloßen Vernunft*, schritt man im revolutionären Frankreich zur Tat. Am 20. Brumaire des Jahres II der Französischen Republik (dem 13. November 1793 der alten Zeitrechnung) wurde aus der Kathedrale Notre-Dame, dem Herzstück des französischen Katholizismus, ein «Tempel der Vernunft». Gewidmet war dieser Tempel der Gottheit *Raison* (Vernunft), die nun alle zehn Tage (also nach Ablauf einer ‹Woche› der neuen revolutionären Zeitrechnung) in einer «Fête de la Raison» verehrt wurde, bei der eine Frauengestalt in weißem Gewand die Vernunft verkörperte. Der Vernunftkult als Ersatz für den katholischen Gottesdienst verbreitete sich schnell über weite Teile Frankreichs, stieß dabei aber auf massiven Widerstand nicht nur des Klerus und weiter

Teile der Bevölkerung, sondern auch von Revolutionären wie Georges Danton und Maximilien Robespierre. Nach nur einem Jahr wurde er durch einen «Kult des höchsten Wesens» ersetzt, der die traditionelle Religion in Frankreich aber ebenfalls nicht dauerhaft verdrängen konnte.[1]

Natürlich ging der französische Vernunftkult nicht auf die Philosophie Kants zurück. Vielmehr waren beide – der Kult und Kants Philosophie – Ausdruck und Endpunkt einer seit dem 17. Jahrhundert zunehmenden Vernunftbegeisterung im Kontext der Aufklärung. «Vernunft», «raison», «reason» und das lateinische «ratio» mit seinen Derivaten «rational» und «rationell» gehörten neben Worten wie «Fortschritt», «Aufklärung», «Wissenschaft», «Nutzen» und «Freiheit» zu den Leitworten des 18. Jahrhunderts, die aufgrund der Verheißungen einer rational geplanten Zukunft und einer vernünftig eingerichteten Gesellschaft in aller Munde waren. Wie sich im Fall des Wortes «Aufklärung» schon gezeigt hatte, blieb aber oft unklar, was mit diesen Worten genau gemeint war (Kapitel 4).

Mit dem Begriff der Vernunft verband sich unter anderem die Vorstellung einer Rationalisierung der Lebensverhältnisse, die am Prinzip der Nützlichkeit und Effizienzsteigerung orientiert war. Ein Beispiel dafür sind die neuen Maßeinheiten der Französischen Republik. 1794 wurde statt des umständlichen duodezimalen Systems von Elle, Zoll und Fuß, Unze und Pfund in Frankreich das dezimale Maßsystem von Meter und Gramm eingeführt, mit dem sich schneller rechnen und umrechnen ließ. An die Stelle der biblischen siebentägigen Woche traten zehntägige Dekaden. Es gab sogar den Plan, die Zeitrechnung komplett auf das Dezimalsystem umzustellen: Wochen mit zehn Tagen, eingeteilt in zehn Stunden zu je 100 Minuten mit jeweils 100 Sekunden. Der Plan scheiterte nicht zuletzt daran, dass er alle vorhandenen Uhren unbrauchbar gemacht hätte. Manchmal bedeutet mehr Effizienz in einer Hinsicht weniger Effizienz in einer anderen.[2]

Ein anderer Aspekt der Vernunftbegeisterung des 18. Jahrhunderts war die Kritik an der Religion. Während die wenigen radikalen Atheisten jener Zeit (Kapitel 28) jede Art von Religion als irrationalen Aberglauben betrachteten, bemühte sich die Mehrheit der Aufklärer darum, zwischen den rational nachvollziehbaren Aspekten der traditionellen Religionen (vor allem des Christentums) und bloßem «Aberglauben» zu unterscheiden. Auf eine solche Religion «innerhalb der Grenzen der bloßen Vernunft» zielte auch Kants Religionsphilosophie (Kapitel 15).

Aber was genau meinte Kant mit «Vernunft»? Als Philosoph war er natürlich nicht nur von der allgemeinen Vernunftbegeisterung seiner Zeit beeinflusst, sondern auch und noch viel mehr von der philosophischen Tradition, in welcher der Begriff der Vernunft seit jeher eine zentrale Rolle gespielt hatte. Für Platon war die Vernunft (*logos*) die einzige Quelle beständigen Wissens, für Aristoteles war sie das Merkmal, das den Menschen als *zoon logon echon* (lateinisch: *animal rationale*, vernünftiges Tier) von den übrigen Tieren unterschied. Während das frühe Christentum das philosophische Streben nach vernünftiger Einsicht oft als menschliche Anmaßung betrachtete und dem Glauben unterordnete, bemühte sich die scholastische Philosophie des Mittelalters um eine Vermittlung von Vernunft und Glauben – nach der berühmten Formel des Anselm von Canterbury: *fides quaerens intellectum* («der nach vernünftiger Einsicht suchende Glaube»). Bei späteren Scholastikern wie Thomas von Aquin wird die menschliche Vernunft so zum Instrument der Erkenntnis der göttlichen Ordnung. Daran knüpfen die Philosophen und Naturwissenschaftler des 16. und 17. Jahrhunderts an, die begeistert feststellen, dass die göttliche Ordnung der Natur sich in Gesetzmäßigkeiten, Korrelationen und Kräften äußert, die sich mithilfe mathematischer Gleichungen exakt bestimmen und so rational erklären lassen. Das Buch der Natur, so Galileo Galilei, ist in der Sprache der Mathematik geschrieben. Die Vernunft ist die Fähigkeit, es zu lesen.[3]

Dabei umfasste das, was Philosophen unter Vernunft verstanden, traditionell zwei unterschiedliche Aspekte. Da ist zum einen die Fähigkeit, grundlegende Gesetze und Prinzipien zu erfassen und als wahr zu erkennen. Als wichtigstes Beispiel dafür galten die Axiome der euklidischen Geometrie, etwa das Axiom «Wenn A=B und B=C, dann ist A=C» («Was demselben gleich ist, ist einander gleich»). Die Wahrheit eines solchen Prinzips, so die verbreitete Annahme, lässt sich durch Vernunft unmittelbar einsehen. Euklid führte in seinem im 3. Jahrhundert entstandenen Werk *Elemente* alle Sätze der Geometrie auf fünf Grundprinzipien oder Axiome zurück, aus denen sie durch logisch stringente Beweise abgeleitet werden konnten. Die Fähigkeit, solche Beweise zu führen, das heißt die Fähigkeit zu logischem Schlussfolgern und folgerichtigem Denken, ist der zweite Aspekt, den die Philosophen mit der Vernunft verbanden. Beide Aspekte, Einsicht in Prinzipien und logisches Schlussfolgern, hatten miteinander gemeinsam, dass sie nicht auf sinnliche Wahrnehmung und Erfahrung angewiesen sind. Dass in allen Fällen von zwei Größen, die einer dritten gleich sind, diese notwendigerweise auch einander gleichen, kann man nicht durch Nachmessen feststellen, sondern nur durch Nachdenken einsehen. Und dass dann, wenn alle Menschen sterblich sind und Sokrates ein Mensch ist, auch Sokrates sterblich ist, kann man erkennen, ohne irgendetwas Genaueres über Menschen im Allgemeinen und Sokrates im Besonderen zu wissen. Das Wissen von grundlegenden Prinzipien, so der philosophische Sprachgebrauch, ist ebenso wie das Wissen über logische Schlussfolgerungen *a priori*, also ein Wissen unabhängig von Wahrnehmung und Erfahrung. Die Quelle solchen Wissens a priori ist die Vernunft.[4]

Allerdings kamen im Laufe der Neuzeit immer mehr Philosophen Zweifel, was den ersten Aspekt der Vernunft anging: das Prinzipienwissen. Auch wenn die pauschale Gegenüberstellung von «Empirismus» und «Rationalismus» viele Differenzierungen verschleiert, kann sie uns helfen, zwei verbreitete Auffassungen über die Reichweite von Vernunft und Erkenntnis a priori im 17. und 18. Jahrhundert zu unterscheiden. Empiristen wie Thomas Hobbes (1588–1679), John Locke (1632–1704) und David Hume (1711–1776) waren zutiefst beeindruckt von den Erfolgen der neuzeitlichen Naturwissenschaften, die ja nicht nur auf Mathematik, sondern auch auf Beobachtung, Experiment und deren Verallgemeinerung beruhten. Sie sahen die Vernunft daher als bloßes Mittel zur logischen Analyse und Verknüpfung empirischer Daten und nicht als eigenständige Erkenntnisquelle über die Welt. Wissen a priori, das allein auf vernünftigem Nachdenken beruht, gibt es nur über die logischen Beziehungen zwischen den Vorstellungen in unserem Geist. Alles Wissen über die Welt in Raum und Zeit und die dort geltenden Prinzipien und Gesetzmäßigkeiten geht dagegen letztlich auf Sinneseindrücke zurück.

Für Rationalisten wie René Descartes (1596–1650), Baruch de Spinoza (1632–1677) und Gottfried Wilhelm Leibniz (1646–1716) dagegen war gerade die täuschungsanfällige Sinneswahrnehmung keine verlässliche Erkenntnisquelle. Verlässliches Wissen beruhe letztlich allein auf der Vernunft, vor allem auf der rationalen Einsicht in allgemeine Prinzipien und Gesetze. Diese erkennen wir den Rationalisten zufolge nicht durch Beobachtung und Experiment, sondern im grundlegenden Fall durch unmittelbare rationale Einsicht, die Descartes auch als das «natürliche Licht» bezeichnete. So kann man Descartes zufolge die grundlegenden Naturgesetze, aber auch die Existenz Gottes und die Unsterblichkeit der Seele, ganz unabhängig von Beobachtungen und Erfahrung, allein durch vernünftiges Nachdenken erkennen. Empiristen wie Hobbes und Locke bestritten nicht, dass wir die Existenz Gottes und die Naturgesetze erkennen können, führten diese Erkenntnis aber letztlich auf Wahrnehmung und Erfahrung zurück.

Man kann den Unterschied zwischen Empiristen und Rationalisten und ihr unterschiedliches Verständnis der Leistungsfähigkeit menschlicher Vernunft auch anhand der «geometrischen Methode» veranschaulichen, also der Methode Euklids. Dessen Vorgehen in den *Elementen* galt seit der frühen Neuzeit als Paradebeispiel exakter Wissenschaft und als methodisches Vorbild, dem ein Rationalist wie Spinoza ebenso folgte wie der Empirist Hobbes und der Physiker Isaac Newton (1642–1726). Newton war es mit dieser Methode gelungen, die astronomischen Gesetze Keplers, die die Planetenbewegungen am Nachthimmel erklären, und die Fallgesetze Galileis, die das Verhalten von Körpern auf der Erde beschreiben, in einer einheitlichen Theorie auf wenige Grundkräfte und Prinzipien zurückzuführen – eine unerhörte Leistung, die Kant und seine Zeitgenossen nachhaltig beeindrucke und Kants Denken prägte (Kapitel 19). Wie Euklid arbeitete Newton mit wenigen grundlegenden Definitionen und Axiomen, aus denen er alle weiteren Kräfte und Gesetzmäßigkeiten der Mechanik logisch schlüssig ableitete. Demselben Modell folgte Spinoza in seinem Hauptwerk *Ethica, ordine geometrico demonstrata* («Ethik, nach geometrischer Ordnung bewiesen»), in dem er unter anderem für den Pantheismus argumentierte, also die These, dass Gott und Natur nur zwei Aspekte derselben Sache seien («deus sive natura») (Kapitel 28).

Doch auch wenn beide dem Vorbild Euklids folgten, gab es einen wichtigen methodischen Unterschied zwischen Newton, der dem Empirismus nahestand, und dem Rationalisten Spinoza. Während Newton «Hypothesen», die sich nicht durch Erfahrung bestätigen lassen, ablehnte, erkennen wir Spinoza zufolge die Wahrheit von Definitionen und Axiomen allein durch vernünftige Einsicht, ganz unabhängig von jeder Erfahrung. Während die Empiristen also nur einen Aspekt der Vernunft, nämlich das logische Schlussfolgern und folgerichtige Denken, als Quelle von Wissen a priori anerkannten, vertrauten die Rationalisten auch auf den anderen Aspekt, nämlich die unmittelbare Einsicht in die grundlegendsten Begriffe und Prinzipien.

Kant sieht eine seiner bedeutendsten Leistungen darin, den Gegensatz von Rationalismus und Empirismus überwunden zu haben, indem er die berechtigten Elemente beider Positionen miteinander verbindet. Seiner Auffassung nach vermittelt uns die Vernunft erfahrungsunabhängiges Wissen über die Realität: Darin hatten die Rationalisten Recht. Aber dieses Wissen bezieht sich nur auf Gegenstände unserer Erfahrung. Wissen über eine Welt jenseits aller sinnlichen Erfahrung, darin hatten die Empiristen Recht, kann uns die Vernunft nicht verschaffen. Und während wir die grundlegenden Gesetze der Welt in Raum und Zeit a priori einsehen können, wie auch die Rationalisten behaupteten, gilt dies Kant zufolge gerade nicht für Prinzipien, die über jede mögliche Erfahrung hinausgehen (Kapitel 25).[5]

Bei allen Unterschieden waren Rationalisten und Empiristen sich aber einig in ihrem aufklärerischen Bemühen um Wissen und Erkenntnis. Dieser Erkenntnisdrang nahm keine Rücksicht auf die überkommene Religion. Vielmehr musste sich umgekehrt die Religion daran messen lassen, ob sie mit den Ergebnissen philosophischer Reflexion und naturwissenschaftlicher Forschung vereinbar war. Diese religionskritische Haltung stieß in den christlichen Kirchen auf Widerstand. Die Verurteilung Galileo Galileis 1633, der gestützt auf seine astronomischen Forschungen der biblischen Aussage widersprach, dass die Sonne sich bewege und die Erde stillstehe, ist das berühmteste von unzähligen Beispielen für diesen Jahrhunderte währenden Konflikt zwischen neuzeitlich-aufklärerischem Denken und christlicher Kirche. Als Kant einhundert Jahre später in Königsberg das Collegium Fridericianum und seit 1740 die Albertus-Universität besuchte, bestand dieser Konflikt immer noch fort – nun in Gestalt des Streits zwischen Pietismus und Aufklärung.

Der Pietismus war eine protestantische Glaubensrichtung, die im 17. Jahrhundert aufkam und sich rasch in verschiedenen Spielarten in

Deutschland verbreitete. Sie betonte vor allem die individuelle Frömmigkeit und die «Heiligkeit» der Lebensführung. Grundlegend dafür war nicht die Vernunft oder die äußere Erfahrung, sondern der tief empfundene Glaube an Gott, oft gewonnen in einem persönlichen Bekehrungserlebnis. Wie in ganz Ostpreußen dominierte auch in Königsberg seit dem Beginn des 18. Jahrhunderts der «Hallische Pietismus» August Hermann Franckes, der orthodoxes Luthertum mit einer Betonung von individueller Bekehrung, Buße und Wohltätigkeit verband. Es war diese religiöse Haltung, die Kants Kindheit und Jugend prägte, von der er sich dann aber zunehmend distanziert hat.[6]

Kants Mutter Anna Regina Kant, deren Eltern aus Nürnberg nach Königsberg gezogen waren, war eine tiefgläubige Christin, die ihre neun Kinder – nur fünf erreichten das Erwachsenenalter – im pietistischen Glauben erzog. Immanuel, ihr viertes Kind, das sie «Manelchen» nannte, war 13 Jahre alt, als sie 1737 starb. Wir haben wenig verlässliche Zeugnisse über Kants Kindheit und Jugend, aber es scheint, dass Kant seine Mutter sehr geliebt und verehrt hat. Ob er sich auch auf eigene Erfahrungen stützte, als er schrieb, dass meistens «Väter ihre Töchter und Mütter ihre Söhne verziehen» (7:310)? Jedenfalls war Kant seinen Eltern, vor allem aber seiner Mutter für seine moralische Erziehung zeitlebens dankbar, während er über seine schulische Erziehung und die erzwungenen Frömmigkeitsbezeugungen im Collegium Fridericianum wenig Positives zu sagen hat.

Tugenden wie unbedingte Ehrlichkeit sich selbst und anderen gegenüber, Nächstenliebe und Frömmigkeit sowie die Prüfung des eigenen Gewissens dürften in Kants moralischer Erziehung im Mittelpunkt gestanden haben. Seine Mutter ist für Kant immer das Leitbild eines moralisch guten Menschen geblieben. Das mag mit dem frühen, für Kant sicherlich traumatischen Tod der Mutter zu tun haben, aber auch mit dessen besonderen Umständen. Anna Kant hatte eine schwerkranke Freundin gepflegt und sich dabei selbst angesteckt. Sie starb im Alter von nur 40 Jahren.[7] Kants reife Ethik lässt sich als ein Versuch verstehen, die mit Innerlichkeit und Selbstlosigkeit verbundene Moralauffassung der Mutter, die auf Nützlichkeitserwägungen und Folgenabschätzungen keine Rücksicht nahm und ganz auf die innere Gesinnung und den guten Willen abhob, von ihrem pietistischen Hintergrund zu lösen und auf eine rationale Grundlage zu stellen. Der Begriff, der Kant dieses Kunststück erlaubte, war der des «vernünftigen Wesens».

«Vernünftig» in diesem Sinn waren für Kant alle Wesen, die überhaupt über Vernunft verfügten, also über die Fähigkeit zu folgerichtigem Denken, Erkennen und Handeln. Selbst für *un*vernünftiges Verhalten muss man ein «vernünftiges Wesen», also vernunftbegabt sein, denn nur wer diese Fähigkeit hat, kann sie falsch oder schlecht ausüben. Die Vernunftfähigkeit ist allerdings komplexer, als es auf den ersten Blick scheinen mag. So muss man, um über sie zu verfügen, überhaupt erst einmal *denken* können, was für Kant bedeutet, dass man allgemeine Begriffe (wie *Mensch* oder *sterblich*) zu Urteilen oder Sätzen verbinden kann (*Sokrates ist ein Mensch*). Diese Fähigkeiten – der Verstand als die Fähigkeit, Begriffe zu bilden, und die Urteilskraft als die Fähigkeit, Urteile zu formen – sind erforderlich, um dann von einem Urteil zu einem anderen folgerichtig fortschreiten zu können (zum Beispiel von *Sokrates ist ein Mensch* und *Alle Menschen sind sterblich* zu *Sokrates ist sterblich*). Während Vernunft im engeren Sinn die Fähigkeit zu folgerichtigem Denken beschreibt, fasst Kant häufig auch Verstand und Urteilskraft unter das Vernunftvermögen in einem weiteren Sinn. Was die Vernunft in dieser erweiterten Bedeutung auszeichnet und von der empirischen Wahrnehmung unterscheidet, besteht auch für Kant darin, dass sie eine Quelle von Erkenntnissen a priori ist.

Folgerichtiges Denken bezieht sich aber nicht nur auf Urteile über Menschen, Dinge und ihre Eigenschaften, sondern auch auf Handlungen und die Frage, ob diese gut oder böse, klug oder unklug sind. So kann ich mir zum Beispiel allein durch vernünftiges Nachdenken klarmachen, dass ich Sport treiben sollte, falls ich die Absicht habe, fit zu bleiben, und falls sportliche Betätigung dazu ein notwendiges Mittel darstellt. Die Fähigkeit, Handlungen durch vernünftiges Denken als *gut* zu erkennen (entweder als nützlich oder als moralisch richtig), nennt Kant *praktische* Vernunft – im Gegensatz zur *theoretischen* Vernunft, die auf die Erkenntnis der Wahrheit gerichtet ist. Der Mensch als vernünftiges Wesen verfügt über beide Fähigkeiten – darin folgt Kant der traditionellen Bestimmung des Menschen als *animal rationale*.[8]

Doch ist der Mensch keineswegs das einzige vernünftige Wesen, dessen Existenz Kant in Betracht zieht. Da ist zunächst Gott, der, wenn es ihn denn gibt, kein körperliches, sondern ein rein geistiges und daher *vollkommen* vernünftiges Wesen ist. Was es heißt, zu denken, zu erkennen und zu handeln, ohne über einen Körper zu verfügen, ist für uns allerdings gar nicht vorstellbar. Wir können daher die Vernunft Gottes nur negativ und näherungsweise erfassen. Außer Gott könnte es nach Kant auch noch andere rein geistige Wesen mit Vernunft geben, die aber anders als Gott irgendwann entstanden und in ihren Fähigkeiten begrenzt wären, etwa die unsterblichen Seelen der Menschen oder die Engel (6:442). Allerdings bleibt auch diese Annahme spekulativ, denn wir wissen nicht, ob es solche Wesen wirklich gibt. Sollte es sie geben, würden sich ewige Seelen und Engel von uns lebenden Menschen vor allem darin unterscheiden, dass sie mangels Körper keine «sinnlichen Wesen» wären. Sie würden also nicht mithilfe äußerer Sinnesorgane (Augen, Ohren) wahrnehmen und auch nicht über körperlich bedingte Neigungen und Bedürfnisse verfügen (6:65 Anm.). Auch das ist im Einzelnen schwer vorstellbar und dient Kant vor allem als Kontrastfolie für das einzige vernünftige Wesen, das wir kennen, nämlich den Menschen.

Was den Menschen kennzeichnet, ist also, dass er zwar ein vernünftiges, aber eben kein rein vernünftiges, sondern zugleich ein sinnliches Wesen ist. Es ist unsere Sinnlichkeit, die unser Urteil fehlbar und unseren Willen anfällig für das Böse macht. Aber als konstitutiver Bestandteil des Menschen hat sie auch ihre guten Seiten. So ermöglicht sie nicht nur die Erfahrung von körperlicher Lust, sondern auch von Kunst und Naturschönheit (Kapitel 18). In seiner *Anthropologie* schwingt Kant sich sogar zu einer kleinen «Apologie für die Sinnlichkeit» auf, die allerdings nur ihren theoretischen Gebrauch betrifft («Die Sinne betrügen nicht», 7:146). Doch selbst ihren Einfluss auf unser Handeln bewertet Kant nicht ausschließlich negativ: Ein moralisches Gefühl und ein Gewissen zu haben sind nach Kant ebenso wie Nächstenliebe und Selbstachtung sinnlich-emotionale Bedingungen dafür, dass Menschen überhaupt moralisch ansprechbar sind (6:399). Es hat also auch sein Gutes, dass wir keine reinen Vernunftwesen sind.

Aber auch die Verbindung von Vernunft und Sinnlichkeit ist kein Alleinstellungsmerkmal des Menschen. Kant rechnete, anders als heutige Biologen, noch nicht mit der Möglichkeit, dass auch Tiere wie Menschenaffen, Raben, Tintenfische, Delfine oder Schweine über Vernunft verfügen können. Aber er dachte an eine andere Möglichkeit, die auch heute noch die Phantasie der Menschen beflügelt – nämlich an Außerirdische.

Kant hatte schon als Student durch die Vorlesungen des Königsberger Professors Martin Knutzen (1713-1751) die Physik Newtons kennengelernt und entwickelte in seiner Zeit als Hauslehrer eine auf Newtons Gravitationstheorie aufbauende Hypothese über die Entstehung von Galaxien und Sonnensystemen (Kapitel 19). In diesem Zusammenhang spekuliert Kant (wie manche seiner Vorgänger und Zeitgenossen auch) über die Existenz von Außerirdischen. Angesichts der unermesslichen Zahl von Sonnen und Planeten sei es nahezu sicher, dass sich auch auf anderen Planeten intelligentes Leben entwickelt hat (1:354). Vielleicht sind diese Wesen ganz anders beschaffen als wir, aber vernünftig könnten sie dennoch sein, ja vielleicht sogar vernünftiger als wir. Denn während die grobe Materie, aus der wir bestehen, unser Denkvermögen eher hemmt, könne die vermutlich feinere Materie der sonnenferneren Planeten dazu führen, dass ihre Bewohner intelligenter (und moralisch besser) sind als wir. Die «Hurtigkeit in ihren Vorstellungen, die Deutlichkeit und Lebhaftigkeit der Begriffe, die sie durch äußerlichen Eindruck bekommen, samt dem Vermögen sie zusammenzusetzen» (1:359), könnte der unseren überlegen sein. Andererseits könnten solche Wesen uns gegenüber aber auch Nachteile haben. So heißt es über 40 Jahre später in der *Anthropologie*: «Es könnte wohl sein: dass auf irgend einem anderen Planeten vernünftige Wesen wären, die nicht anders als laut denken könnten» (7:332). Doch auch das hätte durchaus sein Gutes, denn zumindest das Lügen, nach Kant das moralische Grundübel, dürfte diesen Wesen schwerfallen.

Kants Ethik beruht auf dem Gedanken, dass moralische Regeln für uns nicht deshalb gelten, weil wir Menschen mit bestimmten biologischen Merkmalen sind, und auch nicht deshalb, weil Gott uns diese Regeln gegeben hat, sondern weil diese Regeln *vernünftig* sind, also für alle vernünftigen Wesen gelten: für Gott und die Engel ebenso wie für Menschen und vernünftige Außerirdische (Kapitel 8, 9). Dabei widersteht Kant der in der Aufklärung verbreiteten Tendenz, das Vernünftige auf das (individuell oder kollektiv) Nützliche zu reduzieren. Kant bestreitet nicht, dass es auf lange Sicht meist nützlich und förderlich ist, der Vernunft zu folgen. Aber das Vernünftige zu tun ist auch dann richtig, wenn es sich einmal nicht auszahlen sollte.

Vernunft ist für Kant kein bloßes Mittel, sondern ein Selbstzweck. Es ist deshalb auch seine Vernunft und die damit verbundene Fähigkeit zu moralischem Handeln, die den Menschen zu einem «Zweck an sich» macht, ihm seine Würde verleiht und mit dem Göttlichen verbindet (Kapitel 8). Ja, die Vernunft selbst hat für Kant etwas Göttliches an sich. So heißt es in seinem unvollendeten Spätwerk, dem sogenannten *Opus postumum*, Gott sei kein «hypothetisches Ding», sondern «die reine praktische Vernunft selbst» (22:118). Da kommt Kant dem revolutionären *culte de la Raison*, der Verehrung der Vernunft als einer Gottheit, dann doch erstaunlich nahe – wenn auch ohne Vernunftdarstellerin im weißen Gewande.

«Der kategorische Imperativ ist also nur ein einziger und zwar dieser: handle nur nach derjenigen Maxime, durch die du zugleich wollen kannst, dass sie ein allgemeines Gesetz werde.»

Grundlegung zur Metaphysik der Sitten (4:421)

7

Großer Kant, der kategorische Imperativ hilft mir nichts!

In ihrer Verzweiflung wendet sich Maria von Herbert im Sommer des Jahres 1791 mit einem Brief an Kant. Die junge Frau aus Klagenfurt ist eine begeisterte Kantianerin und hatte die Liebe des Mannes, den sie heiraten wollte, verloren, nachdem sie ihm, angeleitet von Kants kategorischem Imperativ, eine harmlose Lüge gestand. Ihr Verehrer verlor das Vertrauen in sie, seine Liebe erlosch. Maria von Herbert fleht Kant um Rat an: «Großer Kant. Zu dir rufe ich wie ein Gläubiger zu seinem Gott um Hilf, um Trost, oder um Bescheid zum Tod». Sie denkt an Suizid, den Kants Ethik aber verbietet. «Nun setzen sie sich in meine Lag und geben sie mir Trost oder Verdammung. Metaphysik der Sitten hab ich gelesen samt dem kategorischen Imperativ, hilft mir nichts … eine Antwort, ich beschwöre dich, oder du kannst nach deinem aufgesetzten Imperativ selbst nicht handeln» (11:273f.).[1]

Der kategorische Imperativ ist Kants bekanntester Beitrag zur Philosophie. In seiner kürzesten Form lautet er: «Handle so, dass die Maxime deiner Handlung ein allgemeines Gesetz werden könne» (6:389). Vor allem im deutschsprachigen Raum hat er weit über die akademische Philosophie hinaus Eingang in das allgemeine Bewusstsein gefunden. Auf ihn haben sich nicht nur Widerstandskämpfer im NS-Reich wie der Musikwissenschaftler und Philosoph Kurt Huber berufen, der wegen seiner Zugehörigkeit zur «Weißen Rose» hingerichtet wurde, sondern auch der Organisator des Massenmordes an den europäischen Juden, Adolf Eichmann. Zwar räumte Eichmann 1960 bei seiner Vernehmung in Jerusalem ein, dass die Ermordung von Juden nicht mit dem kategorischen Imperativ vereinbar war. Er selbst aber habe als Befehlsempfänger unter Zwang gehandelt. Tatsächlich habe er während des Krieges Kants *Kritik der praktischen Vernunft* gelesen und sich so weit wie möglich am kategorischen Imperativ orientiert.[2]

Eichmanns Kant-Lektüre war offenbar nicht sehr gründlich, denn zu den eindrucksvollsten Stellen in der *Kritik der praktischen Vernunft* gehört das folgende Gedankenexperiment, mit dem Kant seine Leser konfrontiert: Ein Fürst verlangt von einem Untertanen bei Androhung des Todes, er solle einen ehrlichen Mann durch eine Falschaussage belasten und damit ins Verderben stürzen. Nun sollen wir uns vorstellen, was der Untertan wohl antworten würde, wenn wir ihn fragen, ob er in der Lage sei, «seine Liebe zum Leben … zu überwinden» und die Falschaussage zu verweigern: «Ob er es tun würde, oder nicht, wird er vielleicht sich nicht getrauen zu versichern; dass es ihm aber möglich sei, muss er ohne Bedenken einräumen. Er urteilt also, dass er etwas kann, darum, weil er sich bewusst ist, dass er es soll» (5:30). Auch Eichmann, so hätte Kant zweifellos erwidert, hätte dem politischen Druck seiner Vorgesetzen widerstehen können, wenn er sich denn tatsächlich am kategorischen Imperativ orientiert hätte.

Doch was besagt dieser Imperativ genau? Kant unterscheidet kategorische von hypothetischen Imperativen. «Kategorisch» bedeutet hier, dass der Imperativ für alle gilt und keine Ausnahmen erlaubt; «hypothetisch», dass er nur für diejenigen gilt, die bestimmte Ziele verfolgen, und daher Ausnahmen erlaubt. So ist die Aufforderung, rechtzeitig vor der Abfahrt des Zuges am Bahnhof zu sein, ein hypothetischer Imperativ, weil nicht jeder Mensch ein Interesse daran hat, diesen Zug zu erreichen. Und auch der Ratschlag, in jungen Jahren Geld für das Alter zurückzulegen, gilt nur hypothetisch, denn es kann zum Beispiel in Notlagen sinnvoll sein, das Geld schon früher auszugeben. Kategorische Imperative dagegen gelten immer und überall ohne Ausnahmen. Kants Beispiele dafür sind unter anderem, niemals zu lügen, anderen Menschen in Not zu helfen, die eigenen Talente nicht verkümmern zu lassen und sich kein Geld zu leihen, von dem man weiß, dass man es nicht zurückzahlen kann.[3]

Nach Kant gibt es also nicht nur «den» kategorischen Imperativ, der verlangt, nur nach verallgemeinerbaren Maximen zu handeln, sondern auch kategorische Imperative im Plural, die aber aus jenem abgeleitet oder durch ihn begründet werden können. Wie funktioniert diese Ableitung? Dazu muss man erst einmal wissen, was eine «Maxime» ist. Der Ausdruck stammt aus der französischen Moralistik des 17. Jahrhunderts und geht auf die Bezeichnung für den Obersatz in einem praktischen Syllogismus zurück, der «propositio maxima». In Kants Zeit bezeichnet er allgemeine Lebensregeln. Der französische Autor François de La Rochefoucauld veröffentlicht 1664 eine berühmte Sammlung von solchen mehr oder weniger geistreichen Maximen, darunter zum Beispiel: «Es bedarf größerer Tugenden, das Glück zu ertragen als das Unglück».[4] Doch während La Rouchefoucauld seine Maximen neutral in der dritten Person ausdrückt, versteht Kant darunter individuelle Handlungsregeln und formuliert sie daher in der Ich-Form: Ich will mir kein Geld leihen, das ich nicht zurückzahlen kann. Ich will reich werden, koste es, was es wolle. Oder: Wenn ich etwas versprochen habe, will ich es auch halten. Dabei versteht Kant Maximen nicht als gute Vorsätze, sondern als diejenigen Regeln, nach denen sich ein Mensch, bewusst oder unbewusst, auch tatsächlich richtet.

Dahinter steht die Annahme, dass menschliches Handeln, sofern vernünftig, immer auch regelgeleitet ist. «Vernünftig» heißt hier nicht unbedingt, das Gute und Richtige zu tun, und es heißt auch nicht, kalt, berechnend und gegen Gefühl und Intuition zu handeln. Es heißt vor allem, konsequent zu sein und sich nicht selbst zu widersprechen. Nehmen wir an, ich entschiede mich, mir Geld zu leihen, obwohl ich es nicht zurückzahlen kann, weil ich mich in einer Notlage befinde. Dann kann ich mich nicht damit herausreden, dass dies eine einmalige Ausnahme ist. Ich habe mich damit nämlich darauf festgelegt, dass es zumindest in einer Notlage wie der, in der ich mich befinde, richtig ist, mir Geld zu leihen, ohne es zurückzuzahlen. Anders gesagt: Die besonderen Umstände rechtfertigen aus meiner Sicht mein Verhalten in dieser besonderen Situation. Aber dann rechtfertigen sie es auch in jeder anderen Situation, die der jetzigen Notlage hinreichend ähnlich ist. Sofern ich vernünftig bin und mir nicht selbst widerspreche, treffe ich also eine Entscheidung nicht nur für den Einzelfall, sondern für alle gleich gelagerten Fälle. Und genau das ist eine Maxime: eine Regel, die besagt, dass ich mich unter diesen und jenen Umständen *immer so und so verhalten werde.*[5]

Unserer Maximen sind wir uns in vielen Fällen nicht bewusst, aber sofern wir konsequent sind und uns nicht widersprechen, handeln wir nach ihnen. Die Gesamtheit dieser Regeln macht das aus, was Kant den «Charakter» oder die «Gesinnung» eines Menschen nennt. Einen solchen Charakter hat man aber nicht einfach, man muss ihn sich Kant zufolge selbst «verschaffen». Das tut man, indem man sich die Maximen, nach denen man handelt, bewusst macht, sie prüft und nur diejenigen beibehält, die einer kritischen Überprüfung standhalten (7:294f.; Kapitel 1).

Doch an welchem Maßstab kann eine solche Überprüfung sich orientieren? Gesellschaftliche Erwartungen werden hier ebenso eine Rolle spielen wie die eigenen Vorlieben und Fähigkeiten. Doch diese Maßstäbe sind uns in gewisser Weise von außen vorgegeben und können sich verändern. Letztlich brauchen wir einen unabhängigen und verlässlichen Maßstab, und der, so Kant, kann nur der kategorische Imperativ sein: Handle nur nach Maximen, die allgemeine Gesetze sein können. Denn nur auf diese Weise ist sichergestellt, dass unsere Maximen nicht nur kurzfristig einen stimmigen Charakter ausmachen, sondern auch dann noch zusammenpassen, wenn gesellschaftliche Erwartungen und die eigenen Vorlieben sich ändern sollten.

Welche Maximen erfüllen dieses Kriterium? Was heißt es, dass eine Maxime ein allgemeines Gesetz sein könnte? Kant erläutert das meistens an negativen Beispielen, etwa der Maxime des betrügerischen Kreditnehmens (4:422). Wenn diese Maxime ein allgemeines Gesetz wäre, dann hieße das, dass jeder Mensch sich Geld leihen dürfte, ohne es zurückzuzahlen. Doch dann, so Kant, würde niemand mehr Geld verleihen, sodass diese Maxime, zu einem allgemeinen Gesetz gemacht, sich selbst aufheben würde: Man könnte nach dieser Maxime nicht mehr erfolgreich handeln, wenn sie ein allgemeines Gesetz wäre.

Gegen diese Überlegung sind viele Einwände erhoben worden. Ist es wirklich der Fall, dass niemand mehr Geld verleihen würde, wenn der Schuldner es nicht zurückzahlen müsste? Vielleicht würde man nur größere Sicherheiten verlangen. Und selbst wenn niemand mehr Geld verleihen würde, was wäre daran so schlimm? Die christlichen Kirchen hatten den Geldverleih gegen Zins ohnehin lange verboten. Und könnte jemand nicht einfach in Kauf nehmen, dass niemand mehr Geld verleihen würde, solange er selbst dieses eine Mal noch mit seiner betrügerischen Absicht durchkommt?

Diese Einwände sind insofern berechtigt, als Kant manchmal den Eindruck erweckt, der kategorische Imperativ sei ein narrensicheres Verfahren, das ohne größere Mühe und Abwägungen für jede denkbare Situation automatisch das richtige Resultat liefert (z. B. 4:403f.). Doch so einfach kann es nicht sein. Das liegt vor allem daran, dass man jede Situation unterschiedlich beschreiben kann und damit auch zu unterschiedlichen Maximen kommt, die es zu prüfen gilt. Lautet meine Maxime, mir immer, wenn ich Geld brauche, welches zu leihen, selbst wenn ich es nicht zurückzahlen kann? Oder lautet sie, dies nur in größter Not zu tun und nur dann, wenn zumindest nicht ausgeschlossen ist, dass ich das Geld zurückzahlen kann, auch wenn dies unwahrscheinlich ist? Dass die letztere Maxime sich als allgemeines Gesetz selbst aufheben würde, ist keinesfalls ausgemacht, denn sie würde ja nur auf sehr wenige Fälle zutreffen und nicht die Institution des Geldverleihens generell unmöglich machen. Andererseits könnte man einwenden, dass die eigene Not und die vage Hoffnung, das geliehene Geld zurückzuzahlen, für die Frage, ob man sich Geld leihen darf, gar nicht relevant sind: Wer sich Geld leiht, muss es zurückzahlen, Punkt. Wenn ich nicht sicher bin, dass ich dies kann, darf ich eben keine Schulden machen. Not und Hoffnung, so der Einwand, sind hier nicht relevant. Oder doch, wenn die Not nur groß genug ist?

Wie auch immer man diese Frage beantwortet: Um zu beurteilen, *welche* Maxime man prüfen muss, braucht man bereits moralische Urteilskraft, also eine Sensibilität dafür, welche Umstände in der jeweiligen Situation moralisch relevant sind und welche nicht. Das ist der berechtigte Punkt in Hegels berühmtem Formalismuseinwand gegen den kategorischen Imperativ.[6] Dieser, so Hegel, sei ein inhaltsleeres Kriterium, das sich für beliebige Zwecke missbrauchen lasse. Doch die Konsequenz aus diesem Einwand sollte nicht darin bestehen, dass man den kategorischen Imperativ verwirft, sondern darin, sich klarzumachen, dass seine Anwendung nicht im luftleeren Raum stattfindet. Sie geschieht immer in konkreten Situationen, in denen bestimmte Merkmale moralisch besonders relevant sind und andere nicht, und erfordert deshalb Augenmaß und Urteilskraft. Allerdings hat Kant dies zu wenig betont und manchmal sogar bestritten.

Das wird besonders deutlich an einer berühmt gewordenen Kritik, auf die Kant eine berüchtigte Antwort gibt. Im Jahr 1796 – Kant war schon ein alter Mann und seine Werke wurden in ganz Europa diskutiert – hatte der schweizerisch-französische Schriftsteller und Politiker Benjamin Constant eingewandt, dass Kants Ethik ein absolutes Lügenverbot zur Folge hätte, was zu absurden Konsequenzen führe. Man stelle sich vor, so Constant in einem französischsprachigen Aufsatz, im eigenen Haus verstecke sich ein Freund vor unrechtmäßiger Verfolgung. (Robespierres Schreckensherrschaft im revolutionären Frankreich lag erst zwei Jahre zurück.) Kant behaupte, dass man den Verfolgern auf die Frage, ob der Freund sich im Haus befinde, die Wahrheit sagen müsse – selbst dann, wenn dies den sicheren Tod des Freundes zur Folge hätte. Dagegen wendet Constant ein, dass man die Wahrheit nur denjenigen schulde, die ein Recht auf sie haben, und das haben die Verfolger in diesem Falle nicht. Man darf, ja muss sie daher belügen.

Constants Aufsatz erscheint ein Jahr später auch auf Deutsch und provoziert Kant umgehend zu einer Antwort unter dem Titel «Über ein vermeintes Recht, aus Menschenliebe zu lügen» (8:423–430). Kant beginnt kurioserweise mit dem Eingeständnis, wohl einmal gesagt zu haben, dass man in einer solchen Situation nicht lügen dürfe, auch wenn er sich nicht mehr erinnern könne, wo das war. Tatsächlich hat Kant sich in keiner seiner Schriften zu einem solchen Fall geäußert. Er war in eine Falle getappt, die Constant ihm gestellt hatte.[7]

Aber es kommt noch schlimmer. Denn Kant verteidigt nun die ihm zugeschriebene Position unter anderem mit dem Argument, dass man nicht wissen könne, ob man dem Freund nicht noch mehr schadet, wenn man lügt, als wenn man die Wahrheit sagt. Kant setzt voraus, dass man sich zwischen Lüge und wahrhaftiger Aussage entscheiden muss, weil Schweigen als ein Eingeständnis verstanden würde, dass der Freund sich im Haus befindet. Für die möglicherweise verheerenden Folgen einer Lüge sei man aber selbst verantwortlich, für die Folgen einer wahrhaftigen Aussage hingegen nicht. Wenn der Freund stirbt, weil man die Wahrheit gesagt hat, dann ist man nicht selbst schuld an seinem Tod, sondern seine Verfolger. Es sei also richtig, dass man niemals und unter keinen Umständen lügen dürfe, selbst nicht aus Menschenliebe, und um einen unschuldigen Freund zu retten.

Das ist ein extremes Beispiel für ein zentrales Merkmal der kantischen Ethik, nämlich die Tatsache, dass die voraussichtlichen Folgen des eigenen Handelns für die Frage, was moralisch richtig ist, keine Rolle spielen. Es kommt allein auf die Maxime an, nach der man handelt, also auf die Absicht und Gesinnung. Andere philosophische Ethiken, etwa der Utilitarismus, betonen dagegen umgekehrt die Konsequenzen des eigenen Tuns, sofern sie die Vermehrung von Glück und Vermeidung von Leid betreffen.

Dass die moralische Bewertung meines Handelns nicht direkt von den voraussichtlichen Folgen abhängt, sondern von seiner Maxime, erscheint besonders plausibel, wenn wir über unser Tun in einem globalen Maßstab nachdenken. Ob ich mit dem Fahrrad zur Arbeit fahre oder mit einem SUV, hat auf den Klimawandel nur einen minimalen, ja vernachlässigbaren Einfluss. Wenn ich als einzelner Mensch fair gehandelte Kleidung kaufe, ändert das fast nichts an der Ausbeutung von Arbeitskräften in Billiglohnländern. Aber, so Kants berechtigter Punkt, darauf kommt es für die moralische Bewertung gar nicht an. Was zählt, ist die jeweilige Maxime: sich möglichst umweltfreundlich fortzubewegen und nicht von Ausbeutung zu profitieren. Nach diesen Maximen zu handeln ist nicht wegen der (minimalen) positiven Effekte richtig, sondern weil darin die richtige moralische Haltung zum Ausdruck kommt. Natürlich müssen wir uns darum bemühen, dass unser Handeln, eventuell gemeinsam mit dem vieler anderer Menschen, auch gute Wirkungen hat (Kapitel 10). Aber es sind nicht diese Wirkungen, die den moralischen Wert unserer Handlungen ausmachen, sondern, wie Kant sagt, der «gute Wille», der in ihnen zum Ausdruck kommt (4:393).

Doch auch wenn man Kant zugesteht, dass es bei der moralischen Bewertung unseres Handelns in erster Linie auf die Absicht und nicht auf die Wirkung ankommt, kann man mit seiner Antwort auf Constant nicht zufrieden sein. Einen Freund ans Messer zu liefern, nur um selbst nicht lügen zu müssen, ist nicht moralisch geboten, sondern verachtenswert und feige. Doch spricht das nicht unbedingt gegen den kategorischen Imperativ, sondern gegen seine Anwendung durch Kant auf den Fall des versteckten Freundes. Tatsächlich folgt ein uneingeschränktes Lügenverbot nur dann aus dem kategorischen Imperativ, wenn man annimmt, dass die zu prüfenden Maximen sehr allgemein gehalten sein müssen, sodass die Alternative in unserem Fall lautet, entweder der Maxime «niemals lügen» zu folgen – oder eben nicht.

Doch ob es moralisch erlaubt oder gar geboten ist zu lügen, kann von den jeweiligen Umständen abhängen. Und die müssen sich in der zu prüfenden Maxime widerspiegeln, wenn man zu einem angemessenen Ergebnis kommen will. So ist die Maxime, die man in Constants Beispiel prüfen sollte, offenbar nicht «Ich will lügen, wann immer mir dies nützt» oder «Ich will lügen, wenn das für mich und meine Freunde einen Vorteil bringt» – Maximen, die den Test des kategorischen Imperativs natürlich nicht bestehen würden. Sondern die relevante Maxime lautet in etwa: «Ich will nicht lügen, es sei denn, die Lüge ist das einzige Mittel, um ein großes Unrecht zu verhindern, und verletzt keine berechtigten Interessen anderer Menschen». Diese Maxime berücksichtigt indirekt auch die Folgen des eigenen Tuns, hier vor allem die Verhinderung eines Unrechts. Doch moralisch ausschlaggebend sind nicht die tatsächlichen oder intendierten Folgen selbst, sondern die Verallgemeinerbarkeit der Maxime. Tatsächlich spricht nichts dagegen, dass diese Maxime ein allgemeines Gesetz sein könnte. Anders als man Kant oft vorgeworfen hat, ergibt sich also aus dem kategorischen Imperativ keineswegs, dass die Folgen des eigenen Handelns gar keine moralische Bedeutung haben, und anders als Kant selbst annahm, folgt aus ihm auch kein uneingeschränktes Lügenverbot.[8]

Wie aber, so möchte man fragen, konnte sich Kant in der Anwendung seines eigenen kategorischen Imperativs irren? Diese Frage ist naheliegend, beruht aber auf einem Missverständnis. Sie setzt voraus, dass Kant den kategorischen Imperativ höchstpersönlich entdeckt hat und daher auch über besondere Autorität verfügt, was seine korrekte Anwendung betrifft. Doch das ist nicht der Fall und entspricht auch nicht Kants eigenem Selbstverständnis. Der kategorische Imperativ ist nämlich, so Kant, keineswegs seine Entdeckung und erst recht nicht seine Erfindung, sondern nur eine präzisere Formulierung desjenigen Prinzips – Kant spricht vom «Sittengesetz» –, das jedem Menschen kraft seiner Vernunft ohnehin vertraut ist (5:31–33): «Wer wollte aber auch einen neuen Grundsatz aller Sittlichkeit einführen und diese gleichsam zuerst erfinden? Gleich als ob vor ihm die Welt in dem, was Pflicht sei, unwissend oder in durchgängigem Irrtume gewesen wäre» (5:8 Anm.). Tatsächlich, so Kant, wissen die allermeisten Menschen sehr gut, was in einer bestimmten Situation moralisch richtig ist und was nicht. Dabei orientieren sie sich an einem Prinzip, nämlich dem Sittengesetz, ohne dieses explizit formulieren zu können. Genau diese Formulierung leistet der kategorische Imperativ.

Dass der kategorische Imperativ keine Erfindung Kants ist, kann man sich unter anderem an der sogenannten Goldenen Regel klarmachen, die in unterschiedlichen Formulierungen in verschiedenen Kulturen seit Jahrtausenden verbreitet ist. Sie besagt, dass man andere Menschen genau so behandeln soll, wie man von ihnen behandelt werden will: «Was Du nicht willst, was man Dir tu, das füg' auch keinem andern zu». Das ist ein ähnlicher Gedanke wie der des kategorischen Imperativs. Da wir der Goldenen Regel zufolge *alle* Menschen so behandeln sollen, wie wir selbst von *allen* anderen Menschen behandelt werden wollen, folgt aus dieser Wechselseitigkeit zugleich, dass ich will, dass meine eigene Handlungsweise zu einem allgemeinen Gesetz wird.[9]

Doch Kant selbst weist auf die Unterschiede hin (4:430 Anm.). Die Goldene Regel sei nur eine aus dem allgemeinen Sittengesetz abgeleitete Regel, die weder die Pflichten gegenüber sich selbst noch alle Pflichten gegenüber anderen erfasse. Nur der kategorische Imperativ bindet den eigenen Willen an einen vernünftigen und damit unparteiischen Standard. Die Goldene Regel dagegen erlaubt es zumindest ihrem Wortlaut nach, andere Menschen schlecht oder ungerecht zu behandeln, solange man umgekehrt bereit ist, eine solche Behandlung von anderen zu ertragen. Kant zeigt das mit folgendem Beispiel: Vermutlich würden sich viele Richter, wenn sie selbst ein Verbrechen begangen hätten, einen

Freispruch wünschen, selbst wenn dieser nicht rechtens wäre. Nach der Goldenen Regel müssten sie also umgekehrt alle Verbrecher freisprechen, was natürlich weder moralisch noch rechtlich zulässig wäre. Der kategorische Imperativ dagegen abstrahiert von den zufälligen und zum Teil irrationalen Wünschen der Einzelnen und fragt danach, ob man «wollen kann» – also: *vernünftigerweise* wollen kann –, dass die eigene Maxime zum allgemeinen Gesetz werde. Auch ein Richter, der für sich selbst einen ungerechtfertigten Freispruch wünscht, kann vernünftigerweise nicht wollen, dass alle Richter das Recht brechen, indem sie schuldige Verbrecher freisprechen. Der kategorische Imperativ bringt also dieselbe Idee von Wechselseitigkeit und Unparteilichkeit zum Ausdruck wie die Goldene Regel, jedoch in einer allgemeineren und präziseren Form. Darin, und nicht in der Entdeckung eines neuen Moralprinzips, besteht Kants besondere Leistung.

Damit haben wir aber noch keine Antwort auf die Frage, warum Kant in der Anwendung des kategorischen Imperativs auf das Beispiel des verfolgten Freundes zu einem so eklatant falschen Ergebnis kommt. Dafür gibt es eine Reihe möglicher Erklärungen. Einige sind biografisch-psychologischer Natur und bleiben daher spekulativ. So scheint Kant in seiner früh verstorbenen Mutter Anna Regina Kant das Beispiel einer einfachen und ungebildeten Person gesehen zu haben, die über große Herzensgüte und einen sicheren moralischen Kompass verfügt (Kapitel 5). Es kann daher, so Kants Folgerung, nicht auf Bildung und Scharfsinn ankommen, um ein moralisch guter Mensch zu sein. Moralische Regeln müssen nach dem Vorbild der Zehn Gebote klar und einfach formuliert sein. Ein Lügenverbot mit komplexen Ausnahmen genügt diesem Anspruch nicht. Auch hat Anna Kant ihre Kinder, ganz im Sinne ihres pietistischen Glaubens, zu strenger Selbstprüfung und Aufrichtigkeit erzogen, und Kants Vater soll bei seinen Kindern keine Lüge geduldet haben.[10] All das könnte Kant zu seiner grundsätzlichen und ausnahmslosen Ablehnung von Lügen geführt haben, wobei er allerdings an anderer Stelle sogenannte Höflichkeitslügen von diesem Verbot ausnimmt (weil sie streng genommen keine Lügen seien) (z. B. 6:431; 27:62; 27:231; 27:449f.).

Neben diesen biografischen Erklärungen gibt es aber auch philosophische Gründe für Kants Position, selbst wenn sie letztlich nicht überzeugen kann. So geht man mit einer gutgemeinten Lüge ja tatsächlich das Risiko ein, mehr zu schaden als zu nutzen, denn gutgemeint ist bekanntlich oft das Gegenteil von gut. Und richtig ist auch, dass man Lügen vermeiden sollte, wann immer dies moralisch vertretbar ist. Selbst im Fall des verfolgten Freundes spricht es ja zunächst einmal *gegen* den Versuch, ihn zu schützen, dass dafür eine Lüge erforderlich ist. Aber der entscheidende Punkt ist, dass noch gewichtigere Gründe *für* diese Lüge sprechen, nämlich dass sie die einzige Möglichkeit ist, ein unschuldiges Menschenleben zu retten. Diesen letzten Punkt scheint Kant in seinem Wunsch nach einfachen und klaren moralischen Regeln nicht genug berücksichtigt zu haben.

Auch wenn es Kant also gelungen sein sollte, das Grundprinzip moralischen Urteilens in einer neuen und klaren Weise in Worte zu fassen, ist er selbst in seiner Anwendung genauso fehlbar wie andere Menschen auch. Das absolute Lügenverbot ist nicht der einzige Fall, in dem Kant aus dem kategorischen Imperativ Konsequenzen ableitet, die aus heutiger Sicht unannehmbar erscheinen. So begründet Kant unter Berufung auf ihn unter anderem, dass die Selbsttötung aus Lebensüberdruss ebenso verboten ist wie homosexuelle Praktiken und die «wollüstige Selbstschändung» (Masturbation).[11]

Auch Kant war also kein moralisches Orakel, das auf jede moralische Frage die richtige Antwort gibt, sondern ein fehlbarer Mensch – wenn auch ein besonders kluger, klarsichtiger und reflektierter. Aber Fehler machte er gelegentlich natürlich trotzdem. Ein Beispiel dafür ist die traurige Geschichte von Maria von Herbert, die Kant in ihrem Brief anruft «wie ein Gläubiger seinen Gott», ihn also so als ein moralisches Orakel missversteht und glaubt, dass Kant, der den kategorischen Imperativ «aufgesetzt» hat, auch für seine Anwendung die letzte Autorität sei. Kant antwortete, wenn auch nach längerem Zögern, mit einem abstrakt-belehrenden Brief, in dem er die Entscheidung lobt, ihre Lüge ungeachtet der Folgen eingestanden zu haben. Das sei moralisch geboten gewesen und es gebe daher keinen Grund, diesen Schritt zu bereuen. Ihr Verehrer werde sie nur umso mehr lieben; und falls nicht, zeige das nur, dass seine Zuneigung von vornherein «mehr physisch als moralisch» gewesen sei. Wenn sie diese Lehre berücksichtige, werde die «verlorene Zufriedenheit des Lebens sich sicherlich von selber finden» (11:334).

Doch das war nicht der Fall. Im nächsten Brief aus dem Jahr 1793 schildert von Herbert ihre anhaltende Verzweiflung und schreibt: «Ich fordere … ihr Gefühl des Wohlwollens auf, mir etwas an die Hand geben, womit ich diese unerträgliche Leere aus meiner Seele schaffen könnt» (11:402). Kant gibt die Briefe der «kleinen Schwärmerin» zur Warnung vor solchen «Verirrungen» an die Tochter seines Freundes Motherby weiter (11:411). Maria von Herbert selbst antwortet er, soweit wir wissen, nicht mehr, auch nicht auf einen weiteren Brief im selben Jahr. Zehn Jahre später nimmt sich von Herbert das Leben.

Kant war 1791 ein älterer Herr, der viele unerbetene Zuschriften erhielt und mit seinen Kräften haushalten musste. Er war moralisch nicht verpflichtet, mit einer ihm persönlich nicht bekannten Briefschreiberin in einen längeren Austausch zu treten. Wahrscheinlich hätte sein Rat Maria von Herbert ebenso wenig geholfen wie der kategorische Imperativ («hilft mir nichts»). Aber dass Kant ihre existentielle Verzweiflung nicht wirklich ernst nahm («kleine Schwärmerin»), sich ein Urteil über ihren früheren Verehrer anmaßt («mehr physisch als moralisch») und ihre sehr privaten Briefe an Dritte weitergibt, zeigt doch, dass auch ihm der kategorische Imperativ nicht immer geholfen hat, die richtigen Entscheidungen zu treffen.

«Nun sage ich: der Mensch und überhaupt jedes vernünftige Wesen existiert als Zweck an sich selbst, nicht bloß als Mittel zum beliebigen Gebrauche für diesen oder jenen Willen, sondern muss in allen seinen sowohl auf sich selbst, als auch auf andere vernünftige Wesen gerichteten Handlungen jederzeit zugleich als Zweck betrachtet werden».

Grundlegung zur Metaphysik der Sitten (4:428)

8

Der Maurer als Zweck an sich

Am 22. April 1784 feierte Kant seinen 60. Geburtstag. Eine offizielle Feier an der Universität hatte bereits einige Monate zuvor stattgefunden, bei der Kant von Freunden und Schülern eine Medaille überreicht wurde (Kapitel 3). Dass Kant an seinem Geburtstag ein größeres Fest für Freunde und Schüler ausgerichtet hat, ist unwahrscheinlich. Aber wir können uns vorstellen, wie den ganzen Tag über Gratulanten vorsprachen und abends im Kreis seiner Freunde auf Kant angestoßen wurde. Kant stand in seinem 60. Lebensjahr auf dem Höhepunkt seiner philosophischen Entwicklung. Auch wenn sich der Siegeszug der kantischen Philosophie drei Jahre nach Erscheinen der *Kritik der reinen Vernunft* erst vorsichtig andeutete, konnte Kant mit sich und der Welt zufrieden sein. Einige seiner engsten Schüler, darunter Johann Gottfried Herder und Marcus Herz, waren inzwischen selbst bekannte Figuren im intellektuellen Leben Deutschlands geworden. Andere, wie Johann Schultz oder Ludwig Ernst Borowski, bekleideten bedeutende kirchliche Ämter in Königsberg. Kant hatte einige enge Freunde und einen weiten Bekanntenkreis. Auch wenn er in jüngeren Jahren vielleicht gerne geheiratet hätte, schien er sich inzwischen mit seinem Junggesellendasein abgefunden zu haben. Dennoch entschied sich Kant gerade jetzt zu einer wichtigen Veränderung seiner äußeren Lebensumstände: Der Philosoph kauft sich ein Haus.[1]

Kant hatte seit den fünfziger Jahren in wechselnden Unterkünften zur Miete gewohnt, zu denen jeweils auch ein Hörsaal gehörte, denn Vorlesungen fanden nicht in Universitätsgebäuden, sondern in Privaträumen statt, normalerweise bei den Dozenten zu Hause. Anfang der 1780er Jahre scheint Kant der gemieteten Zimmer überdrüssig geworden zu sein und hatte genug Geld gespart, um nach einem eigenen Haus Ausschau zu halten. Sein Freund Theodor Gottlieb Hippel, zu diesem Zeitpunkt Oberbürgermeister von Königsberg, machte ihn am Heiligabend 1783 auf ein geeignetes Haus aufmerksam, das zum Verkauf stand. Schon sechs Tage später unterschreibt Kant den Kaufvertrag. Allerdings war das Haus nicht gleich bezugsfertig, sondern musste erst renoviert und umgebaut werden. Unter anderem sollte durch Entfernen einer Wand ein Hörsaal entstehen. Der Umbau kostete 2000 Gulden, das Haus insgesamt 7500 Gulden oder 2500 Taler. Zum Vergleich: Kants Gehalt als Professor lag zu Anfang bei 160 Talern jährlich. Seit den 80er Jahren betrug Kants Gehalt aufgrund königlicher Zulagen ungefähr 400 Taler. Hinzu kamen Hörergelder, Einnahmen aus Buchtantiemen und die Zinsen seiner Einlagen im Handelshaus seiner Freunde Green und Motherby (Kapitel 12).[2]

An Kants Geburtstag war das Haus offenbar immer noch eine Baustelle. Und es war auch nicht die einzige Baustelle, mit der Kant 1784 beschäftigt war. Die andere war seine Moralphilosophie. Seit Beginn der 60er Jahre hatte sich Kant in Aufsätzen, Vorlesungen, Skizzen und Notizen immer wieder mit den philosophischen Grundlagen der Moral, einer «Metaphysik der Sitten» beschäftigt. Dafür wollte Kant nun in einem kurzen Buch zumindest die Fundamente legen. Er arbeitete an der *Grundegung zur Metaphysik der Sitten* bis in den Spätsommer 1784, sie erschien aber erst 1785. Es sollte Kants meistgelesenes und neben der *Kritik der reinen Vernunft* einflussreichstes Buch werden. Es gilt heute neben Werken wie der *Nikomachischen Ethik* des Aristoteles, David Humes *Enquiry Concerning the Principles of Morals* und John Stuart Mills *Utilitarianism*

Abb. 4: Das Wohnhaus in Königsberg, das Kant Ende des Jahres 1783 erwarb, nach einer Lithographie von Friedrich Heinrich Bils, 1842

als ein Meilenstein in der Geschichte der philosophischen Ethik und dient auch in aktuellen Debatten immer noch als wichtiger Bezugspunkt.

Viele Elemente der kantischen Ethik hatten sich bereits im Laufe der 1760er und 70er Jahre herausgebildet. So finden wir die Unterscheidung zwischen hypothetischen und kategorischen Imperativen der Sache nach schon in Aufsätzen aus den frühen 1760er Jahren. Und das Kriterium der Verallgemeinerung der eigenen Maxime (Kapitel 7) formuliert Kant in den 1770er Jahren in seinen Vorlesungen über Moralphilosophie, die er zwar nach einem Lehrbuch Alexander Gottlieb Baumgartens hielt, in denen er aber auch seine eigenen Ideen präsentierte und weiterentwickelte. Diese Vorlesungen sind zum Teil in ausführlichen Nachschriften erhalten, die meist keine privaten Notizen seiner Hörer waren, sondern sorgfältig mitgeschrieben und von professionellen Schreibern vervielfältig wurden, um sie an philosophisch Interessierte in und außerhalb Königsbergs zu verkaufen. Auch wenn diese Nachschriften Kants Vorlesungen vielleicht nicht immer wörtlich wiedergeben und gelegentliche Fehler enthalten, geben sie uns doch einen faszinierenden Einblick in die Entwicklung des kantischen Denkens. Sie zeigen, dass Kant die Grundzüge seiner Ethik bereits in den 1770er Jahren klar vor Augen standen.[3]

Es fehlte aber noch ein entscheidendes Element, nämlich die Antwort auf die Frage nach dem, was Kant den «Grund der Verbindlichkeit» der Moral nennt. Warum sind Menschen überhaupt verpflichtet, sich an moralische Regeln zu halten wie die, nicht zu morden, nicht zu lügen oder anderen in Not zu helfen – insbesondere auch dann, wenn dies ihrem Eigeninteresse zuwiderläuft? Im Laufe der vielen Jahre, die Kant über diese Frage nachgedacht hatte, war ihm klargeworden, dass die bis dahin in der Philosophie gegebenen Antworten unzureichend waren. Weder göttliche Gebote noch der Rekurs auf die Natur des Menschen, sein Eigeninteresse oder auf die Gesellschaft können die besondere Geltung moralischer Regeln verständlich machen (4:389).

Es sind drei zusammenhängende Merkmale moralischer Gebote, die Kant zu dieser Einsicht gebracht haben: ihre strikte Allgemeingültigkeit, ihr kategorischer Charakter und die besondere Form moralischer Motivation. Erstens gelten moralische Gebote für alle Menschen in vergleichbaren Situationen gleichermaßen. Für sich selbst Ausnahmen von moralischen Regeln zu machen, deren Einhaltung man von anderen verlangt, ist unmoralisch. Wenn es eine Ausnahme von einer moralischen Regel gibt, dann muss auch diese Ausnahme für alle gelten. So ist es falsch, Menschen zu töten – es sei denn in Notwehr. Aber diese Ausnahme, wenn sie moralisch vertretbar sein soll, gilt nicht nur für mich, sondern für alle Menschen, die in Notwehr handeln. Kant hat gesehen, dass sich aus dieser Allgemeingültigkeit moralischer Regeln ein einfacher Test ableiten lässt: Wenn eine bestimmte Handlungsweise moralisch erlaubt ist, dann muss es möglich sein, dass *alle* auf diese Weise handeln. Das ist der Grundgedanke des kategorischen Imperativs: Handle nur nach Maximen, die als allgemeine Gesetze gelten können. Wie wir bereits gesehen haben, braucht man für die Befolgung dieser Regel allerdings Urteilskraft. Wenn es moralisch erlaubt ist, Mannschaftskapitän zu werden, bedeutet das natürlich nicht, dass *alle* Spieler einer Mannschaft Kapitän werden können, sondern nur, dass *jeder* von ihnen es grundsätzlich werden kann. Es kommt hier auf die genaue Formulierung der Handlungsweise oder Maxime an, die wir auf ihre Verallgemeinerbarkeit prüfen (Kapitel 7).

Aus der Allgemeingültigkeit moralischer Regeln und Gebote folgt zweitens, dass ihre Geltung nicht von den wechselnden Neigungen und Motiven ihrer Adressaten abhängen kann: Sie gelten «kategorisch» oder «unbedingt», nicht nur «hypothetisch» oder «bedingt». Würde die Geltung einer moralischen Regel zum Beispiel unter der Bedingung stehen, dass ihr Adressat negative Konsequenzen vermeiden will (z. B. ewige Verdammnis oder gesellschaftliche Ächtung), dann könnte es Menschen geben, die bereit sind, solche Konsequenzen in Kauf zu nehmen. Für diese Menschen würde die Regel also nicht gelten; sie wäre nicht allgemeingültig (4:444).

Drittens muss die Befolgung moralischer Regeln aus einem ganz bestimmten Motiv erfolgen, nämlich um ihrer selbst willen. Wer nur deshalb nicht lügt, weil er Angst hat, erwischt zu werden, der wird einer Versuchung zu lügen nachgeben, wenn er glaubt, dass seine Lüge nicht entdeckt wird. Wer moralische Regeln zwar einhält, aber dies nur deshalb tut, weil es für ihn selbst vorteilhaft erscheint, handelt zwar, wie Kant es in der *Grundlegung* nennt, «pflichtmäßig», aber eben nicht «aus Pflicht» (4:397). In einer Vorlesung erläutert er diesen Unterschied wenig charmant, aber anschaulich: «Heirathet ein Mann eine schöne Frau, so wird er sie aus Neigung lieben. Wird sie durch die Jahre verrunzelt, und er liebt sie noch, so thut ers aus Pflicht» (27:1326). Nur wer die moralischen Gebote um ihrer selbst willen befolgt – also deshalb, weil dies moralisch richtig ist – handelt nicht bloß zufälligerweise moralisch richtig. Nur ein solches Handeln aus Pflicht hat, wie Kant es nennen wird, «moralischen Wert» (4:399).

Dieser Punkt ist oft missverstanden worden. Oft wird Kant unterstellt, dass nur diejenigen Handlungen moralischen Wert haben, die man ungern tut. So macht sich zum Beispiel Friedrich Schiller in den *Xenien* über Kants Ethik lustig:

Gewissensskrupel

Gerne dien ich den Freunden, doch tu ich es leider mit Neigung,
Und so wurmt es mir oft, daß ich nicht tugendhaft bin.

Decisum

Da ist kein anderer Rat, du mußt suchen, sie zu verachten,
Und mit Abscheu alsdann tun, wie die Pflicht dir gebeut.[4]

Doch das ist nicht, was Kant meint. Ihm geht es darum, dass eine moralisch korrekte Handlung, die man nur deshalb tut, weil sie für einen selbst oder die eigenen Freunde vorteilhaft ist, keine besondere moralische Anerkennung verdient. Jemand, der einem notleidenden Freund nur deshalb hilft, weil er sein Freund ist, wird ihm die nötige Hilfe verweigern, wenn die Freundschaft zerbricht. Sein Verhalten ist zwar korrekt, hat aber keinen «moralischen Wert». Diesen hat es nur, wenn er diesem Menschen auch dann geholfen hätte, wenn es sich nicht um einen Freund gehandelt hätte, einfach deshalb, weil er Hilfe braucht. Und das wiederum, so Kant, ist dann der Fall, wenn man die Übereinstimmung mit dem kategorischen Imperativ zur Bedingung seines Handelns macht. Man kann das auch so ausdrücken: Man soll nicht nur gelegentlich nach verallgemeinerbaren Maximen handeln, sondern man soll es sich zur *Maxime* machen, nur nach verallgemeinerbaren Maximen zu handeln. Nur dann, so Kant, hat man einen «guten Willen» und das eigene Handeln moralischen Wert (4:437).

Dass moralische Gebote durch die Merkmale der Allgemeingültigkeit und des kategorischen Charakters gekennzeichnet sind und um ihrer selbst willen befolgt werden müssen, hatte Kant sich bereits im Laufe der 1770er Jahre in Auseinandersetzung mit antiken und zeitgenössischen Autoren klargemacht. Dabei war ihm nach und nach klargeworden, dass aus diesen Merkmalen folgt, dass die Geltung moralischer Gebote nicht auf dem Willen Gottes, auf der Natur, dem Eigeninteresse oder den Forderungen der Gesellschaft beruhen kann. Aus den drei Merkmalen ergibt sich nämlich, dass *alle* Menschen über ein besonderes Motiv verfügen müssen, das sie bewegen kann, die moralischen Gebote um ihrer selbst willen zu befolgen (auch wenn dieses Motiv nicht immer handlungsbestimmend ist). Kant bezeichnet es als «Achtung fürs Gesetz» (4:400). Die Zurückführung moralischer Gebote auf den Willen Gottes, die Natur, das Eigeninteresse oder die Gesellschaft kann dieses spezifisch moralische Motiv nicht verständlich machen.

Nehmen wir zum Beispiel an, moralische Gebote würden deshalb gelten, weil Gott dies will. Wenn sich daraus ein Motiv ergeben soll, die moralischen Gebote zu befolgen, dann geschieht dies plausiblerweise nur auf dem Umweg über den Wunsch, dem Willen Gottes zu entsprechen. Doch ein solcher Wunsch kann weder bei allen Menschen vorausgesetzt werden noch würde er zu einer Befolgung der moralischen Gebote um ihrer selbst willen führen. Man würde sie befolgen, um dem Willen Gottes zu entsprechen. Auch der Rekurs auf die Natur, etwa die Natur des Menschen, oder auf die Regeln der Gesellschaft kann moralische Gebote nicht verständlich machen. Denn so kann man nur erklären, warum Menschen aufgrund der natürlichen Regung des Mitleids, des Wunsches nach Anerkennung oder anderer Motive häufig bereit sind, moralische Regeln zu beachten. Man kann so aber nicht ihre kategorische Geltung verständlich machen – also warum man sie selbst dann beachten *soll*, wenn solche natürlichen und sozialen Motive einmal nicht vorliegen. Wenn moralische Gebote immer und um ihrer selbst willen eingehalten werden müssen, dann darf ihre Befolgung auch keine Motive voraussetzen, die sich aus den wechselnden Interessen der Handelnden speisen. Ihre Begründung kann daher auch nicht auf das Eigeninteresse Bezug nehmen, denn worin dieses besteht, unterscheidet sich von Person zu Person und ändert sich für dieselbe Person im Laufe der Zeit.

Doch worauf beruht dann ihre «Verbindlichkeit», also ihr kategorisch verpflichtender Charakter? Das war die Frage, die Kants Vorgänger nicht beantwortet hatten und auf die auch er selbst lange keine befriedigende Antwort geben konnte. Kant hatte schon mehrere Anläufe unternommen, seine Gedanken zur Moralphilosophie zu Papier zu bringen, aber erst um Kants 60. Geburtstag nahmen sie diejenige Form an, die zur Veröffentlichung seines ethischen Hauptwerkes führen sollte.

Doch bevor Kant die Grundlegung seiner Ethik abschließen konnte, musste erst einmal sein Haus bezugsfertig werden. Kant dürfte gehofft haben, zu Beginn des Sommersemesters schon im eigenen Haus zu wohnen und seine Vorlesungen dort zu halten, aber die Umbauarbeiten waren aufwändiger als gedacht. Zudem hatten die beauftragten Handwerker ihn schlecht beraten. Der Maurermeister lieferte zu viele Ziegelsteine, ein Erker sollte zunächst abgerissen, dann doch erhalten, dann wieder abgerissen werden. Schließlich beauftragte Kant entnervt einen

Architekten namens Fetter mit der Durchführung der Bauarbeiten, da er selbst «in dergleichen Dingen gänzlich unwissend» sei. Dennoch war er über die Einzelheiten des Umbaus und die Forderungen der Handwerker aus erster Hand informiert. Und so verbrachte Kant seinen 60. Geburtstag, vier Tage vor Semesterbeginn, vermutlich auch damit, auf der Baustelle nach dem Rechten zu sehen. Einziehen konnte er erst im Laufe des Monats Mai.

Am 26. April 1784 begann das Sommersemester. Kant hielt vier Vorlesungen: montags, dienstags, donnerstags und freitags morgens um 7 Uhr Logik vor 100 Zuhörern, anschließend von 8 bis 9 Uhr Naturrecht vor 23 eingeschriebenen Hörern sowie mittwochs Vorlesungen über Physische Geografie und über Praktische Philosophie. Während Kants Vortragsstil in seinen Vorlesungen der frühen Jahre sehr lebendig und anschaulich gewesen sein soll, gibt es Berichte, wonach dies in den 80er Jahren nicht mehr immer so war: «sein Vortrag [verlor] zuweilen an Lebhaftigkeit in der Art, dass man hätte glauben mögen, er werde einschlummern, in welcher Meinung man bestärkt werden musste, wenn man in seiner Körperbewegung dann mit einem Male ein plötzliches Zusammennehmen seiner abgespannt erscheinenden Kräfte wahrnahm». Wenn man bedenkt, dass Kant 1784 seine Logikeinführung bereits 43-mal gelesen hatte – von 1755 bis 1770 jedes Semester, danach jedes zweite –, und zwar fast immer nach demselben Lehrbuch, kann man eine gewisse Ermüdung vielleicht nachvollziehen.[5]

Bei der Naturrechtsvorlesung im Sommersemester 1784 kann von Ermüdung aber keine Rede sein. Die Vorlesung, von der wir eine gründliche Nachschrift besitzen, beginnt mit einem Paukenschlag: «Für den Willen des Menschen ist die ganze Natur unterworfen … [B]loß der Mensch kann als Zweck selbst angesehen werden» (27:1319). Und wenig später verwendet Kant zum ersten Mal in seinem dokumentierten Werk den Ausdruck, der seine Moralphilosophie wie wenige andere charakterisiert, den des *Zwecks an sich*: «Der Mensch nämlich ist Zweck an sich selbst, er kann daher nur einen *inneren* Werth, d. h. eine Würde haben» (27:1319).

Kant entwickelt vor seinen Zuhörern mit merklicher Begeisterung ein komplexes Argument für diese These: Alles, was einen Wert hat, ist entweder Mittel oder Zweck, wobei beide Möglichkeiten sich nicht ausschließen. *Bloße* Mittel haben nur dadurch Wert, dass sie als Mittel zu einem Zweck beitragen, der seinerseits einen Wert hat. Ist dieser Zweck nur dadurch wertvoll, dass sein Erreichen selbst wieder ein Mittel zu einem weiteren Zweck ist, dann hängt sein Wert vom Wert dieses weiteren Zwecks ab. Damit also überhaupt etwas einen Wert hat, muss es Zwecke geben, die ihren Wert in sich selbst haben: Zwecke an sich.

Nach Kant kommen als solche Zwecke an sich nur Wesen in Frage, die sich frei ihre eigenen Zwecke setzen können. Das ist eine Annahme, über die man streiten kann. Aber wenn man sie akzeptiert, dann folgt, dass Menschen – und in der uns bekannten Natur nur sie allein – Zwecke an sich sind. Kant leitet daraus die bekannte Forderung ab, dass man andere Menschen (genauer: die «Menschheit» in ihnen) niemals nur als Mittel, sondern immer auch als Zweck behandeln soll (4:429). Das ist in der *Grundlegung* dann die zweite «Formel» des kategorischen Imperativs (nach der ersten Formulierung, dass man nur nach Maximen handeln solle, die allgemeine Gesetze sein können; Kapitel 7).

Aber was bedeutet es denn konkret, dass Menschen Zwecke an sich sind? Was heißt es, jemanden nicht als bloßes Mittel, sondern als Zweck zu behandeln? Kant erläutert das sogleich an Beispielen aus seinem eigenen Leben – und zwar seinem Leben als Bauherr und Hausvorstand: «der Mensch ist also Zweck der Schöpfung; er kann aber auch wieder als Mittel von einem anderen vernünftigen Wesen gebraucht werden; aber nie ist er *bloß* Mittel; sondern zu gleicher Zeit Zweck. Z. B. wenn mir der Maurer dient als Mittel zum Bau eines Hauses, so diene ich ihm wieder als Mittel um Geld zu erlangen» (27:1319). Dass Kant hier unmittelbar aus eigener Erfahrung spricht, zeigt sein Brief an seinen Architekten Fetter, den er am 28. April 1784, also zwei Tage nach der zitierten Vorlesung, geschrieben hatte: «Sollte der Maurermeister, wegen der überflüssig angefahrenen Ziegel, Worte machen, so könnte er dadurch, dass ich ihm den Fahrlohn vergütigte, befriedigt werden».[6] Der Gedanke ist also, dass man jemanden, den man für seine Dienste angemessen bezahlt, nicht zum *bloßen* Mittel macht, und zwar deshalb, weil man sich durch die Bezahlung zu einem Mittel für *seine* Zwecke (des Gelderwerbs) macht und ihn damit *auch* als Zweck behandelt.

Ein anderes Beispiel aus der Vorlesung lautet: «Wenn ich mit einem Bedienten einen Kontrakt mache, so muss er auch Zweck sein, [wie] ich, und nicht bloß Mittel. Er muss auch wollen» (27:1319). Kant missbraucht seinen Diener Lampe demnach nur dann nicht als bloßes Mittel, wenn dessen berechtigte Interessen angemessen berücksichtigt werden, Lampe das Dienstverhältnis also «auch wollen» kann. Im Brief an Fetter hatte Kant geschrieben: «überhaupt ist mein Wunsch zwar zu sparen, doch so, dass auch die Arbeiter zufrieden sein können». Kant erläutert also nicht nur seine Theorie durch Beispiele aus seinem Leben. Er bemühte sich auch darum, sein Leben – hier seinen Alltag als Bauherr – in Einklang mit seiner Moraltheorie zu bringen. Der Gedanke, dass Arbeiter und Bedienstete so zu behandeln sind, dass sie «zufrieden sein können» und «auch wollen», was sie tun, dürfte den Zuhörern Kants – jungen Männern zumeist aus den «höheren Ständen» – keinesfalls selbstverständlich gewesen sein. Dass sie sich gelangweilt haben, ist unwahrscheinlich.

Kant nutzt seine Vorlesung, um seine Zuhörer mit den philosophischen Fragen und Ideen zu konfrontieren, die ihn zu Beginn der Abfassung der *Grundlegung zur Metaphysik der Sitten* gerade beschäftigen. Die Vorlesungsmitschrift ist daher wie ein Blick in Kants Werkstatt. Wir können seinen Gedanken gleichsam beim Entstehen zusehen, indem wir seine Thesen und Argumente in der Vorlesung mit denen der *Grundlegung* vergleichen. Dabei zeigt sich, dass zentrale Elemente der kantischen Ethik, wie der Begriff des Zwecks an sich und die Autonomie des Willens, erst im Laufe dieser wenigen Wochen ihren Platz in Kants Ethik fanden. Erst jetzt, kurz nach seinem 60. Geburtstag, hatte Kant die Antwort auf die Frage gefunden, die ihn seit zwanzig Jahren beschäftigte, nämlich wie moralische Verbindlichkeit möglich ist. Der Schlüssel ist der Begriff der Autonomie, dem wir uns im nächsten Kapitel zuwenden.

«Wer sich aber zum Wurm macht, kann nachher nicht klagen, dass er mit Füßen getreten wird»

Metaphysik der Sitten (6:437)

9

«Rousseau hat mich zurechtgebracht»: Menschenwürde und Autonomie

Kant war ein sozialer Aufsteiger in einer Zeit, in der fast alle Menschen ihr ganzes Leben in derselben Gesellschaftsschicht verbrachten, in die sie hineingeboren wurden. Er kam aus einfachen, wenn auch nicht prekären Verhältnissen. Es war daher nicht selbstverständlich, dass Immanuel 1732 mit acht Jahren von der einfachen Volksschule in der Vorderen Vorstadt auf das angesehene pietistische Collegium Fridericianum wechselte. Kants Begabung war offenbar dem späteren Leiter der Schule und Königsberger Theologieprofessor, Franz Albert Schultz, aufgefallen, der seine Eltern davon überzeugte, Immanuel eine höhere Bildung zu ermöglichen. Kant musste als einer von wenigen Schülern kein Schulgeld bezahlen und durfte weiterhin zu Hause bei seinen Eltern wohnen. Auf dem Fridericianum hatte Kant, der zuvor mit anderen Kindern aus Handwerker- und Arbeiterfamilien zur Schule gegangen war, plötzlich Mitschüler aus den reichsten und angesehensten, zum Teil auch adligen Königsberger Familien.[1]

Dieser soziale Aufstieg setzte sich weiter fort, nachdem Kant mit finanzieller Unterstützung eines Onkels ab 1740 die Königsberger Universität besuchte, was ihn noch deutlicher von seiner kleinbürgerlichen

Herkunft abhob und wichtige Privilegien mit sich brachte, etwa die Befreiung vom Kriegsdienst. Nach dem Studium wurde Kant Hauslehrer, unter anderem bei der Familie des Grafen von Keyserlingk, der er zeitlebens freundschaftlich verbunden blieb und die ihn regelmäßig als Ehrengast zu ihren Abendgesellschaften einlud. Während der russischen Besatzung Königsbergs (zwischen 1758 und 1762) verkehrte Kant im Kreis der russischen und deutschen Offiziere, die sich dort einquartiert hatten. In dieser Zeit war Kant stets elegant gekleidet, liebte das Kartenspiel und schrieb geistreiche Bücher, in denen es unter anderem um den Umgang zwischen den Geschlechtern und die gepflegte Unterhaltung in Gesellschaft geht (*Beobachtungen über das Gefühl des Schönen und Erhabenen*, 1764). Zu seinen engsten Freunden gehörten in dieser Zeit nicht nur Intellektuelle wie Johann Georg Hamann, sondern auch der spätere Oberbürgermeister Hippel, der Bankdirektor Ruffmann und die wohlhabenden Kaufleute Green und Motherby.[2]

Wir können uns heute den sozialen Abstand zwischen einer armen, wenn auch ehrbaren Handwerkerfamilie und Kants späterem Umfeld, das aus Adligen, hohen Geistlichen, Offizieren, Amtsträgern, reichen Kaufleuten und Gelehrten bestand, nicht groß genug vorstellen. Diesen Aufstieg hatte Kant vor allem seinem überragenden Intellekt zu verdanken. Es ist also nicht erstaunlich, dass er sich auf seine Intelligenz, seine umfassende Bildung und seine literarisch-wissenschaftliche Kreativität etwas einbildete. Er gehörte nun, Mitte der 1760er Jahre, zur besseren Gesellschaft und hielt sich zunächst auch für ‹etwas Besseres›: «Gelehrte glauben, es sei alles um ihretwillen. Adelige auch», notiert er 1764 in seinem Handexemplar der *Beobachtungen* (20:38).

Doch diesen Dünkel hat Kant schließlich abgelegt: «Ich bin selbst aus Neigung ein Forscher. Ich fühle den ganzen Durst nach Erkenntnis und die begierige Unruhe darin weiterzukommen oder auch die Zufriedenheit bei jedem Erwerb. Es war eine Zeit, da ich glaubte, dieses allein könnte die Ehre der Menschheit machen, und ich verachtete den Pöbel, der von nichts weiß. Rousseau hat mich zurechtgebracht. Dieser verblendende Vorzug verschwindet, ich lerne die Menschen ehren und ich würde mich unnützer finden wie den gemeinen Arbeiter, wenn ich nicht glaubte, dass diese Betrachtung allen übrigen einen Wert erteilen könne, die Rechte der Menschheit herzustellen» (20:44). Rousseau hatte Kant «zurechtgebracht», indem er ihn lehrte, den Wert eines Menschen nicht nach seiner Bildung und erst recht nicht nach seiner gesellschaftlichen Stellung zu beurteilen, sondern nach seiner Herzensgüte und moralischen Haltung. Die besondere «Ehre» oder Würde des Menschen, so Kant nun mit Rousseau, beruht nicht auf seinen Erkenntniskräften, sondern auf seinem guten Herzen. – Vielleicht hatte Rousseau Kant damit aber auch nur an etwas erinnert, das er bereits von seiner Mutter gelernt hatte (Kapitel 6)?

Jean-Jacques Rousseau (1712–1778), zwölf Jahre älter als Kant, war der wohl einflussreichste Intellektuelle im Europa des 18. Jahrhunderts: Komponist und Musikwissenschaftler, Schriftsteller, Kulturkritiker, Pädagoge, radikaler Gesellschaftstheoretiker, Verfechter der direkten Demokratie und intellektueller Wegbereiter der Französischen Revolution. Rousseau erschütterte die philosophische Welt mit seiner *Abhandlung über die Wissenschaften und Künste* (1750), in der er den Fortschrittsglauben der Aufklärung attackierte, Kultur und Gesellschaft als Ursachen menschlichen Leids und sozialer Ungerechtigkeit darstellte und die Dekadenz seiner Zeit mit einem idealisierten Naturzustand kontrastierte. Nach der Oper «Der Dorfwahrsager» (1752), die in ganz Europa mit großem Erfolg gespielt wurde, folgte 1755 die Abhandlung *Über die Ungleichheit unter den Menschen*, in der Rousseau Arbeitsteilung und Privateigentum als Wurzel aller gesellschaftlichen Übel beschrieb. Der Rousseau zugeschriebene Aufruf «Zurück zur Natur» stammt bekanntlich nicht von Rousseau selbst und widerspricht seiner Auffassung, wonach die Menschen in den Naturzustand, nachdem sie ihn einmal verlassen haben, nicht mehr zurückkehren können. Richtig aber ist, dass Rousseau die Mängel der feudalen Gesellschaftsordnung scharf herausarbeitet, indem er sie mit seiner Vorstellung von nomadenhaft lebenden Naturmenschen (den später so genannten «edlen Wilden») verglich – ein Vergleich, der nicht zugunsten der feinen Gesellschaft ausging.[3]

Kant dürfte diese aufsehenerregenden Schriften, die in aller Munde waren, bald gelesen haben, auch wenn sie in seinem Werk zunächst keine Spuren hinterließen. Das ändert sich erst mit der Veröffentlichung von Rousseaus Bildungsroman *Émile* im Jahr 1762 und dessen im selben Jahr erschienenen politiktheoretischen Hauptwerk, *Du Contract Social* («Vom Gesellschaftsvertrag»), die Kant offenbar gleich nach dem Er-

Abb. 5: Jean-Jacques Rousseau, Pastellgemälde von Maurice Quentin de La Tour, 1753

scheinen der deutschen Übersetzung las. Es ist vielleicht nur eine Legende, dass Kant seinen täglichen Spaziergang nur ein einziges Mal ausfallen ließ, nämlich an dem Tag, an dem er Rousseaus *Émile* erhielt, den er nicht aus der Hand legen konnte. Verbürgt ist hingegen, dass Kant noch 1784, also zwanzig Jahre nachdem ihn Rousseau «zurechtgebracht» hatte, in seinem spartanisch eingerichteten Haus nur ein einziges Bild aufhängte: ein Portrait Rousseaus über seinem Schreibtisch.[4] Wenn man bedenkt, dass Rousseau ein radikaler Republikaner war, der das Privateigentum für die Wurzel aller gesellschaftlichen Missstände hielt, ist das nicht nur Ausdruck der besonderen Verehrung, die Kant Rousseau entgegenbrachte, sondern fünf Jahre vor der Französischen Revolution auch ein eindeutiges politisches Bekenntnis Kants.

Rousseaus Schriften waren für Kant in vieler Hinsicht eine wichtige Inspirationsquelle. Auch wenn er Rousseaus Fortschrittsskepsis und den Glauben an die natürliche Güte des Menschen nicht teilte, betonte auch Kant die Zweischneidigkeit kultureller Verfeinerung sowie die Vervielfachung menschlicher Wünsche und Bedürfnisse, die niemals vollständig zu befriedigen sind. Rousseaus *Émile* weckte in Kant – wie in den meisten Gelehrten seiner Generation – ein Interesse an der Kindheit als eigenständiger Lebensphase und eine große Begeisterung für die Pädagogik, über die Kant seit 1776 Vorlesungen hielt (Kapitel 5). Auch Kants politische Philosophie ist zutiefst von Rousseaus Konzeption der Demokratie als politischer Selbstgesetzgebung geprägt. Für Kant stellte sich der Zusammenhang zwischen Rousseaus frühen kulturkritischen Schriften einerseits und dem *Émile* und dem *Contract Social* andererseits folgendermaßen dar: Da die Menschheit nicht in den Naturzustand zurückkehren kann, muss der gesellschaftliche Zustand so eingerichtet werden, dass er den wahren Bedürfnissen und Fähigkeiten des Menschen möglichst gerecht wird. «Rousseau wollte im Grunde nicht, dass der Mensch wiederum in den Naturzustand zurück *gehen*, sondern von der Stufe, auf der er jetzt steht, dahin zurück *sehen* sollte» (7:326f.).

Aus dieser Perspektive zeigt sich nach Rousseau zweierlei. Erstens müsse man Kinder so erziehen, wie es ihrer Natur entspricht: etwa indem man sie spielerisch lernen und ihre eigenen Erfahrungen machen lässt – das radikale Gegenprogramm zur strengen Erziehung, die Kant selbst im Collegium Fridericianum erfahren hatte. Zum anderen müsse die Gesellschaftsordnung die Freiheitsrechte der Bürger respektieren, was nach Auffassung Rousseaus nur in einer direkten Demokratie möglich ist, in der alle gemeinsam über alle herrschen. Kant nimmt diese Anregungen auf, auch wenn er daraus zum Teil andere Konsequenzen zieht als Rousseau.

Aber der Einfluss Rousseaus auf Kants Denken reicht noch weiter und geht noch tiefer. Bereits mit der Ersten Abhandlung macht Rousseau deutlich, dass der besondere Wert des Menschen nicht auf den «Wissenschaften und Künsten» beruht – also jenen Themen, mit denen Kant sich bisher vor allem beschäftigt hatte –, sondern auf seinen moralischen Anlagen und seiner «Tugend». Es ist dieser Gedanke des Vorrangs der Praxis vor der Theorie (Kapitel 1), der Kants reife Philosophie wie kaum ein anderer prägt. Bereits in der *Kritik der reinen Vernunft* sieht Kant das letzte Ziel der Philosophie in ihrem Beitrag zu den «notwendigen und wesentlichen Zwecken der Menschheit» (A850/B878), die letztlich in der «allgemeinen Glückseligkeit» und moralischen Vollkommenheit liegen. Und in den Schriften der 80er und 90er Jahre wird deutlich, dass nicht die theoretische Vernunft den Menschen über die Tiere erhebt, sondern seine Fähigkeit zur moralischen Selbstgesetzgebung und Selbstbestimmung. Diese Idee entwickelt Kant zum ersten Mal in der *Grundlegung zur Metaphysik der Sitten* (1785).

Rousseau hatte sich im *Contract Social* die Frage gestellt, wie die Freiheit, die die Menschen im Naturzustand genossen haben, unter gesellschaftlichen Bedingungen wiederhergestellt werden kann: «Der Mensch wird frei geboren, und überall liegt er in Ketten». Rousseaus Lösung lautet, dass die Menschen im Staat ihre natürliche Freiheit aufgeben, um sie als rechtliche Freiheit zurückzuerhalten. Das heißt: Sie verzichten auf ihr Recht, zu tun und zu lassen, was sie wollen – ein Recht, das sie im Naturzustand ohnehin nur dann ausüben können, wenn andere, die dasselbe Recht haben, sie nicht daran hindern –, und erhalten dafür gesetzlich festgelegte Freiheiten, die vom Staat garantiert und geschützt werden. Die damit verbundene gesetzliche Einschränkung der natürlichen Freiheit, so Rousseau, ist selbst eine Form von Freiheit, wenn die jeweiligen Gesetze demokratisch von allen für alle erlassen wurden. Wenn zum Beispiel ein Strafgesetz den Diebstahl verbietet, dann schränkt das meine natürliche Freiheit ein, denn ich muss nun die Eigentumsrechte anderer achten. Doch diese *Einschränkung* meiner Freiheit ist genau dann auch *Ausdruck* meiner Freiheit, wenn sie aus einem demokratischen Verfahren hervorgeht, an dem ich selbst beteiligt bin: «der Gehorsam gegen das selbst gegebene Gesetz ist Freiheit». Wir werden noch sehen, dass Kant in seiner eigenen Rechtsphilosophie diesem Rousseau'schen Modell folgt (Kapitel 11). Aber noch wichtiger ist ein anderer Schritt, den Kant vollzieht und der bei Rousseau ebenfalls bereits angelegt ist.[5]

Kant überträgt nämlich das Modell der politischen Selbstgesetzgebung auf den individuellen Willen. Wenn ich als Bürger einem Gesetz unterworfen bin, über das ich selbst mitbestimmen konnte, dann ist dieses Gesetz mir nicht einfach von einer fremden Autorität auferlegt worden, sondern ich kann es als Ausdruck meines eigenen freien Willens verstehen. Aber worin besteht die Freiheit meines Willens? Kants Antwort lautet: ebenfalls darin, dass ich nur selbstgegebenen Gesetzen folge. Und ist es nicht genau das, was der kategorische Imperativ von uns fordert (Kapitel 7)? Ich soll meine eigene Maxime, die ich mir selbst gebe, gleichzeitig als allgemeines Gesetz betrachten. Dieses Gesetz gilt nur insofern für mich, als ich wollen kann, dass es für *all*e gilt – mich selbst eingeschlossen.

Kant verwendet für diesen Zusammenhang den alten politischen Terminus «Autonomie», was wörtlich Selbstgesetzgebung bedeutet: «was kann denn wohl die Freiheit des Willens sonst sein, als Autonomie, das ist die Eigenschaft des Willens, sich selbst ein Gesetz zu sein? Der Satz aber: der Wille ist in allen Handlungen sich selbst ein Gesetz, bezeichnet nur das Prinzip, nach keiner anderen Maxime zu handeln, als die sich selbst auch als ein allgemeines Gesetz zum Gegenstande haben kann. Dies ist aber gerade die Formel des kategorischen Imperativs und das Prinzip der Sittlichkeit» (4:446f.).

So wie die politische Freiheit Rousseau zufolge darin besteht, nur Gesetzen unterworfen zu sein, an deren Gesetzgebung man demokratisch beteiligt war, so besteht Kant zufolge die Freiheit des Willens darin, dass wir uns in unseren Entscheidungen nur nach solchen Regeln richten müssen, die wir als allgemeine Gesetze wollen – was letztlich bedeutet: die wir selbst als vernünftig und richtig einsehen können. Denn in diesem Fall ist die Verpflichtung, sich an diese Regeln zu halten, keine von außen auferlegte, sei es von Gott, der Natur oder der Gesellschaft, sondern Ausdruck unseres eigenen vernünftigen Wollens.

Damit hat Kant eine völlig neuartige Erklärung für die Geltung moralischer Regeln gefunden. Sie beruht nicht auf der menschlichen Natur, wie die antiken Moralphilosophen, aber auch Hume und Rousseau geglaubt hatten. Denn so kann man vielleicht erklären, warum Menschen sich gelegentlich moralisch verhalten, aber nicht, warum sie dies *sollen*. Und sie beruht auch nicht auf dem Willen Gottes oder auf gesellschaftlichen Erwartungen, denn dann wären moralische Imperative nicht kategorisch, sondern hypothetisch: Sie würden nur für diejenigen gelten, die Gottes Willen oder den gesellschaftlichen Erwartungen entsprechen wollen (Kapitel 8). Nur die Zurückführung moralischer Regeln auf den eigenen, aber zugleich allgemein gesetzgebenden Willen, so Kant, kann den spezifischen Verpflichtungscharakter der Moral verständlich machen. Moralische Regeln gelten deshalb für uns, weil sie Ausdruck unseres eigenen freien Willens sind: «also ist ein freier Wille und ein Wille unter sittlichen Gesetzen einerlei» (4:447).

Das heißt natürlich nicht, dass wir uns die moralischen Regeln, die für uns gelten, einfach aussuchen können. Sonst könnte ich dann, wenn eine Lüge nützlich für mich ist, einfach ein entsprechendes moralisches Gesetz erlassen. Aber das gilt für demokratisch erlassene Gesetze ja ebenso wenig. Wenn ich bei einer demokratischen Abstimmung unterliege, bin ich an deren Ergebnis trotzdem gebunden. Rousseau erklärt dies mit dem schwierigen Begriff des «allgemeinen Willens», in dem die Einzelwillen der beteiligten Akteure aufgehen. Kant verfährt auf der individuellen Ebene ähnlich: Selbstgesetzgebend ist nicht mein individueller, von zufälligen Neigungen bestimmter Wille, sondern mein vernünftiger Wille, den ich mit allen anderen vernünftigen Wesen teile (4:434). Letztlich bedeutet das, dass ich mich als moralische Person, wenn meine privaten Neigungen dem kategorischen Imperativ widersprechen, mit meiner Vernunft identifiziere und meine Neigungen als etwas mir Fremdes und Äußerliches betrachte. Dieses rationalistische Verständnis des Menschen ist sicher nicht unproblematisch; aber es ergibt sich zwangsläufig, wenn man moralische Regeln mit Kant als kategorische Imperative versteht.

Es ist Kant zufolge die Autonomie des Menschen, die Fähigkeit, sich selbst ein Gesetz zu geben, auf der seine besondere Würde beruht. Als Kant 1764 schrieb, Rousseau habe ihn «zurechtgebracht», meinte er damit, dass Rousseau ihn gelehrt habe, auf die einfachen und ungebildeten Leute nicht herabzuschauen, sondern sie zu schätzen und zu respektieren. Jetzt, zwanzig Jahre später, war es ihm gelungen, diesen Gedanken philosophisch einzuholen, und zwar wiederum mithilfe Rousseaus: «Autonomie ist also der Grund der Würde der menschlichen und jeder vernünftigen Natur» (4:436). Der Grund, dass alle Menschen als Zwecke an sich über eine unveräußerliche Würde verfügen, liegt Kants neuer Einsicht zufolge in der Freiheit ihres Willens, die er nun mit Rousseau als Selbstgesetzgebung deutet.

Hinter dieser neuartigen Begründung der Geltung moralischer Regeln und der Würde des Menschen steht Kants Leitidee der Objektivität des menschlichen Standpunktes (Kapitel 1): Die objektive, für alle Menschen verbindliche Geltung der Moral beruht nicht auf Werten, die uns von außen (Gott, Natur, Gesellschaft) vorgegeben sind, sondern auf der notwendigen, für alle Menschen und alle vernünftigen Wesen gleichen

Struktur eines freien Willens. Anders gesagt: Die *Objektivität* der Moral ergibt sich daraus, dass alle *Subjekte* mit einem freien Willen vernünftigerweise dieselben Regeln anerkennen müssen – Objektivität als Inter-Subjektivität.

Von der kantischen Einsicht in die Würde und Autonomie des Menschen führt ein direkter Weg in unsere Gegenwart, nämlich zum Artikel 1 des deutschen Grundgesetzes: «Die Würde des Menschen ist unantastbar». Doch sie hat auch eine lange Vorgeschichte, die bis in die Antike zurückreicht. Unter Rückgriff auf antike Vorbilder hatte bereits der Renaissancephilosoph Giovanni Pico della Mirandola (1463–1494) die Würde des Menschen auf seinen freien Willen gegründet. Doch erst Kant versteht unter Würde einen Wert, der durch keinen Preis aufgewogen werden kann, weil sein Träger (also jeder einzelne Mensch) kein austauschbares Mittel, sondern ein unersetzlicher Selbstzweck ist. Und erst Kant kann verständlich machen, warum es gerade der freie Wille ist, der dem Menschen diese Würde verleiht, nämlich weil «die Gesetzgebung selbst …, die allen Werth bestimmt, … eben darum eine Würde, d. i. unbedingten, unvergleichbaren Wert, haben» muss (4:436). Die Autonomie des menschlichen Willens, so Kants Gedanke, ist die Quelle und das Maß aller anderen Werte und hat deshalb selbst nicht nur einen relativen Wert – einen Preis –, sondern einen absoluten Wert, eine «Würde».

Diese Würde eines jeden Menschen, so Kant, ist «unverlierbar» (6:436). Dennoch kann sie verletzt und verleugnet werden, und das sogar von der betroffenen Person selbst, etwa indem sie sich zu einem bloßen Mittel anderer macht. Wir begegnen hier einer auf den ersten Blick paradoxen Zweideutigkeit des Würdebegriffs, die auch den ersten Artikel des deutschen Grundgesetzes kennzeichnet. Denn die Würde des Menschen ist in gewisser Weise sehr wohl «antastbar»: Sie kann verletzt, missachtet, mit Füßen getreten werden. Unzählige Menschen mussten und müssen unter «menschenunwürdigen» Bedingungen leben. Doch das bedeutet nicht, dass diese Menschen ihre Würde verloren haben, denn diese ist keine faktisch-empirische, sondern eine normative Eigenschaft, ein moralischer Status. Er besteht darin, dass man einen Menschen als ein freies, vernunftbestimmtes Wesen respektieren *soll.* Anders gesagt: Die Würde des Menschen besteht darin, dass jede Person ein

Recht darauf hat, so behandelt zu werden, dass sie dieser Behandlung vernünftigerweise zustimmen kann. Dass die Würde des Menschen unantastbar ist, bedeutet, dass niemand dieses Recht verlieren kann. Doch daraus folgt bekanntlich leider nicht, dass Menschen auch tatsächlich immer so behandelt werden, wie man sie behandeln sollte. In dieser Hinsicht ist ihre Würde also sehr wohl verletzbar.[6]

Dem deutschen Grundgesetz zufolge erstreckt sich die Unantastbarkeit der Menschenwürde auch auf das eigene Handeln. Man kann seine Würde weder dadurch verwirken, dass man sie freiwillig aufgibt, etwa indem man sich selbst in die Sklaverei verkauft, noch dadurch, dass man die Würde anderer auf extreme Weise missachtet. Auch der schlimmste Verbrecher behält seine grundgesetzlich geschützte Würde, was sich unter anderem darin äußert, dass er auch nach der Verurteilung zu einer «lebenslangen» Haftstrafe die Aussicht auf eine Freilassung und gesellschaftliche Wiedereingliederung behalten muss. Dass auch dem Straftäter die Möglichkeit der Besserung zugestanden werden sollte, ist ein genuin kantischer Gedanke, auch wenn Kant meinte, dies sei mit lebenslangen Haftstrafen, ja selbst mit zeitlich unbegrenztem «Sklavenstand» und der Todesstrafe vereinbar (6:333). Wir werden darauf zurückkommen (Kapitel 11).

Für Kant ist die Autonomie «der Grund der Würde der menschlichen und jeder vernünftigen Natur» (4:436). Die Würde des Menschen kommt ihm, das macht Kant sehr deutlich, nicht aufgrund empirischer Gattungsmerkmale wie seiner Zweibeinigkeit oder der Größe seines Gehirns zu, sondern allein aufgrund seiner Vernunft und moralischen Selbstbestimmung. Aber was ist mit Menschen, die nicht über die Fähigkeit verfügen, sich selbst ein Gesetz zu geben und den kategorischen Imperativ als vernünftig einzusehen? Kant beantwortet diese Frage, die für ihn im Königsberg des 18. Jahrhunderts vermutlich weniger drängend war als für uns heute, nicht explizit. Kindern, die *noch nicht* über Autonomie verfügen, kann Kants Ethik gleichsam im Vorgriff auf die Zukunft eine Würde zugestehen, weil sie, wenn alles gutgeht, zu autonomen Personen heranwachsen werden. Analog verfügen Menschen, die aufgrund von Krankheit oder Alter nicht mehr autonom sind, über Würde, weil ihre früheren Wünsche, Einstellungen und Bestimmungen als autonome Personen für uns weiterhin moralisch relevant bleiben.

Aber worauf beruht die Würde von Menschen mit schwersten geistigen Behinderungen, die niemals über ausreichende Fähigkeiten verfügt haben und verfügen werden, um als autonom im Sinne Kants zu gelten? Zwar folgt aus Kants Ethik keinesfalls, dass man die betroffenen Menschen schlecht behandeln darf. Allerdings ist der Grund dafür ein anderer als bei anderen Menschen, nämlich nicht ihre Vernunft, sondern ihre Fähigkeit, Freude und Leid zu empfinden. In Analogie zu Kants Argument gegen Tierquälerei kann man argumentieren, dass wir verpflichtet sind, das Wohl von geistig behinderten Menschen zu fördern und sie vor Schaden zu schützen, weil wir dies *uns selbst* schuldig sind (6:443). Das ist sicher richtig, bleibt aber doch ein schwacher Ersatz für das, was wir in ethischer Hinsicht eigentlich sagen wollen, nämlich dass auch diese Menschen über eine Würde verfügen, die wir respektieren müssen. Es ist eine offene Frage, wie Kants Ethik, mit ihrer Betonung von Vernunft und Autonomie als Grundlage der Moral, diesen für uns heute unabweisbaren Gedanken integrieren kann.[7]

In der Sorge um unmündige Kinder, die noch nicht über Autonomie verfügen und daher von Erwachsenen abhängig sind, zeigt sich übrigens ein deutlicher Unterschied zwischen Rousseau und Kant. Während der große Pädagoge Rousseau sich seiner eigenen fünf Kinder bekanntlich entledigte, indem er sie direkt nach ihrer Geburt in Waisenhäuser einlieferte, unterbrach Kant Ende 1744 nach dem Schlaganfall seines Vaters sein Studium und stellte die Veröffentlichung seines ersten Buches (*Wahre Schätzung*) zurück, um sich als ältester Sohn um seinen Vater und seine Geschwister zu kümmern. Kant schloss das Buch erst ab, nachdem sein Vater 1746 gestorben war. Zu seinen Geschwistern hatte er zeitlebens ein gutes, wenn auch nicht sehr enges Verhältnis. Nachdem der greise Kant 1803 immer schwächer wurde, zog seine sechs Jahre jüngere Schwester zu ihm, um sich um ihn zu kümmern. Kant hinterließ ihr und den Familien seiner anderen Geschwister, die bereits gestorben waren, sein beträchtliches Vermögen (Kapitel 12). So hatten auch Kants Geschwister, Nichten und Neffen die bescheidenen Verhältnisse, aus denen die Familie Kant stammte, schließlich hinter sich gelassen.[8]

«Denn der Glückseligkeit bedürftig, ihrer auch würdig, dennoch aber derselben nicht teilhaftig zu sein, kann mit dem vollkommenen Wollen eines vernünftigen Wesens, welches zugleich alle Gewalt hätte, ... gar nicht zusammen bestehen»

Kritik der praktischen Vernunft (5:110)

10

Das «höchste Gut» und die beste aller möglichen Welten

Ob Kant ein glücklicher Mensch gewesen ist? Die Berichte seiner Freunde und Schüler vermitteln das Bild eines Menschen, der mit sich und seinem Leben im Reinen war. Wie wir bereits wissen, hatte der Sohn eines armen Riemenschneiders allen Grund, zufrieden zu sein. Kant hatte viele Bekannte und einige sehr gute Freunde, erfuhr für seine Arbeit die größtmögliche Anerkennung und hatte keine materiellen Sorgen. Falls Kant gerne geheiratet und eine Familie gegründet hätte, scheint die Tatsache, dass es dazu nicht gekommen ist, ihn in seinen späteren Jahren nicht bedrückt zu haben. Man sollte also erwarten, dass Kant ein glücklicher Mensch gewesen ist.

Und doch war Kant der Auffassung, dass die Bilanz von Freude und Leid, «Lust und Unlust» für alle Menschen im Leben negativ ausfällt. Wenn man das Leben nüchtern betrachtet, so Kant, dann überwiegen die unangenehmen Dinge wie Schmerzen, Krankheiten und Misserfolge die positiven wie Freude und Erfolg: «Was das Leben für uns für einen

Wert habe, wenn dieser bloß nach dem geschätzt wird, was man genießt (dem natürlichen Zweck der Summe aller Neigungen, der Glückseligkeit), ist leicht zu entscheiden. Er sinkt unter Null; denn wer wollte wohl das Leben unter denselben Bedingungen … aufs Neue antreten?» (5:434 Anm.). Und in einer Vorlesung heißt es: «Hier auf Erden kann kein Mensch glückselig sein … Es hat die Vorsehung nicht gewollt, dass wir in der Welt angenehme Zustände haben sollen. Einer hat mehr, der andre weniger, aber keiner ist hier recht glückselig» (29:640).

Nun ist «glückselig» ein ziemlich hoher Anspruch. Kant versteht darunter, grob gesagt, die Erfüllung aller Wünsche und die Befriedigung aller Neigungen und Bedürfnisse. Es ist offensichtlich, dass uns dies versagt bleibt. Doch Kants Punkt in der Vorlesung ist radikaler, denn er fährt fort: «In dem Betracht hat das Leben keinen Wert, nämlich als Genuss» (29:640). Kant meint also, dass die Bilanz von Freude und Leid, Lust und Unlust, immer negativ ausfällt. Das menschliche Leben ist, alles in allem betrachtet, kein Genuss, sondern eine Last.

Diese düstere Einschätzung entsprach nicht nur dem auf Augustinus zurückgehenden christlichen Verständnis des Lebens als «Jammertal», sondern auch der stoischen Tradition von Seneca bis Montaigne. Und sie konnte sich auf die alltägliche Erfahrung der Menschen in der vormodernen Welt stützen. Ein Viertel aller Frauen starb im Kindbett, die Hälfte aller Kinder vor Erreichen der Pubertät. Die Menschen litten an Zahnschmerzen, Gicht und unzähligen anderen Krankheiten; wirksame Schmerzmittel und Medizin gab es praktisch nicht. Im Winter waren die Häuser kalt und das Essen karg, im Sommer quälten krankheitsübertragende Insekten die Menschen und die Lebensmittel verdarben. Pest und Cholera wüteten auch im Königsberg des 18. Jahrhunderts immer wieder und langjährige Kriege brachten Tod und Zerstörung. Doch anders als Augustinus und die Stoiker, und ganz im Einklang mit der Philosophie der Aufklärung, sah Kant in der kümmerlichen Glücksbilanz der Menschen kein zu ertragendes Schicksal, sondern einen Skandal. Die Menschen hatten etwas Besseres verdient.[1]

Das mag zunächst überraschen, denn Kants Ethik stellt ja, anders als der Mainstream der europäischen Aufklärung, keineswegs das individuelle oder kollektive Glück in den Mittelpunkt, sondern den guten Willen des Handelnden. Dessen moralische Qualität hängt nicht vom beabsichtigten oder tatsächlichen Nutzen des Handelns ab, sondern allein von unserem Willen, genauer: von der Regel oder Maxime, nach der man handelt (Kapitel 7). Wir sollen Maximen folgen, die allgemeine Gesetze sein können. Oder, was für Kant auf dasselbe hinausläuft, wir sollen Menschen niemals nur als Mittel, sondern immer auch als Zweck behandeln (Kapitel 8) – und zwar selbst dann, wenn dies mit unserem Eigeninteresse und damit unserem Glück nicht vereinbar ist.[2]

Wie Kant immer wieder betont, ist das Streben nach Glück keine Quelle, sondern meist ein Hindernis moralischen Handelns. Dasselbe gilt auf kollektiver Ebene: Staatliches Handeln soll nicht darauf abzielen, die Bürger glücklich zu machen, sondern ihre Rechte zu sichern (Kapitel 11). Wenn man unter Utilitarismus die Auffassung versteht, dass das Ziel menschlichen Handelns darin bestehen sollte, Nutzen und damit Glück zu maximieren, dann lehnt Kant den Utilitarismus auf allen Ebenen ab. Das richtige Handeln des Einzelnen wie des Staates zielt nicht auf die Maximierung des individuellen oder kollektiven Glücks, sondern auf die Achtung vor der Würde eines jeden Menschen und den Schutz der damit einhergehenden Rechte. Nur so sind moralische und bürgerliche Pflichten mit der Autonomie des Menschen, seiner freien Selbstbestimmung, vereinbar. Die ausschließliche Orientierung am Glück, so Kant, ist eine Form von Fremdbestimmung: Wenn ich nur mein eigenes Glück verfolge, lasse ich mich von meinen natürlichen Neigungen fremdbestimmen. Und wenn der Staat versucht, das Glück seiner Bürger zu maximieren, maßt er sich an, für sie zu beurteilen, was sie glücklich macht. Das aber ist unmöglich, denn was uns glücklich macht, muss jeder für sich selbst herausfinden – was selbst im eigenen Fall, wie Kant betont, oft schwer genug ist (4:418). Staatlicher Paternalismus ist daher ebenso wenig mit der Autonomie des Menschen vereinbar wie eine übergriffige Form individueller Wohltätigkeit.

Man kann die liberale Stoßrichtung dieses kantischen Gedankens begrüßen und trotzdem die Sorge haben, dass Kant hier zu weit geht. Seit der Antike hatten Ethiker im individuellen Glück das höchste Gut und letzte Ziel menschlichen Handelns gesehen und nur darüber gestritten, wie dieses näher zu bestimmen ist. Und seit jeher ist es ein Kriterium guter politischer Herrschaft, dass sie für das Wohlergehen der Bürger sorgt. Diese Glücksorientierung scheint auf der Hand zu liegen – so sehr, dass vielen Menschen der Utilitarismus selbstverständlich erscheint. Man denke nur an die Reaktionen auf das Urteil des Bundesverfassungsgerichts, das verbietet, bei einem Terrorangriff das Leben unschuldiger Flugzeuginsassen gegen das einer größeren Zahl von Opfern aufzurechnen. Das sei nicht zulässig, so die Begründung des Gerichts, weil es gegen die Menschenwürde und den Schutz des Lebens verstoße. Dieses ganz im Geiste der kantischen Ethik verfasste Urteil stößt in weiten Teilen der Bevölkerung auf Unverständnis, und zwar deshalb, weil sich der Gedanke kaum abweisen lässt, dass der Tod einer größeren *Zahl* von Menschen auch einen größeren *Schaden* – d. h. eine größere Einbuße an Glück – bedeutet. Fast alle modernen Staaten sehen es als ihre Aufgabe an, das Glück ihrer Bürger zu befördern. Viele von ihnen orientieren sich dabei inzwischen auch an Glücksindizes wie dem *World Happiness Report*, um rein wirtschaftliche Parameter wie das Bruttoinlandsprodukt zu ergänzen oder zu ersetzen.[3]

Weder das Aufrechnen von Opfern noch staatliche Glücksmaximierung sind aber aus kantischer Sicht akzeptabel. Das bedeutet jedoch nicht, dass Kant sich den verbreiteten utilitaristischen Intuitionen völlig verschließt. Vielmehr bemüht er sich, sie in seine Ethik und politische Philosophie zu integrieren, ohne den Stellenwert von Autonomie und Menschenwürde dadurch zu relativieren. Das Streben nach dem eigenen Glück ist Kant zufolge nämlich ein wesentlicher Bestandteil der menschlichen Natur. Es ist sogar eine moralische Pflicht, sich um das eigene Wohlergehen zu sorgen, sofern dies eine Bedingung dafür ist, dass man moralisch handlungsfähig bleibt. Auch ist es moralisch geboten, das Glück anderer Menschen nach Kräften zu befördern. Das ist möglich, ohne ihre Autonomie einzuschränken, indem man sie in der Verfolgung ihrer eigenen, selbstgewählten und moralisch zulässigen Zwecke unterstützt. Auch der Staat darf sich um das Glück seiner Bürgerinnen und Bürger kümmern – sofern diese selbst oder ein von ihnen gewähltes Parlament dies in entsprechenden Gesetzen beschließen. Und schließlich ist nach Kant das umfassende Ziel vernünftigen Handelns, das «höchste Gut», keineswegs allein der gute Wille, sondern die Verbindung des moralischen Handelns mit dem individuellen wie kollektiven Glück – oder, wie Kant auch sagt: die durch Glücks*würdigkeit* bedingte Glück*seligkeit*. Anders gesagt: Das höchste Gut ist eine Welt, in der alle

Menschen in dem Maße glücklich sind, wie sie es aufgrund der moralischen Qualität ihres Handelns verdienen (5:110).

Kants Einstellung zur Glückseligkeit und ihrer moralischen Relevanz ist also weitaus komplexer, als das verbreitete Klischee einer glücksfeindlichen Gesinnungsethik erwarten lässt. Indem Kant das menschliche Glück zum Gegenstand moralischer Pflichten und zu einem Bestandteil des höchsten Guts macht, gesteht er ihm einen Eigenwert zu, der nicht auf den Wert von vernünftiger Autonomie und Menschenwürde reduzierbar ist. Dass es moralisch geboten ist, menschliches Glück zu befördern, setzt bereits voraus, dass es sich dabei grundsätzlich um etwas Gutes und Erstrebenswertes handelt. Anders gesagt: Glück ist im Rahmen der kantischen Ethik zwar ein *bedingtes* Gut – d. h. es ist nur unter der Bedingung gut, dass es auf moralisch erlaubte Weise erreicht wird. Aber es ist kein *abgeleitetes* Gut – der Wert des menschlichen Glücks ist weder bloß der eines Mittels zum Zweck der Pflichterfüllung noch beruht er auf dem kategorischen Imperativ oder Werten wie Autonomie und Würde. Menschliches Glück oder Wohlergehen ist ein ursprüngliches, auf nichts anderes reduzierbares Gut (wenn auch eben nur unter der Bedingung seiner moralischen Zulässigkeit). Gerade deshalb kann für Kant das höchste Gut, das umfassende Ziel menschlichen Handelns, nicht nur in Tugend oder Moralität bestehen, sondern muss auch das Glück miteinschließen.

Kant entwickelt seine Konzeption des höchsten Gutes zuerst in der *Kritik der reinen Vernunft* (1781), doch sie spielt auch in der *Kritik der praktischen Vernunft* (1788) und in der *Kritik der Urteilskraft* (1790) eine wichtige Rolle und wird in zahlreichen anderen Werken aufgegriffen und variiert.[4] Es handelt sich also um eine der zentralen Ideen der kantischen Philosophie. Sie verknüpft auf äußerst originelle Weise vier sehr unterschiedliche philosophische Gedanken zu einem neuen Ganzen.

Da ist *erstens* die Tendenz der menschlichen Vernunft, immer weiter zu fragen und erst bei letzten abschließenden Antworten Ruhe zu finden (Kapitel 21). Sie führt uns von der Frage, ob dieses Ziel oder jene Handlung gut ist, zur Frage nach dem «höchsten Gut», also der Frage nach einem obersten und alle anderen Güter umfassenden Ziel menschlichen Handelns (5:110). *Zweitens* knüpft Kant damit an die antiken Lehren vom höchsten Gut an. Er bezieht sich vor allem auf die konkurrierenden Auffassungen Epikurs und des Stoizismus (5:111). Für Epikur lag das höchste Gut, das umfassende Ziel menschlichen Strebens, im Erreichen eines Maximums an Lust oder Freude. (Dabei war Epikurs Vorstellung von Lust eine sehr bescheidene, denn sie bestand in der Abwesenheit von Schmerz und Leid.) Der stoischen Philosophie zufolge war das höchste Gut dagegen ein tugendhaftes Leben, für welches das individuelle Wohlergeben unerheblich ist. Kant weist in der für sein Denken typischen vermittelnden Weise beide Auffassungen als einseitig zurück, um darauf zu bestehen, dass das höchste Gut nur in einer Kombination von individuellem Glück und Tugend liegen kann, denn beide seien notwendige Ziele menschlichen Handelns. Wenn moralisch gute Menschen unglücklich sind oder leiden, so Kant, sei dies nicht nur aus Sicht der Betroffenen ungerecht, sondern auch aus Sicht einer «unparteiischen Vernunft» (5:110). Der gegenwärtige Zustand der Welt, in dem viele Menschen unverschuldet leiden, ist nach Kant eine moralische Zumutung.

Das *dritte* Element besteht in einer Anknüpfung an Leibniz' These, dass wir in der besten aller möglichen Welten leben. Die moralische Zumutung menschlichen Leids wird im Rahmen einer christlichen Weltsicht zu dem Problem, wie ein allgütiger und allmächtiger Gott unverschuldetes Leid zulassen kann. Konnte Gott es nicht verhindern, so ist er nicht allmächtig; wollte er es nicht verhindern, so ist er nicht allgütig (Kapitel 28). Beides war für christliche Theologen und Philosophen unannehmbar. Gottfried Wilhelm Leibniz, dessen Denken die Philosophie in Deutschland in der ersten Hälfte des 18. Jahrhunderts prägte (Kapitel 21), fand für dieses Problem nicht nur den heute noch üblichen Namen der «Theodizee» (der «Gerechtigkeit Gottes»), sondern auch eine ingeniöse Lösung. Tatsächlich sei die Welt nicht ungerecht, denn es handle sich trotz ihrer Mängel um die «beste aller möglichen Welten». Leibniz zufolge stand Gott bei der Erschaffung der Welt vor einem Optimierungsproblem: unter den unendlichen vielen möglichen Welten, die er hätte erschaffen können, diejenige auszuwählen, in der Vielfalt und Ordnung in bestmöglicher Weise verbunden sind. Da maximale Vielfalt (Ungleichartigkeit) und maximale Ordnung (Gleichartigkeit) sich ausschließen, musste selbst ein allmächtiger Gott hier Kompromisse schließen und komplexe Abwägungen zwischen unendlich vielen Möglichkeiten treffen, die unseren menschlichen Verstand bei weitem übersteigen. Die Übel und Mängel in der Welt sind daher darauf zurückzuführen, dass sie in einer für uns oft nicht nachvollziehbaren Weise dazu beitragen, unsere Welt zur besten aller möglichen Welten zu machen, die den optimalen Kompromiss zwischen Vielfalt und Ordnung darstellt. Diese Theorie bezeichnete man im 18. Jahrhundert als «Optimismus», womit keine positive Grundeinstellung gemeint war, sondern die These, dass wir in der bestmöglichen (also: optimalen) Welt leben.[5]

Eine nachhaltige Erschütterung erfuhr dieser Optimismus am 1. November 1755, als sich in Lissabon ein furchtbares Erdbeben ereignete. Mehrere zehntausend Menschen starben, ein Großteil der Gebäude der Stadt wurde zerstört. Es handelte sich um die schlimmste Naturkatastrophe seit Menschengedenken. Berichte von diesem Erdbeben verbreiteten sich schnell in ganz Europa und lösten intensive Debatten einerseits über die Ursachen von Erdbeben, andererseits über den Optimismus und die Theodizee aus. Kant beteiligte sich an beiden Diskursen. So reagierte er umgehend mit einer Serie von drei Artikeln, die 1756 erschienen und in denen er vor dem Hintergrund seiner eigenen geografischen und kosmologischen Theorien (Kapitel 19) mögliche natürliche Ursachen des Erdbebens anführte (1:417–472). Andererseits verteidigte er noch 1759 in einer kleinen Gelegenheitsschrift den Optimismus von Leibniz (2:27–36), den er aber bald darauf aus theologischen, erkenntnistheoretischen und moralischen Gründen verwarf.[6]

Die wirkmächtigste Kritik am Optimismus stammte allerdings nicht von Kant, sondern von Voltaire, der ihn 1759 in seinem Buch *Candide oder der Optimismus* nicht argumentativ widerlegte, sondern ihn, was viel effektiver war, lächerlich machte.[7] Candide, der junge Held des Romans, lässt sich auch durch unzählige Schicksalsschläge (darunter das Erdbeben von Lissabon) nicht von dem Glauben abbringen, in der besten aller möglichen Welten zu leben, und erscheint daher als hoffnungslos naiv. Sein Erzieher Pangloss, in dem man unschwer ein Portrait des Leibniz-Schülers Christian Wolff erkennt, ist der Inbegriff eines durch keine Erfahrung belehrbaren Dogmatikers. Kant zitiert 1766 in seinen *Träumen eines Geistersehers* den berühmten Schlusssatz des *Candide*: «so schließe ich mit demjenigen, was Voltaire seinen ehrlichen Candide nach so viel unnützen Schulstreitigkeiten zum Beschlusse sagen lässt: *Lasst uns unser Glück besorgen, in den Garten gehen und arbeiten!*» (2:373) Tatsächlich heißt es bei Voltaire nur «il faut cultiver notre jardin»: «wir müssen unseren Garten bestellen». Die Betonung des Glücks ist eine Hinzufügung Kants.

Doch auch wenn Kant den Optimismus inzwischen ablehnte, nahm er Leibniz' Idee der besten aller möglichen Welten in seine reife Konzeption des höchsten Gutes auf, indem er dieses nicht nur als ein individuelles, sondern als ein kollektives, alle Menschen einschließendes Ziel und damit als eine «Welt» versteht: Das «höchste Gut einer möglichen Welt», so Kant nun, besteht in «Glückseligkeit, ganz genau in Proportion der Sittlichkeit (als Werth der Person und deren Würdigkeit glücklich zu sein) ausgeteilt» (5:110). Das höchste Gut besteht also in einer möglichen Welt, in der alle Menschen so moralisch gut sind, wie es ihnen möglich ist, und so glücklich sind, wie sie es aufgrund ihres Verhaltens moralisch verdienen. Kant hebt die individualistische Konzeption des Guten der hellenistischen Schulen (Epikur und Stoa) also auf ein kosmopolitisches, d.h. alle Menschen einschließendes Niveau (Kapitel 13), indem er es mit Leibniz' Begriff der besten aller möglichen Welten verbindet. Deren Verwirklichung, und das ist der vierte philosophische Bestandteil von Kants Theorie des höchsten Gutes, wird von Kant aber in die Zukunft verlegt und den Menschen zur moralischen Pflicht gemacht. Die beste aller möglichen Welten ist nicht die, in der wir leben, sondern die, die wir herbeiführen sollen.

Doch wie können wir dieser Pflicht nachkommen? Wie können wir das höchste Gut, also eine vollkommen gerechte Welt, realisieren? Das würde nicht nur erfordern, dass wir alle möglichst gute Menschen werden, was schwer genug ist, sondern auch, dass alle Menschen so glücklich werden, wie sie es verdienen. Doch das scheint unsere Kräfte vollends zu übersteigen. In der *Kritik der praktischen Vernunft* knüpft Kant an diese Forderung daher die beiden «Postulate» der Unsterblichkeit und Existenz Gottes. Zwar können wir, wie Kant in der *Kritik der reinen Vernunft* gezeigt hatte, nicht *wissen*, ob es einen Gott gibt und ob unsere Seele unsterblich ist (Kapitel 17, 28). Aber wir müssen dies vernünftigerweise *glauben*, weil wir nur so verstehen können, wie wir unserer Pflicht nachkommen können, das höchste Gut zu verwirklichen.

Kants Argumentation beruht auf dem Prinzip, dass alles Sollen ein Können voraussetzt: Wenn ich verpflichtet bin, etwas zu tun, dann muss dies mir möglich sein. Nun bin ich verpflichtet, das höchste Gut zu verwirklichen. Doch das ist nur dann möglich, wenn meine Seele unsterblich ist und Gott existiert: Nur wenn meine Seele unsterblich ist, kann ich mich vollkommener Tugend in einem unendlichen Prozess immer weiter annähern. Und nur wenn es einen Gott gibt, kann er aufgrund seines Allwissens die moralische Qualität meines Charakters genau bestimmen und aufgrund seiner Allgüte und Allmacht dafür sorgen, dass ich so glücklich werde, wie ich es verdiene. Die moralische Aufgabe, das höchste Gut zu verwirklichen, setzt nach Kant daher voraus, dass wir an Gott und Unsterblichkeit glauben (5:122–132).

Wir stoßen an dieser Stelle also wieder auf Kants Leitidee vom Primat der Praxis. Denn es ist nach Kant nicht unser «theoretisches», d. h. auf die Erkenntnis der Wahrheit gerichtetes Wissen, das unseren moralischen Pflichten Grenzen setzen, sondern unsere moralischen Pflichten bestimmen, was wir vernünftigerweise für wahr halten sollen. Die traditionelle und auch heute noch verbreitete Haltung in Philosophie und Wissenschaft verlangt das Gegenteil. Etwas ohne ausreichende Belege zu glauben, ist dieser Auffassung zufolge irrationales Wunschdenken. Dem widerspricht Kant: Zumindest dann, wenn es um die Voraussetzungen moralischer Pflichterfüllung geht und keine eindeutigen Indizien dagegensprechen, ist es durchaus rational, etwa an Gott und Unsterblichkeit auch ohne ausreichende Belege zu glauben. Gerade darin besteht der Vorrang der Praxis, oder, wie es bei Kant heißt, der «Primat der reinen praktischen Vernunft» (5:119–121).

Doch wie müssen wir uns die Realisierung des höchsten Gutes genau vorstellen? Wenn Kant meint, dass seine Verwirklichung die Existenz Gottes und die Unsterblichkeit unserer Seelen voraussetzt, dann legt das die Vermutung nahe, dass das höchste Gut erst im Jenseits verwirklicht werden kann. Nach unserem Tod prüft Gott die moralische Qualität eines jeden einzelnen Menschen und sorgt dann dafür, dass dieser Mensch in einem «Leben nach dem Tod» genau das Maß an Glück erhält, das er verdient. So werden diejenigen, die im «diesseitigen» Leben böse, aber glücklich waren, bestraft; diejenigen, die moralisch gut, aber unglücklich waren, werden belohnt. Tatsächlich deuten zahlreiche Äußerungen

Kants in diese Richtung. Andererseits bekennt sich Kant aber niemals explizit zu einer solchen religiösen Interpretation des höchsten Guts. Und es wäre auch fraglich, was wir dann zu seiner Realisierung beitragen könnten – außer natürlich, möglichst gute Menschen zu sein. Anderen dabei zu helfen, glücklich zu werden, wie Kants Ethik dies von uns verlangt, wäre zum Beispiel *kein* Beitrag zur Verwirklichung des höchsten Gutes, weil wir ja anders als Gott niemals wissen können, wie viel Glück ein anderer Mensch verdient. (Tatsächlich können wir das Kant zufolge noch nicht einmal im eigenen Fall wissen.)

Es ist deshalb nur konsequent, wenn Kants Verständnis des höchsten Gutes sich im Laufe der Zeit immer weiter von einer ‹religiösen› zu einer ‹säkularen› Konzeption verschiebt. Das Postulat der Unsterblichkeit tritt nach der *Kritik der praktischen Vernunft* in den Hintergrund, und die Rolle Gottes verschiebt sich von der des strafenden und belohnenden Richters hin zu der eines Schöpfers, der die Natur so geschaffen hat, dass wir Menschen in ihr das höchste Gut aus eigener Kraft realisieren können.[8]

Doch selbst in dieser abgeschwächten Form ist Kants Argumentation für die Postulate von Gott und Unsterblichkeit nicht überzeugend. Sie hat einen offensichtlichen Schwachpunkt. Das Prinzip, dass Sollen Können voraussetzt, impliziert nämlich umgekehrt, dass man als Mensch nicht verpflichtet sein kann, etwas für Menschen Unmögliches zu tun. Aus der Unmöglichkeit, das höchste Gut ohne Gottes Unterstützung zu verwirklichen, folgt daher nicht das Postulat Gottes, sondern dass Menschen nicht verpflichtet sein können, das höchste Gut vollständig zu verwirklichen. Viel plausibler ist doch die Konsequenz, dass wir uns um die Verwirklichung einer vollkommen gerechten Welt nach Kräften bemühen und uns diesem Ziel immer weiter annähern sollen. Dazu aber brauchen wir keine Postulate von Gott und Unsterblichkeit, sondern nur das Vertrauen, dass unsere Anstrengungen nicht völlig vergebens sein werden.

Kant selbst versteht die allmähliche Kultivierung, Zivilisierung und Moralisierung der Menschen, die den Fortschritt der Menschheit ausmachen (Kapitel 3), als den historischen Prozess, in dem wir der Realisierung des höchsten Gutes immer näherkommen. Das Ziel dieser Entwicklung ist eine Welt, in der alle Menschen durch Erziehung, Lebensumstände und soziale Einbindung in die Lage versetzt werden, ihre Talente möglichst umfassend zu entwickeln und zu moralisch gefestigten Personen zu werden. Zugleich sichern die Staaten, zu denen sich die Menschen zusammenschließen, nach innen das Recht und nach außen den Frieden. Das wiederum führt dazu, dass wirtschaftliche Produktion und Handel florieren und alle Menschen in ausreichendem Wohlstand leben und die meisten ihrer Ziele verwirklichen können. Der medizinische und wissenschaftliche Fortschritt erlaubt es, einige Krankheiten ganz zu besiegen und andere für die Betroffenen erträglicher zu machen. Eine solche Welt wäre zwar noch immer nicht die beste aller möglichen Welten und auch nicht das höchste Gut im Sinne Kants, aber sie würde diesem Ideal bei anhaltendem Fortschritt immer näherkommen.

Natürlich war sich Kant bewusst, dass eine solche Welt ein fernes Ideal ist. Und auch heute fehlt sehr viel zu ihrer Verwirklichung. Noch immer leben weltweit unzählige Menschen in bitterster Armut, ohne ausreichende Lebensmittel und Gesundheitsversorgung. Ein großer Teil der Menschheit lebt in Staaten, die ihre Rechte missachten. Und immer neue Kriege verbreiten Leid und Tod. Hinzu kommen die fortschreitende Umweltzerstörung und der Klimawandel, die in Kants Zeit noch nicht absehbar waren.

Aber bei aller berechtigten Skepsis, was den Fortschrittsglauben der Aufklärung angeht, sollte man auch die positiven Entwicklungen nicht unterschlagen, die sich seit den Tagen Kants vollzogen haben: den ungeheuren medizinischen Fortschritt, die gewaltige Steigerung des Wohlstandes durch globalen Handel und Industrialisierung, die große Zahl von rechtsstaatlichen und liberalen Demokratien weltweit. So sterben heute in Westeuropa bei einer Geburt nicht mehr, wie in Kants Zeit, 25–30 % der Frauen, sondern weniger als 0,1 %. Und die Kindersterblichkeit ist weltweit von etwa 46 % um 1800 auf 4,5 % im Jahr 2015 gesunken. Krankheiten wie Pest, Cholera und Malaria sind behandelbar und könnten, bei entsprechenden Anstrengungen, ausgerottet werden. Diese Entwicklungen zeigen uns, dass Kants höchstes Gut, verstanden als eine immer gerechter und glücklicher werdende Welt, nicht völlig unerreichbar ist. Jede Menschenrechtsverletzung, jeder unverdient leidende Mensch ist Kant zufolge ein moralischer Skandal, den wir nicht akzeptieren dürfen. Und jeder Schritt auf dem Weg zu mehr Rechtsstaatlichkeit, besserer Gesundheitsversorgung und einer gerechteren Verteilung von Gütern ist ein Schritt zur Verwirklichung des «höchsten Guts».[9]

TEIL III

Vernunftwesen in Gesellschaft

«Ich gestehe, dass ich mich in den Ausdruck ... nicht wohl finden kann: Ein gewisses Volk ... ist zur Freiheit nicht reif; die Leibeigenen eines Gutseigentümers sind zur Freiheit noch nicht reif; und so auch: die Menschen überhaupt sind zur Glaubensfreiheit noch nicht reif. Nach einer solchen Voraussetzung aber wird die Freiheit nie eintreten; denn man kann zu dieser nicht reifen, wenn man nicht zuvor in Freiheit gesetzt worden ist».

Die Religion innerhalb der Grenzen der bloßen Vernunft (6:188 Anm.)

11

«Ich habe das Heil der Welt gesehen!» Kant über Recht und Revolution

Kein politisches Ereignis, ja vielleicht überhaupt keine andere Begebenheit hat Kant mehr beschäftigt und begeistert als die Französische Revolution von 1789. Während Kant bis in die späten 1780er Jahre ein Anhänger der konstitutionellen Monarchie war, radikalisiert sich sein politisches Denken nach dem Tod des von ihm verehrten Friedrich dem Großen im Jahr 1786, vor allem aber unter dem Eindruck der Französischen Revolution. In seinen letzten Werken wie der Schrift *Zum ewigen Frieden* (1795), der *Metaphysik der Sitten* (1797) und dem *Streit der Fakultäten* (1798) sympathisiert Kant offen mit den politischen Entwicklungen in Frankreich und verteidigt Volkssouveränität, repräsentative Demokratie und

Republikanismus. Trotz der Hinrichtung des französischen Königs 1793, die Kant als großes Unrecht verurteilte (6:322 Anm.), und trotz der Schreckensherrschaft von 1793 bis 1794, der Zehntausende von Menschen zum Opfer fielen (7:259), sah Kant in der Französischen Revolution ein Zeichen der Hoffnung für eine bessere Zukunft (7:84–86) – eine Zukunft ohne Unterdrückung, ohne Armut und ohne soziale Benachteiligung. Mehrere seiner Schüler und Freunde erinnern sich, wie intensiv Kant an den Geschehnissen in Frankreich Anteil nahm und zeitweise über kaum etwas anderes sprechen wollte. Varnhagen von Ense berichtet, dass der 68-jährige Kant, als er von der «Verkündigung der Republik» in Frankreich am 22. September 1792 erfuhr, mit den Worten des Evangelisten Lukas gesagt habe: «Herr! Nun lasse Deinen Diener in Frieden dahinfahren, denn ich habe das Heil der Welt gesehen!»[1]

Das «Heil der Welt», das letzte Ziel gesellschaftlichen Fortschritts, ist nach Kant die weltweite Herrschaft des Rechts. Eine globale Rechtsordnung, in der alle Staaten nach innen republikanisch und demokratisch verfasst sind und nach außen die Rechte aller anderen Staaten respektieren, war für Kant das «höchste *politische* Gut» (6:355; Kapitel 2). Und da Adelsprivilegien und feudale Abhängigkeit, königliche Willkür und Unterdrückung diesem Ziel im Wege stehen, war die Französische Revolution nicht nur ein wichtiger Schritt hin zu diesem Ziel, sondern vor allem ein Beweis dafür, dass gesellschaftlicher Fortschritt in einer Größenordnung möglich war, die bis dahin unvorstellbar erschien. Wenn die mächtige französische Monarchie und Feudalgesellschaft vom vereinigten Willen des Volkes hinweggefegt werden konnte, dann war das Ziel einer gerechten und friedlichen Weltordnung vielleicht doch näher, als Kant bis dahin gedacht hatte.

Unter seinen Freunden, Kollegen und Bekannten in Königsberg war Kant mit seiner Begeisterung für die Französische Revolution in der Minderheit. Kant verkehrte in den «besseren», oft adeligen Kreisen der Stadt, die die Enteignung, Vertreibung und Ermordung des französischen Adels natürlich verurteilten. Doch Kant, so wird berichtet, verteidigte die Französische Revolution «unerschrocken» auch an den «vornehmsten Tafeln». Mit seinem Freund Theodor Gottlieb Hippel, seit 1790 geadelt, stritt er über die Ereignisse in Frankreich. Wenn Kant die Revolution im Gespräch mit Hippel als ein «Experiment»

Abb. 6: Sturm auf die Bastille, Gemälde von Jean-Pierre-Louis-Laurent Houël, 1789

verteidigte, das «mit dem Menschengeschlecht gemacht werde», dann schimpfte Hippel: «Ein schönes Experimentchen, wo eine Königsfamilie ermordet wird, und die Köpfe der edelsten Menschen zu tausenden fallen». Kant antwortete auf diesen Einwand 1798, zwei Jahre nach Hippels Tod, in seiner Schrift *Der Streit der Fakultäten*, indem er eingesteht, «dass ein wohldenkender Mensch», selbst wenn ein Erfolg der Revolution wahrscheinlich sei, «das Experiment auf solche Kosten zu machen nie beschließen würde» (7:85). Doch da die Revolution nun einmal stattgefunden habe, müsse ein wohlmeinender Beobachter ihr Erfolg wünschen.[2]

Diese positive Bewertung der Französischen Revolution steht im krassen Gegensatz zu Kants Verurteilung einer jeden Revolution als größtmöglichem Rechtsbruch. Eine Revolution, so Kant, zerstört die vorhandene Rechtsordnung, ohne sie unmittelbar durch eine neue ersetzen zu können. Sie wirft die Menschen also zurück in den vorstaatlichen «Naturzustand», in dem sich niemand seiner Rechte sicher sein kann: «Wider das gesetzgebende Oberhaupt des Staats gibt es also keinen rechtmäßigen Widerstand des Volks» (6:320). Man ahnt das Dilemma, in dem Kant sich seit 1789 befand: Das Ziel der menschlichen Geschichte ist die Durchsetzung von Recht und dauerhaftem Frieden, die nun ausgerechnet durch eine Revolution, also einen gewalttätigen Rechtsbruch, vorangetrieben wurde.[3]

Kant hatte bereits seit 1767 regelmäßig Vorlesungen über die philosophischen Grundlagen des Rechts gehalten und in seinen Veröffentlichungen seit den 1780er Jahren Teile seiner Rechtsphilosophie umrissen. Doch deren vollständige Ausarbeitung legt Kant erst mit der *Metaphysik der Sitten* vor, die 1797 als eines seiner letzten Werke erscheint. Während der zweite Teil Kants ausgearbeitete Ethik enthält, die den kategorischen Imperativ um eine ausführliche Tugendlehre ergänzt, enthält der erste Teil die *Metaphysischen Anfangsgründe der Rechtslehre*. Dieses Werk wurde lange unterschätzt. Erst seit einigen Jahrzehnten wird es als ein bedeutender Beitrag zur Rechtsphilosophie und politischen Philosophie gewürdigt und für aktuelle Debatten fruchtbar gemacht.

Dabei denkt Kant bei «Recht» nicht nur an staatliche Gesetze, Verordnungen und Gerichtsverfahren, also an das «positive» (d. h. staatlich erlassene) Recht. Stattdessen beschreibt das Recht für Kant ein normatives Verhältnis zwischen Menschen – ein System von Rechten und Pflichten, das grundsätzlich auch ohne positive Gesetze besteht. Kant folgt darin der vernunftrechtlichen Tradition der Aufklärung, also Philosophen wie Hobbes, Grotius, Pufendorf und Wolff. Diese Denker waren sich bei allen Unterschieden darin einig, dass das Recht weder eine willkürliche menschliche Setzung ist noch auf göttlichen Geboten beruht. Es gilt ihnen als Ausdruck von Regeln menschlichen Zusammenlebens, die von allen Menschen als vernünftig und notwendig eingesehen werden können.

Doch was unterscheidet das Recht dann von der Ethik, die nach Meinung dieser Philosophen (wie auch derjenigen Kants) ebenfalls auf rational einsehbaren Gesetzen beruht? Kant folgt der eleganten Antwort des Philosophen und Juristen Christian Thomasius (1655–1728): Das Recht umfasst diejenigen durch die Vernunft begründeten Rechte und Pflichten, die anders als diejenigen der Ethik mit *Zwang* durchgesetzt werden können. Für die Ethik kommt es nicht nur darauf an, das Richtige zu tun, sondern auch darauf, aus welchem Grund man es tut (Kant: aus Pflicht, nicht aus Neigung; Kapitel 8). Man kann daher zu ethisch gutem Handeln nicht gezwungen werden, denn wenn man etwas aus Zwang tut, handelt man nicht aus dem ethisch erforderlichen Motiv. Rechtlich gesehen kommt es hingegen nur darauf an, dass man sich tatsächlich an das Recht hält. Wenn es zum Beispiel verboten ist, andere Menschen zu töten, so ist es rein rechtlich gesehen nicht wichtig, *warum* ich dieses Verbot einhalte. Selbst wenn ich es nur deshalb tue, um nicht bestraft zu werden, habe ich mich rechtlich betrachtet korrekt verhalten. In ethischer Hinsicht wäre es dagegen unzureichend, einen Menschen nur deshalb nicht zu töten, um einer Strafe zu entgehen. Das aber bedeutet, dass man zu rechtlich korrektem Verhalten gezwungen werden kann, zu ethisch gutem Handeln hingegen nicht, weil dieses nur freiwillig erfolgen kann.

Was erst einmal wie ein Nachteil des Rechts aussieht – wer möchte sich schon zwingen lassen –, hat aus Sicht eines liberal-aufgeklärten Rechtsverständnisses eine positive Konsequenz, die man als «Gesinnungsneutralität» des Rechts bezeichnen kann: Rechtlich relevant ist nur die äußere Gesetzeskonformität. Der Staat hat daher kein Recht, meine Gesinnung auszuspionieren und mich bei mangelnder Linientreue zu bestrafen oder zu diskriminieren. Kant zufolge greifen ethische Motive im Recht nur dann, wenn die öffentliche Rechtsdurchsetzung versagt, denn es ist ethisch geboten, rechtliche Regeln auch dann einzuhalten, wenn keine Strafe droht. Rechtsloyalität, so Kant, ist Sache der Ethik, nicht des Rechts (6:231) und daher auch nicht erzwingbar.

Doch dass man zur Einhaltung des Rechts gezwungen werden *kann*, bedeutet noch nicht, dass man dazu auch gezwungen werden *darf*. Menschen haben, so Hobbes, zunächst einmal das Recht, alles zu tun und zu lassen, was sie wollen. Sie sind, wie Rousseau sagt, «frei geboren». Auch die Erklärung der Menschen- und Bürgerrechte, die die revolutionäre Nationalversammlung in Versailles im August 1789 verabschiedete, hält fest: «Von ihrer Geburt an sind und bleiben die Menschen frei und an Rechten einander gleich» (Art. 1).[4] Warum also darf das Recht sie zwingen, etwas zu tun, auch wenn sie es nicht wollen? Warum dürfen rechtliche Regeln mit Zwang durchgesetzt werden?

Wie Kant schon 1784 in einer Vorlesung betonte, hatten seine Vorgänger diese Frage nicht wirklich beantwortet. Entweder sie verknüpften das Recht wie Thomasius per Definition mit dem Zwang (27:1328) oder sie rechtfertigten das Zwangsrecht wie Hobbes durch Hinweis auf einen fiktiven Naturzustand, dessen Überwindung zu jedermanns Vorteil sei. Doch beides reicht Kant als Begründung nicht aus. Das Recht wie Thomasius durch die Erzwingbarkeit zu definieren, setzt voraus, was in Frage steht, nämlich dass Zwang gerechtfertigt ist. Und ob tatsächlich alle Menschen von der Einführung einer staatlichen Ordnung profitieren, wie Hobbes behauptete, ist eine empirische Frage. So könnte es besonders freiheitsliebende oder risikofreudige Menschen geben, die lieber ohne rechtlichen Schutz, aber dafür auch ohne Zwang leben. Das Recht aber muss für alle gleichermaßen und ohne Ausnahme gelten. Eine solche allgemeine Geltung lässt sich Kant zufolge nur rein rational, also a priori begründen. Genau deshalb, so Kant, braucht es «metaphysische», also überempirische «Anfangsgründe der Rechtslehre».

Für Kant ist das Recht «der Inbegriff der Bedingungen, unter denen die Willkür des einen mit der Willkür des anderen nach einem allgemeinen Gesetze der Freiheit vereinigt werden kann» (6:230). Mit «Willkür» meint Kant hier die vorrechtliche Handlungsfreiheit, also die Fähigkeit, zu tun und zu lassen, was man will. Dass die Freiheit des einen mit der des anderen «vereinigt» wird, bedeutet, dass ihr Gebrauch so eingeschränkt wird, dass es nicht zu Konflikten zwischen rechtlich erlaubten Handlungen kommt. Wenn ich zum Beispiel das Recht habe, jetzt auf diesem Stuhl zu sitzen, dann müssen die Rechte anderer Menschen entsprechend eingeschränkt werden, denn ein Recht zu haben bedeutet für Kant, einen Anspruch darauf zu haben, dass andere mich nicht daran hindern, mein Recht auszuüben. Die rechtlich geschützte Freiheit des einen endet also genau dort, wo die eines anderen beginnt. Ergebnis dieser Vereinigung sind daher Handlungsspielräume, die so aufeinander abgestimmt sind, dass jede Person ihre Rechte ausüben kann, ohne damit die Rechte anderer zu verletzen. «Das» Recht (Singular) ist Kant zufolge das System von solchen individuellen Rechten (Plural), auf deren unbeschränkte Ausübung ihre Träger einen Anspruch haben.

Dabei erfolgt die Zuteilung der Rechte «nach einem allgemeinen Gesetz». Das Recht begrenzt die Freiheit des Einzelnen also auf eine Weise, die für alle gleich ist. Das heißt natürlich nicht, dass alle Menschen genau dieselben Rechte und Pflichten haben. Wenn ich zum Beispiel der Eigentümer einer Sache bin, darf nur ich frei über sie verfügen und niemand sonst. Dass das Recht für alle gleich ist, bedeutet aber, dass auch jeder andere Mensch, der Eigentümer einer Sache ist, über sie frei verfügen darf (so wie ich über mein Eigentum). Das Recht schränkt die Freiheit jedes Einzelnen nur so weit ein, wie dies nötig ist, um die gleiche Freiheit eines jeden anderen zu gewährleisten. Auch darin weiß Kant sich mit der Erklärung der Menschen- und Bürgerrechte von 1789 einig, in der es heißt: »Die Freiheit besteht darin, alles tun zu können, was einem anderen nicht schadet. So hat die Ausübung der natürlichen Rechte eines jeden Menschen nur die Grenzen, die den anderen Gliedern der Gesellschaft den Genuss der gleichen Rechte sichern. Diese Grenzen können allein durch Gesetz festgelegt werden» (Art. 4).

Kant definiert das Recht also durch zwei Merkmale. Erstens ist es ein System von Rechten und Pflichten, das zur Sicherung der äußeren Freiheit (Handlungsfreiheit) der Rechtssubjekte dient. Und zweitens sind alle Rechtssubjekte vor dem Gesetz gleich, d. h. jedes individuelle Recht beruht auf einem allgemeinen Gesetz. Daraus, so Kant, folgt bereits, dass das Recht erzwingbar sein muss. Kants raffiniertes Argument lautet: Wenn mich jemand daran hindert, mein Recht auszuüben, so ist dies offenbar ein Unrecht; wenn ich mein Recht nun mit Zwang durchsetze, ist dies die *Überwindung* von Unrecht (die «Verhinderung eines Hindernisses der Freiheit», 6:231) und somit Recht. Nehmen wir an, dass ich das Recht habe, einen Raum zu verlassen, aber jemand will mich daran hindern. Wenn ich die Person auffordere, mich gehen zu lassen, aber sie tut dies nicht freiwillig, so habe ich das Recht, sie dazu zu zwingen. Natürlich darf ich die Person nicht verletzen oder bedrohen, aber wenn ich sie mit angemessenen Mitteln zwinge, mich gehen zu lassen, geschieht ihr kein Unrecht, da sie ja kein Recht hat, mich davon abzuhalten. Mein Zwang besteht in diesem Fall also in der Ausübung meines Rechts gegen eine unrechtmäßige Handlung und ist daher rechtens.

Damit hat Kant erklärt, warum das Recht nicht nur zwangsweise durchgesetzt werden kann, sondern auch darf. Die Erklärung lautet,

Abb. 7: Französische Erklärung der Menschen- und Bürgerrechte von 1789, Gemälde von Jean-Jacques-François Le Barbier, ca. 1789

dass rechtlicher Zwang in der Durchsetzung des Rechts gegen das *Unrecht* besteht. Das setzt allerdings voraus, dass es so etwas wie das Recht, ein System rechtlich geschützter gleicher Freiheitsspielräume, überhaupt gibt. Es ist umstritten, ob und wie Kant diese Voraussetzung begründet.

Während in der Kant-Forschung lange die Auffassung vorherrschte, dass Kant die Geltung des Rechts letztlich aus dem kategorischen Imperativ ableitet, ist diese Lesart in letzter Zeit in die Kritik geraten. Unstrittig ist aber, dass Kant das Recht als rational notwendig versteht – also als Ausdruck praktischer Vernunft. Wer vernünftig über die Regeln menschlichen Zusammenlebens nachdenkt, so Kant, muss anerkennen, dass alle Menschen das Recht haben, ihre Freiheit so auszuüben, wie dies mit der gleichen Freiheit aller anderen vereinbar ist.[5]

Genau darin sieht Kant das einzige «angeborene Recht», das Menschen haben, nämlich die «*Freiheit* … sofern sie mit jedes anderen Freiheit nach einem allgemeinen Gesetz zusammen bestehen kann» (6:237). «Angeboren» ist dieses Recht insofern, als man nichts tun muss, um es zu erwerben. Es schließt unter anderem die Gleichheit vor dem Gesetz, die rechtliche Unabhängigkeit der Person, die Unschuldsvermutung und das Recht auf freie Meinungsäußerung ein (6:238). Alle anderen Rechte, vor allem das auf Eigentum, aber auch besondere Rechtsverhältnisse zu anderen Menschen (etwa zu Ehepartnern oder Kindern) müssen erworben werden (zum Beispiel durch einen Vertrag oder den Zeugungsakt). Diese «privatrechtlichen» Verhältnisse (zwischen Privatpersonen) unterscheidet Kant vom «öffentlichen Recht», das er anders als heute üblich dadurch bestimmt, dass seine Regelungen einer öffentlichen Bekanntmachung bedürfen, um gültig zu werden. Das öffentliche Recht entspricht also in etwa dem, was man heute als «positives Recht» bezeichnet und betrifft auf der allgemeinsten Ebene den Aufbau und die Befugnisse des Staates, das Verhältnis der Staaten untereinander (Kapitel 2) und das «Weltbürgerrecht» (Kapitel 13).

Letztlich geht es Kant zufolge auf allen diesen Ebenen des Rechts stets um die rechtliche *Begrenzung* der individuellen Freiheit zum *Schutz* der gleichen Freiheit für alle. Doch anders als andere Philosophen der liberalen Tradition wie Locke oder die Autoren der US-amerikanischen Verfassung betont Kant, der hierin Hobbes nähersteht, weniger die Abwehrrechte des Einzelnen gegenüber dem Staat als die Notwendigkeit des Staates zum Schutz individueller Rechte.

Wie Hobbes, Locke und Rousseau arbeitet auch Kant mit dem Modell des «Gesellschaftsvertrags», um die Legitimität staatlicher Herrschaft zu erklären. Diese Theorie unterscheidet zwischen einem vorstaatlichen

Naturzustand und einem staatlichen Rechtszustand. Sie begründet die Legitimität des Staates dadurch, dass es aufgrund der Nachteile des Naturzustandes für jeden Einzelnen vernünftig ist, einen Vertrag mit allen anderen zu schließen und sich gemeinsam an eine staatliche Ordnung zu binden. Mehr als bei seinen Vorgängern wird bei Kant deutlich, dass es sich dabei um ein rein hypothetisches Konstrukt handelt: Auch wenn es einen Naturzustand vielleicht nie gegeben hat, zeigen dessen Mängel, dass es vernünftig ist, in einem Staat zusammenzuleben. Allerdings sieht Kant diese Mängel nicht, wie zum Beispiel Hobbes, primär in der Gefahr für Leib und Leben, sondern darin, dass die bereits im Naturzustand bestehenden Rechte der Einzelnen (etwa das angeborene Recht der Freiheit oder die erworbenen Eigentumsrechte) ohne neutrale Gerichtsbarkeit nicht verbindlich festgestellt und ohne staatliches Gewaltmonopol nicht durchgesetzt werden können. Es ist nach Kant daher nicht nur pragmatisch sinnvoll und vorteilhaft, den Naturzustand zu verlassen, sondern ein Gebot der «reinen praktischen Vernunft». Die Menschen sind verpflichtet, in einer staatlichen Ordnung zusammenzuleben, weil nur so ihre als vernünftig einsehbaren Rechte gesichert werden können (6:307).

Daraus ergibt sich auch die Rechtfertigung des Strafrechts als des schwerwiegendsten Eingriffs des Staates in das Leben seiner Bürger. Nach Kant hat der Staat die Pflicht, das Recht unter anderem durch gesetzliche Strafandrohung zu schützen. Ist diese Drohung einmal ausgesprochen, so muss sie, um glaubwürdig zu bleiben, auch umgesetzt werden. Anders als oft behauptet ist Kant, wie die amerikanische Rechtsphilosophin Sharon Byrd herausgearbeitet hat, kein Anhänger einer uneingeschränkten Wiedervergeltungstheorie der Strafe. Dieser Theorie zufolge dient die Strafe dem Ausgleich begangenen Unrechts nach dem Prinzip «Auge und um Auge, Zahn um Zahn» (*ius talionis*). Kant vertritt aber auch keine bloße Abschreckungstheorie der Strafe (Individual- oder Generalprävention). Tatsächlich sind Kant zufolge Strafen notwendig, um Gesetzeskonformität in der Gesellschaft durchzusetzen. Doch sie müssen vollstreckt werden, nicht um abzuschrecken, sondern um das Recht zu vollziehen.[6]

Erst wenn es um die Bestimmung des Strafmaßes geht, greift bei Kant der Gedanke der Wiedervergeltung, denn Kant zufolge ist das die einzige nicht-willkürliche Weise, Strafe zu bemessen. Wenn Kant also sagt: «Hat er aber gemordet, so muss er sterben» (6:333), dann meint er damit zweierlei: Weil der Täter das Recht gebrochen hat, muss er bestraft werden, um dem Recht Geltung zu verschaffen. Und weil der Rechtsbruch in der Tötung eines anderen Menschen bestand, ist das einzige angemessene Strafmaß die Todesstrafe. Die scharfsinnige und noch heute eindrucksvolle Kritik des italienischen Aufklärungsphilosophen Cesare Beccaria (1738–1794), die Todesstrafe sei mit dem Gesellschaftsvertrag nicht vereinbar, verwirft Kant als Ausdruck «teilnehmender Empfindelei einer affektierten Humanität» (6:334f.).

Aus der Idee des Gesellschaftsvertrags ergibt sich aber nicht nur die Notwendigkeit einer staatlichen Ordnung, sondern sie enthält auch Bedingungen, die eine solche Ordnung erfüllen muss, um legitim zu sein. Kant bewegt sich hier im Rahmen aufklärerischer Staatstheorien, der die Verfassungen freiheitlicher Demokratien bis heute prägt. So argumentiert Kant unter anderem für Gewaltenteilung (gesetzgebende, ausführende und rechtsprechende Gewalt), für Volkssouveränität («Die gesetzgebende Gewalt kann nur dem vereinigten Willen des Volkes zukommen», 6:313), für das Gewaltmonopol des Staates und die repräsentative Demokratie, die Kant, terminologisch verwirrend, als «Republik» bezeichnet (6:341). Als Republik im Sinne Kants kann daher auch eine konstitutionelle Monarchie wie diejenige Großbritanniens gelten, solange die gesetzgebende Gewalt von gewählten Volksvertretern ausgeübt wird. Die direkte Demokratie, wie sie unter anderem Rousseau forderte, lehnt Kant dagegen als «Despotie» ab, weil sie nicht zwischen gesetzgebender und ausführender Gewalt unterscheide (8:352).

Übrigens scheint sich Kants Position unter dem Eindruck der Französischen Revolution hin zu einer stärkeren Bürgerbeteiligung am Gesetzgebungsprozess verändert zu haben. Seit Mitte der 1780er Jahre hatte Kant gefordert, dass die Gesetze des Staates so beschaffen sein müssen, dass sie vom vereinigten Willen des Volkes ausgehen *könnten*, also für die Bevölkerung rational akzeptabel sein müssen. Das sei aber damit vereinbar, dass sie tatsächlich von einem aufgeklärten Herrscher erlassen werden, ohne dass das Volk oder seine Vertretung ein Mitspracherecht haben. Erst in der *Metaphysik der Sitten* (1797) geht Kant so weit zu sagen, dass die Gesetze *tatsächlich* vom Volk beziehungsweise seinen gewählten Vertretern ausgehen müssen. Dabei bleibt aber das aktive Wahlrecht, ähnlich wie in der Verfassung der Französischen Republik von 1792, auf männliche und wirtschaftlich selbständige Bürger beschränkt (Kapitel 4).[7]

Das Ancien Régime in Frankreich verletzte selbst minimale Bedingungen vernünftiger Staatsführung in eklatanter Weise. Die Angehörigen des Dritten Standes (Bürger, Arbeiter und Bauern) konnten der staatlichen Ordnung, die ihnen nicht nur zentrale Freiheits- und Mitbestimmungsrechte, sondern auch ausreichende Versorgung mit Lebensmitteln vorenthielt, vernünftigerweise nicht zustimmen. Hatten die Arbeiter, die am 14. Juli 1789 die Bastille stürmten und so die Revolution einleiteten, nicht das Recht auf ihrer Seite? Kant bestreitet das. Seine Begründung erfolgt in zwei Schritten.

Erstens überträgt sich die uneingeschränkte Geltung des Vernunftrechts auf das positive Recht, denn es ist notwendig, den Naturzustand zu verlassen und mit anderen in eine positive Rechtsordnung einzutreten. Die Gesetze müssen für *alle* verbindlich sein, damit die Rechtsordnung überhaupt gilt. Für Kant folgt daraus, dass positives Recht auch dann befolgt werden muss, wenn es überpositiven, vernunftrechtlichen Maßstäben nicht genügt. Andernfalls müsste jeder einzelne Bürger für sich entscheiden, ob das positive Recht tatsächlich gilt oder nicht, was aber einem Rückfall in den Naturzustand gleichkäme.

Positives Recht, auch wenn es als ungerecht beurteilt wird, muss nach Kant also uneingeschränkt gelten, wenn eine Rechtsordnung Bestand haben soll. Als einzige Ausnahme davon nennt er, etwas vage und eher nebenbei, einen Verstoß gegen das «innere Moralische» (6:371). Kant, der extremes staatliches Unrecht wie das in Nazi-Deutschland nicht kannte, führt jene Ausnahme nicht näher aus. Man darf ihn aber wohl im Sinne der sogenannten Radbruch'schen Formel (1946) verstehen, der zufolge das positive Recht auch dann «Vorrang hat, wenn es inhaltlich ungerecht» ist, *es sei denn*, der Widerspruch zur Gerechtigkeit erreicht ein «unerträgliches Maß».[8]

Aus der unbedingten Geltung positiven Rechts folgt dann in einem zweiten Schritt die Ablehnung des Rechts auf Widerstand und Revolution. Manchmal klingt es, als folge Kant hier dem Hobbes'schen Gedanken, dass jede staatliche Ordnung besser ist als gar keine, denn ohne staatliche Zentralgewalt herrscht der Krieg aller gegen alle, der für alle nachteilig ist. Doch auf dieses Argument kann sich Kant, für den das Recht ja gerade nicht auf Nützlichkeitserwägungen beruht, nicht stützen. Sein Gedanke ist vielmehr, dass eine Revolution die Auflösung der bestehenden staatlichen Ordnung und damit der Durchsetzbarkeit des Rechts zur Folge hat und daher ein *Unrecht* ist. Derselbe Grund, der den Übergang vom Naturzustand in einen rechtlichen Zustand notwendig macht – dass nur so die Rechte aller gesichert und durchgesetzt werden können –, spricht damit auch gegen die Rechtmäßigkeit einer Revolution.

Wie auch im Fall des Krieges (Kapitel 2) sieht Kant bei einer Revolution das Problem nicht primär in dem dadurch verursachten Leid, sondern darin, dass es sich um ein Unrecht handelt. Zulässig und notwendig, so Kant, ist allein eine allmähliche Reform des Staates hin zu mehr Demokratie und Rechtsstaatlichkeit (6:322). Das gilt auch für das vorrevolutionäre Frankreich, weshalb die Französische Revolution aus Sicht Kants rechtlich und moralisch nicht zu rechtfertigen ist. Nachdem die Revolution aber einmal stattgefunden hat und mit der Verfassung von 1792 («Das Heil der Welt») eine neue Rechtsordnung etabliert wurde, wäre es allerdings auch unrechtmäßig, die alte Ordnung wiederherstellen zu wollen, denn das würde de facto eine weitere Revolution bedeuten (6:323).

Kants Bewertung der Französischen Revolution bleibt also zwiespältig, aber sie ist nicht widersprüchlich. Der Umsturz der bestehenden Rechtsordnung des Ancien Régime war ein unentschuldbares Unrecht, ebenso wie die Hinrichtung des Königs, der Terror und die Ermordung von Tausenden. Und trotzdem war die Französische Revolution ein «Geschichtszeichen» (7:84), ein Vorschein einer besseren Zukunft, denn sie zeigt, dass eine republikanische Ordnung und echte Volkssouveränität möglich und erreichbar sind. Wie im Fall von Krieg und Frieden nimmt Kant eine Position ein, die seinen rechtlich-politischen Moralismus mit einem knallharten politischen Realismus zu einem vorsichtigen geschichtsphilosophischen Optimismus (im heutigen Sinn des Wortes) verbindet (Kapitel 2): Krieg und Revolution sind Unrecht (Moralismus), aber als faktischer Teil der menschlichen Geschichte (Realismus) sind sie ein Schritt auf dem Weg zu Recht und Frieden (Optimismus).

«Der Wert des Geldes ist … nur indirekt. Man kann es selbst nicht genießen, oder als ein solches irgend wozu unmittelbar gebrauchen; aber doch ist es ein Mittel, was unter allen Sachen von der höchsten Brauchbarkeit ist.»

Metaphysik der Sitten (6:287)

12

«Dies ist mein»: Über geistiges und anderes Eigentum

Am 27. Februar 1798 machte Kant sein Testament. Genauer gesagt: Er machte ein neues Testament. Es ersetzte das ältere aus dem Jahr 1791 und wurde in den nächsten Jahren noch mehrfach ergänzt und geändert. Es ist das Testament eines wohlhabenden Mannes, der ein Vermögen zu hinterlassen hat: ein schuldenfreies Haus sowie Geschäftsbeteiligungen und Hypotheken im Wert von fast 43 000 Gulden. Als Kant fünf Jahre später starb, betrug sein Vermögen (einschließlich des Verkaufswerts des Hauses) insgesamt rund 63 000 Gulden oder 21 000 Taler. Zum Vergleich: «Um 1800 verdient in Norddeutschland ein einfacher Handwerksgeselle durchschnittlich 105–130 Taler jährlich, ein Dienstbote bei freier Kost und Logis ca. 30 Taler». Kants Vermögen betrug also ungefähr das 700-fache des Jahreseinkommens eines Dienstboten, das 200-fache eines Handwerksgesellen und mehr als das 50-fache seines eigenen Professorengehalts (inklusive königlicher Zulagen). Eine Umrechnung in aktuelle Kaufkraft ist aufgrund der völlig anderen Lebensverhältnisse und eines ganz anderen Warenangebots streng genommen nicht möglich. Aber wenn man heutige Gehälter zugrunde legt, würde der entsprechende Wert von Kants Vermögen wohl zwischen fünf und zehn Millionen Euro liegen. Für seinen Vater, den Riemermeister Johann Georg Kant, wäre ein solches Vermögen unerreichbar gewesen. Auch die Kollegen Kants an der Königsberger Universität dürften kaum in der Lage gewesen sein, so viel Geld zu sparen.[1]

Was waren die Quellen von Kants Wohlstand? Als Kant nach seinen Hauslehrerjahren 1755 an die Universität zurückgekehrt war, verdiente er sein Geld durch Hörergelder, die kaum für größere Ersparnisse gereicht haben dürften. Ab 1766 kam das Gehalt eines Unterbibliothekars von 62 Talern pro Jahr hinzu, seit 1770 das Gehalt als Professor von anfangs 160 Talern. Dafür musste Kant die Pflichtvorlesungen in Logik und Metaphysik und einige andere Kollegien halten, während er für die gutbesuchten Vorlesungen über Anthropologie und physische Geografie weiterhin Hörergelder bezog.[2]

All das reichte offenbar für ein angenehmes Leben als Junggeselle in gemieteten Zimmern, aber zunächst nicht für einen eigenen Haushalt, den Kant erst 1784 begründete (Kapitel 7). Zu diesem Zeitpunkt hatte er bereits genug Geld gespart, um den Kaufpreis des Hauses von insgesamt 7500 Gulden zu bezahlen, ohne eine Hypothek aufnehmen zu müssen. Sein Einkommen als Professor war, vor allem wegen besonderer königlicher Gehaltszulagen für den inzwischen berühmten Philosophen, im Laufe der Jahre auf ungefähr 400 Taler gestiegen. Dazu kamen die Einnahmen durch seine Bücher, die seit Mitte der 1780er Jahre immer höhere Auflagen erzielten. Die Verleger lockten ihn mit Honoraren, die von vier Talern pro Bogen für die *Kritik der reinen Vernunft* (1781) auf zehn Taler pro Bogen für *Zum ewigen Frieden* (1795) stiegen – ein absolutes Spitzenhonorar. Aus allen Auflagen seiner zwischen 1781 und 1795 erschienenen Bücher (mit Ausnahme der Religionsschrift) soll Kant insgesamt 2500 Taler Einnahmen erzielt haben. Hinzu kamen Honorare für Zeitschriftenartikel, für die nach 1795 erschienenen Bücher und für die von Kant autorisierten Sammlungen seiner kleineren Schriften. Das damit verdiente Geld legte Kant im Handelshaus seiner Freunde Green und Motherby an. Die jährliche Verzinsung betrug, wie das Testament ausführt, sechs Prozent, was erklärt, wie im

Laufe von zwanzig bis dreißig Jahren ein größeres Vermögen entstehen konnte.[3]

Als Autor war Kant ein geschickter Geschäftsmann, dem es wichtig war, dass seine Leistung angemessen entlohnt wurde. Das war im 18. Jahrhundert allerdings nicht leicht zu erreichen, denn es gab keinen Schutz geistigen Eigentums. Zwar zahlten die Verleger eines Buches dem Autor meist ein Honorar, aber sobald das Buch einmal auf dem Markt war, stand es jedermann frei, es nachzudrucken. Sofern es überhaupt gesetzliche Regelungen für den Büchernachdruck gab, wurden sie nicht effektiv durchgesetzt. So sind fast alle Werke Kants nach der *Kritik der reinen Vernunft* von Verlegern in ganz Deutschland nachgedruckt worden, ohne dass Kant dafür ein Honorar erhalten hätte. Auch Sammlungen kleinerer Schriften erschienen ohne Kants Zustimmung und ohne Vergütung. Das traf natürlich nicht nur Kant, sondern alle Autoren jeder Zeit. Neben dem finanziellen Schaden bestand ein weiteres Problem darin, dass diese Ausgaben oft fehlerhaft waren. Für die Leser war nicht ersichtlich, dass diese Mängel nicht auf den Autor, sondern den Verleger zurückgingen.[4]

Es überrascht daher nicht, dass Kant öffentlich auf das Problem der Raubdrucke hinwies und für deren Unzulässigkeit argumentierte. Im Jahr 1785, gerade als seine Auflagen zu steigen begannen, veröffentlichte Kant einen Aufsatz über die «Unrechtmäßigkeit des Büchernachdrucks» (8:77–87), dessen Argumentation er in der *Rechtslehre* von 1797 noch einmal zusammenfasst. Kant unterscheidet zwischen dem Buch als materiellem Gegenstand, das man als bewegliche Sache kaufen und verkaufen kann, und der darin enthaltenen «Rede», also dem an eine Leserschaft gerichteten Inhalt (8:81 Anm.; 6:290). Der Inhalt eines Buches, so Kant weiter, sei kein Werk (*opus*), sondern eine Handlung (*opera*), nämlich eine Rede des Autors an sein Publikum. Der Verleger spricht durch das Buch nicht selbst zum Publikum, sondern beansprucht gegenüber den Lesern, vom Autor mit der Vermittlung seiner Gedanken beauftragt zu sein. Der Raubdrucker täuscht also die Käufer des Buches und verletzt die Rechte des rechtmäßigen Verlegers, den der Autor beauftragt hatte. Zwar könne der Raubdrucker Eigentümer eines Exemplars des Buches (als Sache) werden, das gebe ihm aber nicht das Recht, die darin enthaltene «Rede» zu verbreiten. Auch wenn diese Konstruktion sich juristisch nicht durchsetzen konnte, wurde Kant mit ihr doch zu einem Vordenker des Rechts an geistigem Eigentum – ein Konzept, das nach ersten Ansätzen in England (1710) und Frankreich (1791) erst im Laufe des 19. Jahrhunderts Eingang in die Gesetzgebung in Deutschland und anderen Ländern gefunden hat.[5]

In der *Rechtslehre* ist Kants Konzeption des Urheberrechts in seine allgemeine Theorie des Privateigentums eingebettet, mit der er sich in einer der zentralen Debatten der politischen Philosophie des 18. Jahrhunderts positioniert. Seit dem 17. Jahrhundert suchten Philosophen und Juristen vermehrt nach einer Begründung dafür, dass bestimmte Teile des Erdbodens, die darauf befindlichen Immobilien sowie andere, bewegliche Objekte vom allgemeinen Gebrauch ausgeschlossen und einzelnen Personen oder Gruppen vorbehalten sein sollten. Ein verbreiteter Ansatz beruhte auf der Idee der ersten Inbesitznahme: Es steht demnach jeder Person frei, ein Stück Land oder eine Sache, die nicht schon jemandes Eigentum sind, in Besitz zu nehmen. Schließlich gehören sie niemandem, der dadurch geschädigt werden könnte. Ein anderer einflussreicher Ansatz war die Arbeitstheorie des Eigentums von John Locke. Danach gründet sich Eigentum an Land und Sachen letztlich auf das Eigentum eines jeden Menschen an seinem eigenen Körper und an der eigenen Arbeit. Wenn jemand nun zum Beispiel durch Bestellung eines Ackers, Pflege einer Kuh oder Backen eines Brotes seine Arbeitsleistung mit einer Sache untrennbar «vermischt», so Locke, erwirbt er das Eigentum an dieser Sache.[6]

Rousseau dagegen kritisierte die Einführung des Privateigentums als den eigentlichen Sündenfall, der zur bürgerlichen Gesellschaft mit ihrer Ungleichheit, Unterdrückung und Ausbeutung führte. Wer ein Stück Land in Besitz nehme, schädige sehr wohl alle anderen: «Der erste, der ein Stück Land eingezäunt hatte und es sich einfallen ließ zu sagen: dies ist mein … war der wahre Gründer der bürgerlichen Gesellschaft. Wie viele Verbrechen, Kriege, Morde … hätte derjenige dem Menschengeschlecht erspart, der … seinen Mitmenschen zugerufen hätte: ‹Hütet euch, auf diesen Betrüger zu hören; ihr seid verloren, wenn ihr vergesst, dass die Früchte allen gehören und die Erde niemandem.›» Allerdings lehnte Rousseau das Privateigentum nicht grundsätzlich ab, sondern machte seine Legitimität in späteren Schriften von der Übereinstimmung mit dem allgemeinen Willen des Volkes abhängig. Dennoch zeigte Rousseaus radikale Kritik an der Ungleichheit und Ungerechtigkeit der Eigentumsverhältnisse im 18. Jahrhundert, dass die Existenz und Berechtigung von Privateigentum nicht selbstverständlich war, sondern begründet werden musste.[7]

Anders als Rousseau betrachteten Hobbes und Hume das Privateigentum als eine nützliche gesellschaftliche Konvention, die der Vermeidung von Konflikten bei der Nutzung knapper Ressourcen dient. Doch nach Kant reichen solche Nützlichkeitserwägungen nicht aus, um Eigentumsrechte zu begründen. Der Nutzen des Privateigentums müsste dann nämlich gegen die von Rousseau betonten Nachteile abgewogen werden, etwa die Aufspaltung der Gesellschaft in Arme und Reiche. Hume hatte zwar darauf hingewiesen, dass vom Luxus der Reichen indirekt auch die Armen profitieren. Doch in einer Vorlesung der 1760er Jahre betont Kant: «Rousseau antwortet dem Hume, es ist wahr: der Luxus beschäftigt Arme; aber es würde keine Arme ohne Luxus geben: und der Luxus kompensiert seinen eigenen Schaden sehr schlecht.» (27:80f.) Kant bestreitet also, dass von der Einführung des Privateigentums tatsächlich alle gleichermaßen profitieren. Dessen Vorteile können daher keine allgemein anzuerkennenden Rechte begründen.

Auch die Arbeitstheorie Lockes weist Kant zurück. An ihr kritisiert er unter anderem, dass sie das Eigentum fälschlich als eine Beziehung zwischen Eigentümer und einer *Sache* versteht, während es doch tatsächlich eine Beziehung zwischen dem Eigentümer und allen anderen Personen ist. Das Eigentum an einer bestimmten Sache, so Kant, besteht in dem Recht, andere Menschen vom Gebrauch dieser Sache auszuschließen. Locke dagegen personifiziere die Sache, die jemandes Eigentum ist – als ob man sie durch die investierte Arbeit verpflichten könne, «keinem Anderen als ihm zu Diensten zu stehen» (6:269).

Kants eigene Theorie des Eigentums ist kompliziert und schon terminologisch nicht leicht zu verstehen. So bezeichnet Kant das, was man heute unter Eigentum versteht, als «intelligiblen» Besitz, den er vom «physischen» Besitz einer Sache unterscheidet. Während letzterer erfordert, dass man die Sache körperlich in seiner Gewalt hat, besteht der intelligible Besitz darin, dass andere die Sache nicht ohne Zustimmung des Besitzers benutzen oder wegschaffen dürfen. Wenn dieses Fahrrad mein

Eigentum (intelligibler Besitz) ist, dann darf es niemand ohne meine Zustimmung fahren, mitnehmen oder zerstören, und zwar selbst dann nicht, wenn ich das Fahrrad unabgeschlossen abgestellt habe und fortgegangen bin. In diesem Sinn ist der Besitz «intelligibel», d.h. nicht sinnlich wahrnehmbar, sondern nur gedanklich zu erfassen. Der intelligible Besitz einer Sache kann durch Kaufvertrag, Schenkung oder Vererbung auf eine andere Person übertragen werden (6:285; 6:291).

Nun ist der grundlegende Fall von Eigentum für Kant nicht der an beweglichen Dingen wie einem Fahrrad, sondern der an Grund und Boden (und damit mittelbar an den darauf befindlichen Dingen wie zum Beispiel Häusern oder Bäumen, 6:261). Das Privateigentum an Grund und Boden führt Kant auf eine erste Inbesitznahme zurück: Die erste Erwerbung eines bis dahin herrenlosen Stücks Land begründet die ersten Eigentumsrechte, aus denen sich dann alle anderen Fälle von Eigentum durch Kauf, Vererbung etc. ableiten. Aber was rechtfertigt diese erste Erwerbung? Warum darf man durch einen einseitigen Akt (eine Person nimmt etwas in Besitz) alle anderen Menschen in ihren Rechten einschränken? War es nicht genau das, was Rousseau kritisiert hatte? Einen Zaun bauen und behaupten «Das gehört mir» begründet noch keinen legitimen Rechtsanspruch.

Kants Antwort lautet, dass ein herrenloses Stück Land, das niemand in Besitz nehmen dürfte, menschlicher Nutzung für immer entzogen wäre. Das aber wäre eine Einschränkung der Freiheit aller, die vernünftigerweise niemand wollen kann – selbst diejenigen nicht, die durch eine Besitznahme des Stücks Land von seinem Gebrauch ausgeschlossen werden. Auch sie wollen grundsätzlich die Möglichkeit haben, Land zu nutzen und Boden zu bebauen. Also ist es ein Gebot der Vernunft, so Kant, dass man herrenlose Flächen durch bloße Inbesitznahme rechtmäßig erwerben kann (6:246).

Dieses Argument macht allerdings eine wichtige Voraussetzung, nämlich dass man von einem Stück Land nur dann rechtmäßigen Gebrauch machen darf, wenn man selbst sein Eigentümer ist oder der Eigentümer die Nutzung erlaubt hat. Dagegen könnte man einwenden, dass dies für manche Formen der Nutzung nicht gilt. So dürfen alle Bauern ihr Vieh auf der Allmende weiden, ohne dass der einzelne Bauer (Privat-)Eigentümer ist, denn die Allmende ist Gemeinschaftseigentum.

Sie gehört keiner Privatperson allein, auch nicht kollektiv allen Privatpersonen gemeinsam (wie eine Aktiengesellschaft den Aktionären), sondern sie ist Eigentum einer sozialen Gemeinschaft. Kant erkennt diese Möglichkeit ausdrücklich an (wobei er eher an den Fall von Wegen und Rainen zwischen zwei Grundstücken zu denken scheint; 6:265). Auch wenn Kant dies nicht weiter ausführt, kann seine Argumentation den Fall der Allmende aber mit aufnehmen, da er so verstanden werden kann, dass auch hier der Eigentümer (die Dorfgemeinschaft) die Nutzung durch die einzelnen Bauern erlaubt. Ohne diese Erlaubnis durch den Eigentümer und damit ohne Eigentum, so Kants Punkt, wäre die Nutzung unrechtmäßig.

Wenn das stimmt, zeigt Kants Argument aber nicht die Vernunftnotwendigkeit von *Privat*eigentum. Es zeigt allenfalls, dass dann, wenn man Eigentum als Grundlage rechtmäßigen Gebrauchs von Land und Sachen betrachtet, Eigentumserwerb durch erste Inbesitznahme möglich sein muss. Es ist eine weitergehende Frage, ob dieses Eigentum stets die Form von Privateigentum haben muss oder in manchen Fällen nicht andere Formen von Eigentum angemessener sind (z. B. gemeinschaftliches Eigentum an Straßen und Schulen, kollektives Eigentum an Produktionsmitteln).

Das führt uns zu einer notwendigen Bedingung, die Kant für den Eigentumserwerb durch Besitznahme formuliert. Sie ist nämlich nur vor dem Hintergrund eines unterstellten «ursprünglichen Gesamtbesitzes» (6:262) der Erde durch alle Menschen möglich. Damit meint Kant nicht, dass es irgendwann einmal eine Zeit gab, in der die Erde allen Menschen gemeinsam gehörte, sondern dass ursprünglich (unabhängig von rechtlichen Handlungen wie einer Inbesitznahme) niemand das Recht hat, jemanden von einem Stück Land auszuschließen oder zu vertreiben. Aufgrund der Endlichkeit der Erdoberfläche können sich die Menschen nicht beliebig ausweichen: Es muss also für jeden Menschen das ursprüngliche Recht geben, sich an irgendeinem Ort aufzuhalten (6:262). Solange noch niemand ein Stück Land in Besitz genommen hat, gilt dieses Recht für jeden Ort auf der Erde gleichermaßen, was einem gemeinschaftlichen Besitz der Erdoberfläche gleichkommt.

Schließlich nennt Kant noch eine wichtige Einschränkung des Eigentumsrechts aus erster Besitznahme: Dieses Recht gilt zunächst einmal nur «provisorisch», also unter Vorbehalt. Der Grund dafür ist, dass einseitig erklärte oder beanspruchte Rechte umstritten sein können. Wenn ich ein scheinbar herrenloses Stück Land in Besitz nehme, könnte jemand anderes behaupten, dies bereits vor mir getan zu haben. Ohne neutrale Gerichtsbarkeit ist aber nicht verbindlich feststellbar, welcher Rechtsanspruch berechtigt ist. Dasselbe gilt für alle anderen Rechtsverhältnisse im Naturzustand: Sie gelten nur provisorisch, nicht endgültig. Diese Rechtsunsicherheit ist der Grund, aus dem die Menschen Kant zufolge verpflichtet sind, den Naturzustand zu verlassen und in einen «rechtlichen» Zustand, also eine rechtsstaatliche Ordnung einzutreten. In einem solchen Rechtsstaat gilt das Prinzip des allgemein gesetzgebenden Willens, das heißt: «nur der übereinstimmende und vereinigte Wille Aller, sofern ein jeder über Alle und Alle über einen jeden ebendasselbe beschließen», kann gesetzgebend sein (6:313f.). Für die Eigentumsrechte bedeutet das, dass sie so lange provisorisch bleiben, bis sie durch den «allgemein vereinigten Volkswillen» (6:314), etwa in Form einer Volksvertretung im Parlament, gesetzlich geregelt (Legislative), im Streitfall durch öffentliche Gerichte entschieden (Judikative) und durch das staatliche Gewaltmonopol (Exekutive) durchgesetzt werden können.

Zusammengefasst beruht das Recht auf (Privat-)Eigentum nach Kant also auf dem Recht der Freiheit, in diesem Fall dem Recht zur freien Nutzung von Land und Gütern. Unter der Bedingung der Endlichkeit der Erdoberfläche ist es notwendig, diese Nutzung durch verschiedene Personen so zu koordinieren, dass die Eigentumsrechte der einen Person mit den Rechten aller anderen Personen vereinbar sind. Konkret bedeutet das, dass nur die Eigentümer (oder von diesen autorisierte Personen) eine Sache rechtmäßig nutzen dürfen. Solche Eigentumsrechte können grundsätzlich (in einem fiktiven Naturzustand) auch einseitig erworben werden, sind aber erst im Rahmen einer staatlichen Ordnung, die diese Rechte für alle nach allgemeinen Gesetzen festlegt und sichert, dauerhaft gültig.[8]

Damit ist noch nichts darüber gesagt, wann eine bestimmte Verteilung von Eigentum gerecht ist. Tatsächlich spielen Fragen der Verteilungsgerechtigkeit, wie sie seit dem 19. Jahrhundert bis in die Gegenwart die Politik und politische Philosophie dominieren, für Kant nur eine untergeordnete Rolle. Über die Höhe einer gerechten Einkommens- oder Vermögenssteuer erfahren wir von Kant ebenso wenig wie über das Eigentum an Produktionsmitteln. Kant hält eine staatliche Sozialfürsorge offenbar für notwendig (6:326), äußert sich aber nicht zu deren konkreter Ausgestaltung. Dennoch taucht das Problem einer gerechten Aufteilung des gesellschaftlichen Wohlstandes auch bei Kant gelegentlich auf. Seine wenigen Andeutungen weisen in eine überraschende Richtung. So fragt Kant zum Beispiel, ob die Unterstützung der Notleidenden durch die Reichen überhaupt den Namen der Wohltätigkeit verdiene: «Das Vermögen wohlzutun, was von Glücksgütern abhängt, ist größtenteils ein Erfolg aus der Begünstigung verschiedener Menschen durch die Ungerechtigkeit der Regierung, welche eine Ungleichheit des Wohlstandes, die anderer Wohltätigkeit notwendig macht, einführt» (6:454). Eine große Ungleichheit des Wohlstandes geht Kant zufolge also auf die Ungerechtigkeit der «Regierung» zurück, womit Kant hier ganz allgemein das Handeln der staatlichen Obrigkeit meint. Ein gerechter Staat würde eine solche Ungleichheit verhindern und dafür sorgen, dass niemand von privater Wohltätigkeit abhängig ist. Allerdings ist «Gerechtigkeit» hier kein rechtlicher, sondern ein ethischer Begriff. Aus ihm ergibt sich nicht unmittelbar ein Rechtsanspruch des Einzelnen an den Staat.

Dennoch sind es Stellen wie diese – sowie die grundsätzliche Betonung der rechtlichen oder moralischen Gleichheit aller Menschen –, die Ende des 19. Jahrhunderts zu einer sozialistischen Kant-Rezeption geführt haben, die allerdings über das hinausgeht, was sich Kant selbst unter einer «gerechten Regierung» vorgestellt haben dürfte (Kapitel 30). Andererseits hat die zentrale Bedeutung des Begriffs der Freiheit für Kants Rechtsphilosophie auch liberale und libertäre Interpretationen hervorgerufen, die dem Staat bei Kant nur die Rolle des «Nachtwächters» zuweisen, der die Rechtsordnung, die Vertragsfreiheit und das Funktionieren des Marktes gewährleistet. Auch diese Lesarten sind insofern anachronistisch, als Kant zwar mit Adams Smiths Theorie der Preisbildung durch den Markt vertraut war, aber anders als Hegel noch nicht über ein differenziertes Verständnis einer Marktökonomie verfügte. Angesichts der Tatsache, dass die Industrialisierung, die Entwicklung freier Warenmärkte und die «soziale Frage» erst im Laufe des 19. Jahrhunderts zu beherrschenden Themen wurden, sollte es nicht überraschen, dass wir zu ihnen bei Kant noch keine ausführlichen Überlegungen finden.[9]

Dass Kant großen Reichtum moralisch und politisch fragwürdig fand, hat ihn nicht davon abgehalten, ein stattliches Vermögen anzuhäufen. Und obwohl Wohltätigkeit nach Kants Ethik eine Tugendpflicht ist (für deren Ausübung es allerdings kein festes Maß gibt), sah er in seinem Testament keine Spenden oder Stiftungen für soziale, karitative oder wissenschaftliche Zwecke vor. Allerdings hatte Kant zu Lebzeiten seine Geschwister finanziell großzügig unterstützt und auch regelmäßig an eine «Armenkasse» gespendet. Als Erben seines gesamten Vermögens nennt sein Testament jedoch allein Familienangehörige: seine zwei noch lebenden Geschwister (ein Bruder und eine Schwester), im Fall ihres Todes deren Kinder, sowie die Kinder einer bereits verstorbenen Schwester. Die Kinder der beiden Schwestern sollten gemeinsam die eine Hälfte und die Kinder des Bruders die andere Hälfte erhalten.

Kant hatte ursprünglich auch festgelegt, dass von seinem Erbe zwei andere Personen aus seinem Umfeld bedacht werden: Für den Testamentsvollstrecker Gensichen, einen jüngeren Freund Kants, waren für seine «Mühewaltung» einmalig 1500 Gulden vorgesehen, während sein Diener Martin Lampe «wegen seiner vieljährigen, redlich geleisteten Dienste» für den Rest seines Lebens jährlich 400 Gulden und seine Frau im Fall seines Todes jährlich 200 Gulden erhalten sollten. Hinterließen Lampe und seine Frau bei ihrem Tode Kinder, sollten diese einmalig 1000 Gulden bekommen (12:383f.).[10]

Diese für Lampe sehr großzügige Regelung aus dem Jahr 1798 ist aber nie in Kraft getreten. 1802 kam die fast vierzigjährige enge Zusammenarbeit und persönliche Verbindung zu einem traurigen Ende. Lampe trank zu viel, wurde immer unzuverlässiger und gegenüber der Köchin und dem inzwischen altersschwachen Kant immer wieder ausfallend und brutal. Schließlich kam es zum Eklat. Kant gesteht Ehregott Wasianski, seinem Freund und Helfer in den letzten Lebensjahren: «Lampe hat sich so gegen mich vergangen, dass ich es zu sagen mich schäme». (Was genau vorgefallen ist, wissen wir nicht.) Wasianski, den Kant anstelle Gensichens schließlich auch zu seinem Testamentsvollstrecker machte, nahm sich der Sache an. Lampe musste gehen und erhielt eine jährliche Pension von 40 Talern. Doch selbst nach diesem Bruch strich Kant

Lampe nicht ganz aus seinem Testament. Zwar hob er die Regelung von 1798 auf, beließ Lampe aber seine Pension auf Lebenszeit. In anderen Zusätzen zu seinem Testament versorgte Kant auch seine Köchin Louise Nietsche einmalig mit 2000 Gulden und seinen neuen Diener Johann Kaufmann mit einer jährlichen Pension auf Lebenszeit (12:386, 388, 390). Während das Alter andere geizig mache, so Wasianski, sei Kant bis zuletzt großzügig und freigebig gewesen. Doch an den Namen Kaufmanns konnte sich der greise Kant nicht mehr gewöhnen. Er nannte seinen Diener weiterhin Lampe. Vielleicht bezieht sich darauf auch eine oft zitierte Notiz des alten Kant? Sie lautet: «der Name Lampe muss nun völlig vergessen werden.»[11]

«Diese Vernunftidee einer *friedlichen,* wenn gleich noch nicht freundschaftlichen, durchgängigen Gemeinschaft aller Völker auf Erden, ... ist nicht etwa philanthropisch (ethisch), sondern ein *rechtliches* Prinzip. Die Natur hat sie alle zusammen (vermöge der Kugelgestalt ihres Aufenthalts ...) in bestimmte Grenzen eingeschlossen; und ... so stehen alle Völker ... in einem durchgängigen Verhältnisse ..., sich zum *Verkehr* unter einander *anzubieten*».

Metaphysik der Sitten (6:352)

13

Weltbürger in Königsberg

Immanuel Kant, der weitsichtige Theoretiker der Globalisierung, lebte in der tiefsten Provinz. Seine Geburtsstadt Königsberg, in deren Umgebung er sein ganzes Leben verbrachte, lag weit abseits der europäischen Metropolen London, Paris und Wien an der Pregelmündung, nur durch das Frische Haff von der Ostsee getrennt, ungefähr 600 Kilometer nordöstlich von Berlin und 900 Kilometer von Wien, fast 1000 Kilometer südwestlich von Sankt Petersburg und 1500 Kilometer östlich von Paris. Mit der Postkutsche, die auf den teils unbefestigten Straßen nur etwa fünf Kilometer pro Stunde zurücklegte, dauerte die Reise nach Berlin (ohne längere Unterbrechungen) fünf Tage. Marcus Herz entschuldigt sich nach seinem Umzug nach Berlin 1770 bei Kant, nicht früher geschrieben zu haben: «das ungewöhnliche Wachen, das fünftägige Fahren und die ununterbrochenen Erschütterungen, die man auf dem Postwagen empfindet, hatten meinen … Körper dermaßen geschwächt, dass ich zu jeder andern wichtigen Sache untüchtig war» (10:99). Kein Wunder, dass der zartgebaute, stets kränkelnde und empfindliche Kant alle auswärtigen Einladungen ausschlug.[1]

Doch Kant fühlte sich keineswegs als Provinzler. Immerhin war Königsberg eine der größten deutschsprachigen Städte und neben Berlin eine der beiden Hauptstädte Preußens. Und wenn der Philosoph nicht in die Welt reist, muss die Welt eben zum Philosophen kommen: «Eine große Stadt, der Mittelpunkt eines Reichs, … die eine Universität … und dabei noch die Lage zum Seehandel hat, … eine solche Stadt, wie etwa Königsberg am Pregelflusse», so der alte Kant 1798, ist ein «schicklicher Platz zu Erweiterung sowohl der Menschenkenntnis als auch der Weltkenntnis, … wo diese, *auch ohne zu reisen*, erworben werden kann» (7:120 Anm.). Menschen- und Weltkenntnis, Anthropologie und Geografie, das waren die Themen der beiden populären Vorlesungen, die Kant neben seinen Pflichtvorlesungen regelmäßig vor großem Publikum hielt.[2]

Kant hatte seit Beginn seiner Vorlesungstätigkeit, also seit 1755, jedes zweite Semester eine Vorlesung über «physische Geographie» gehalten, worunter er eine Beschreibung der «Naturbeschaffenheit der Erdkugel und … was auf ihr befindlich ist» verstand: «die Meere, das feste Land, die Gebirge, Flüsse, den Luftkreis, den Menschen, die Tiere, Pflanzen und Mineralien» (2:3). Während die Vorlesung dem Anspruch nach wissenschaftlich-deskriptiv vorging, war das Ziel der Vorlesung kein rein theoretisches. Sie sollte, ganz im Sinn des kantischen Primats der Praxis (Kapitel 1), den Zuhörern Wissen vermitteln, von dem sie «in allen nur möglichen Verhältnissen des Lebens» Gebrauch machen konnten (9:157). Daher strebte Kant nicht nach der «Vollständigkeit» und «Genauigkeit» einer Physikvorlesung, sondern wählte sein Material «mit der vernünftigen Neubegierde eines Reisenden, der … das Merkwürdige, das Sonderbare und das Schöne aufsucht» (2:3). Tatsächlich ist Kants Vorlesung in manchen Teilen eine Art geografisches Kuriositätenkabinett, in dem Aussagen über Naturphänomene, ferne Länder und fremde Kulturen dicht aufeinanderfolgen.

Kant verdankte seine geografischen Kenntnisse natürlich nicht nur

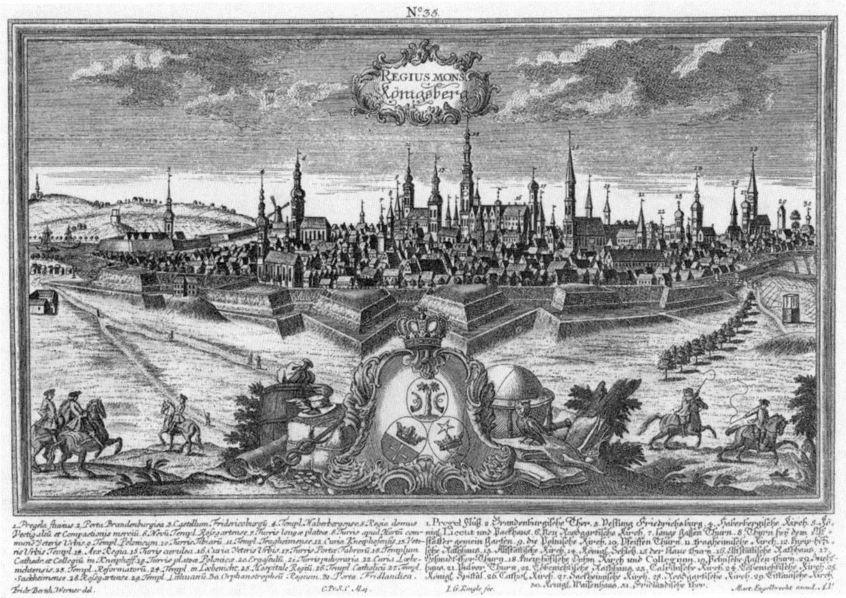

Abb. 8: Kupferstich von Königsberg, Johann Georg Ringlin nach einer Zeichnung von Friedrich Bernhard Werner, um 1740

seiner Heimatstadt, sondern vor allem den Berichten von Reisenden aus aller Welt, die er mit Vergnügen und in großen Mengen las und in seinen Vorlesungen verwendete (2:4): «Wir erweitern unsere Kenntnis der gegenwärtigen Zeit durch Nachrichten von fremden und entlegenen Ländern, wie wenn wir selbst in ihnen lebten» (9:159). Diese Mitteilungen, so schränkt Kant ein, «müssen indes zuverlässig sein».[3]

Gemessen am Kenntnisstand seiner Zeit und Kultur verfügte Kant über ein enzyklopädisches Wissen von der Erde und allem, «was darauf befindlich ist». So belehrt er seine staunenden Zuhörer, unterlegt mit zahllosen Daten, Fakten, Theorien und Nachweisen, über die Gestalt und Größe der Erde, die Ausdehnung der Meere und Kontinente, die Atmosphäre und die Winde, über die verschiedenen Menschen, Tiere, Pflanzen und Mineralien, gefolgt von einer summarischen Beschreibung der «vier Weltteile» (9:343) Asien, Afrika, Europa und Amerika mit ihren Ländern und Kulturen. Es überrascht nicht, dass diese Vorlesung vierzig Jahre lang gut besucht war. Schließlich dürften auch die meisten von Kants Studierenden niemals über Ostpreußen hinausgekommen sein.

Kants Geografievorlesung ist uns in zahlreichen Nachschriften aus verschiedenen Jahrzehnten sowie einem von Friedrich Theodor Rink 1802 in Kants Auftrag und unter Kants Namen herausgegebenen Buch erhalten. Inhaltlich ist sie heute nur noch von wissenschaftshistorischem Interesse. Viele der von Kant referierten Theorien aus Geologie, Meteorologie und anderen Disziplinen gelten inzwischen als veraltet, und zahlreiche seiner Quellen waren nicht so zuverlässig, wie Kant offenbar glaubte. Aber vielleicht hätte Kant das gar nicht überrascht, denn er betont selbst, dass die physische Geografie eine empirische Disziplin sei, die noch ganz am Anfang ihrer Entwicklung stehe. Es sei daher wichtig, sich klarzumachen, dass man die in seiner Vorlesung vermittelten Kenntnisse «durch Erfahrung vervollständigen und berichtigen kann» (9:157).

Zu berichtigen wären aus heutiger Sicht etwa Kants Aussagen über Menschen aus anderen Ländern und Kulturen, die nicht nur in ihrem Wahrheitsgehalt fragwürdig, sondern auch herabsetzend und verletzend sind (Kapitel 19). Hier ein Beispiel von vielen: «Am Senegal ist die Hitze unerträglich. Das Land der Fuli … hat sehr schöne, artige, schwarzbraune Weiber mit langen Haaren. Die fleißigen Weiber nehmen hier Wasser ins Maul, damit sie sich des Schwatzens enthalten. Die Ameisen bauen hier Haufen wie Kegel … Die Jolofer, die zwischen dem Gambia und dem Senegal wohnen … stehlen sehr künstlich [d.h. geschickt]» (9:413). Gleich darauf beklagt Kant die «Treulosigkeit» der Einheimischen untereinander im Sklavenhandel: «Eltern verkaufen ihre Kinder und diese jene».

Problematisch an solchen Passagen ist weniger, dass Kant das Verhalten der «Weiber» mit dem der Ameisen auf eine Stufe stellt, denn schließlich geht es ihm gerade um eine Beschreibung auch des Menschen als Teil der «physischen» Natur. Ähnliche Aussagen, wenn auch in weniger herabsetzendem Ton, macht Kant zum Beispiel auch über die Spanier («sind fast alle mager») und ihre Pferde («sind gut») (9:425). Viel problematischer ist, dass Kant hier pauschale Werturteile («schön», «artig», «fleißig», «stehlen künstlich») wiedergibt, ohne seine Quellen, darunter viele Reiseberichte von christlichen Missionaren, kritisch zu hinterfragen. Zwar unterschied Kant sehr wohl zwischen mehr und weniger verlässlichen oder sachkundigen Autoren und Berichten (9:159; 8:174 Anm.). Aber er scheint sich nicht klar gemacht zu haben, dass auch die verlässlichsten Berichte der europäischen Reisenden durch deren eigene Werte und Vorstellungen verzerrt waren, die nicht erst die Bewertung, sondern bereits die Wahrnehmung der fremden Kulturen prägten. Der Verdacht, dass die Frauen vielleicht nicht deshalb Wasser im Mund behielten, um sich vom «Schwatzen» abzuhalten, oder dass hinter einem kunstvollem «Stehlen» vielleicht eine andere Auffassung von Eigentum stehen könnte, scheint Kant nicht gekommen zu sein. Dabei hätte die Einsicht, dass unsere Wahrnehmung auch von unseren Wertvorstellungen abhängt, gerade für Kant nicht ferngelegen, denn kein anderer Denker vor ihm hatte so deutlich herausgearbeitet, wie unsere Begriffe und Anschauungsformen bereits die einfachsten Formen sinnlicher Wahrnehmung strukturieren und prägen (Kapitel 23).

Doch trotz ihrer im Rückblick offensichtlichen Schwächen ist Kants physische Geografie die Grundlage einer seiner eindrucksvollsten und bedeutendsten Einsichten, denn sie erlaubte es ihm, eine Perspektive auf die Menschheit einzunehmen, die ihn zu einem Vordenker der Globalisierung und des Kosmopolitismus machte. So betont Kant in seinen Werken über Recht, Politik und Geschichte immer wieder die «Kugelgestalt» der Erde, die es den Menschen unmöglich macht, beliebig viel Abstand zueinander zu halten. Durch Nahrungsmangel, knappe Ressourcen und Entdeckergeist getrieben, verbreiten sich die Menschen unweigerlich über den gesamten Erdball. Doch da dieser endlich ist, können es die Menschen auf Dauer nicht vermeiden, miteinander in Kontakt und Austausch zu treten (8:358; 6:352). Während den meisten Menschen in Kants Zeit die Erde noch unermesslich groß erschien, betont Kant, dass sie zu klein ist, um sich auf Dauer auszuweichen.

In der Schrift *Zum ewigen Frieden* schildert Kant diese unvermeidliche Globalisierung so: Auf der «Kugelfläche» der Erde können sich die Menschen «nicht ins Unendliche zerstreuen». Zwar werden sie durch die «unbewohnbaren Teile» der Erde, wie «das Meer und die Sandwüsten», voneinander getrennt, «doch so, dass das Schiff, oder das Kamel (das Schiff der Wüste) es möglich machen, über diese herrenlose Gegenden sich einander zu nähern» (8:358; Kapitel 2). Auf diese Weise treiben die Menschen auch über weite Entfernungen miteinander Handel. Kant war mit dem Fernhandel nicht nur aus seiner Heimatstadt, sondern auch durch seine Beteiligung am Handelshaus seiner Freunde Green und Motherby vertraut. Er wusste daher aus eigener Anschauung, dass mit dem Handel stets auch ein kultureller Austausch einherging. Kommunikationswege wurden ausgebaut, Händler und Seeleute berichteten aus aller Welt: «Auf diese Art können entfernte Weltteile miteinander friedlich in Verhältnisse kommen … und so das menschliche Geschlecht endlich einer weltbürgerlichen Verfassung immer näher bringen» (8:358).

Für Kant besteht also ein direkter Zusammenhang zwischen der physischen Gestalt der Erde als Globus, der Globalisierung des Handels und der Idee des Kosmopolitismus. Aufgrund der globalen Vernetzung der Menschen und ihrer wechselseitigen Abhängigkeit sei es inzwischen (wir schreiben das Jahr 1795) so weit gekommen, dass eine «Rechtsverletzung an *einem* Platz der Erde an *allen* gefühlt wird» (8:360; 6:353). Die «Idee eines Weltbürgerrechts» sei daher nicht «phantastisch» oder «überspannt», «sondern eine notwendige Ergänzung des ungeschriebenen Kodex» des Staats- und Völkerrechts (8:360).

Das Weltbürgerrecht ist eine der bedeutendsten theoretischen Innovationen Kants. Er konzipiert es als einen eigenständigen Bereich des öffentlichen Rechts neben Staats- und Völkerrecht. Während das Staatsrecht seit der Antike den Aufbau des einzelnen Staates und das Verhältnis seiner Bürger zu ihm betrifft, regelt das im 17. Jahrhundert aufkommende Völkerrecht das Verhältnis der Staaten untereinander. Kant ist der Erste, der die Rechte des Einzelnen zu *anderen* Staaten genauer bestimmt und als eigenes Rechtsgebiet auszeichnet (8:357–360; 6:352).[4] Er knüpft damit an den Kosmopolitismus der griechisch-römischen Antike an, dem zufolge die Menschen in letzter Instanz nicht Athener oder Römer, sondern Weltbürger, also Kosmopoliten waren (von gr. *kosmos*, Weltordnung, und *politikos*, Bürger). Kants Zeitgenosse Christoph Martin Wieland (1733–1813) hatte diese Ideen aufgegriffen und den Begriff des Kosmopolitismus in Deutschland populär gemacht. Doch die Idee eines Weltbürger*rechts* im engen Sinn (8:357), also eines unbedingten Anspruchs eines jeden Menschen gegenüber anderen Staaten, hat weder in der Philosophiegeschichte noch in den Rechtslehren der Neuzeit ein direktes Vorbild.[5]

Allerdings ist dieses Recht für Kant eng umgrenzt. Es besteht in erster Linie in einem «Besuchsrecht», nicht aber in einem «Gastrecht» (8:358). Damit mein Kant, dass der Einzelne kein Recht hat, sich in einem fremden Land ohne Erlaubnis für längere Zeit aufzuhalten oder gar dort niederzulassen. Sein Recht beschränkt sich darauf, als «Fremdling», der als Reisender, Händler, Flüchtling oder Schiffsbrüchiger auf fremdem Boden ankommt, «nicht feindselig behandelt zu werden» (8:358). Er darf sich den anderen zum «Verkehr» anbieten, also zu Austausch und Handel; doch das ist nur ein Angebot, das die andere Seite ablehnen kann. Darauf, einen solchen Versuch zu machen und fremde Länder zu besuchen, so Kant, hat aber jeder Mensch einen Anspruch.

Das ist zunächst nicht viel, doch folgen daraus zwei wichtige Konsequenzen. Erstens ist es verboten, Händler und Seeleute, die es in ein fremdes Land verschlagen hat, auszurauben oder zu versklaven (8:358). Das war zu Kants Zeit keineswegs selbstverständlich: Seeraub in Küstengewässern und Überfälle auf Karawanen waren ein ernsthaftes Handelshindernis, wobei sich die Piraten und Räuber auf ihr angebliches Recht gegenüber den Eindringlingen beriefen. Aus heutiger Sicht noch wichtiger ist die zweite Konsequenz, die Kant nur in einem Halbsatz andeutet. Der Besucher, so Kant, dürfe nämlich nur dann abgewiesen werden, «wenn es ohne seinen Untergang geschehen kann» (8:358). Kant denkt hier vermutlich vor allem an Schiffbrüchige oder andere Reisende in Not, aber diese Einschränkung gilt natürlich ebenso für Menschen, die vor Naturkatastrophen, Krieg oder Verfolgung fliehen und denen, würden sie abgewiesen, der «Untergang» droht. Kant wird damit zu einem Pionier des modernen Asylrechts, wie es heute unter anderem in der UN-Menschenrechtscharta, den Genfer Verträgen und im Grundgesetz festgeschrieben ist.

Die globalen Flüchtlingsbewegungen unserer Zeit konnte Kant nicht voraussehen, aber Flucht und Vertreibung waren auch in seiner Zeit und unmittelbaren Umgebung eine traurige Realität. In Königsberg lebten im 18. Jahrhundert zahlreiche hugenottische Familien, die in ihrer französischen Heimat wegen ihres protestantischen Glaubens verfolgt wurden. Ebenso wie die sogenannten «Salzburger Exulanten», ebenfalls verfolgte Protestanten, hatten sie in Preußen Aufnahme gefunden. Der Siebenjährige Krieg (1756–1763) führte auch in Ostpreußen zu größeren Migrationsbewegungen. Und nach der Französischen Revolution flohen Adelige aus Frankreich auch nach Preußen, um der Guillotine zu entgehen.[6]

Kant äußert sich nicht ausdrücklich zu der Frage, was das Weltbürgerrecht genau für den Status von Flüchtlingen und Verfolgten bedeutet. Doch Kant unterscheidet zwischen einem für alle Menschen geltenden Besuchsrecht, das auch ein unbedingtes Schutzrecht einschließt, und einem freiwillig zu gewährenden Gastrecht, das Fremden auch verweigert werden kann. Darin kann man einen Vorläufer der in Deutschland und vielen anderen Ländern üblichen Unterscheidung zwischen Flüchtlingen mit Asyl- oder Aufenthaltsanspruch und allen anderen Migranten sehen, etwa sogenannten Wirtschaftsflüchtlingen. Erstere haben in Deutschland ein unbedingtes Recht auf Aufnahme, letztere nicht. Wo diese Grenze genau zu ziehen ist, bleibt naturgemäß umstritten, aber dass zum Beispiel Flüchtende, die sich in Booten auf dem Mittelmeer befinden, nicht abgewiesen werden dürfen, sondern gerettet und zunächst einmal aufgenommen werden müssen, dürfte aus Kants Sicht unstrittig sein. Die aktuelle Praxis der EU an ihren Außengrenzen entspricht den Anforderungen des kantischen Weltbürgerrechts daher oft nicht.[7]

Noch einmal zurück zu Kants Geografievorlesungen. Viele der Reiseberichte aus Ländern Asiens, Afrikas und Amerikas, auf die sich Kant stützte, entstanden im Zusammenhang mit der westlichen Kolonialisierung dieser Länder. Sie wurden von Reisenden verfasst, die mittelbar oder unmittelbar in die Unterdrückung und Ausbeutung der dort lebenden Menschen involviert waren. Manche Berichte wurden von Kolonialstaaten wie Holland, England oder Frankreich finanziert, andere von christlichen Missionaren, westlichen Händlern oder Eroberern verfasst. Viele Äußerungen Kants in seinen Vorlesungen geben diese kolonialistische Perspektive ungebrochen wieder, etwa wenn er zwischen verschiedenen Volksgruppen nach ihrer Einsetzbarkeit als Arbeitssklaven unterscheidet (8:174 Anm.; 2:438 Anm.). Es scheint, dass Kant die mit dem Kolonialismus verbundenen moralischen Verbrechen lange übersehen oder ausgeblendet hat.[8]

Kant stand mit dieser Haltung natürlich nicht allein. Die meisten seiner Zeitgenossen dürften sie geteilt haben. Aber nicht alle. So war der Schriftsteller und spätere Revolutionär Georg Forster, der 1772 als junger Mann mit James Cook um die Welt gesegelt war und darüber einen vielgelesenen Reisebericht veröffentlicht hatte (*A Voyage Round the World*, 1777), ein scharfer Kritiker des Rassismus und kolonialer Praktiken. Forster, der anders als Kant die Welt und fremde Völker aus eigener Anschauung kannte, kritisierte 1786 Kants Theorie der Menschenrassen in einem Aufsatz als empirisch unhaltbar.[9] Kant schätzte Forster und hatte dessen Reisebericht – natürlich – gelesen, doch verteidigte er seine Theorie der Menschenrassen gegen Forsters Kritik und teilte auch dessen Anti-Kolonialismus zunächst nicht (Kapitel 16).

Es ist daher bemerkenswert, dass Kant, nachdem er fast 40 Jahre lang Vorlesungen über physische Geografie gehalten hatte, ohne sich klar vom Kolonialismus zu distanzieren, seine Einstellung Mitte der 1790er Jahre geändert hat. Wir wissen nicht genau, was diese Veränderung ausgelöst hat – jedenfalls zeigte sich Kant auch mit 70 Jahren noch lernfähig und wurde zu einem scharfen Kritiker der Ausbeutung und Unterdrückung Angehöriger fremder Kulturen durch die europäischen Eroberer. Diese Kritik geht Hand in Hand mit der Idee des Weltbürgerrechts, denn die westlichen Kolonisatoren traten ja gerade nicht als «Besucher» auf, die einen freundlichen Kontaktversuch machen, sondern als brutale Eroberer. In *Zum ewigen Frieden* heißt es über das Verhalten «der gesitteten, vornehmlich handeltreibenden Staaten unseres Weltteils», dass deren «Ungerechtigkeit … bis zum Erschrecken weit» gehe. Für die Europäer sei der «Besuch fremder Länder und Völker» dasselbe wie ihr «Erobern». Sie verhielten sich so, als seien diese Länder bis zu ihrer Entdeckung durch die Europäer herrenlos gewesen: «denn die Einwohner rechneten sie für nichts» (8:358).

Kant sah in der angeblichen Entdeckung und tatsächlichen Eroberung fremder Länder also einen Missbrauch des Weltbürgerrechts auf friedliche Kontaktaufnahme. Dieser Rechtsbruch führe zu «Unterdrückung der Eingebornen, … weit ausgebreiteten Kriegen, Hungersnot, Aufruhr, Treulosigkeit, und wie die Litanei aller Übel, die das menschliche Geschlecht drücken, weiter lauten mag» (8:358f.). In der *Rechtslehre* widerlegt Kant das auf Lockes Arbeitstheorie des Eigentums (Kapitel 12) beruhende Argument, Nomadenstämmen gehöre das von ihnen genutzte Land gar nicht, weil sie es nicht bebauten. «Hirten- oder Jagdvölker … (wie die Hottentotten, Tungusen und die meisten amerikanischen Nationen)», so Kant, brauchen «große öde Landstrecken» für ihre Lebensweise und Ernährung. Das von ihnen bewohnte Land gehöre ihnen und dürfe von den Europäern «nicht mit Gewalt, sondern nur durch Vertrag» erworben werden. Ein solcher Vertrag dürfe auch nicht, wie so oft geschehen, die «Unwissenheit jener Einwohner in Ansehung der Abtretung solcher Ländereien» ausnutzen, sondern müsse fair sein (6:353).[10]

Es wäre sicherlich übertrieben, Kant aufgrund dieser Äußerungen zu einem Vordenker des Postkolonialismus machen zu wollen. Aber aus seiner Kritik am Kolonialismus in Verbindung mit seiner Eigentumstheorie, die rechtmäßigen Besitz an rechtmäßigen Erwerb bindet (Kapitel 12), dürften sich weitreichende Reparations- und Restitutionsansprüche der vielen Millionen Menschen ableiten lassen, die noch heute unter den Folgen der kolonialen Verbrechen an ihren Vorfahren leiden.

Doch Kants Begriff des Weltbürgertums geht über den rechtlichen Kosmopolitismus (Weltbürgerrecht) und politischen Kosmopolitismus (Weltfriedensordnung) noch hinaus. Bereits die *Grundlegung zur Metaphysik der Sitten* von 1785 hatte den einzelnen Menschen als Teil der Gemeinschaft aller vernünftigen Wesen, als Bürger im «Reich der Zwecke» beschrieben (4:433). In späteren Werken entwickelte Kant daraus den Gedanken eines *moralischen* Kosmopolitismus, dem zufolge man sich als Teil einer alle Menschen einschließenden Weltgemeinschaft betrachten solle. Eine solche «weltbürgerliche Gesinnung» (5:316; 6:473) sei ein notwendiges Korrektiv der menschlichen Neigung zu moralischem Egoismus (7:130; 6:473) und religiöser Intoleranz (6:199). Sie betrachtet alle Menschen als gleichberechtigte Mitglieder einer globalen Gemeinschaft und schließt daher auch die damals als «Eingeborene» und «Wilde» bezeichneten indigenen Bewohner anderer Kontinente mit ein.

Auf diese Weise wird der Begriff des Weltbürgertums zu einem der Leitbegriffe der kantischen Philosophie. Das letzte Ziel menschlichen Handelns, das «höchste Gut», liegt nämlich in der Realisierung einer *alle* Menschen einschließenden moralischen Weltgemeinschaft (Kapitel 10). Und auch sein Verständnis von Philosophie stellt Kant unter den Begriff des Kosmopolitismus, indem er sie als Philosophie «in weltbürgerlicher

Bedeutung» bezeichnet (Kapitel 29). So ist nach Kant der «ewige Frieden», also eine dauerhafte Weltfriedensordnung, nicht nur das «höchste politische Gut» (Kapitel 2), sondern auch die einzig mögliche «weltbürgerliche Verfassung» der Menschheit (8:358). Darin lag für Kant das Ziel der menschlichen Geschichte, zu dessen Erreichen er mit seiner Philosophie einen Beitrag leisten wollte. Solange er dazu nur nicht reisen musste.

«Das angeborene Recht ist nur ein einziges. Freiheit ..., sofern sie mit jedes Anderen Freiheit nach einem allgemeinen Gesetz zusammen bestehen kann, ist dieses einzige, ursprüngliche, jedem Menschen kraft seiner Menschheit zustehende Recht.»

Metaphysik der Sitten (6:237)

14

Die Freiheiten eines untertänigen Knechts

Wie frei war Immanuel Kant? Das ist eine vieldeutige und vielschichtige Frage, wie niemand besser wusste als Kant selbst. In seiner Philosophie spielt der Begriff der Freiheit eine zentrale Rolle. Dabei unterscheidet Kant zwischen unterschiedlichen Aspekten menschlicher Freiheit, etwa zwischen der äußeren Freiheit des Handelns und der inneren Freiheit des Denkens und Wollens. Zur äußeren Freiheit gehört zum Beispiel das Recht auf politische Partizipation, aber auch das auf freie Wahl von Beruf und Wohnsitz. Als Untertan der absolutistisch regierenden preußischen Monarchen war Kant Gesetzen unterworfen, über die er selbst nicht demokratisch mitbestimmen konnte. Zudem herrschte in Preußen keine allgemeine Freizügigkeit: In der ständischen Gesellschaft unterlag die Berufswahl zahlreichen Einschränkungen, und die Untertanen durften den Wohn- und Aufenthaltsort oft nur mit behördlicher Erlaubnis wechseln.[1]

Kants äußere Freiheit war also in hohem Maße eingeschränkt. Das gilt selbst dann, wenn man bedenkt, dass Kant seinen frei gewählten Beruf als Hochschullehrer ausübte, als Mitglied der Universität über viele Privilegien verfügte und er Königsberg bekanntlich gar nicht verlassen wollte. Denn Rechte und Privilegien konnten jederzeit widerrufen, Professoren entlassen und Bürger aus ihrer Stadt verwiesen werden. Äußere Freiheit beinhaltet nach Kant dagegen, dass man nicht von willkürlichen Entscheidungen anderer abhängig ist, selbst wenn diese Abhängigkeit faktisch zu keinen Einschränkungen führt (6:237). Bereits die bloße Möglichkeit einer willkürlichen Einschränkung der Freiheit ist eine Form von Unfreiheit. In dieser Hinsicht war Kant also nicht frei.

Dennoch war er ein Verehrer Friedrichs des Großen, der den größeren Teil von Kants Lebenszeit preußischer König war (von 1740 bis 1786). Friedrich war zwar ein absolutistischer Autokrat, aber in gesellschaftlichen und religiösen Dingen liberal – gemäß seiner berühmten Bemerkung, jeder solle «nach seiner Façon selig werden». Zu dieser liberalen Haltung gehörte auch eine weitgehende Presse- und Meinungsfreiheit. Doch damit war es nach dem Tod Friedrichs des Großen vorbei. Sein Nachfolger, Friedrich Wilhelm II., entließ 1788 den liberalen Staatsminister von Zedlitz, der Kant förderte und dem Kant 1781 aus Dankbarkeit die *Kritik der reinen Vernunft* gewidmet hatte. Sein Nachfolger wurde der konservative protestantische Geistliche Johann Christoph Wöllner, ein erklärter Aufklärungsgegner. Unter dessen Einfluss erließ der König 1788 zunächst ein Religions- und dann ein Zensuredikt, wodurch die Pressefreiheit vor allem in Religionsfragen stark eingeschränkt wurde. Das bekam ab 1792 auch Kant zu spüren.[2]

Kant war bis dahin von der Zensur verschont geblieben. Das bedeutet nicht, dass seine Werke zuvor nicht der Zensur unterlagen – das taten in der einen oder anderen Form alle Druckwerke in Preußen und im Reich. Aber Kant konnte bis dahin seine Schriften stets unverändert veröffentlichen. Auch in den ersten Jahren nach den Wöllner'schen Edikten überstanden Kants Werke die Zensur noch ohne Probleme. Das betraf vor allem die *Kritik der Urteilskraft* (1790) und den religionsphilosophischen Aufsatz «Über das Misslingen aller philosophischen Versuche in der Theodizee» (1791). In diesem Aufsatz erklärt Kant den Versuch, das Übel in der Welt mit der Güte Gottes rational zu vereinbaren, für ge-

Abb. 9: Friedrich der Große, Gemälde von Antoine Pesne, 1745

scheitert und attackiert die kirchliche Obrigkeit seiner Zeit (namentlich das «Oberkonsistorium»), weil sie nicht zwischen theologischen Disputen und dem wahren christlichen Glauben unterscheide (8:266). Auch der Aufsatz «Über das radikale Böse in der menschlichen Natur», der eine philosophische Aus- und Umdeutung der Erbsündenlehre enthielt, konnte 1792 noch ohne Auflagen in der *Berlinischen Monatsschrift* erscheinen. Aber der nächste Text («Von dem Kampf des guten Prinzips mit dem bösen») wurde von der Berliner Zensur, vertreten durch den Oberkonsistorialrat Hermes, abgelehnt. Auch wenn die *Monatsschrift* inzwischen in Jena erschien, um der preußischen Zensur zu entgehen, verzichtete Kant zunächst auf eine Veröffentlichung.[3]

Doch auf Dauer ließ Kant sich nicht von einer Publikation abhalten. Obwohl ihm klar sein musste, dass gerade religionsphilosophische Werke besonders genau geprüft wurden, fügte er den abgelehnten Aufsatz mit drei anderen zu dem Buch *Religion innerhalb der Grenzen der bloßen Vernunft* zusammen (Kapitel 15). In seinem religionsphilosophischen Hauptwerk führt er das Christentum auf dessen moralphilosophischen Kern zurück (der letztlich mit der kantischen Ethik zusammenfalle). Die christlichen Kirchen, so Kant, sind der bloße Vorschein einer moralischen Gemeinschaft aller Menschen als gleichberechtigter Personen, der «wahren Kirche» (6:101). Für Monarchen, Staatsminister und Oberkonsistorialräte sieht Kant keine Sonderstellung vor.

Durch geschicktes Taktieren übersteht das Buch zunächst die Zensur. Kant erwirkt, dass es von der Theologischen Fakultät in Königsberg als Beitrag zur Philosophie und nicht zur Theologie gewertet wird, woraufhin die kantfreundliche Philosophische Fakultät in Jena das Imprimatur erteilt.[4] Das Buch erscheint 1793 bei Nicolovius in Königsberg und verkauft sich so gut, dass bereits 1794 eine vermehrte zweite Auflage gedruckt wird.

Aber dann schlägt die Zensur doch noch zu. Der König, Wöllner und das Oberkonsistorium konnten eine solche öffentliche Provokation nicht hinnehmen. Und so erhielt Kant am 12. Oktober 1794 ein von Wöllner unterzeichnetes Schreiben des Königs, das Kant vor allem wegen seines Buches *Religion innerhalb der Grenzen der bloßen Vernunft* in scharfen Worten rügt («Entstellung, Herabwürdigung und Entehrung mancher Haupt- und Grundlehren der heiligen Schrift und des Christentums»; 11:525). Kant habe seine Pflichten als «Lehrer der Jugend» verletzt und wissentlich gegen die «landesväterliche Absicht» des Königs gehandelt. Er wird «bei Vermeidung Unsrer Höchsten Ungnade» aufgefordert, derartiges Verhalten in Zukunft zu unterlassen, «widrigenfalls Ihr Euch bei fortgesetzter Renitenz unfehlbar unangenehmer Verfügungen zu gewärtigen habt» (11:525f.).

Das war keine leere Drohung. Seit 1788 waren mehrere Autoren wegen Verstoßes gegen die Zensurbestimmungen verhaftet, eingesperrt oder aus dem Staatsdienst entlassen worden. Kant scheint in dieser Zeit ernsthaft mit seiner Entlassung gerechnet zu haben und soll sich in diesem Zusammenhang froh über sein inzwischen angespartes Vermögen gezeigt haben (Kapitel 12), das es ihm ermöglicht hätte, auch ohne sein Professorengehalt auszukommen.[5]

Dennoch lenkte Kant ein. Sein Antwortschreiben an den König (11:527–530) ist eine Mischung aus zeittypischen Unterwerfungsfloskeln («ersterbe in devotestem Gehorsam», «alleruntertänigster Knecht») und einer sehr selbstbewussten, im Ton oft professoral belehrenden Zurückweisung aller Vorwürfe. So gehe es weder in seinen Vorlesungen noch in seinem Religionsbuch um eine «Würdigung» (d.h. Bewertung) des Christentums, weshalb es sich logischerweise auch nicht um eine *Herab*würdigung handeln könne. Dennoch schreibt Kant: «um als Euerer Majestät treuer Untertan darüber in keinen Verdacht zu geraten», sei es «das Sicherste, dass ich mich fernerhin aller öffentlichen Vorträge in Sachen der Religion ... in Vorlesungen sowohl als in Schriften völlig enthalte und mich hiermit dazu verbinde» (11:530).

In seiner äußeren Freiheit war Kant also durch den preußischen Staat in zunehmendem Maße eingeschränkt. Doch nicht alle diese Einschränkungen waren willkürlich oder ungerechtfertigt. So war es Kant, wie jedem anderen preußischen Bürger, strafrechtlich verboten, andere zu verletzen oder zu ermorden, was Kant natürlich akzeptierte. Andere Verbote, wie das der freien Meinungsäußerung, waren dagegen aus Sicht Kants unzulässig. Der Unterschied zwischen diesen beiden Arten von Freiheitseinschränkungen liegt ihm zufolge darin, dass erstere nötig sind, um die Freiheit anderer Menschen zu schützen: Wer andere schlägt oder umbringt, verletzt ihr Recht auf körperliche Unversehrtheit und damit letztlich ihr «Recht der Freiheit» – nach Kant das einzige «angeborene», also nicht durch einen Rechtsakt erworbene Recht (6:237f.). Da niemand das Recht hat, die Rechte anderer Menschen zu verletzen, ist es gerechtfertigt, Körperverletzung und Mord unter Strafe zu stellen (Kapitel 11). Zum angeborenen Recht auf Freiheit gehört aber auch das Recht auf freie Meinungsäußerung. Die preußische Zensur war daher nicht nur gesellschaftlich schädlich, sondern verletzte ein menschliches Grundrecht.

Während die äußere Freiheit eines Menschen also eingeschränkt werden kann – entweder zu Recht, nämlich zum Schutze der Freiheit anderer, oder wie im Fall der Zensur zu Unrecht –, gilt das für die *innere* Freiheit nicht. Sie umfasst einerseits die Freiheit des Denkens und Urteilens, andererseits die Freiheit des Willens. Letztere ist keinem äußeren Zwang ausgesetzt und kann daher auch nicht eingeschränkt werden (6:381). Das mag auf den ersten Blick überraschen, denn wer zum Beispiel im Gefängnis sitzt, kann sich ja nicht aus freiem Willen dazu entscheiden, seine Zelle zu verlassen. Und wer arm ist, kann nicht freiwillig einen großen Betrag für wohltätige Zwecke spenden. Doch diese Einschränkungen betreffen nur die Handlungsmöglichkeiten, unter denen man frei wählen kann, nicht die freie Entscheidung selbst. So kann der Gefangene sich entweder mit seiner Gefangenschaft abfinden oder gegen sie rebellieren; und jemand mit wenig Geld kann Menschen in Not auf andere Weise helfen oder dies unterlassen. Diese Entscheidungen, so Kant, sind frei und unabhängig von jedem äußeren Zwang.

Hier mag man einwenden, dass dies die sozialen Einflüsse unterschätzt, denen alle Menschen unterliegen. So würde ein unschuldig eingesperrter Mensch vielleicht nicht gegen seine Haft aufbegehren, wenn seine Erziehung und Erfahrungen ihn gelehrt haben, dass ein solches Aufbegehren die eigene Lage nur verschlechtert. Und jemand, der in bitterer Armut aufgewachsen ist, hat vielleicht nicht gelernt, Menschen zu helfen, die ihm nicht nahestehen. Doch Kant erwidert darauf, dass zumindest dann, wenn es um moralisch relevante Entscheidungen geht, wir immer und unter allen Umständen die Fähigkeit haben, uns frei für das moralisch Richtige zu entscheiden. So heißt es in der *Kritik der reinen Vernunft* über einen Menschen, der sich einer «boshaften Lüge» schuldig gemacht hat, dass seine schwierigen Lebensumstände, seine schlechte Erziehung, das üble soziale Umfeld, ja selbst sein angeborenes bösartiges Naturell keine Entschuldigung darstellen: «er hat jetzt, in dem Augenblicke, da er lügt, gänzlich schuld; mithin war [seine] Vernunft, unerachtet aller empirischen Bedingungen der Tat, völlig frei» (A555/B583).

In der *Kritik der praktischen Vernunft* erläutert Kant diesen Punkt noch anschaulicher anhand des bereits erwähnten Galgenbeispiels (Kapitel 7): Wenn ich mir vorstelle, dass von mir unter Androhung der Todesstrafe verlangt wird, einen unschuldigen Menschen durch eine Falschaussage zu belasten, dann weiß ich vielleicht nicht, wie ich mich in einer solchen Situation tatsächlich verhalten würde. Aber ich bin mir bewusst, so Kant, dass ich moralisch verpflichtet bin, diesem Druck nicht nachzugeben und bei der Wahrheit zu bleiben. Und indem ich mir dessen bewusst bin, weiß ich auch, dass ich dazu grundsätzlich in der Lage und somit in meiner Entscheidung frei bin. Anders gesagt: Würde ich eine Falschaussage machen, um dem Tod zu entgehen, so könnte ich mich nicht damit herausreden, dass ich keine Wahl hatte; ich hätte mich anders entscheiden können, habe es aber (aus Feigheit, Furcht oder Schwäche) nicht getan. «Er urteilt also, dass er etwas kann, darum, weil er sich bewusst ist, dass er es soll, und erkennt in sich die Freiheit, die ihm sonst ohne das moralische Gesetz unbekannt geblieben wäre» (5:30).

Man hat dies später auf die Formel «Du kannst, denn Du sollst!» gebracht. Im Kern handelt es sich dabei aber nicht um einen originellen Gedanken Kants, sondern um ein altes römisches Rechtsprinzip, das auch Kant gelegentlich zitiert: «ultra posse nemo obligatur» (8:370) – niemand ist dazu verpflichtet, mehr zu tun, als ihm möglich ist. Daraus folgt umgekehrt: Wenn man verpflichtet ist («Du sollst»), dann muss es auch möglich sein, die Verpflichtung zu erfüllen («Du kannst»).

Auch hier kann man Bedenken geltend machen. Ist es wirklich moralisch geboten, sein eigenes Leben zu opfern, um einen anderen Menschen zu schützen? Dieser Einwand lässt sich durch eine Abwandlung des Beispiels ausräumen. Wenn der Fürst statt der Todesstrafe nur eine geringe Geldstrafe androhen würde, wäre klar, dass man sie in Kauf nehmen sollte, statt jemanden zu Unrecht zu beschuldigen. (Allerdings zeigt das Gedankenexperiment dann nicht mehr, dass man immer, selbst bei Androhung des Todes, das moralisch Richtige tun kann.) Ein anderer Einwand lautet: Könnte es nicht sein, dass wir uns zwar für moralisch verpflichtet halten, es aber in Wirklichkeit nicht sind, weil es so etwas wie Willensfreiheit gar nicht gibt? Kant setzt voraus, dass nur Wesen mit einem freien Willen moralisch verpflichtet sein können. Das Galgenbeispiel zeigt, dass wir uns in bestimmten Situationen für moralisch verpflichtet halten. Aber daraus folgt nur, so der Einwand, dass wir uns für frei *halten* müssen, und nicht, dass wir es tatsächlich *sind*.

Das stimmt, und Kant war sich dessen natürlich bewusst. Kant spricht daher von der Willensfreiheit auch als einem «Postulat» – einer unbeweisbaren, aber notwendigen Voraussetzung (5:122). Man kann sich, so Kants Einsicht, nicht als handelnde Person betrachten, die unter einem moralischen Anspruch steht, aber gleichzeitig die Freiheit des eigenen Willens bestreiten. Wer sich für sein eigenes Handeln verantwortlich fühlt, muss sich Willensfreiheit zuschreiben, selbst wenn deren Realität nicht beweisbar sein sollte – solange wir keinen Beweis *gegen* die Annahme von Willensfreiheit haben. Auch hier stoßen wir also auf Kants Leitidee des Primats der Praxis vor der Theorie, denn Kant behauptet damit, dass wir Willensfreiheit aus moralischen Gründen annehmen müssen, auch wenn die theoretischen Gründe für diese Annahme nicht ausreichen.

Die so postulierte Willensfreiheit hat nach Kant zwei Seiten, eine negative und eine positive: Sie ist einerseits eine Freiheit *von etwas*, andererseits eine Freiheit *zu etwas*. Als negative Freiheit ist sie Freiheit *von* der kausalen Bestimmung unseres Willens durch äußere Ursachen, etwa durch unsere Kindheitserfahrungen oder durch äußeren Zwang. Mein Wille ist nur dann frei, wenn diese und andere Faktoren meine Entscheidung nicht vollständig festlegen. Diese negative Seite der Freiheit bezeichnet Kant auch als «Spontaneität» (von lateinisch *sponte*, von selbst), was so viel wie Selbsttätigkeit bedeutet. Die Spontaneität des Willens besteht also darin, *frei von* vorhergehenden Ursachen zu entscheiden, was man tut. Wenn ich in diesem Sinne spontan von einem Stuhl aufstehe (Kants eigenes Beispiel), dann tue ich dies «von selbst», völlig unabhängig von vorausliegenden Bedingungen. Kantische Spontaneität läuft daher auf eine metaphysisch sehr anspruchsvolle These hinaus, nämlich die einer *unverursachten Verursachung* (Kapitel 27). Wenn meine freie Entscheidung von keinen vorhergehenden Ursachen abhängt, aber ihrerseits meine Handlung verursacht, dann ist sie die unverursachte Ursache meiner Handlung. Kann es so etwas überhaupt geben?

Leibniz und Wolff hatten dies unter Berufung auf das Prinzip des zureichenden Grundes bestritten: *Alles*, was geschieht, hat einen zureichenden Grund, also auch jede menschliche Entscheidung. Christian August Crusius (1715–1775) dagegen – der bedeutendste vorkantische Kritiker der Leibniz-Wolff'schen Schule – verteidigte die Möglichkeit unverursachter Ursachen und nannte die Handlungen Gottes, aber auch die freien Entscheidungen der Menschen als Beispiele dafür. Folglich bestritt er auch die uneingeschränkte Geltung des Prinzips des zureichenden Grundes. Kant dagegen gesteht die Geltung dieses Prinzips zu, allerdings nur für den Bereich natürlicher Ereignisse. Jede Veränderung in Raum und Zeit hat Kant zufolge eine hinreichende natürliche Ursache und kann naturgesetzlich erklärt werden. Das gilt auch für menschliche Handlungen wie zum Beispiel eine wahrhaftige Aussage oder eine Lüge.

Während eine freie Entscheidung für Kant keine hinreichende Ursache hat, muss die durch sie verursachte Handlung als Teil des Naturgeschehens eine solche Ursache haben und naturgesetzlich determiniert sein. Wie geht das zusammen? Wir werden in einem späteren Kapitel sehen, wie Kant diesen seiner Meinung nach nur scheinbaren Widerspruch zwischen Freiheit und Determinismus auflöst (Kapitel 27).[6]

Gegen die verbreitete Vorstellung, eine freie Entscheidung sei so etwas wie eine unverursachte Ursache, hatte David Hume einen anderen, noch grundlegenderen Einwand erhoben. Eine unverursachte Entscheidung, so Hume, ist nicht Ausdruck unseres freien Willens, sondern bloßer Zufall. Stellen wir uns einen Menschen vor, der sich entscheiden muss, entweder zu lügen oder die Wahrheit zu sagen. Wenn diese Entscheidung keine hinreichende Ursache hat, dann kann sie weder durch den Charakter der handelnden Person, ihre Erfahrungen, ihre moralische Einstellung und die konkreten Umstände noch durch all dies zusammengenommen vollständig erklärt werden. Auch die handelnde Person selbst könnte ihr eigenes Tun nicht vollständig verständlich machen. Aber das würde bedeuten, so Hume, dass es letztlich reiner Zufall wäre, wie die Person sich entscheidet.[7]

Kant nimmt diesen Gedanken Humes auf, indem er feststellt, dass eine freie Entscheidung zwar unverursacht, aber nicht gesetzlos sein kann (4:446). Wenn freie Entscheidungen nicht zufällig sein sollen, aber auch nicht nach Naturgesetzen erklärt werden können, so Kant, müssen für sie andere Gesetze gelten, die er als «Gesetze der Freiheit» (5:69) bezeichnet. Doch wie kann es Gesetze geben, die unsere Freiheit nicht einschränken, sondern überhaupt erst möglich machen? Wir hatten diesen Gedanken bereits kennengelernt: Die Gesetze müssen *selbstgegebene* Gesetze sein (Kapitel 9). Autonomie oder Selbstgesetzgebung ist die *positive* Seite der Willensfreiheit. Sie ist nicht nur Freiheit *von etwas* (von bestimmenden Ursachen), sondern auch Freiheit *zu etwas*, nämlich zum Handeln nach Gesetzen, die unserem eigenen vernünftigen Willen entspringen.

Die Freiheit des menschlichen Willens äußert sich konkret in der Selbstgesetzgebung moralischer Gesetze und der Fähigkeit, sich nach ihnen zu richten. Willensfreiheit besteht Kant zufolge also nicht nur darin, dass man sich unabhängig von äußeren Einflüssen «spontan» zu einer

Handlung entscheiden kann, denn dann könnte das Ergebnis bloßer Zufall sein, sondern sie erfordert die Fähigkeit, sich in seiner Entscheidung am kategorischen Imperativ zu orientieren. Ein freier Wille und ein Wille unter (selbstgegebenen) sittlichen Gesetzen sind Kant zufolge «einerlei» (4:447; Kapitel 9). Das bedeutet nicht, dass nur moralisch richtige Entscheidungen frei sind, sondern dass freie Entscheidung die Fähigkeit voraussetzen, sich notfalls auch gegen die eigenen Interessen für das moralisch Richtige zu entscheiden. (Diese Fähigkeit zu haben impliziert bekanntlich nicht, von ihr immer auch Gebrauch zu machen und das moralisch Richtige zu tun.)

Da die moralischen Gesetze sich nach Kant als Ausdruck unseres eigenen vernünftigen Wollens verstehen lassen, ist die Befolgung dieser Gesetze keine Einschränkung, sondern gerade eine Ausübung unserer Freiheit. Dieselbe Idee liegt Kant zufolge auch der rechtlich-politischen Freiheit des Menschen zugrunde. Sofern die staatlichen Gesetze sich als Ausdruck der freien Selbstbestimmung eines Volkes verstehen lassen, weil sie direkt oder indirekt aus freien und gleichen Wahlen hervorgegangen sind, ist die Befolgung dieser Gesetze nicht Einschränkung, sondern Ausübung unserer angeborenen Freiheit (6:313f.). Wie wir sahen, genügten manche Gesetze Preußens, etwa das Religions- und das Zensuredikt, diesem Anspruch nicht.

Auch wenn Kants äußere Freiheit also in vielfacher Hinsicht eingeschränkt war, galt dies nicht für seine innere Freiheit. Zu letzterer gehört nach Kant nicht nur die Willens-, sondern auch die Denkfreiheit. Auch unser Verstand zeigt jene Selbsttätigkeit oder «Spontaneität», die auch den menschlichen Willen auszeichnet. Begriffliches Denken und logisches Schließen können wir nicht als naturkausal determiniert, sondern nur als eine Form von freier Selbsttätigkeit verstehen. Wir werden diesen innersten Kern der kantischen Philosophie, die Spontaneität des Denkens, in späteren Kapiteln genauer betrachten (Kapitel 23, 25) – ebenso wie Kants Ästhetik, in der der Begriff der Freiheit gleichfalls eine zentrale Rolle spielt (Kapitel 18). Wie kein anderer ist dieser Begriff für Kants gesamte Philosophie grundlegend. Er bildet den «Schlussstein» (5:3) für das System seiner Philosophie, indem er, wie der Schlussstein eines Gewölbebogens oder einer Dachkuppel, dessen verschiedene Teile miteinander verbindet und so dem gesamten Gebäude Halt und Stabilität gibt.

Kehren wir zum Abschluss dieses Kapitels zurück zu Kants Umgang mit der Zensur, denn er zeigt eindrucksvoll, wie Kant sich gegen alle äußeren Einschränkungen seine innere Freiheit bewahrte. Kant hielt sich nur so lange an seine Zusage aus dem Jahr 1794, sich nicht mehr öffentlich zu religiösen Themen zu äußern, bis sich Ende 1797 das politische Klima nach dem Tod Friedrich Wilhelms II. wieder etwas entspannt hatte. Kaum im Amt, entließ dessen Nachfolger Friedrich Wilhelm III. im März 1798 den Staatsminister Wöllner, der die Zensur gegen Kant durchgesetzt hatte. Darauf schien Kant nur gewartet zu haben, denn nur ein halbes Jahr später erscheint *Der Streit der Fakultäten*, in dem Kant unter anderem den Vorrang der Moralphilosophie vor der Theologie in der Auslegung der Bibel verteidigt. Diese Abschnitte des Buches schließen direkt an die *Religion innerhalb der Grenzen der bloßen Vernunft* an und widersprechen damit Kants erklärtem Verzicht auf zukünftige religionsphilosophische Äußerungen. Hatte Kant sein Friedrich Wilhelm II. gegebenes Versprechen gebrochen?[8]

Kant bestreitet das – und entschließt sich zu einem unerhörten Schritt: Um sich zu rechtfertigen, macht er den ganzen Vorgang öffentlich. In der Vorrede zum *Streit der Fakultäten* zitiert Kant wörtlich und im vollen Umfang nicht nur das Schreiben des Königs, das ihm religionsphilosophische Äußerungen unter Androhung schwerster Sanktionen verbietet, sondern auch seine eigene ausführliche Antwort mitsamt dem Versprechen, sich in Zukunft zu Religionsfragen nicht mehr öffentlich zu äußern – ein Versprechen, das Kant ausdrücklich als des Königs «getreuester Untertan» gegeben hatte. In einer Fußnote fügt er nun hinzu, seine Worte ganz bewusst so gewählt zu haben, dass dieses Versprechen Friedrich Wilhelm II. galt, «damit ich nicht der *Freiheit meines Urtheils … auf immer*, sondern nur so lange Seine Majestät am Leben wäre, entsagte» (7:10 Anm.). Kant hat sein Versprechen also nicht gebrochen, sondern sah sich nun, nachdem der König gestorben war, als dessen Untertan er es gegeben hatte, nicht mehr daran gebunden. Um seine Freiheit zu verteidigen, schreckte Kant auch vor listigen Winkelzügen und Spitzfindigkeiten nicht zurück.

«Eine Religion, die der Vernunft unbedenklich den Krieg ankündigt, wird es auf die Dauer gegen sie nicht aushalten».

Die Religion innerhalb der Grenzen der bloßen Vernunft (6:10)

15

Das Reich Gottes auf Erden: Kants Vernunftreligion

Der Satz «Wes Brot ich ess, des Lied ich sing» galt auch für Kant. Das soll nicht heißen, dass Kant seine Lehrmeinungen den Erwartungen der preußischen Obrigkeit angepasst hätte (ganz im Gegenteil; Kapitel 14), sondern dass er, als Bürger des Königreichs Preußen, Protestant war. Das Sprichwort gilt nämlich unter anderem als volkstümliche Umschreibung des Grundsatzes *cuius regio, eius religio* («Zu welches Fürsten Gebiet man gehört, dessen Religion übt man aus»), der seit dem Augsburger Religionsfrieden von 1555 das Verhältnis zwischen Katholiken und Protestanten im kleinstaatlich zersplitterten Deutschland regelte. Wer also wie Kant zu einem protestantischen Fürstentum gehörte, war (normalerweise) Protestant und sang in der Kirche die entsprechenden Lieder.[1]

Immanuel Kant wurde in Familie und Schule nach protestantisch-pietistischen Grundsätzen erzogen (Kapitel 6), wandte sich als Erwachsener aber nicht nur vom Pietismus, sondern auch vom Kirchgang und dem Gesang im Gottesdienst ab, den er als «Geplärre» bezeichnete. Er brach mit jeder Art von Kirchenfrömmigkeit und scheint Gottesdienste gemieden zu haben, wann immer er konnte. So wird berichtet, er habe «in vielen Jahren keine Predigt gehört, keine religiöse Gebräuche beobachtet». Sein enger Freund Hippel schreibt, Kant glaube «doch gewiss nicht …, was die Kirche glaubt». Über die Französische Revolution, die Kant begeistert verfolgte (Kapitel 1, 11), soll er dem Theologen Johann Friedrich Abegg zufolge gesagt haben, deren Folgen seien «unendlich groß und wohltätig»: «Die Religion wird keinen Fortbestand mehr haben, und alles wird nach freier Überzeugung geschehen». Nach Kants Tod fühlten sich einige seiner Freunde und Schüler bemüßigt, dem in Königsberg verbreiteten Vorwurf, Kant sei ein Freidenker und nicht religiös gewesen, durch beschönigende biografische Skizzen entgegenzutreten.[2]

Dennoch waren gerade einige seiner engsten Freunde protestantische Geistliche, so der Hofprediger und Theologieprofessor Johann Ernst Schulz (Kants bester Interpret; Kapitel 26), ebenso wie viele seiner Schüler, etwa sein Vertrauter in den letzten Lebensjahren und Testamentsvollstrecker Ehregott Andreas Wasianski. Viele seiner Studenten waren angehende Pfarrer, weshalb Kant in seinen lebensnahen und anwendungsorientierten Anthropologievorlesungen auch Ratschläge für den lebendigen Vortrag in der Predigt gab (7:164). Auch war Kant gewiss kein Atheist, sondern glaubte an die Existenz eines göttlichen Schöpfers. Nur in einer von einem gütigen Gott geschaffenen Welt, so Kant, dürfen wir hoffen, dass unsere moralisch notwendigen Bemühungen um verdientes Glück, Gerechtigkeit und Frieden erfolgreich sein werden (Kapitel 10, 28).

Kants Verhältnis zu Religion und Christentum war also, um es vorsichtig zu sagen, komplex. Philosophisch findet es seinen ausführlichsten Ausdruck in dem Buch *Die Religion innerhalb der Grenzen der bloßen Vernunft* (1793), das Kant, wie bereits berichtet, mit der preußischen Zensur in Konflikt brachte (Kapitel 14). Der Titel des Buches legt vielleicht nahe, dass es primär um die Beweisbarkeit der Existenz Gottes geht, ähnlich wie in David Humes späten Büchern über Religion, die Kant beeinflussten. Aber das Thema Gottesbeweise hatte Kant bereits in der *Kritik der reinen Vernunft* abschließend erledigt (Kapitel 28). In seiner Religionsschrift geht es nicht um Gott, sondern um den Menschen: seine ursprüngliche moralische Schlechtigkeit, die Möglichkeit seiner

Besserung und die Rolle der Kirche, verstanden als Glaubensgemeinschaft. Dabei setzt Kant den Glauben an Gott voraus, ohne ihn weiter zu problematisieren. Doch eine zentrale Rolle spielt der Begriff Gottes bei Kant nur dann, wenn es darum geht, eine Perspektive auf moralische Gebote und menschliches Handeln verständlich zu machen, die nicht an die Grenzen menschlicher Erkenntnis gebunden ist.

So ist Religion «subjektiv betrachtet», also aus Sicht des einzelnen Menschen, die «Erkenntnis aller unserer Pflichten als göttlicher Gebote» (6:153). Die Geltung moralischer Gebote beruht Kant zufolge nicht darauf, dass sie uns von Gott auferlegt werden, sondern darauf, dass wir sie als Ausdruck unseres eigenen vernünftigen Willens verstehen können (Kapitel 9). Trotzdem, so Kant, kann es sinnvoll sein, die unbedingte Geltung und Verbindlichkeit dieser Gebote dadurch anschaulich zu machen, dass wir sie als göttliche Gebote betrachten. Das bedeutet nicht, dass wir Lügen deshalb als verboten ansehen sollten, weil Gott dies so entschieden hat. Selbst Gott hätte nicht bewirken können, dass lügen moralisch erlaubt ist (9:494). Es bedeutet vielmehr, dass wir die Verpflichtung, andere Menschen nicht zu belügen, als eine Verpflichtung betrachten, die wir nicht nur uns selbst und anderen Menschen gegenüber haben, sondern auch und vor allem gegenüber Gott. Sich die moralischen Gebote als von Gott gegeben vorzustellen, versinnbildlicht so die «Heiligkeit» und absolute Verbindlichkeit der Moral.

Tatsächlich ist Kant der Meinung, dass die christliche Ethik, beruhend auf den zehn alttestamentarischen Geboten und dem Gebot der Nächstenliebe, vollständig in den Pflichten des kategorischen Imperativs aufgeht. So deutet Kant die Nächstenliebe als «praktische» Liebe (4:399), die darin bestehe, seinen Nächsten als Zweck an sich zu respektieren und ihn in seinen moralisch erlaubten Zielen zu unterstützen. Jesus Christus kommt die Rolle des moralischen Ideals zu, das für die vollkommene Verwirklichung der durch die Vernunft gegebenen moralischen Gebote steht.[3]

Den Begriff Gottes brauchen wir aber nicht nur, um uns die Unbedingtheit moralischer Gebote zu veranschaulichen, sondern auch, um eine Außenperspektive auf unsere eigenen Bemühungen um moralische Besserung einzunehmen. Diese Besserung ist Kant zufolge nötig, weil der Mensch «radikal böse» ist. Das heißt nicht, dass Menschen durch und durch schlecht sind, ganz im Gegenteil. Alle Menschen haben Kant zufolge auch eine «Anlage zum Guten» (6:20), der aber ein «Hang zum Bösen» (6:32) entgegensteht. Dieser ergibt sich daraus, dass Menschen als Wesen mit sinnlichen Bedürfnissen und Neigungen stets in Versuchung sind, ihr Eigeninteresse über die Moral zu stellen. Alle Menschen gehen Kant zufolge zunächst von der grundlegenden Maxime aus, nur dann moralisch zu handeln, wenn es ihnen nicht allzu sehr schadet. Das aber bedeutet, dass sie sich im Konfliktfall gegen die Moral und für das eigene Wohlergehen entscheiden.

Das Böse ist also «radikal», weil es die Wurzel (lat. *radix*) aller unserer Entscheidungen, nämlich die ihnen zugrundeliegende Maxime betrifft. Es kann nur durch eine «Revolution» überwunden werden, also eine Umkehrung des Verhältnisses zwischen Moral und Eigenwohl. Sie besteht darin, es sich zur Maxime zu machen, den eigenen Interessen nur so weit nachzugehen, wie dies moralisch vertretbar ist (6:47; Kapitel 1).

In Kants These vom «radikalen Bösen» kann man eine philosophische Ausdeutung der christlichen Erbsündenlehre erkennen. Doch anders als für das Christentum spielt für Kant die Idee der Erlösung des Menschen von seiner Schuld keine Rolle. Die moralische Revolution kann nur der einzelne Mensch für sich selbst vollziehen (auch wenn Kant nicht ausschließt, dass dazu göttliche Unterstützung nötig sein mag, welche die eigenen Anstrengungen aber nicht ersetzen kann; 6:190 ff.). Da wir immer in Gefahr stehen, in alte, moralisch falsche Gewohnheiten zurückzufallen, bleibt es für uns selbst und andere Menschen unklar, ob wir uns moralisch wirklich grundlegend gebessert haben. Vielleicht hatten wir nur Glück und die Verlockungen des Bösen waren nicht groß genug, um uns schwach werden zu lassen. Wir können an uns selbst und anderen also immer nur eine graduelle Besserung, eine allmähliche «Reform», nicht aber die eigentlich erforderliche «Revolution» feststellen. Um dennoch an der Möglichkeit einer grundlegenden Besserung des einzelnen Menschen festhalten zu können, brauchen wir daher die Idee einer Perspektive auf unser eigenes Handeln, die erkennen kann, ob wir die innere Revolution wirklich vollzogen haben. Das ist die Perspektive Gottes als eines «Herzenskündigers» (6:67), der unsere wahre Motivation (das «Herz») vollständig durchschaut.

In beiden Fällen (moralische Pflichten als göttliche Gebote, Überwindung des radikalen Bösen durch eine Revolution der Gesinnung) müssen wir nicht unbedingt glauben, dass Gott existiert, sondern verwenden den Begriff Gottes, um eine bestimmte Perspektive auf den Menschen zu benennen, die wir zwar selbst nicht einnehmen können, deren bloße Denkbarkeit aber wichtig ist. Auch wenn Gott nicht existieren sollte, könnten wir moralische Pflichten als göttliche Gebote betrachten, um ihre unbedingte Geltung zu veranschaulichen, und zwischen einer nur für Gott erkennbaren Revolution der Gesinnung und der äußerlich beobachtbaren Reform des Handelns begrifflich unterscheiden.

Auch wenn jeder Mensch das radikal Böse selbständig überwinden muss, gibt es innere und äußere Faktoren, die diese Revolution erleichtern. Zu den unterstützenden inneren Faktoren gehört das in der Vernunft begründete «Ideal der moralischen Vollkommenheit», das Kant mit der Person des «göttlichen Menschen» (6:64) Jesus Christus identifiziert. Zu den unterstützenden äußeren Bedingungen gehört eine soziale Gemeinschaft, deren Mitglieder sich gegenseitig in der Erreichung ihrer moralischen Ziele helfen und sich gemeinsam um die Verwirklichung von verdientem Glück und Gerechtigkeit bemühen (des «höchsten Guts»; Kapitel 10). Dieses «ethische Gemeinwesen» ist nach Kant die Kirche.

Seit Hegel hat man gegen Kants Moralphilosophie immer wieder eingewandt, sie sei ‹individualistisch›. Damit ist gemeint, dass sie den Menschen nicht primär als soziales Wesen betrachtet, also als Teil sozialer Gemeinschaften wie Familie, Gesellschaft und Staat. Vielmehr gehe es bei Kant um das seinem eigenen Gewissen verpflichtete Individuum, dessen individuelle Würde im Mittelpunkt der Ethik steht und das seine Pflichten unabhängig von den wirklichen Interessen anderer Menschen rein a priori durch den kategorischen Imperativ bestimmt. Dieser Einwand hat einen berechtigten Kern. Die zentralen Begriffe der kantischen Ethik – wie der des guten Willens, der Autonomie, des Zwecks an sich und der Würde – nehmen tatsächlich primär die einzelne handelnde Person in den Blick. Für die Frage, ob meine Maxime ein allgemeines Gesetz sein kann, kommt es nicht darauf an, wer zu meiner Familie gehört oder welchen Beruf ich ausübe, und auch nicht darauf, was andere Menschen *tatsächlich* tun und wollen. Entscheidend ist allein ein Gedankenexperiment, das ich auch ganz allein ausführen kann, indem ich mich frage, ob alle «vernünftigen Wesen» ohne Widerspruch nach meiner Maxime handeln *könnten*. Mein soziales Umfeld spielt für die Frage, was moralisch gut und erlaubt ist, zunächst keine Rolle (Kapitel 7).[4]

Dennoch greift der Individualismus-Einwand zu kurz, denn bereits in der *Grundlegung zur Metaphysik der Sitten* (1785) ergänzt Kant diese individualistische Dimension seiner Ethik um eine soziale Dimension, die im Begriff des «Reichs der Zwecke» zum Ausdruck kommt (4:433). Darunter versteht Kant die Gemeinschaft aller vernünftiger Wesen, also der «Zwecke an sich», die einen absoluten Wert haben (Kapitel 8). Wir sollen uns, so Kant, als gesetzgebende Mitglieder eines solches Reiches verstehen. Bereits in diesem Reich sieht Kant Gott als Oberhaupt vor. An diesen Gedanken knüpft die Religionsschrift acht Jahre später an und entwickelt ihn zur Vorstellung eines unsichtbaren «Reiches Gottes auf Erden» und einer sichtbaren «wahren Kirche» (6:101) weiter, worunter Kant die Gemeinschaft aller Menschen versteht, sofern sie ihre moralischen Pflichten als göttliche Gebote begreifen. Religion ist Kant zufolge daher die soziale Seite der Moral. Zwar gehen von der Gesellschaft auch Einflüsse aus, die die Moral behindern und die Kant im Anschluss an Rousseau im Streben nach Ruhm und Anerkennung und der Vervielfältigung der Bedürfnisse sieht. Doch dem steht der positive Einfluss eines «ethischen Gemeinwesens» gegenüber, in dem die Menschen sich wechselseitig nicht nur in der Erfüllung ihrer moralischen Pflichten, sondern auch im Erreichen ihrer moralisch zulässigen Ziele unterstützen.

Kant nimmt zum moralischen Individualismus also eine differenzierte Haltung ein. Einerseits ist es jeder einzelne Mensch für sich, der in sich selbst eine «Revolution» zustande bringen muss und dazu aufgrund der Freiheit seines Willens auch grundsätzlich in der Lage ist (Kapitel 14). Andererseits sieht Kant aber auch, dass diese Revolution wegen des menschlichen «Hanges zum Bösen» nur schwer zu bewerkstelligen ist. Auch wenn jeder Einzelne diese innere Revolution nur selbst vollziehen kann, gibt es äußere Bedingungen, die sie erleichtern und befördern. Dazu gehört eine soziale Gemeinschaft, die den einzelnen Menschen nicht durch äußeren Zwang und Kontrolle, sondern durch Erziehung, Ermahnung und Vorbild darin unterstützt, ein guter Mensch zu werden. Genau darin besteht Kant zufolge die Aufgabe der Kirche.

Die meisten Menschen denken heute bei einer Kirche an eine konfessionell gebundene Gemeinde von Gläubigen, die sich nach außen von allen Andersgläubigen abgrenzt. Kant dagegen denkt an eine alle Menschen verbindende ideale Gemeinschaft moralischer Wesen, an eine «allgemeine Weltreligion» (6:131, 6:157). Und während die meisten Menschen bei Religion an Geistliche, Gottesdienste, Predigten und Kirchenlieder, aber auch an Heiligenverehrung und Wunderglauben denken, steht bei Kant das gemeinsame Bemühen um moralischen Fortschritt im Mittelpunkt (6:108). Nur in diesem Sinne ist die «natürliche Religion als Moral … ein reiner praktischer Vernunftbegriff» (6:157), also rational notwendig.

Die philosophische Auseinandersetzung mit dem christlichen Glauben ist im Abendland durch den Gegensatz von Vernunft und Offenbarung gekennzeichnet gewesen. Dabei versteht man unter «Offenbarung» die letztlich auf Gott selbst zurückgehende Mitteilung religiöser Inhalte und Gebote durch Propheten und heilige Schriften, die den Menschen das Wort Gottes überbringen. Zwar bestreitet Kant nicht die Notwendigkeit der Offenbarung für die Gründung «der wahren Religion» (6:155). Aber als Offenbarung kann nur das gelten, was *unabhängig* von ihr durch die Vernunft als richtig eingesehen werden kann. Während Kant sich durchaus bemüht, biblische Lehren im Sinne seiner Philosophie auszudeuten, kommt der Bibel keine eigenständige Autorität als Quelle moralischer Gebote zu. Wie andere Aufklärungsphilosophen vor ihm besteht Kant darauf, dass auch die Bibel ein Text ist, der interpretiert werden muss, wobei sich die Interpretation bereits an einem moralischen Vorverständnis orientieren muss. Kant macht das unter anderem an der alttestamentarischen Erzählung von Abraham deutlich, dem Gott befiehlt, seinen Sohn Isaak «wie ein Schaf zu schlachten» (6:187). Sollte Gott einen solchen «fürchterlichen Willen» wirklich geäußert haben?

Da die Bibel als von Menschen verfasster Text ein fehlbares «Geschichtsdokument» darstellt, ist ein Irrtum nicht auszuschließen, sodass sie so interpretiert werden muss, dass sie Vernunft und Moral nicht widerspricht. Welche moralischen Gebote gelten, ergibt sich also nicht aus der Bibel, sondern die Interpretation der Bibel muss sich am kategorischen Imperativ orientieren. Es gelte, so Kant, «in der Schrift denjenigen Sinn zu suchen, der mit dem *Heiligsten*, was die Vernunft lehrt, in Harmonie steht» (6:83). Kant unterläuft die Gegenüberstellung von Vernunft und Offenbarung, indem er das Bewusstsein des Sittengesetzes, das jedem Menschen aufgrund seiner Vernunft zukommt, selbst als eine Form der «Offenbarung» bezeichnet (6:142–144). Heilige Texte wie die Bibel sind für Kant ein historisch notwendiges, aber rational verzichtbares und langfristig überflüssiges Mittel auf dem Weg zur reinen Vernunftreligion. Er unterscheidet daher zwischen der «wahren, alleinigen Religion» (6:167) und der auf historischen Überlieferungen beruhenden «statutarischen» Religion, die in dem, was über den Vernunftglauben und die rational begründbare Moral hinausgeht, stets Gefahr läuft, in falsche religiöse Praktiken wie Aberglauben und «Afterdienst» zu verfallen (6:168). Letzterer besteht darin, dass «das, was nur Mittel ist, unbedingt (gleich als Zweck) geboten wird» (6:165).

Eine Form des Afterdienstes ist das «Pfaffentum» (6:175), worunter Kant jede Art religiöser Autorität versteht, die nicht auf moralischer Qualität und Weisheit, sondern allein auf einem klerikalen Amt beruht. Zwischen einem «tungusischen Schamanen» und einem «europäischen Prälaten» bestehe nur ein äußerlicher Unterscheid (6:176). Kants alle Menschen einschließende, weltumspannende «wahre Kirche» kennt keine Unterscheidung zwischen Klerus und Laien (6:180), sondern nur die zwischen Gott als Oberhaupt und den Menschen als einfachen Mitgliedern. Dabei gilt eine «sichtbare Kirche», also eine bestimmte, real existierende Religionsgemeinschaft, bereits dann als «wahre Kirche», wenn sie sich dem Ideal der «unsichtbaren», rein rationalen Kirche immer weiter annähert (6:101).

Dieser idealen Vernunftreligion kommt nach Kant das Christentum am nächsten. Doch er erkennt die Existenz unterschiedlicher Glaubensformen und Konfessionen mit ihren vielfältigen religiösen Praktiken durchaus an. So erwähnt Kant in der Religionsschrift neben Protestantismus und Katholizismus auch «den Judaism» und den «Mohammedanism» (6:184 Anm.) sowie die «Religion des Zoroaster» (Zarathustra) und den Hinduismus (6:140 Anm.). In anderen Werken nennt er auch den Buddhismus («Sekte des Fo», 9:382) und den Daoismus («System des Laokiun», 8:335). Zum Islam bemerkt Kant, dass seine «fünf großen Gebote: das Waschen, das Beten, das Fasten, das Almosengeben, die Wallfahrt nach Mekka» ausgedachte «Gnadenmittel» sind, also vergebliche Versuche der Beeinflussung Gottes, wovon allerdings das Almosengeben auszunehmen sei, sofern es mit der richtigen, nämlich moralischen Motivation geschieht (6:193f.). Der jüdische Glaube erscheint in der Religionsschrift als eine Form der rein äußerlichen Gesetzesbefolgung; er ist damit «eigentlich gar keine Religion», sondern ursprünglich ein «bloß weltlicher Staat», der «durch widrige Zufälle zerrissen» wurde (6:125). Kant würdigt zwar, dass die Juden in der Diaspora an ihrem Glauben festhielten (6:136 Anm.), behauptet aber, dass die eigentliche «Kirchengeschichte» erst mit dem Christentum beginne, das «eine gänzliche Revolution in Glaubenslehren bewirkte» (6:127). (Zu den antisemitischen Äußerungen in Kants Werk siehe Kapitel 3.)

Unter dem Seziermesser der «bloßen Vernunft» bleibt von den verschiedenen Religionen ohnehin nur das als berechtigt übrig, was der moralischen Besserung der Menschen dient. «Es ist nur *eine* wahre *Religion*; aber es kann vielerlei Arten des *Glaubens* geben» (6:107). Die Unterschiede zwischen den Glaubensgemeinschaften sind Kant zufolge historisch und kulturell bedingte Äußerlichkeiten, die teils nützlich, teils schädlich sind, aber allesamt nach und nach verschwinden werden, bis allein die «Religion innerhalb der bloßen Vernunft» übriggeblieben ist. Kants Verständnis von Religion ist daher aufs Engste verwoben mit seinem Begriff des Fortschritts und der menschlichen Geschichte, die in der allmählichen Zivilisierung, Kultivierung und Moralisierung der Menschheit besteht (Kapitel 3).

Innerhalb der christlichen Konfessionen gilt Kants Sympathie, wenig überraschend, eher dem Protestantismus. Über den Katholizismus äußert sich Kant selten explizit, zwischen den Zeilen aber doch erkennbar kritisch. So richtet sich die Kritik am «Pfaffentum» primär gegen die katholische Kirche, ebenso Kants Ablehnung von Heiligenverehrung, Ohrenbeichte und Selbstkasteiung (6:169). Es ist also nicht erstaunlich, dass sich die katholische Kirche lange Zeit mit Kants Philosophie schwertat und seine Bücher auf den Index setzte. Aber auch viele Praktiken der protestantischen Kirchen können vor der Prüfung durch die «bloße Vernunft» nicht bestehen: «alles, was außer dem guten Lebenswandel der Mensch noch tun zu können vermeint, um Gott wohlgefällig zu werden, ist bloßer Religionswahn und Afterdienst» (6:170). So verwirft Kant Bittgebete und Wunderglauben ebenso wie jede Art von kirchlicher Bevormundung und sozialer Kontrolle der Rechtgläubigkeit. Gegen andere christliche Praktiken wie den Kirchgang, die Kommunion oder die Taufe (6:193) hat Kant grundsätzlich nichts einzuwenden, auch wenn sie für die wahre Religion nicht wesentlich sind. Es ist insofern nicht erstaunlich, dass er jahrelang nicht in die Kirche ging und die «religiösen Gebräuche» nicht beachtete.[5]

Doch Kant überrascht seine Leser auch mit ökumenischen Gedanken wie diesem: «Wenn eine Kirche, die ihren Kirchenglauben für allgemein verbindlich ausgibt, eine katholische, diejenige aber, welche sich gegen diese Ansprüche anderer verwahrt ..., eine protestantische Kirche genannt werden soll: so wird ein aufmerksamer Beobachter manche rühmliche Beispiele von protestantischen Katholiken und dagegen noch mehrere anstößige von erzkatholischen Protestanten antreffen» (6:109). Aus dem Blickwinkel der «bloßen Vernunft» wird der Unterschied zwischen Katholiken und Protestanten, der im 18. Jahrhundert noch Fürstentümer trennte und Ehen verhinderte, zu einer bloßen Frage des Standpunktes. Mit seiner weltoffenen Vernunftreligion wurde Kant ein Wegbereiter der Moderne.

TEIL IV

Der Mensch als Teil der Natur

«[A]us so krummem Holze, als woraus der Mensch gemacht ist, kann nichts ganz Gerades gezimmert werden»

«Idee zu einer allgemeinen Geschichte in weltbürgerlicher Absicht» (8:23)

16

Was ist (und wer ist) ein Mensch?*

Die 1770er Jahre sind das Jahrzehnt des «schweigenden Kant», in dem er zurückgezogen an der *Kritik der reinen Vernunft* arbeitete (Kapitel 1, 21, 25). Bis sein Hauptwerk 1781 endlich erschien, publizierte Kant nur eine kurze Rezension, eine Vorlesungsankündigung und zwei Werbetexte für eine Reformschule – insgesamt 23 Seiten in zehn Jahren. Doch mitten in dieser Zeit, vermutlich um den Jahreswechsel 1774–1775, muss Kant eine wissenschaftliche Entdeckung gemacht haben, die ihn von der Arbeit an seinem Hauptwerk ablenkte und die ihm so wichtig erschien, dass er sie in einem Aufsatz ausformulierte. Sie hatte nichts mit reiner Vernunft und Metaphysik zu tun, sondern mit menschlicher Fortpflanzung, Hautfarbe und Klima. Kant glaubte nämlich, einen präzisen und empirisch überprüfbaren Begriff der Menschenrasse gefunden zu haben.

* Dieses Kapitel enthält Zitate, in denen Kant rassistisch diskriminierende Ausdrücke gebraucht, die heute aus gutem Grund nicht mehr verwendet werden. Auch wenn diese Ausdrücke auf manche Betroffene verstörend wirken können, wurden sie in wörtlichen Zitaten aus Gründen der historischen Wahrhaftigkeit nicht getilgt oder durch Abkürzungen ersetzt.

Kant, der seit 1755 Vorlesungen über Geografie, seit 1772 auch über Anthropologie hielt, war ein begeisterter Leser von Reiseberichten aus aller Welt (Kapitel 13). Mitte der siebziger Jahre war ihm nun etwas Erstaunliches aufgefallen. Allen Berichten zufolge bekommen Eltern mit gleicher Hautfarbe ausnahmslos Kinder derselben Hautfarbe. Haben die Eltern aber unterschiedliche Hautfarben, so liegt die der Kinder irgendwo zwischen denen beider Eltern, stellt also stets eine Mischform dar. So bekommen hellhäutige Eltern hellhäutige Kinder, eine dunkelhäutige Mutter und ein hellhäutiger Vater dagegen ein Kind mit hellbrauner Haut. Kant hatte allem Anschein nach ein Naturgesetz entdeckt (2:430), das er später als «Gesetz der notwendig halbschlächtigen Zeugung» bezeichnet (8:95). Es deckt sich zum Teil mit dem, was man heute in der Genetik «intermediären Erbgang» nennt.

Kant war über diese Entdeckung offenbar so begeistert, dass er seine Arbeit an der *Kritik der reinen Vernunft* unterbrach und als Ankündigung für seine Geografievorlesung einen kleinen Aufsatz «Von den verschiedenen Rassen der Menschen» verfasste. Er erschien 1775 zunächst nur für den Universitätsgebrauch in Königsberg, dann 1777 in einer leicht revidierten Fassung in einer Zeitschrift in Leipzig. Kant stellt darin zunächst fest, dass alle Menschen auf der Erde einer gemeinsamen «Gattung» angehören, da sie miteinander fruchtbare Nachkommen zeugen können. Darin sieht Kant ein Indiz für eine gemeinsame Abstammung aller Menschen. Doch innerhalb dieser Gattung unterscheidet er vier ursprüngliche Menschenrassen, nämlich Weiße und Schwarze sowie eine mongolische und eine indische Rasse: «von diesen vier Rassen glaube ich alle übrigen erblichen Völkercharaktere ableiten zu können» (2:432). Diese vier ursprünglichen Rassen, so Kants Vermutung, haben sich in langen erdgeschichtlichen Zeiträumen durch Anpassung an unterschiedliche klimatische Bedingungen und Bodenbeschaffenheiten aus einer weißen Stammgattung ergeben und sich dann zu vielfältigen Zwischen- und Mischformen weiterentwickelt. Diese wiederum, so Kant, bilden heute vier Grundformen, je nachdem, ob sie in feuchtem oder trockenem, heißem oder kaltem Klima leben: «Hochblonde» (feucht und kalt), «Kupferrote» (trocken und kalt), «Schwarze» (feucht und heiß) und «Olivengelbe» (trocken und heiß) (2:441).[1]

Kant belegt seine Theorie mit zahlreichen empirischen Beobachtungen, von denen viele aus heutiger Sicht zweifelhaft oder falsch erscheinen. Aber Kant präsentiert seine Theorie auch gar nicht als gesichertes Wissen, sondern als eine empirische Hypothese, die weiter geprüft werden müsse. Sein Ziel ist die Entwicklung eines wissenschaftlich präzisen Begriffs der Menschenrasse, der auf der Annahme von erblichen Merkmalen beruht, die für eine bestimmte Population charakteristisch sind. Dazu nimmt Kant eine «naturgeschichtliche» (das heißt hier: evolutionstheoretische) Perspektive auf den Menschen ein, aus der sich die beobachtbare Verschiedenheit der Menschen in den verschiedenen Erdteilen auf eine einheitliche Weise erklären lasse. In zwei späteren Aufsätzen kommt Kant 1785 und 1788 auf seine Theorie der Menschenrassen zurück und verteidigt sie (mit kleineren Änderungen) gegen die Einwände Johann Gottfried Herders und Georg Forsters. Während ersterer den Begriff der Menschenrasse grundsätzlich ablehnte, führte letzterer die verschiedenen Rassen nicht auf einen gemeinsamen Ursprung zurück, sondern nahm an, dass sie in den verschiedenen Erdteilen unabhängig voneinander entstanden oder erschaffen worden waren.[2]

Bis dahin haben wir es bei Kants Theorie der Menschenrassen mit einem Beitrag zu einer im 18. Jahrhundert kontrovers geführten Debatte über den Ursprung des Menschen und die Erklärung seiner vielfältigen Erscheinungs- und Lebensformen zu tun. Da diese Debatte ohne Kenntnis der modernen Genetik und Darwin'schen Evolutionstheorie geführt wurde, ist sie heute nur noch von wissenschaftshistorischem Interesse. Zwar hat Kant mit seiner Einschätzung recht behalten, dass die erblichen Unterschiede zwischen den Menschen nur evolutionstheoretisch zu erklären sind und dass die heutige Menschheit, ja letztlich alle Lebewesen auf der Erde, auf einen gemeinsamen Ursprung (eine «Urmutter», 5:418) zurückgehen. Aber mangels einer überzeugenden Theorie von Vererbung und der Wirkungsweise der Evolution (etwa dem Zusammenwirken von Mutation und Selektion) können seine Überlegungen im Detail heute nicht mehr überzeugen. Auch greift die Unterscheidung einer begrenzten Zahl von Menschenrassen anhand von äußerlichen Merkmalen wie Haut- und Haarfarbe viel zu kurz. Sie verschleiert die Tatsache, dass es zwischen ähnlich aussehenden Menschen zahlreiche genetische Unterschiede und zwischen unterschiedlich aussehenden Menschen weitreichende genetische Gemeinsamkeiten gibt. Die moderne Biologie lehnt den Begriff der Menschenrasse daher mehrheitlich als wissenschaftlich unhaltbar ab.[3]

Kants Theorie der Menschenrassen wäre nur ein interessantes Stück Wissenschaftsgeschichte, kämen nicht weitere, hochproblematische Faktoren hinzu. Erstens geht die Unterscheidung von Menschen anhand ihrer Hautfarbe und ähnlichen Merkmalen spätestens seit der frühen Neuzeit mit der Misshandlung, Verschleppung, Versklavung und Ermordung von unzähligen Menschen nicht-weißer Hautfarbe einher. Auch viele gegenwärtige Formen der Diskriminierung und Benachteiligung beruhen auf rassistischen Stereotypen. Zweitens sind diese rassistischen Praktiken vor allem im 19. und 20. Jahrhundert immer wieder unter Verweis auf angeblich wissenschaftliche Rassentheorien gerechtfertigt worden. Auch wenn Kants Theorie der Menschenrassen in dieser Hinsicht wohl nicht sehr einflussreich war, ist sie eines der frühesten Beispiele einer dem Anspruch nach wissenschaftlich fundierten Rassentheorie. Drittens verbindet Kant in seiner Theorie der Menschenrassen äußerliche Merkmale immer wieder mit intellektuellen und moralischen Eigenschaften wie Intelligenz oder Fleiß. So schreibt Kant schon 1764, der Unterschied zwischen Weißen und Schwarzen scheine «ebenso groß in Ansehung der Gemütsfähigkeiten, als der Farbe nach zu sein» (2:253). Die Schwarzen seien «sehr eitel, aber auf Negerart und so plauderhaft, dass sie mit Prügeln müssen auseinandergejagt werden» (2:253). In Kants Werk finden sich zahlreiche Äußerungen dieser Art, die man aus heutiger Sicht nur als rassistisch bezeichnen kann. Und viertens vertritt Kant explizit eine Rassenhierarchie mit den Weißen an der Spitze. In der *Physischen Geographie*, die Kants Schüler Rink 1802 mit Kants Billigung unter Kants Namen auf der Grundlage von Kants Vorlesungsmanuskripten herausgibt, heißt es: «Die Menschheit ist in ihrer größten Vollkommenheit in der Race der Weißen. Die gelben Indianer haben schon ein geringeres Talent. Die Neger sind weit tiefer, und am tiefsten steht ein Teil der amerikanischen Völkerschaften» (9:316). Und 1788 schreibt Kant, die «Einwohner von Amerika» seinen «unfähig zu aller Kultur», weshalb diese «Rasse» «noch tief unter dem Neger selbst steht, welcher doch die niedrigste unter allen übrigen Stufen einnimmt» (8:175f.).[4]

In der Kant-Forschung ist die Bedeutung der rassistischen Äußerungen in Kants Werk umstritten. Einige halten sie für bedauerliche, aber historisch erklärbare Vorurteile, die in keinem engeren Zusammenhang mit seiner Philosophie, vor allem nicht mit seiner Ethik stehen. Andere dagegen sehen Kants Denken insgesamt rassistisch infiziert und meinen, dass Kants Ethik der Autonomie eigentlich nur für Weiße gelte. Wiederum andere sehen Kant zwar über lange Zeit als einen Rassisten, der jedoch in seinen späten Schriften der 1790er Jahre diesen Rassismus überwunden und die Gleichwertigkeit und Gleichberechtigung aller Menschen anerkannt habe. Die Debatte über diese Frage ist im vollen Gange und ihr Ausgang offen.[5]

Ein Indiz dafür, dass Kants Theorie der Menschenrassen von seiner restlichen Philosophie nicht zu trennen ist, könnte man darin sehen, dass nach Kants eigener Aussage gerade die Frage «Was ist der Mensch?» im Zentrum seiner Philosophie steht. In der *Kritik der reinen Vernunft* nennt Kant an einer vielzitierten Stelle drei Fragen, in denen sich «alles Interesse» der menschlichen Vernunft vereinige: «Was kann ich wissen? Was soll ich tun? Was darf ich hoffen?» (A805/B833) Doch im Laufe der 1790er Jahre ergänzt Kant diese drei Fragen durch eine vierte. In der 1800 erschienenen *Logik*, im Auftrag Kants herausgegeben von Gottlob Benjamin Jäsche, lesen wir: «Das Feld der Philosophie in dieser weltbürgerlichen Bedeutung lässt sich auf folgende Fragen bringen: 1) Was kann ich wissen? 2) Was soll ich tun? 3) Was darf ich hoffen? 4) Was ist der Mensch? Die erste Frage beantwortet die Metaphysik, die zweite die Moral, die dritte die Religion und die vierte die Anthropologie. Im Grunde könnte man aber alles dieses zur Anthropologie rechnen, weil sich die drei ersten Fragen auf die letzte beziehen» (9:25). Wird die Frage «Was ist der Mensch?» damit nicht zur zentralen Frage der Philosophie und diese insgesamt zu einer Menschenkunde (Anthropologie), zu der auch Kants Rassentheorie als ein zentrales Element gehört?

So einfach ist es nicht. Richtig ist, dass Kant den Menschen wie kein Philosoph vor ihm in das Zentrum seines Denkens stellt. Kants Leitidee einer Objektivität des menschlichen Standpunkts ist nicht nur Grundlage seiner Erkenntnistheorie, sondern auch seiner Ethik und Ästhetik, denn sie erklärt, warum die subjektiven Formen unseres Erkennens, Wollens und Urteilens objektive Gültigkeit haben. So sind Raum und Zeit nach Kant nichts weiter als die spezifisch menschlichen Formen, in denen wir die Welt wahrnehmen. Da wir der *Kritik der reinen Vernunft* zufolge nur Dinge in Raum und Zeit erkennen können, bedeutet das, dass die Welt, in der wir leben und die wir erfahren können, eine durch und durch menschliche, von unseren Wahrnehmungsformen geprägte Welt ist (Kapitel 1, 25).

Auch in seiner Ethik stellt Kant den Menschen in den Mittelpunkt. Obwohl der kategorische Imperativ nicht nur für alle Menschen, sondern sogar für alle vernünftigen Wesen überhaupt gelten soll, ist es die «Menschheit», die ich in meiner eigenen Person und der eines jeden anderen niemals nur als Mittel, sondern immer auch als Zweck behandeln soll. Wie Kant 1784 den Zuhörern seiner Naturrechtsvorlesung gleich im allerersten Satz entgegenwirft: «Für den Willen des Menschen ist die ganze Natur unterworfen, soweit seine Macht nur reichen kann, außer andere Menschen und vernünftige Wesen. Die Dinge in der Natur durch Vernunft betrachtet, können nur als Mittel zu Zwecken angesehen werden, aber bloß der Mensch kann als Zweck selbst angesehen werden» (27:1319).

Und selbst das Göttliche, so Kant, erweist sich letztlich als eine zwar notwendige, aber doch zutiefst menschliche Setzung. Dies wird besonders deutlich in den Entwürfen Kants zu seinem letzten, nicht mehr abgeschlossenen Werk, dem sogenannten *Opus postumum*. Gott, so heißt es dort, ist «nicht ein hypothetisches Ding, sondern die reine praktische Vernunft selbst» (22:118): «est deus in nobis» (22:130) – Gott ist in uns Menschen (Kapitel 28). Tatsächlich spitzt Kant diesen anthropozentrischen Idealismus nun so weit zu, dass er schreibt: «Dass noch etwas außer mir sei ist ein Produkt von mir selbst» (22:82). Auch wenn es sich hier um unveröffentlichte Entwürfe handelt, die vielleicht nicht Kants abschließende Position zum Ausdruck bringen, passen sie doch in die generelle Tendenz des kantischen Denkens, den Menschen in den Mittelpunkt nicht nur seiner Philosophie, sondern der Welt selbst zu stellen. Auch am Menschen als empirischen Wesen in allen seinen Erscheinungsformen ist Kant interessiert, wie seine Vorlesungen über Anthropologie und physische Geografie zeigen. In diesem Sinne ist es nur konsequent, dass nach Kant alle Fragen der Philosophie auf die eine Frage hinauslaufen: «Was ist der Mensch?»

Das stimmt, greift aber immer noch zu kurz. Dies wird deutlich, wenn wir betrachten, wie Kant die Frage «Was ist der Mensch?» eigentlich beantwortet. Da Kant sie der Anthropologie zuordnet, liegt es nahe, seine Antwort in seinem anthropologischen Hauptwerk, der *Anthropologie in pragmatischer Hinsicht* von 1798 zu suchen. In ihr geht es um das, was der Mensch «als freihandelndes Wesen aus sich selber macht, oder machen kann und soll» (7:119). Sucht man dort nach einer Definition oder Wesensbestimmung des Menschen, so wird man jedoch enttäuscht. Zwar beschreibt Kant den Menschen als «animal rationabile» (7:321), das heißt als zur Vernunft befähigtes Tier. Doch das sei keine Antwort auf die Frage, was den Menschen wesentlich ausmacht. Den «Charakter der Menschengattung anzugeben», so Kant, scheine unmöglich zu sein (7:321), weil wir den Menschen dazu mit anderen rationalen Wesen vergleichen und von ihnen unterscheiden müssten. Aber andere rationale Wesen kennen wir nicht.

«Es bleibt uns also», so Kant, nichts anderes übrig, als den Menschen dadurch zu charakterisieren, «dass er einen Charakter hat, den er sich selbst schafft, indem er vermögend ist, sich nach seinen von ihm selbst genommenen Zwecken zu perfektionieren» (7:321). Das Wesen des Menschen besteht also darin, kein Wesen zu haben, sondern sich selbst eines zu «verschaffen». Der Mensch bestimmt sich selbst, um sich dann entsprechend seinem eigenen Selbstverständnis zu vervollkommnen. Das mag in heutigen Ohren nach frei gewählter Identität und Selbstoptimierung klingen, doch so ist es nicht gemeint. Die «selbst genommenen Zwecke» des Menschen sind nach Kant moralischer Natur und münden in den «Endzweck» der menschlichen Existenz. Und der ist kein anderer – als der Mensch selbst.

In der ganzen Natur, so lautet eine Kernaussage der kantischen Ethik, ist nur der Mensch ein «Zweck an sich selbst». Wenn wir die Natur als zweckmäßige Schöpfung betrachten, «so ist der Mensch der Schöpfung Endzweck; … und nur im Menschen, aber auch in diesem nur als Subjekte der Moralität, ist die unbedingte Gesetzgebung in Ansehung der Zwecke anzutreffen, welche ihn also allein fähig macht, ein Endzweck zu sein» (5:435f.). Endzweck der Natur (oder Schöpfung) ist der Mensch als moralisches Subjekt. Das ist der eigentliche Grund, warum sich die Fragen der Philosophie letztlich auf die Frage «Was ist der Mensch?» beziehen. Diese Frage richtet sich folglich auch nicht auf eine Definition oder Wesensbestimmung des Menschen, sondern auf das, was man im

18. Jahrhundert als die «Bestimmung des Menschen» bezeichnete: den Sinn und das Ziel seiner Existenz.

Der Ausdruck «Bestimmung des Menschen» ging auf ein vielgelesenes Buch mit diesem Titel von Johann Joachim Spalding aus dem Jahr 1748 zurück, das in Deutschland eine langanhaltende Kontroverse auslöste, an der sich unter anderem Mendelssohn, Lessing und auch noch Fichte beteiligten. Dabei ging es unter anderem um die Frage, ob dem Menschen seine Bestimmung von Gott vorgegeben ist und wie wir sie erkennen können. Kant verwendet die Formulierung von der «Bestimmung des Menschen» (A840/B868) bereits im Kontext der drei Fragen in der *Kritik der reinen Vernunft*. In der *Anthropologie* fasst er seine Ergebnisse «in Ansehung der Bestimmung des Menschen» so zusammen: «Der Mensch ist durch seine Vernunft bestimmt, in einer Gesellschaft mit Menschen zu sein und in ihr sich durch Kunst und Wissenschaften zu kultivieren, zu zivilisieren und zu moralisieren» (7:324).[6]

Während also der «Endzweck» der menschlichen Existenz individuell und als Gattung in der allmählichen moralischen Verbesserung, der «Moralisierung» liegt, gehen dem zwei andere Schritte voraus, nämlich seine «Kultivierung» und «Zivilisierung». Dabei versteht Kant unter der «Kultivierung» die Ausbildung der kognitiven und technischen Fähigkeiten des Menschen, während die «Zivilisierung» die Befriedung und Verfeinerung des gesellschaftlichen Umgangs betrifft (7:322–324; Kapitel 3, 5). Wie wir aus Kants geschichtsphilosophischen Schriften wissen, ist dies ein eminent politisches Projekt, da die Zivilisierung, Kultivierung und schließlich Moralisierung des Menschen vollständig nur im Rahmen rechtsstaatlicher Republiken und einer globalen Friedensordnung gelingen kann (8:26; Kapitel 2).

Wenn Kant sagt, dass die Philosophie auf die Frage hinauslaufe «Was ist der Mensch?», so meint er damit also nicht die definitorische Frage nach dem Wesen oder der Natur des Menschen, sondern die Frage nach seiner «Bestimmung», seiner Aufgabe, seinen letzten Zielen, die Kant in einer allmählichen Verrechtlichung und Befriedigung des menschlichen Zusammenlebens und im moralischen Fortschritt der Menschheit sieht. Doch damit wird zugleich klar, dass Kants rassistische Äußerungen keineswegs nur zeitbedingte Fehlurteile waren, die seine restliche Philosophie nicht tangieren. Denn sie werfen die Frage auf, inwieweit Kant zufolge Menschen nicht-weißer Hautfarbe die «Bestimmung des Menschen» überhaupt erreichen können.

Wenn Kant zum Beispiel noch 1788 sagt, den indigenen Einwohnern Amerikas fehle die Fähigkeit zu «aller Kultur» (8:176), dann spricht er ihnen damit auch die Fähigkeit zur Moralisierung ab, denn Kultivierung ist eine notwendige Voraussetzung der Moralisierung, in der aber die Bestimmung des Menschen besteht. In seinen späten Werken (*Zum ewigen Frieden* 1795, *Metaphysik der Sitten* 1797) hat Kant allerdings die Rechte der amerikanischen Ureinwohner gegen die Kolonisatoren verteidigt und den Kolonialismus als ein Verbrechen kritisiert (Kapitel 13). Darin kann man mit der Kant-Expertin Pauline Kleingeld eine indirekte Korrektur seiner früheren rassistischen Aussagen sehen. Andererseits hat Kant diese Aussagen nie ausdrücklich zurückgenommen und auch in seinen späten Schriften nicht explizit klargestellt, dass Menschen nicht-weißer Hautfarbe der Moralisierung fähig sind und so an der «Bestimmung des Menschen» teilhaben.

Die unklare Haltung Kants zur Frage, welche Menschen einer Kultivierung und Moralisierung fähig sind, wird durch eine Zweideutigkeit in Kants Begriff der Menschheit verdeckt, die auch seine revolutionäre Idee einer Objektivität des menschlichen Standpunktes betrifft. Denn wer ist der Mensch, den Kant in den Mittelpunkt seiner Philosophie rückt? Ist es der Mensch als Mitglied einer biologischen Gattung, *homo sapiens*, oder der Mensch als rationales Wesen?

Für seine Ethik stellt Kant klar, dass es ihm nur um rationale Wesen als solche geht. Die empirischen Merkmale des Menschen spielen für die Grundlegung der kantischen Ethik keine Rolle. Sie stützt sich ganz auf den Begriff des «vernünftigen Wesens», weil sich nur so die uneingeschränkte Allgemeingültigkeit und der unbedingte Charakter des kategorischen Imperativs begründen lassen (Kapitel 6, 9). Auch wenn Kant mit Nachdruck behauptet, «der Mensch» existiere «als Zweck an sich selbst» (4:428), meint er damit nur den Menschen, sofern er ein rationales Wesen ist. Doch sind nach Kant alle Mitglieder der Spezies Mensch vernünftige Wesen in dem Sinn, der für seine Ethik relevant ist? Diese Frage stellt sich, wie wir sahen, mit Blick auf Menschen mit schwersten geistigen Behinderungen (Kapitel 9). Sie stellt sich aber auch mit Blick auf Kants Haltung gegenüber nicht-weißen Menschen. Sind sie seiner

Meinung nach fähig zur Selbstgesetzgebung und zum moralischen Handeln im vollen Sinne? Viele Äußerungen Kants aus den 1760er bis 1780er Jahren lassen daran Zweifel aufkommen. Welche Menschen tatsächlich «Zwecke an sich» sind, scheint jedenfalls eine empirische Frage zu sein, die davon abhängt, wer über die Fähigkeiten verfügt, die ein «vernünftiges Wesen» im Sinne der kantischen Ethik ausmachen.

Etwas Ähnliches gilt für Kants Metaphysik und Erkenntnistheorie. Wenn Kant in der *Kritik der reinen Vernunft* erklärt, dass wir nur «aus dem Standpunkte eines Menschen» von Raum und Zeit sprechen können (Kapitel 1, 25), dann ist fraglich, wie Kant dies wissen kann, sofern er damit die wirklich lebenden Menschen meint. Müsste er nicht empirische Studien anstellen, um sicherzustellen, dass alle und nur die Mitglieder der Gattung *homo sapiens* ihre Anschauungen in Raum und Zeit ordnen? Es scheint also, dass Kant auch hier mit «Mensch» nicht die biologische Gattung meint, sondern endliche Vernunftwesen wie *wir* es sind – wobei offenbleibt, wie weit dieses «Wir» zu ziehen ist. Nicht nur die definitorische Frage, *was* der Mensch ist, sondern auch die klassifikatorische Frage, *wer* ein Mensch im Sinne der kantischen Philosophie ist, bleibt bei Kant letztlich unbeantwortet.[7]

Das Problem für die kantische Philosophie im Allgemeinen und Kants Ethik im Besonderen, das durch seine rassistischen Äußerungen aufgedeckt wird, ist also nicht, dass Kants Philosophie inhärent rassistisch wäre; das ist sie sicherlich nicht. Das Problem besteht vielmehr darin, dass der Begriff des Menschen bei Kant zwischen einer rationalen und einer biologischen Bedeutung changiert und es deshalb oft unklar bleibt, wer genau in welchem Zusammenhang unter diesen Begriff fällt und wer nicht. Kants Ethik ist nicht rassistisch, aber sie schließt rassistische Aussagen nicht aus, solange sie nicht um die Feststellung ergänzt wird, dass *alle* Mitglieder der biologischen Gattung Mensch als «vernünftige Wesen» im Sinne der kantischen Ethik gelten. Eine solche Feststellung findet sich bei Kant nicht explizit. Und seine Äußerungen über Menschen nicht-weißer Hautfarbe lassen es zumindest zweifelhaft erscheinen, dass er ihr in allen Phasen seiner philosophischen Entwicklung zugestimmt hätte.

Kants rassistische Äußerungen und deren komplexer Zusammenhang mit anderen Teilen seiner Philosophie bestätigen zwei wichtige

Grundsätze der kantischen Aufklärungskonzeption: Erstens ist Aufklärung ein unabschließbarer Prozess, weshalb Kant zwar im «Zeitalter der Aufklärung» lebte, aber, wie er selbst betont, noch nicht in einem «aufgeklärten Zeitalter» (8:40). Das gilt, wie bereits mehrfach betont, auch für sein eigenes Denken, das bei aller Klarsicht und Humanität auch dunkle und unaufgeklärte Seiten hat. Zweitens ist das Ziel der Aufklärung nicht eine Anhäufung von Wissen und Kenntnissen, sondern die Fähigkeit des Selbstdenkens (Kapitel 4). Wir dürfen Kants eigener Einsicht zufolge auch seine eigene Philosophie nicht einfach unkritisch übernehmen, sondern müssen sie kritisch prüfen und uns letztlich unser eigenes Urteil bilden. Dass dieses Urteil 300 Jahre nach Kants Geburt nicht immer zustimmend ausfallen kann, ist eigentlich keine Überraschung.

«Voltaire sagte, der Himmel habe uns zum Gegengewicht gegen die vielen Mühseligkeiten des Lebens zwei Dinge gegeben: die Hoffnung und den Schlaf. Er hätte noch das Lachen dazu rechnen können».

Kritik der Urteilskraft (5:334)[1]

17

Über den Witz und andere Vermögen: Kant als Psychologe

Wie viele seiner Freunde, Schüler und Gäste berichten, war Kant ein unterhaltsamer Gesprächspartner, der über unzählige Themen originell und angenehm reden konnte. Er scheint damit seiner eigenen Forderung entsprochen zu haben: «Die gesellige Unterhaltung (Conversation) ist ein bloßes Spiel, worin alles leicht sein und leicht lassen muss» (7:148). Aber mehr als das: Kant war auch ein ausgesprochen humorvoller Mensch, der gerne lachte und Witze erzählte. Dabei soll Kants Humor besonders trocken gewesen sein; über seine eigenen Witze lachte er nie und verzog keine Miene, sodass seine Zuhörer manchmal nicht wussten, ob er es ernst meinte oder nicht. Zahlreiche Witze haben Eingang in Kants Schriften und Vorlesungen gefunden. Hier ein Beispiel: «der Erbe eines reichen Verwandten [will] diesem sein Leichenbegängnis recht feierlich veranstalten, aber klagt, dass es … nicht recht gelingen wolle …: je mehr ich meinen Trauerleuten Geld gebe betrübt auszusehen, desto lustiger sehen sie aus» (5:333). Ein anderes lautet: «Ein Arzt, der seine Patienten von Tag zu Tag auf baldige Genesung vertröstete: den einen, dass der Puls besser schlüge; den anderen, dass der Auswurf, den dritten, dass der Schweiß Besserung verspräche, u. s. w., bekam einen Besuch von einem seiner Freunde. Wie gehts, Freund, mit eurer Krankheit? war die erste Frage. Wie wirds gehen? Ich sterbe vor lauter Besserung!» (7:93)[2]

Das mögen nicht die lustigsten Witze sein, die man jemals gehört hat, aber sie stammen auch aus einer anderen Zeit – und sind trotzdem noch heute amüsant. Nur noch müde lächeln können wir dagegen über Witze über Verdauungsvorgänge, die im 18. Jahrhundert auch unter Erwachsenen als akzeptabel galten. So spottet Kant über selbsternannte Geisterseher: «wenn ein hypochondrischer Wind in den Eingeweiden tobt, so kommt es darauf an, welche Richtung er nimmt, geht er abwärts, so wird daraus ein F-, steigt er aber aufwärts, so ist es eine Erscheinung oder eine heilige Eingebung» (2:348). Über wieder andere von Kants Witzen dagegen kann man heute überhaupt nicht mehr lachen, etwa seine Witze über Frauen und über Menschen aus anderen Kulturkreisen.

Kant wäre nicht Kant, wenn er nicht auch eine *Theorie* darüber hätte, warum wir über Witze lachen. «Das Lachen ist ein Affect aus der plötzlichen Verwandlung einer gespannten Erwartung in nichts» (5:332). So auch im Fall des Leichenbegräbnisses, wo der ernste Anlass mit den lustigen Trauerleuten kontrastiert und «eine Erwartung sich plötzlich in Nichts verwandelt» (5:333). Wo das nicht der Fall ist, gibt es auch nichts zu lachen. Wenn zum Beispiel erzählt wird, die Haare einer Person seien angeblich vor Gram über Nacht grau geworden, dann ist das nicht lustig. Wenn dagegen jemand «sehr umständlich den Gram eines Kaufmanns erzählt, der, aus Indien mit allem seinen Vermögen in Waren nach Europa zurückkehrend, in einem schweren Sturm alles über Bord zu werfen genötigt wurde, und sich dermaßen grämte, dass ihm darüber in derselben Nacht die *Perücke* grau ward; so lachen wir» (5:333).[3]

Betrachten wir Kants kunstvoll formulierte Definition des Lachens genauer, so stellen wir fest, dass ihre sprachliche Form genau ihrem Inhalt entspricht. Der Satz baut eine Erwartung auf, die sich plötzlich in nichts auflöst: «Das Lachen ist ein Affect aus der plötzlichen Verwandlung einer gespannten Erwartung» – ja, wir sind gespannt. In was verwandelt sich denn diese Erwartung? Und dann die Pointe: «in nichts» (5:332). Richtig betont trifft Kants Erklärung des Lachens auf sich selbst zu – sie ist zum Lachen. Es zeigt sich in ihr übrigens ein wichtiges Merkmal nicht nur von Kants Theorie des Lachens, sondern seiner Philosophie insgesamt: Sie ist einerseits so abstrakt, dass sie von allen konkreten Inhalten absehen kann, aber trotzdem konkret genug, um tatsächlich etwas zu erklären. Kant erklärt das Lachen nicht, indem er angibt, welche Dinge lustig sind, sondern er charakterisiert die Dinge, über die wir lachen, indirekt: erstens durch eine «formale», das heißt von allen Inhalten abstrahierende Beschreibung dessen, worüber wir lachen (Auflösung von Erwartung in nichts); und zweitens durch unsere Reaktion darauf (das Lachen).

Wir stoßen auch hier, bei dem philosophisch eher nebensächlichen Thema des Lachens, auf den kantischen Grundgedanken der Objektivität des menschlichen Standpunkts (Kapitel 1). Lachen wir über einen Witz, weil er lustig ist, oder ist der Witz lustig, weil wir darüber lachen? Nach Kant gilt das letztere. Aber für ihn folgt daraus nicht, dass Humor etwas völlig Subjektives ist, über das sich nichts Allgemeingültiges sagen ließe. Tatsächlich, so Kant, gibt es bei aller Vielfalt der Dinge, über die Menschen lachen, eine allgemeine Struktur, die sich aus der Funktionsweise des menschlichen Geistes ergibt und die uns erlaubt, das, worüber wir lachen, allgemeingültig zu charakterisieren. Aber diese Charakterisierung bleibt «formal», betrifft also die allgemeine Struktur und nicht die konkrete Beschaffenheit der Dinge, über die wir lachen. Zugleich bezieht Kant auch körperliche Aspekte des Lachens mit ein. Tatsächlich sei nämlich die «der Gesundheit zuträgliche» Bewegung der «elastischen Teile unserer Eingeweide» die eigentliche Ursache des Vergnügens am Lachen (5:334).

Doch Kant hat nicht nur eine ausgefeilte Theorie des Lachens, sondern auch des «Witzes». Damit meint Kant aber keine lustigen Geschichten, sondern wie in seiner Zeit üblich eine besondere Fähigkeit des menschlichen Geistes, eben den «Witz», der in Einfallsreichtum und schneller Auffassungsgabe besteht.[4] Allgemeiner gesagt ist er das angeborene «Talent», in ganz unterschiedlichen Vorstellungen das Gemeinsame zu erkennen. In diesem Sinne spricht man noch heute manchmal von einer «gewitzten» Person und von «Mutterwitz». Die Fähigkeit des Witzes kann sich in witzigen Bemerkungen äußern, aber auch in scharfsinnigen Beobachtungen oder überraschenden Verallgemeinerungen. Kants Theorie des Witzes wiederum ist Teil einer komplexen Theorie der menschlichen Seele und ihrer Fähigkeiten (Kant: «Vermögen»), die Kants gesamtes Werk durchzieht und die er am ausführlichsten in seiner *Anthropologie* entfaltet.

Kant hielt seit 1772 mit großem Erfolg bei Hörern aller Stände (also auch Adligen, Bürgern und Offizieren) Vorlesungen über das damals noch neue Fach der Anthropologie, also die «Menschenkunde». Der Inhalt dieser Vorlesungen deckt sich aber nicht mit dem, was man heute unter Anthropologie versteht. So behandelte Kant zum Beispiel außereuropäische Kulturen nicht in der Anthropologie, sondern in der im Wechsel damit gehaltenen Vorlesung über die «Physische Geographie» (Kapitel 13). Vieles von dem, was Kant in seiner Anthropologie erörtert, war dagegen eine Vorform der empirischen Psychologie und Kognitionswissenschaft. Allerdings war Kant in seiner Vorlesung an diesen Themen nicht in rein theoretischer Hinsicht interessiert, sondern wollte seinen Hörern Mittel an die Hand geben, ihre eigene kognitive Leistungsfähigkeit und ihre Lebensführung zu verbessern. Kant spricht daher von einer Anthropologie *in pragmatischer Hinsicht*, die er 1798 als letztes seiner von ihm selbst herausgegebenen Bücher veröffentlicht. Sie verbindet eine philosophische Analyse des menschlichen Geistes, seiner Funktionsweisen und (soweit damals bekannt) physiologischen Grundlagen, mit einer Vielzahl von empirischen Beobachtungen und lebenspraktischen Hinweisen. So stellt Kant fest: «Viele Menschen sind unglücklich, weil sie nicht abstrahieren können» und nennt als Beispiel: «Der Freier könnte eine gute Heirat machen, wenn er nur über eine Warze im Gesicht oder eine Zahnlücke seiner Geliebten wegsehen könnte» (7:131f.). Auch rät er, es mit der Selbstbeobachtung nicht zu übertreiben (7:161f.). Und über den Alkoholgenuss: Ein Mann dürfe in geselliger Runde «über die Grenzlinie der Nüchternheit» zwar gelegentlich hinausgehen, aber nur «ein wenig und auf kurze Zeit» (7:171). (Für Frauen empfahl Kant dagegen Abstinenz.) Seinen Studenten schreibt Kant anlässlich der Sorge, man könne durch zu intensives Studieren «verrückt» werden, ins Stammbuch: «Was aber das Überstudieren anlangt, so hat es damit wohl keine Not, um junge Leute davor zu warnen. Es bedarf hier bei der Jugend eher der Sporen, als des Zügels» (7:217f.).

Kants Psychologie geht von einer Auffassung der Seele aus, die der cartesischen Tradition verpflichtet ist. Danach ist die Seele nicht, wie in der antiken und mittelalterlichen Tradition, in erster Linie das Lebensprinzip eines Organismus, sondern der Sitz unserer *Vorstellungen*: Ihre primäre Funktion ist es, zu denken, wahrzunehmen, zu fürchten, zu hoffen und so weiter (Kapitel 23). Dabei entsprechen den unterschiedlichen Arten von Vorstellungen unterschiedliche Vermögen oder Fähigkeiten, auf die sie zurückgehen. Die drei Grundfähigkeiten der menschlichen Seele sind das Erkenntnisvermögen, das Gefühl und das Begehrungsvermögen, die jeweils voneinander unabhängige Beiträge zu einem komplexen Ganzen beisteuern, nämlich zu unserem Bewusstsein von uns selbst und der uns umgebenden Welt (5:177).

Jede dieser Fähigkeiten umfasst wiederum eine Vielzahl unterschiedlicher Untervermögen, die zum Teil unverzichtbare, zum Teil befördernde Beiträge zu den jeweiligen kognitiven Leistungen liefern. So gehören zum *Erkenntnisvermögen* Sinnlichkeit und Verstand (Kapitel 23), wobei letzterer wiederum den Verstand im engeren Sinn (Vermögen der Begriffe), die Urteilskraft und die Vernunft umfasst. Der Witz ist ein besonderes Talent des Verstandes (7:220). Unter *Gefühl* versteht Kant die Fähigkeit, Dinge und Vorstellungen unmittelbar, ohne darüber nachzudenken, als positiv oder negativ zu bewerten. Er spricht daher auch vom «Gefühl der Lust und Unlust», das einerseits zwischen dem Angenehmen und dem Unangenehmen (5:170), andererseits zwischen dem Schönen und Hässlichen unterscheidet (5:203), aber auch das moralische Gefühl der Achtung hervorbringt (5:73). Das *Begehrungsvermögen* schließlich ist die Fähigkeit absichtlichen Handelns, die wiederum unterschiedliche Aspekte wie den Willen, die Willkür und das sinnliche Begehren umfasst (5:9 Anm.; 6:226). Zu letzterem zählt Kant auch Affekte und Leidenschaften (7:251).

Übrigens müssen die Vorstellungen in unserem Geist, zu deren Erklärung die unterschiedlichen Vermögen beitragen, uns keineswegs immer bewusst sein. Auch wenn Kant keine ausgearbeitete Theorie des Unbewussten hat, geht er ähnlich wie Leibniz davon aus, dass wir uns der Vorgänge in unserem Geist nur zu einem kleinen Teil bewusst sind. Auf der «großen Karte unseres Gemüts», so Kant, sind «nur wenig Stellen illuminiert» (7:135). So sind wir uns vieler Teilvorstellungen unserer Wahrnehmungen, aber auch der wahren Motive unseres Handelns oft nicht bewusst. Tatsächlich meint Kant, der immer wieder wegen seiner angeblich hyperrationalistischen Auffassung des Menschen kritisiert wird, dass der Mensch oft «selbst ein Spiel dunkler» (d. h. unbewusster) Vorstellungen sei (7:136). Als Beispiel fügt er hinzu: «So ist es mit der Geschlechtsliebe bewandt». Deren animalische Seite, so Kant, versuchen wir unter einem «dünnen Flor» beschönigender Ausdrücke zu verbergen. Die wahre Herausforderung beim Thema Sex sei daher, nicht nur den «Cynism» zu vermeiden, der den Geschlechtsakt auf eine bloße Körperfunktion reduziert, sondern auch einen «lächerlichen Purism», der aus Schamhaftigkeit so tut, als spielte die körperliche Lust dabei keine Rolle (7:136).

Kant untersucht das menschliche Gemüt mit seinen Vermögen aus zwei unterschiedlichen Perspektiven. Zum einen ist es Gegenstand einer empirischen Theorie des menschlichen Geistes, die Kant in seiner Anthropologie umreißt. Zum anderen ist es ein wichtiger Aspekt von Kants kritischer Philosophie, in der es vor allem um die Frage geht, was diese verschiedenen Gemüts- oder Seelenvermögen zur Möglichkeit von metaphysischer Erkenntnis beitragen. So untersucht die *Kritik der reinen Vernunft* die Reichweite und Grenzen des theoretischen, auf Erkenntnis der Wahrheit gerichteten Vernunftvermögens, die *Kritik der praktischen Vernunft* die Fähigkeit der reinen praktischen Vernunft, uns zum guten Handeln zu motivieren, und die *Kritik der Urteilskraft* unter anderem die Grundlagen des Gefühls für das Schöne und Erhabene. Und auch die drei Schriften, die den ‹Metaphysischen Anfangsgründen› von Naturwissenschaft, Recht und Ethik gewidmet sind, behandeln jeweils die aller Erfahrung vorausgehenden Grundsätze der Vermögen Verstand, Willkür und Willen. Kants gesamte kritische Philosophie ist eine Theorie der menschlichen Seelenvermögen, wobei es ihm vor allem, aber nicht nur, um die aller Erfahrung vorausliegenden Grundlagen von Erkennen, Handeln und Urteilen geht.

Friedrich Nietzsche hat sich ein Jahrhundert später über Kants Vermögenstheorie lustig gemacht. Kant frage, wie metaphysische Erkenntnis möglich ist, und antworte: «Vermöge eines Vermögens». Aber, so Nietzsche weiter: «ist denn das – eine Antwort? Eine Erklärung? Oder nicht vielmehr nur eine Wiederholung der Frage? Wie macht doch das Opium schlafen? ‹Vermöge eines Vermögens›, nämlich der *virtus dormitiva* – antwortet jener Arzt bei Molière. … Aber dergleichen Antworten gehören in die Komödie.»[5] So wie eine angebliche «schlaferzeugende Kraft» (*virtus dormitiva*) nur ein anderer Name für die betäubende Wirkung des Opiums ist und diese nicht erklärt, so ist Nietzsche zufolge auch «das Vernunftvermögen» keine Erklärung dafür, wie metaphysische Erkenntnisse möglich sind.

Doch Nietzsches Einwand beruht auf einem doppelten Missverständnis. Erstens übersieht er, dass es Kant in der *Kritik der reinen Vernunft* nicht primär um eine psychologische Erklärung geht, wie unser Gemüt metaphysische Urteile *bilden* kann, sondern um die Frage, unter welchen Bedingungen solche Urteile *gültig* sind (Kapitel 22). Zweitens missversteht Nietzsche aber auch den Typ von Erklärung, um den es Kant in seiner empirischen Vermögenstheorie des Geistes geht. Diese soll keine kausale Erklärung von Erkenntnis, Fühlen und Handeln sein, sondern eine funktionale Theorie der Strukturen des menschlichen Geistes. So soll zum Beispiel Kants Rede von einer «Urteilskraft» nicht die Ursache dafür angeben, warum ein bestimmter Mensch bestimmte Vorstellungen zu einem Urteil verbindet, sondern eine Funktionsweise unseres kognitiven Apparats erfassen, nämlich einfachere Vorstellungen zu komplexeren, in diesem Fall zu Urteilen, zu verbinden. Die funktionale Beschreibung erklärt dieses Vorgehen auf einer allgemeineren und abstrakteren Ebene, ohne dabei auf die physiologischen Prozesse im Gehirn eingehen zu müssen, durch die diese Urteile realisiert werden. Auf ähnliche Weise erklärt zum Beispiel die Rede von «Computerprogrammen» die Funktionsweise und Leistungen eines Computers, ohne dabei auf die konkreten physikalischen Vorgänge im Prozessor des Rechners eingehen zu müssen.

Auch wenn viele Aspekte der kantischen Psychologie heute überholt sind, bleibt die Grundidee einer funktionalen Beschreibung des menschlichen Geistes attraktiv. Tatsächlich war Kants Philosophie eine wichtige Inspirationsquelle für die Anfänge der empirischen Psychologie im 19. Jahrhundert wie auch für die Kognitionswissenschaft des 20. Jahrhunderts. Anders als die Begründer der experimentellen Psychologie wie Hermann von Helmholtz, Gustav Fechner und Wilhelm Wundt glaubte Kant allerdings nicht, dass die Psychologie jemals zu einer strengen Naturwissenschaft werden könne. Kants Grund für diese Einschätzung lautet, dass wir die psychischen Zustände anderer Menschen immer nur indirekt und die eigenen nicht objektiv untersuchen können (7:121, 4:471).

Kants Psychologie mit ihrer Konzentration auf Bewusstsein, Vorstellungen und Vermögen steht zwar in der Tradition von Descartes, aber in anderer Hinsicht bricht Kant radikal mit dieser Tradition, denn anders als Descartes betrachtet Kant die Seele nicht als ein immaterielles «denkendes» (d. h. vorstellendes) Ding, sondern viel abstrakter und moderner als einen Zusammenhang von Fähigkeiten und Funktionen, den Kant als «das Gemüt» bezeichnet und von der Seele im Sinne Descartes', also einer «besonderen unkörperlichen Substanz», unterscheidet (7:161).

Descartes hatte in seinen *Meditationen über die erste Philosophie* (1641) festgestellt, dass man an der eigenen Existenz nicht sinnvoll zweifeln kann (denn um an ihr zu zweifeln, muss man existieren): «Ich denke, also bin ich». Da man aber an der Existenz des eigenen Körpers sehr wohl zweifeln könne, folge daraus, dass «ich» ein denkendes Ding, eine immaterielle Substanz bin, die unabhängig von meinem Körper existieren kann.[6] In der *Kritik der reinen Vernunft* unterzieht Kant diese Argumentation und mit ihr die gesamte cartesische Tradition der «rationalen» (also nicht-empirisch verfahrenden) Psychologie einer scharfsinnigen und subtilen Kritik. Die rationale Psychologie, so Kant, gehe allein von dem unmittelbaren Bewusstsein der eigenen Existenz aus, dem cartesischen «Ich denke», und wolle daraus Eigenschaften der Seele wie ihre Immaterialität, ihre Unteilbarkeit oder ihre personale Identität in der Zeit ableiten. Aber das, so Kant, ist ein Fehlschluss.

Es geht Kant hier nicht nur darum, einige vermeidbare Fehler seiner Vorgänger zu kritisieren, sondern zu zeigen, dass die Existenz einer immateriellen Seelensubstanz grundsätzlich nicht beweisbar ist. Daher beginnt er damit, zunächst zu rekonstruieren, warum uns diese Annahme so einleuchtend erscheint. Die rationalistische Grundidee ist folgende: Wenn ich mir meiner eigenen Existenz in dem Gedanken «Ich denke» bewusst bin, dann bin ich mir bewusst, das Subjekt dieses Gedankens zu sein – also dasjenige, was diesen Gedanken denkt, und nicht bloß ein Gedanke oder eine Eigenschaft eines anderen Subjekts. Eine Substanz ist nun aber gerade das, was Träger von Eigenschaften ist, ohne selbst eine Eigenschaft von etwas anderem zu sein. Also scheine ich mir in dem Gedanken «Ich denke» der Tatsache bewusst zu sein, dass ich eine denkende Substanz bin. In diesem Gedanken kommen auch keine materiellen Bedingungen, keine anderen denkenden Wesen und keine zeitlichen Grenzen meiner Existenz vor. So muss ich zum Beispiel nichts über mein Gehirn wissen, um zu wissen, dass ich existiere. Also schließe ich, dass dasjenige, worauf sich das Wort «Ich» in dem Gedanken «Ich denke» bezieht, eine immaterielle, einfache, in der Zeit andauernde Substanz sein muss (A348–351).

Dieser Schluss, so Kant, ist völlig natürlich und zunächst einmal unvermeidbar. Doch wie Kant in der *Kritik der reinen Vernunft* zeigt, können wir von der Vorstellung, die wir uns in dem Gedanken «Ich denke» von uns machen, nicht unmittelbar darauf schließen, wie unsere Seele oder unser Gemüt wirklich beschaffen ist. Es ist zwar richtig, dass wir uns immer nur als Subjekt und nicht als materiell und zusammengesetzt *vorstellen*, aber daraus folgt nicht, dass wir tatsächlich eine immaterielle Seelensubstanz *sind*. Ein solcher Schluss ist ungültig, ein bloßer «Paralogismus».[7]

Diese Kritik scheint zunächst nur eine abstrakte metaphysische Frage nach der Beschaffenheit der menschlichen Seele zu betreffen und keine unmittelbaren Auswirkungen auf unser Selbstverständnis zu haben. Aber tatsächlich hängt die metaphysische Beschaffenheit der Seele unmittelbar mit einem religiös und weltanschaulich höchst bedeutsamen Thema zusammen, das viele Menschen seit jeher bewegt: der Unsterblichkeit. Wenn die Seele nämlich eine immaterielle Substanz ist, die zwar in Verbindung mit einem menschlichen Körper existiert, aber nicht mit diesem identisch und von diesem abhängig ist, dann, so hatte schon Descartes argumentiert, muss sie auch nicht aufhören zu existieren, wenn der menschliche Körper zugrunde geht und stirbt. Descartes und Leibniz, aber auch Kants Berliner Freund Moses Mendelssohn hatten daher in dem Beweis, dass die Seele eine immaterielle Substanz ist, zugleich einen Beweis für die Unsterblichkeit der Seele gesehen. Für viele Menschen, nicht nur in Kants Zeit, ist der Gedanke, dass mit dem biologischen Lebensende die eigene Existenz ausgelöscht wird, schwer erträglich. Der Glaube an eine unsterbliche Seele hat daher etwas Tröstliches. Kant beanspruchte nicht, diesen Glauben widerlegt zu haben. Sein Nachweis zielte nur darauf, dass man die Unsterblichkeit der Seele nicht in der von Descartes und anderen erhofften Form beweisen kann. Aber selbst das nahmen Kants Zeitgenossen als schwere Erschütterung der verbreiteten, vor allem christlichen Jenseitsvorstellungen wahr.

Doch Kant bleibt nicht bei der negativen Auskunft stehen, dass die Frage nach der Unsterblichkeit alle unsere Erkenntnis übersteigt. Man kann zwar nicht *beweisen*, dass Menschen eine unsterbliche Seele haben. Alles, was wir empirisch nachweisen können, ist ein an den Körper gebundenes «Gemüt», das uns zu komplexen kognitiven Leistungen in die Lage versetzt (einschließlich des Gedankens «Ich denke»). Aber daraus folgt nicht, dass Menschen *keine* unsterbliche Seele haben. Vor diesem Hintergrund argumentiert Kant, dass wir die Unsterblichkeit unserer Seele (ebenso wie die Existenz Gottes) notwendigerweise annehmen oder «postulieren» müssen. Dieser Gedanke findet sich bereits in der *Kritik der reinen Vernunft* (1781) und wird ausführlicher in der *Kritik der praktischen Vernunft* (1788) entwickelt. Kants Ausgangspunkt ist der Gedanke des «höchsten Gutes» – einer Welt, in der alle Menschen vollkommen moralisch («heilig») und zugleich vollkommen glücklich sind (Kapitel 10). Doch moralische Vollkommenheit, so Kant, ist für endliche Menschen nicht erreichbar, da wir immer wieder von Neigungen angefochten sind, die der Moral entgegenstehen. Also können wir uns dieser Vollkommenheit nur in einem unendlichen Prozess immer weiter annähern – so, wie eine Zahlenfolge (0,3; 0,33; 0,333 …) einem Grenzwert (1/3) immer näherkommt, ohne ihn je zu erreichen. Wie wir in der Mathematik die unendliche Folge trotzdem mit dem Grenzwert identifizieren können, so ist für alle praktischen Zwecke diese unendliche Annäherung dasselbe wie die Vollkommenheit selbst. Aber für eine unendliche Annäherung reicht ein endliches Leben offenbar nicht aus. Wir müssen daher die «ins Unendliche fortdauernde Existenz und Persönlichkeit» des Menschen annehmen, «welche man die Unsterblichkeit der Seele nennt» (5:122), denn nur so können wir unserer Verpflichtung, moralisch vollkommen zu werden, genügen.

Doch Kants Argumentation kann nicht überzeugen. Ein gravierender Einwand ergibt sich aus dem kantischen Prinzip, dass Sollen Können impliziert (Kapitel 7, 14), man also zu nichts verpflichtet werden kann, was unerreichbar ist. Wenn wir in einem endlichen Leben keine moralische Vollkommenheit erreichen können, dann bedeutet das nicht, dass wir glauben müssen, unendlich lange weiterzuleben, sondern dass wir nicht verpflichtet sind, vollkommen zu werden. Wozu wir verpflichtet sein können, ist höchstens, uns moralischer Vollkommenheit in unserer endlichen Lebenszeit immer weiter anzunähern. Doch dazu brauchen wir kein unendliches Leben und keine unsterbliche Seele, sondern nur einen guten und starken Willen. Vielleicht hat Kant die Schwäche seines Argumentes später selbst eingesehen, denn das Postulat der Unsterblichkeit spielt in den Schriften nach der *Kritik der praktischen Vernunft* nur noch eine untergeordnete Rolle.

Wenn wir keine unsterbliche Seele haben, ist der Tod eines Menschen das Ende seiner Existenz als Person. Die Erde dreht sich weiter, das Leben der anderen Menschen geht weiter – nur die verstorbene Person nimmt daran nicht mehr teil, weil sie nicht mehr existiert. Wenn man diesen Gedanken auf sich selbst anwendet, kann er eine Art existentiellen Schwindels erzeugen. Man kann sich nicht wirklich vorstellen, eines Tages nicht mehr da zu sein. Das ist der Grund, so Kant in der *Anthropologie*, dass alle Menschen, selbst die «Unglücklichsten» und die «Weisesten», Furcht vor dem Tod empfinden. Diese Furcht richtet sich nicht auf das Sterben (günstigenfalls ein «allmähliches Freiwerden von allem Schmerz»), sondern auf den «Gedanken gestorben (d. i. tot) zu sein». Doch die Furcht beruht auf einer Illusion, denn «der Gedanke *ich bin nicht*», also der Gedanke tot zu sein, «kann gar nicht existieren» (7:167). Anders gesagt: Solange man diesen Gedanken denken kann, ist er nicht wahr. Die Angst vor dem Tod beruht nach Kant, der sich hier auf Epikur und Montaigne beruft, auf einer Täuschung. Sie besteht darin zu glauben, die eigene Nichtexistenz nach dem Tod («im düsteren Grabe» als «Cadaver, was nicht mehr er selbst ist») noch irgendwie mitzuerleben und darunter zu leiden. Diese Täuschung, so Kant, ist unvermeidlich, denn sie beruht auf der «Natur des Denkens als eines Sprechens zu und von sich selbst». Wenn *ich* mir vorstelle, wie es ist, wenn *ich* nicht mehr da bin, bleibt immer noch das vorstellende *ich* übrig. Ich empfinde Grauen angesichts der eigenen Nichtexistenz, die ich in Wirklichkeit dann, wenn sie eingetreten ist, nicht erleben werde.

Der Gedanke an den Tod ist düster, aber für Kant ist das kein Grund, nicht über ihn zu scherzen, wie schon der Witz über die Trauerfeier zeigte. In der *Anthropologie* stellt Kant fest, dass unsere unbewussten Vorstellungen manchmal selbst dann nicht verschwinden, wenn wir sie uns bewusst machen und als falsch einsehen. Sein Beispiel ist ausgerechnet das der Illusion, den Zustand des eigenen Gestorbenseins noch erleben zu können. Und Kant, man kann es nicht anders sagen, macht sich über diese Täuschung lustig: «Sich das Grab in seinem Garten oder unter einem schattigen Baum, im Felde oder im trockenen Boden zu bestellen, ist oft eine wichtige Angelegenheit für einen Sterbenden: obzwar er im ersteren Fall keine schöne Aussicht zu hoffen, im letzteren aber von der Feuchtigkeit den Schnupfen zu besorgen nicht Ursache hat» (7:137). Da lachen wir – über die Auflösung nicht nur der Erwartung, sondern sogar unseres eigenen Lebens in nichts.

Übrigens hat Kant für sein eigenes Begräbnis ebenso wie für den Ort seines Grabes genaue Anweisungen hinterlassen (12:391).

«Selbst der Gesang der Vögel, den wir unter keine musikalische Regel bringen können, scheint mehr Freiheit und darum mehr für den Geschmack zu enthalten, als selbst ein menschlicher Gesang, der nach allen Regeln der Tonkunst geführt wird: weil man des letzteren, wenn er oft und lange Zeit wiederholt wird, weit eher überdrüssig wird.»

Kritik der Urteilskraft (5:243)

18

Zeigen die schönen Dinge, dass der Mensch in die Welt passt?

Es war lange Zeit Kants meistgelesenes Buch, das ihn im literarischen Deutschland bekannt gemacht hatte: *Die Beobachtungen über das Gefühl des Schönen und Erhabenen.* Es traf 1764 den Geschmack eines Publikums, das sich im Zeitalter des Rokoko für Ästhetik und verfeinerte Sitten, für raffinierte Kunstformen, Abendgesellschaften mit Glücksspiel, unterhaltsame Konversation und den reizvollen (aber gesitteten) Umgang der Geschlechter begeisterte. Kants in einem leichten Ton verfasstes Buch reflektierte und thematisierte die Lebensform einer Generation, die sich als kultivierter und fortschrittlicher verstand als die ihrer Eltern und Großeltern. Und es lieferte zugleich aufgrund seiner witzigen und scharfsichtigen Beobachtungen Gesprächsstoff für die nächste Party. Für Kant fiel es auch mit dem Abschluss seiner Lebensphase als «galanter Magister» zusammen, in der er viel ausging und feierte, am Kartentisch um

Geld spielte (und meistens gewann) und auch, wie es hieß, beim «schönen Geschlecht» beliebt war.[1]

Während Kant bis dahin vor allem mit Arbeiten zur Naturphilosophie und Metaphysik hervorgetreten war, wendet er sich in diesem Buch einem Modethema des 18. Jahrhunderts zu, der Ästhetik, die seit den Büchern des Earl of Shaftesbury in den Mittelpunkt des Interesses nicht nur der Philosophie, sondern auch der gebildeten Gesellschaft gerückt war. Schönheit war seit Platons *Symposion* ein Gegenstand philosophischen Nachdenkens gewesen und galt im Mittelalter und der Renaissance, oft unter Berufung auf Platon, als ein indirekter Zugang zum Göttlichen. Aber erst im 18. Jahrhundert entwickelt sich die Ästhetik zu einer eigenständigen philosophischen Disziplin, die ihren Namen übrigens Alexander Gottlieb Baumgarten verdankt, dem Schüler Wolffs, nach dessen Lehrbüchern Kant seine Metaphysik- und Ethikvorlesungen hielt (Kapitel 8, 21).

Baumgarten veröffentlichte auch das erste Buch mit diesem Titel, die *Aesthetica* von 1750. Darin überträgt er den Grundgedanken der Erkenntnistheorie Wolffs, dass wahre Erkenntnis die «Vollkommenheiten» des erkannten Gegenstandes erfasst, auf die ästhetische Erfahrung. Schönheit besteht demnach in bestimmten «Vollkommenheiten» des wahrgenommenen Gegenstandes, die wir aber, anders als im Fall der Wahrheit, nicht denkend, sondern mit unseren fünf Sinnen erfahren. Indem er Schönheit als eine Art von Vollkommenheit versteht, stellt sich Baumgarten in die Tradition Platons. Mit dieser Tradition hatten Shaftesbury und andere britische Ästhetiker des 18. Jahrhunderts wie Hutcheson und Burke gebrochen, indem sie ihr Interesse primär auf die Frage nach den Regeln der subjektiven Beurteilung des Schönen richteten. Ihnen zufolge liegt Schönheit also, wie man sagt, im Auge des Betrachters, auch wenn es für seinen Blick durchaus allgemeingültige Regeln gibt. Die spezifisch menschliche Fähigkeit, Dinge als schön oder hässlich zu beurteilen, bezeichnete man als «Geschmack» (engl. «taste»). Im Jahr 1757 hatte Edmund Burke in einem einflussreichen Buch das Feld des Geschmacks noch einmal deutlich erweitert, indem er neben dem Schönen das «Erhabene» (das Große, Prächtige, auch das Bedrohliche) als einen eigenständigen Gegenstand ästhetischer Beurteilung etablierte, worauf Kant bereits im Titel seines sieben Jahre später erschienenen Buches reagiert.[2]

Kant schlägt sich dort gleich mit dem ersten Satz auf die Seite der britischen Ästhetiker des Geschmacks und richtet sich gegen die objektive Vollkommenheitsästhetik Baumgartens, indem er festhält, ästhetische Erfahrung beruhe «nicht so sehr auf der Beschaffenheit der äußeren Dinge», sondern auf «dem jedem Menschen eigenen Gefühl», durch jene Dinge «mit Lust oder Unlust gerührt zu werden» (2:207). Dieses Gefühl ist der Geschmack. Man würde nun von einem Autor wie Kant, der in derselben Zeit auch wichtige Beiträge zur Metaphysik und Erkenntnistheorie veröffentlicht, eine grundsätzliche Behandlung der Prinzipien ästhetischer Beurteilung und ihrer subjektiven Quellen erwarten. Doch nichts davon. Stattdessen erläutert Kant den Unterschied zwischen dem Schönen und Erhabenen an leicht fasslichen Beispielen: «Hohe Eichen und einsame Schatten im heiligen Haine sind erhaben, Blumenbeete, niedrige Hecken und in Figuren geschnittene Bäume sind schön» (2:208). Und es folgt eine lange Reihe von «Beobachtungen» wie die, dass «dem höheren Alter das Erhabene am notwendigsten ist», weshalb ein «alter Geck», also ein überfein gekleideter älterer Mann, «das verächtlichste Geschöpf» sei (2:214).

Neben Banalitäten dieser Art finden sich aber auch Einsichten wie die, dass ein moralisch guter Charakter auf dem «Gefühl von der Schönheit und der Würde der menschlichen Natur» beruhe und mit «allgemeiner Achtung» vor den Menschen einhergehe (2:217). Kant nimmt damit die These von der absoluten Würde des Menschen aus der 20 Jahre später verfassten *Grundlegung* vorweg, führt die «allgemeine Achtung» allerdings noch nicht auf die Vernunft, sondern auf das Gefühl zurück.

Kant lässt sich aber nicht auf grundsätzliche moralphilosophische Überlegungen ein, sondern diskutiert stattdessen die Ausprägungen dieses «Gefühls» in den vier menschlichen «Temperamenten», die man traditionell unter Berufung auf den spätantiken Arzt Galen unterschied. Beim Melancholiker handle es sich eher um ein Gefühl für das Erhabene, beim Sanguiniker für das Schöne, beim Choleriker für das Prächtige (ein Sonderfall des Erhabenen) und beim trägen Phlegmatiker um keines von beidem (2:220–224). Auch Männer und Frauen, so Kant, unterscheiden sich in dieser Hinsicht: «Das schöne Geschlecht hat ebenso wohl Verstand als das männliche, nur es ist ein schöner Verstand». Der männliche dagegen «soll ein tiefer Verstand» und daher erhaben sein

(2:229). Allerdings beruhe die weibliche «Bezauberung» der Männer im Grunde allein auf dem «Geschlechtstrieb». Der daraus erwachsende «gesunde oder derbe Geschmack» sei aber «nicht zu verachten», denn «der größte Teil der Menschen befolgt vermittels desselben die große Ordnung der Natur», die auf Fortpflanzung und Arterhaltungen aus ist, «auf eine sehr einfältige und sichere Art» (2:235). Kant endet mit pauschalen «Beobachtungen» über die Nationalcharaktere («des Franzosen», «des Engländers», aber auch der «Wilden» in Afrika und Nordamerika; 2:243–253) und ihrer Beziehung zum Schönen und Erhabenen, die uns heute ebenso unangemessen und vorurteilsbeladen erscheinen wie seine Äußerungen über Männer und Frauen. Kants Leserschaft aber war begeistert.

Ähnlich pauschalisierende, zum Teil herabsetzende Äußerungen über verschiedene Menschengruppen finden sich in Kants Vorlesungen über Anthropologie und physische Geografie, die er bis Mitte der 1790er Jahre gehalten hat (Kapitel 13, 16). Das «Gefühl» für die Würde der menschlichen Natur war bei Kant und den meisten seiner Zeitgenossen offenbar noch nicht für die Problematik solcher Aussagen sensibilisiert. Kant selbst war aus anderen Gründen mit seinem erfolgreichen Buch nicht ganz zufrieden und nahm es zum Ausgangspunkt weiterführender Überlegungen. Wie auch bei seinen Lehrbüchern hatte Kant ein Exemplar des Buches «durchschießen» – das heißt: mit eingebundenen leeren Seiten versehen – lassen, die er mit handschriftlichen Anmerkungen füllte, die bald umfangreicher wurden als das Buch selbst (20:1–192).

Unter diesen sogenannten «Bemerkungen» findet sich auch die berühmte Äußerung «Rousseau hat mich zurechtgebracht» (20:44), die eine entscheidende Wende in Kants Denken hin zum Vorrang der Praxis und zur Würde des Menschen protokolliert (Kapitel 9). Mit dieser philosophischen Veränderung, die Kant in den «Bemerkungen» vollzieht, ging auch ein veränderter Lebensstil Kants einher, den der Kant-Biograf Manfred Kühn mit der zur selben Zeit beginnenden Freundschaft zwischen Kant und dem aus England stammenden Königsberger Kaufmann Joseph Green in Verbindung bringt. Aus dem feierfreudigen «galanten Magister» wurde nun ein Mensch mit regelmäßigem Lebenswandel, der sich lieber mit Green traf, als sich in größere Gesellschaften zu begeben (Kapitel 1).

Abb. 10: Kant 1768, Portrait von Johann Gottlieb Becker

Auf diese Zeit geht auch die Legende zurück, Kant habe einen so gleichförmigen Tagesablauf gehabt, dass die Königsberger ihre Uhren nach seinem Nachmittagsspaziergang stellten. Aber auch wenn Kant vor allem in seinen späteren Jahren einen festen Rhythmus einhielt, war es tatsächlich Green und nicht Kant, den ihr gemeinsamer Freund Hippel in einem Lustspiel als den «Mann nach der Uhr» karikierte: «Du weißt meine Art zu leben, Wilhelmina! Ich stehe auf; nicht, weil ich ausgeschlafen habe, sondern weil es 6 ist. Ich gehe zu Tische, nicht, weil mich hungert, nein, sondern weil es 12 schlägt. Ich lege mich nieder, nicht, weil ich schläfrig bin, sondern weil es 10 ist».[3] Allerdings gibt es bei Hippel auch einen aufgeblasenen Philosophen «Magister Blasius», von dem es zunächst ebenfalls heißt, «Er tut alles auf den Glockenschlag»[4], der sich dann aber als unzuverlässig erweist. Sollte dafür etwa der galante Magister Kant das Vorbild gewesen sein? Jedenfalls wurde Green schnell zu Kants «bestem Freund» (11:245). Er soll ein Kenner der Werke

Humes gewesen sein und mit Kant die *Kritik der reinen Vernunft* vor ihrem Erscheinen Seite für Seite diskutiert haben. Sein Tod 1786 hat Kant schwer getroffen und soll der Anlass gewesen sein, dass Kant nun seine eigene «Ökonomie» (Hauswirtschaft mit Mittagstisch und Gästen) einrichtete (Kapitel 27).[5]

Kant war ein philosophischer Ästhetiker, aber kein Kunstliebhaber und Ästhet – wenn man darunter einen Menschen versteht, der seine Umgebung vor allem unter ästhetischen Gesichtspunkten betrachtet und gestaltet. Obwohl er sich in seinen späteren Jahren feine Möbel, Stoffe und Bilder hätte leisten können, war Kants Haus schmucklos und schlicht. Es ist nicht bekannt, dass Kant ein regelmäßiger Theatergänger oder Konzertbesucher gewesen wäre. Wenn er sich über Musik äußerte, dann öfter mit einem negativen Unterton, so wenn er sie für jugendgefährdend (15:654) oder störend hält: «Diejenigen, welche zu den häuslichen Andachtsübungen auch das Singen geistlicher Lieder empfohlen haben, bedachten nicht, dass sie dem Publikum durch eine solche lärmende … Andacht eine große Beschwerde auflegen, indem sie die Nachbarschaft entweder mitzusingen oder ihr Gedankengeschäft niederzulegen nötigen» (5:330). Und in der *Pädagogik* heißt es, musikalische Bildung sei anders als das Erlernen von Lesen und Schreiben nicht für sich genommen sinnvoll, sondern nur, «um uns beliebt zu machen» (9:449f.). Bedeutende Gemälde der italienischen Renaissance, des Goldenen Zeitalters in den Niederlanden oder des französischen Barock dürften ihm, wenn überhaupt, nur aus Kupferstichen bekannt gewesen sein. Kant scheint sich weder für Musik noch Theater, weder für Gemälde noch Skulpturen besonders begeistert zu haben. Die einzige Kunstform, die ihm am Herzen lag, war die Literatur. Hier schätzte er neben den lateinischen Klassikern die frühen englischen Romane, etwa Henry Fieldings *Tom Jones*, aber auch die metaphysisch-theologische Dichtung Albrecht von Hallers (1:314f.) und Alexander Popes (10:73).[6] Alles in allem scheint Kant also nicht besonders kunstbegeistert gewesen zu sein. Das Schöne in der Natur zog er den Erzeugnissen der Kunst vor.

Es könnte daher überraschen, dass Kants reife Theorie des Geschmacksurteils, die er 1790 im ersten Teil der *Kritik der Urteilskraft* vorlegt, ein wegweisender Beitrag nicht nur zur philosophischen Ästhetik, sondern auch zur Theorie der Kunst geworden ist. Kant entwickelt

Abb. 11: Kant um 1790, Portrait von Gottlieb Doebler

seine ästhetische Theorie aus einer Analyse von Urteilen der Form «Dieser Gegenstand ist schön». Solche «Geschmacksurteile» zeichnen sich nach Kant durch eine Reihe von Besonderheiten aus, die sie von Erkenntnisurteilen («Das ist ein Baum»), aber auch von moralischen Urteilen («Das ist gut und richtig») und Urteilen über das bloß «Angenehme» («Das ist lecker») unterscheiden. So kommt es für ein Geschmacksurteil nicht darauf an, welcher Begriff auf den Gegenstand zutrifft (z. B. «Baum»), ob er für mich nützlich sein könnte und wie ich ihn moralisch bewerte. In der ästhetischen Erfahrung abstrahiere ich von all diesen Dingen und konzentriere mich allein darauf, wie der Gegenstand in diesem Moment auf mich wirkt. Ein Gegenstand ist schön, wenn er mir dann, wenn ich eine solche ästhetische Einstellung zu ihm einnehme, gefällt, mir also Lust oder Freude bereitet. Kant spricht daher auch von einem «uninteressierten Wohlgefallen», das schöne Dinge uns bereiten (5:205).

Aber Schönheit ist Kant zufolge kein «bloße Geschmackssache» in dem trivialen Sinn, wie manche Leute Spinat mögen und andere nicht, denn das ästhetische Urteil beansprucht «allgemeine Mitteilbarkeit»: Wir dürfen erwarten, dass andere es teilen, auch wenn diese Erwartung manchmal enttäuscht wird. Diese schwache Form von intersubjektiver Gültigkeit liegt zwischen der «objektiven Allgemeingültigkeit» von Erkenntnisurteilen, bei denen es darum geht, einen Gegenstand objektiv richtig zu erkennen («Das ist ein Baum»), und der bloß subjektiven Gültigkeit von Urteilen über meinen eigenen Zustand («Das schmeckt mir gut»). Kant nennt dies die «subjektive Allgemeingültigkeit» von Geschmacksurteilen (5:215).

Ein Urteil wie «Diese Blume ist schön» abstrahiert also von der objektiven Beschaffenheit des Gegenstandes (auch davon, ob es sich wirklich um eine Blume handelt) und bringt allein das lustvolle Gefühl zum Ausdruck, das ich bei der «interesselosen» Betrachtung des Gegenstandes empfinde. Trotzdem beansprucht dieses Urteil, auch für andere unvoreingenommene Betrachter zu gelten. Wie kann das sein? Kants Erklärung lautet: Weil die Freude am schönen Gegenstand auf der Funktionsweise unseres «Gemüts» beruht, die wir mit allen anderen Menschen teilen (5:290).

Wir stoßen also auch in Kants Ästhetik auf den Leitgedanken der Objektivität des menschlichen Standpunktes (Kapitel 1). Geschmacksurteile sind nicht nur Ausdruck von rein subjektiven Gefühlen (5:221f.), wie die britischen Ästhetiker behaupteten, aber auch keine Reaktion auf die objektive «Vollkommenheit» des Gegenstandes (5:226), wie Baumgarten meinte, sondern Ausdruck der allen Menschen gemeinsamen Funktionsweise unseres Geistes. Wir erfahren nämlich angesichts schöner Dinge in lustvoller Weise, so Kant, dass unsere «Erkenntniskräfte» ihrer Aufgabe gewachsen und zweckmäßig eingerichtet sind. So wie ein Sportler seine Muskeln «spielen lassen» kann und dabei Freude an seiner eigenen Fitness und Leistungsfähigkeit empfindet, so lassen wir nach Kant in der ästhetischen Erfahrung unsere Erkenntniskräfte spielen und erfreuen uns an ihrer Funktionstüchtigkeit oder «Zweckmäßigkeit» (5:221). Wir betrachten eine Blume und bemerken die komplexe Gestalt ihrer Blätter und Blüten, die viele Assoziationen auslöst, ohne dass wir versuchen, sie auf einen bestimmten Begriff zu bringen. Dieses unwillkürliche Zusammenspiel von Wahrnehmung, Einbildungskraft und Verstand bezeichnet Kant als «freies Spiel» und sieht in ihm die Quelle der Lust am Schönen. Weil andere Menschen über dieselben Erkenntniskräfte verfügen wie wir, darf ich erwarten, dass diejenigen Dinge, die ich schön finde, auch von anderen als schön empfunden werden (5:218).

Im weiteren Verlauf seiner Überlegungen unterscheidet Kant zwischen verschiedenen Arten von schönen Gegenständen. Schöne Dinge in der Natur wie eine Rose oder der Gesang der Nachtigall (5:302) haben für ihn Vorrang vor Kunstgegenständen; «freie Schönheit», die von allen Begriffen abstrahiert, hat Vorrang vor der «anhängenden Schönheit» von Gegenständen, die in ihrer Art schön sind (z. B. ein schöner Baum) und daher einen Begriff («Baum») voraussetzen (5:229). Innerhalb der Natur, so Kant, finden wir vor allem kunstvolle Gegenstände schön, während wir in der Kunst umgekehrt das Natürliche schätzen (5:306). Unter den Künsten präferiert Kant, jedenfalls was «Reiz und Bewegung des Gemüts» angeht, die Dichtkunst, gefolgt von Musik und bildender Kunst, wobei die Musik in anderer Hinsicht, nämlich «durch Vernunft beurteilt», am schlechtesten abschneidet (5:328).[7]

Manche dieser Wertungen sind nachvollziehbar und ergeben sich plausibel aus Kants Ästhetik. Die meisten aber sind zeitbedingt oder beruhen auf Kants eigenen Vorlieben und sind aus heutiger Sicht fragwürdig. Viel wichtiger und interessanter als Kants konkrete ästhetische Urteile und Wertungen ist die Tatsache, dass man nach Kant keine Kriterien dafür angeben kann, wann ein Gegenstand als schön gelten kann. Schönheit kennt keine Regeln und kein «objektives Prinzip» (5:285). Das bedeutet, dass Schönheit keine spezifische, auf Harmonie und Gefälligkeit beruhende Eigenschaft des Gegenstandes ist, sondern ein sehr allgemeiner Begriff für ästhetische Befriedigung. Insbesondere muss etwas nicht lieblich, regelmäßig oder wohlgeformt sein, um als schön erfahren zu werden. Es kommt allein darauf an, wie der Gegenstand sich der ästhetisch gestimmten Betrachtung darbietet.

Auch wenn Kant diese radikale Konsequenz selbst nicht zieht (und manche seiner Interpreten sie bestreiten), scheint aus seiner Ästhetik daher zu folgen, dass grundsätzlich *jeder* Gegenstand schön sein kann, wenn man ihn nur unter den richtigen Bedingungen und mit der richtigen Einstellung betrachtet. Kants Theorie des Geschmacksurteils eignet sich daher bestens, auch die ästhetische Wertschätzung moderner Kunstformen wie der abstrakten Malerei, von Ready-mades, der Zwölftonmusik oder des Tanztheaters zu erfassen. Diese Kunstwerke sind «schön» (im weitesten Sinn positiver ästhetischer Bewertung), wenn sie unsere «Gemütskräfte» zu einem «freien Spiel» anregen und daher als ästhetisch befriedigend erfahren werden können.

Doch wie macht man schöne (anregende, unsere Wahrnehmungsgewohnheiten herausfordernde) Kunst, wenn es dafür keine Regeln gibt? Kant lehnt alles Bemühte, Schulmäßige und Vorhersehbare in der Kunst ab, ohne dabei zu vergessen, dass Kunst von Können kommt und daher die Beherrschung des jeweiligen Mediums voraussetzt (5:304). Worauf aber beruht dann die Fähigkeit von Künstlern (und Künstlerinnen, die bei Kant allerdings nicht vorkommen), schöne Kunst hervorzubringen? Kants Antwort lautet: auf der Natur! Nicht auf der Nachahmung (griechisch *mimesis*) der Natur, wie man traditionell behauptet hatte, sondern auf der Natur selbst in Form des Genies. Darunter versteht Kant die «Naturgabe», «durch welche die Natur der Kunst die Regel gibt» (5:307). Der geniale Künstler schafft große Kunst, indem die Natur selbst durch ihn künstlerisch kreativ wird.

Dabei komme es vor allem auf «Originalität» an, die aber, «da es auch originellen Unsinn geben kann», beispielhaft sein, das heißt als Muster schöner Kunst taugen muss (5:308). Die künstlerische Kreativität als eine Naturkraft vollzieht sich gleichsam hinter dem Rücken des Künstlers, der darüber, wie er auf seine Ideen kommt, keine Rechenschaft ablegen kann.

Kant knüpft damit an Überlegungen Shaftesburys und anderer zum Geniebegriff an, die er aber durch die Verbindung von Natur und Kunst im Genie entscheidend weiterentwickelt. Er wird damit zu einer zentralen Quelle für die Genieästhetik des ausgehenden 18. Jahrhunderts wie auch für den Geniekult des 19. Jahrhunderts, der bis heute nachwirkt und sich auch auf das philosophische «Genie» Kant selbst erstreckt. Dem hätte Kant selbst vermutlich widersprochen, da er den Begriff des Genies ganz auf die Kunst beschränkte und selbst den von ihm hochverehrten Newton nicht als Genie gelten lassen wollte – weil man die Theorie Newtons vollständig lernen und verstehen kann, nicht aber die Regeln des genialen Kunstwerks (5:308). An anderer Stelle bezeichnet er

Newton (und auch Leibniz) dann aber doch als wissenschaftlich-erfinderisches «Genie» (7:226).[8]

Einer der produktivsten Leser von Kants ästhetischer Theorie war übrigens der im 19. Jahrhundert ebenfalls als «Genie» verehrte Dichter und kritische Kantianer Friedrich Schiller. Dessen *Briefe über die ästhetische Erziehung des Menschen* von 1795 knüpfen an Kants *Kritik der Urteilskraft* an und denken sie produktiv weiter, indem sie den kantischen Begriff des freien Spiels in den Mittelpunkt der Bestimmung des Menschen stellen. Seine berühmte These, der Mensch sei «nur da ganz Mensch, wo er spielt», klingt heute vielleicht wie ein Werbespruch der Spieleindustrie, bezieht sich aber nicht auf Gesellschafts- oder Computerspiele, sondern geht auf Kants These vom freien Spiel der Erkenntniskräfte in der ästhetischen Erfahrung zurück.[9]

Neben der Schönheit thematisiert Kant in der *Kritik der ästhetischen Urteilskraft*, wie schon in den *Beobachtungen*, als zweiten ästhetischen Grundbegriff das Erhabene. Erhaben ist dasjenige, was einerseits wie der «bestirnte Himmel über mir» (5:161) aufgrund seiner Größe oder wie ein wütender Sturm aufgrund seiner Gewalt unsere Kräfte übersteigt, das wir aber andererseits aus einer gewissen Distanz trotzdem rein ästhetisch betrachten können. Der Nachthimmel in einer sternenklaren Nacht ist der «herrlichste Anblick …, den menschliche Sinne nur immer vorlegen» (5:162). Seine Betrachtung übersteigt insofern unsere geistigen Kräfte, als wir eine Unendlichkeit als solche nicht sinnlich wahrnehmen können. Gedanklich können wir sie aber sehr wohl erfassen und erweisen uns ihr damit als kognitiv gewachsen. Das ist ein Beispiel für das «Mathematisch-Erhabene» (5:248), bei dem es um die unermessliche Größe der Natur geht. Ein gewaltiger Sturm ist dagegen ein Fall des «Dynamisch-Erhabenen» (5:260). Hier erfahren wir die Natur in ihrer uns weit überlegenen Gewalt als bedrohlich. Doch weil sie uns nur in unserer physischen Existenz, nicht in unserer moralischen Persönlichkeit bedroht, erleben wir uns zugleich als der Natur überlegen.

Auch hier, beim Erhabenen, sind es nicht die objektiven Eigenschaften des Gegenstandes, die die ästhetische Erfahrung ausmachen, sondern unsere subjektiven, aber allgemein menschlichen Reaktionen darauf. In beiden Fällen werden wir uns in der ästhetischen Reflexion nämlich zugleich mit der eigenen Unterlegenheit der Tatsache bewusst, dass wir dem fraglichen Phänomen geistig und moralisch gewachsen und ihm insofern auch überlegen sind. Wir können die Unendlichkeit des Sternenhimmels nicht als solche anschaulich vorstellen, aber wir können sie immerhin gedanklich begreifen. Und der Sturm kann uns zwar als Sinnenwesen vernichten, nicht aber als moralische Person. Es ist dieses Bewusstsein unserer Überlegenheit selbst gegenüber dem, was alle anschauliche Vorstellung und alle unsere Kräfte übersteigt, die wir im Gefühl des Erhabenen zwar mit einem Schaudern, aber doch als lustvoll erleben können.

Den Grundgedanken seiner Ästhetik hatte Kant bereits 1771 in einer vielzitierten Notiz auf den Punkt gebracht, die man wohl selbst als «schön» bezeichnen kann: «Die schönen Dinge zeigen an, dass der Mensch in die Welt passe» (16:127). Die schönen Dinge zeigen nämlich, dass es eine Passung zwischen uns und der Welt gibt, die wir in der ästhetischen Erfahrung als beglückend erleben. Doch wie die Kant-Expertin Birgit Recki betont, besteht zwischen der Notiz von 1771 und Kants kritischer Ästhetik in der *Kritik der Urteilskraft* von 1790 ein wichtiger Unterschied. 1771 denkt Kant die Passung zwischen Mensch und Welt noch als eine objektive Übereinstimmung, als eine Korrespondenz der menschlichen Anschauung mit dem angeschauten Gegenstand. Nach Kants «kopernikanischer Wende», so Recki, ändert sich die Erklärungsrichtung. Die Natur in allen ihren Erscheinungen, von der Nachtigall bis zum Nachthimmel, ist Kant zufolge durch menschliche Anschauungsformen und Begriffe geprägt. Im Sinne der kantischen Leitidee der Objektivität des menschlichen Standpunkts (Kapitel 1) sind es daher nicht mehr die schönen Dinge und ihre objektiven Eigenschaften, die zeigen, dass der Mensch in die ihm vorgegebene Welt passt, sondern die ästhetische Erfahrung des Schönen und Erhabenen zeigt, dass die Welt zum Menschen passt.[10]

Dabei handelt es sich um eine abstrakte philosophische Einsicht Kants, die uns in der ästhetischen Erfahrung natürlich nicht als solche bewusst ist. Und doch ist es letztlich der menschliche Charakter der Natur (und der natürliche Charakter der Kunst), den wir in der Wahrnehmung des Schönen und Erhabenen lustvoll erfahren. In der ästhetischen Erfahrung steht uns die Welt trotz aller Widrigkeiten und Gefahren nicht fremd gegenüber, sondern ist ein Ort, an dem wir Menschen uns (zumindest kognitiv) zu Hause fühlen können.

«Zwei Dinge erfüllen das Gemüt mit immer neuer
und zunehmender Bewunderung und Ehrfurcht,
je öfter und anhaltender sich das Nachdenken damit
beschäftigt: *der bestirnte Himmel über mir und
das moralische Gesetz in mir*».

Kritik der praktischen Vernunft (5:161)

19

Der bestirnte Himmel über mir: Kant als Naturwissenschaftler

Das diesem Kapitel vorangestellte Zitat wird oft als Quintessenz der kantischen Philosophie betrachtet. Es stand auf einer Gedenktafel am Königsberger Schloss, die dort von 1904 bis zu dessen Zerstörung 1945 an Kant erinnerte. Auf den ersten Blick kontrastiert Kant hier zwei sehr unterschiedliche Dinge: den unermesslich großen Sternenhimmel und das unbedingt gebietende Moralgesetz. Gemeinsam scheint ihnen nur zu sein, dass sie «Bewunderung und Ehrfurcht» hervorrufen und daher im Sinne der kantischen Ästhetik als «erhaben» gelten (Kapitel 18). Doch die eingängige Formel vom «bestirnten Himmel über mir» und dem «moralischen Gesetz in mir» ist tiefgründiger und bedeutungsreicher, als es zunächst scheint, denn Kant weist damit auf eine wichtige Gemeinsamkeit zwischen beidem hin. Der Sternenhimmel ist nämlich nicht nur unermesslich groß, sondern er folgt auch, wie das moralische Handeln der Menschen, unveränderlichen Gesetzen, nämlich denen der Newtonschen Mechanik. Wenn Kant in einer sternenklaren Nacht den Himmel über Königsberg betrachtete, so sah er nicht nur den «herrlichsten Anblick», den unsere Sinne uns darbieten, sondern «Welten über Welten und Systeme von Systemen» (5:162), die mathematisch strengen, für den menschlichen Geist erkennbaren Gesetzmäßigkeiten folgen und durch die Schwerkraft auch über die weitesten Strecken miteinander verbunden sind.[1]

Kant knüpft mit dem Hinweis auf den «bestirnten Himmel» an Gedanken an, die bis auf seine frühesten Veröffentlichungen zurückgehen, welche sich primär naturwissenschaftlichen Fragen gewidmet hatten. So hatte Kant bereits in seinem ersten Buch, den *Gedanken von der wahren Schätzung der lebendigen Kräfte*, ein Problem der Physik seiner Zeit behandelt. In ihm versuchte der erst zwanzigjährige Kant, die seit Jahrzehnten andauernde Debatte um die *vis viva* oder «lebendige Kraft» (was in etwa dem modernen physikalischen Begriff der kinetischen Energie entspricht) durch einen Vermittlungsvorschlag zu schlichten. Das Buch war ein Misserfolg: Kants Vorschlag war falsch, die korrekte Lösung hatte d'Alembert bereits veröffentlicht (Kapitel 3). Da es nicht auf Latein, sondern auf Deutsch verfasst war, qualifizierte es Kant auch nicht dazu, an der Universität zu unterrichten, weshalb er die nächsten sieben Jahre als Hauslehrer bei verschiedenen wohlhabenden Familien im Umkreis von Königsberg verbrachte (Kapitel 5).

Kant nutzte diese Jahre, um sich weiter in die naturwissenschaftlichen Theorien seiner Zeit, vor allem die Mechanik Newtons, aber auch in Astronomie, Geologie, Geografie und andere Disziplinen einzuarbeiten. Die Grundlagen dazu dürften die Vorlesungen über physikalische Themen der Königsberger Professoren Knutzen und Teske gelegt haben, die Kant während seines Studiums hörte. Auch wenn Naturphilosophie und Naturwissenschaften im 18. Jahrhundert noch nicht klar getrennt waren, scheint sich Kant in dieser Zeit nicht nur als Philosoph, sondern auch als Physiker verstanden zu haben. Das zeigen seine nächsten beiden Veröffentlichungen, zwei Aufsätze aus dem Jahr 1754 zu astronomischen Fragen, deren Methode Kant selbst als «physikalisch» bezeichnet. Sie weisen bereits auf sein naturwissenschaftliches Hauptwerk voraus: die *Allgemeine Naturgeschichte und Theorie des Himmels*, die 1755 erscheint (1:215–368).[2]

Dieses Buch war ein kühner und höchst origineller Beitrag zur Astronomie. Sein Motto, das Kant dem ebenfalls von Newton begeisterten Voltaire entnimmt, lautet: «Gebt mir nur Materie, ich will euch eine Welt daraus bauen» (1:229). Kant verbindet darin die Newtonsche Mechanik und Astronomie mit einer naturhistorischen Perspektive extrem langer Zeiträume zu einer Hypothese über die Entstehung von Sonnensystemen und Galaxien. Im Kern besagt diese Theorie, dass Sonnensysteme wie das unsere aus einem ursprünglichen Materienebel hervorgegangen sind. Zunächst bildeten sich aus der gleichmäßig verteilten Materie durch die Wirkung der Schwerkraft größere Himmelskörper wie unsere Sonne, dann auch kleinere wie die Planeten und Monde. Um die Zentralgestirne geriet die von ihnen angezogene Materie durch Abstoßungs- und Fliehkräfte in eine kreisförmige Bewegung (1:263ff.). So ließ sich unter anderem erklären, warum die Planeten unseres Sonnensystems sich alle in derselben Richtung bewegen und ihre Bahnen auf einer Ebene liegen. Es sind dieselben Kräfte, die über viele Millionen Jahre hinweg (1:313) zur Bildung von Sonnen, Planeten und Monden führen. Doch Kant geht noch weiter und wendet seine Hypothese nicht nur auf einzelne Sonnensysteme, sondern auch auf Galaxien wie unsere Milchstraße an.

Auch wenn viele Details dieser Theorie heute nicht mehr haltbar sind und Kant sie nicht mit mathematischer Präzision ausarbeitet, stimmt sie im Wesentlichen mit der heute allgemein akzeptierten sogenannten Nebularhypothese über die Entstehung von Planetensystemen überein. Der französische Physiker Pierre-Simon Laplace hatte sie 1796 formuliert – offenbar ohne Kants Werk zu kennen. Man spricht daher auch von der «Kant-Laplace-Theorie». Kant gilt aufgrund dieses Buches als einer der Wegbereiter der modernen Astronomie.[3]

Dass Laplace Kants Theorie nicht bekannt war, ist übrigens nicht erstaunlich. Auch Bücher haben bekanntlich ihr Schicksal. Zunächst ging der Verleger der *Allgemeinen Naturgeschichte* bald nach deren Erscheinen bankrott. Dann soll auch noch das Lagerhaus abgebrannt sein, in dem die gedruckten Exemplare der *Allgemeinen Naturgeschichte* eingelagert wurden. Das Buch fand offenbar keine weite Verbreitung und wurde kaum rezipiert. Zwar erschienen noch zu Kants Lebzeiten mehrere Zusammenfassungen, Nachdrucke und Neuauflagen, die aber in Frankreich nicht verbreitet gewesen sein dürften.[4]

Obwohl seinen ersten beiden Büchern kein Erfolg beschieden war, ist Kant den naturwissenschaftlichen Themen seiner frühen Publikationen sein Leben lang treu geblieben. Von seinen gut 70 Büchern und Aufsätzen beschäftigt sich die Hälfte ganz oder teilweise mit Themen, die man heute den Naturwissenschaften zuordnen würde. So entwickelt seine erste Dissertation von 1755, mit der er nach elf Jahren Unterbrechung endlich sein Studium abschloss, eine Theorie des Feuers (*De igne*). Mehrere Aufsätze aus dem folgenden Jahr widmen sich dem Phänomen des Erdbebens, andere den Winden oder den kleinsten physikalischen Teilchen («physischen Monaden»). Kant hielt 40 Jahre lang regelmäßig Vorlesungen über physische Geografie (Kapitel 13), seit 1772 auch über Anthropologie. Letztere behandelte viele Themen, die man heute der Kognitionswissenschaft zuordnen würde (Kapitel 17). 1763 veröffentlichte Kant einen Aufsatz über «negative Größen», in dem es unter anderem um physikalische Kräfte geht, deren Wirkung real ist, obwohl sie zu keiner beobachtbaren Veränderung führt, weil sie durch eine entgegengesetzte Kraft aufgehoben wird. Die *Kritik der reinen Vernunft* untersucht über weite Strecken die nicht-empirischen Grundlagen der Physik – ein Projekt, das die *Metaphysischen Anfangsgründe der Naturwissenschaft* von 1786 in einer Theorie der Materie und den Gesetzen ihrer Bewegung fortführt. Der zweite Teil der *Kritik der Urteilskraft* (1790) behandelt die begrifflichen und erkenntnistheoretischen Grundlagen der Biologie (Kapitel 20) und verschiedene Aufsätze aus den 1770er und 1780er Jahren schlagen einen nach Kants Meinung wissenschaftlich präzisen Begriff der Menschenrasse vor (Kapitel 16). Seine letzten Jahre arbeitete Kant an einem großen, nicht mehr abgeschlossenen Werk, das den «Übergang» von den «metaphysischen Anfangsgründen der Naturwissenschaft» zur Physik enthalten sollte. Kant war mit dem Stand der Physik, Astronomie, Geologie, Geografie, Anthropologie und Psychologie seiner Zeit bestens vertraut und hat zu allen diesen Disziplinen originelle Beiträge geleistet. Man kann ihn daher mit gutem Recht als bedeutenden Philosophen *und Naturwissenschaftler* bezeichnen (auch wenn Kant selbst keine Experimente anstellte oder Messungen durchführte). Dass er außerdem ein Wegbereiter der modernen Sozial- und Politikwissenschaft war, sei hier nur am Rande erwähnt.[5]

Kants Begriff der Natur als Gegenstand wissenschaftlicher Forschung umfasst drei zentrale Aspekte. Erstens versteht er die Natur als Gesamtheit materieller Körper und ihrer Kräfte in Raum und Zeit, die strengen physikalischen Gesetzmäßigkeiten unterliegen. Zweitens unterliegt die Natur einer historischen Entwicklung, die sich in extrem langen Zeiträumen vollzieht. Und drittens gibt es unter den Naturphänomenen solche, die zwar ebenfalls physikalischen Gesetzen gehorchen, deren Entstehung und Funktionsweise wir Menschen aber nicht rein physikalisch erklären können, nämlich Lebewesen. Ihre Erklärung verlangt nach einer «teleologischen» Perspektive, in der die Natur als zweckmäßig eingerichtet und auf Zwecke ausgerichtet betrachtet wird (gr. *telos*, Zweck).

Den ersten Aspekt bringt Kant auf den Punkt, wenn er Natur als «das Dasein der Dinge» definiert, «sofern es nach allgemeinen Gesetzen bestimmt ist» (4:294). Diese Gesetze versteht Kant als deterministische Naturgesetze nach dem Vorbild der Gesetze der Newtonschen Mechanik. Nur eine nach solchen Gesetzen eingerichtete Natur, so Kant in der *Kritik der reinen Vernunft*, ist für uns Menschen überhaupt erfahrbar, denn andernfalls würden unerklärliche Zufälle einen objektiven Erfahrungszusammenhang unmöglich machen (Kapitel 25). Den empirischen Naturgesetzen, die in Physik, Chemie und Biologie durch Beobachtung und Experiment entdeckt werden, liegen Kant zufolge Prinzipien zugrunde, die aller Erfahrung vorausgehen und daher nicht empirisch, sondern a priori sind. Dazu gehören Grundsätze, die die mathematische Beschreibbarkeit natürlicher Phänomene sicherstellen, aber auch das Prinzip der Substanzerhaltung, das Kausalprinzip («Jede Veränderung hat eine Ursache») und das Prinzip der Wechselwirkung aller Körper im Raum. Mit letzterem verallgemeinert Kant den Grundgedanken der Gravitationstheorie Newtons, wonach zwei Körper, ganz gleich, wie weit sie voneinander entfernt sind, sich wechselseitig anziehen (wobei die Anziehung mit dem Quadrat der Entfernung abnimmt). Dieses Prinzip, so Kants Einsicht, macht aus der gesamten Natur einen einheitlichen dynamischen Zusammenhang (A211/B256–A218/B265).

Wie erwähnt erweitert Kant in den *Metaphysischen Anfangsgründen der Naturwissenschaft* diese apriorischen Naturgesetze um die fundamentalen Bewegungsgesetze der Materie. Kant erklärt die Möglichkeit solcher Naturgesetze a priori durch seine Leitidee der Objektivität des menschlichen Standpunkts: Wir entnehmen diese Gesetze nicht der Natur, sondern schreiben ihr diese Gesetze vor. Ihre objektive Gültigkeit beruht nicht auf ihrer Übereinstimmung mit einer denkunabhängigen Realität, sondern darauf, dass die für uns erkennbare Natur durch die Prinzipien der menschlichen Erkenntnis strukturiert ist (Kapitel 1, 25).

Der zweite wichtige Aspekt von Kants Naturverständnis besteht darin, dass er die Natur historisch denkt. Während der Ausdruck «Naturgeschichte» (*historia naturalis*) seit der Antike gleichbedeutend mit Naturbeschreibung oder Naturkunde verwendet wurde, gewinnt er bei verschiedenen Autoren des 18. Jahrhunderts zunehmend eine spezifisch historische Bedeutung. Sie betonen, dass sich der gegenwärtige Zustand der Erde, der Tiere und des Menschen nur dadurch erklären lässt, dass man ihn als Ergebnis einer historischen Entwicklung betrachtet, die sich über lange Zeiträume erstreckt (8:161f.). Vor allem der französische Naturforscher George-Louis de Buffon (1707–1788) hatte in seiner monumentalen *Histoire naturelle* (1749–1789) gezeigt, wie sich die verschiedensten natürlichen Phänomene – von der Entstehung der Erde (durch einen Kometeneinschlag in die Sonne vor etwa 75000 Jahren) bis zu Gebirgen und dem Erscheinungsbild der Tierarten – durch Veränderungsprozesse erklären lassen, die über sehr viele Jahrtausende ablaufen. Auf andere Weise hatten Philosophen wie Rousseau und Hume die Idee einer Naturgeschichte verwendet, um menschliche Lebensformen und Denkgewohnheiten, vom Eigentum bis zur Religion, aus der natürlichen Entwicklung des Menschen zu erklären und so ihre Berechtigung zu hinterfragen.[6]

Kant wendet diesen naturhistorischen Grundgedanken nicht nur im ganz großen Maßstab auf das Universum insgesamt und die Entstehung von Galaxien und Sonnensystemen an, sondern auch auf den Menschen, indem er die verschiedenen «Menschenrassen» historisch aus einem hypothetisch angenommenen Urtyp ableitet (Kapitel 16). Nach Kant beruht diese Art von Naturgeschichte auf einer «Archäologie der Natur»: Aus den Zeugnissen der Vergangenheit (wie Muschelkalk «in weit von der See gelegenen Landgegenden», «vulkanischen Überbleibseln, wo jetzt kein Feuer aus der Erde hervorbricht», aber auch den heute beobachtbaren Planetenbahnen), schließen wir auf den «alten Zustand der Welt», aus dem wir umgekehrt die natürlichen Phänomene der Gegenwart erklären können (7:193, 5:428).

Dabei ist bemerkenswert, dass Kant über die von Buffon angenommenen Zeiträume noch weit hinausgeht: «Es ist vielleicht eine Reihe von Millionen Jahren und Jahrhunderten verflossen, ehe die Sphäre der gebildeten Natur, darin wir uns befinden, zu der Vollkommenheit gediehen ist, die ihr jetzt beiwohnt» (1:313). Kant scheint einer der ersten Wissenschaftler überhaupt gewesen zu sein, die in der Kosmologie und Geologie Zeiträume von mehreren Millionen Jahren in Betracht gezogen haben (auch wenn seine Zeitangaben variieren). Damit verstieß Kant gegen das christliche Dogma, wonach die Erde vor etwa 6000 Jahren von Gott erschaffen wurde. Zugleich war Kant auch ein Pionier der Idee der Selbstorganisation in der Natur: Es bedurfte keines göttlichen Eingriffs, sondern nur der Gesetze der newtonschen Mechanik, um aus einer gegebenen Materie die sichtbare Ordnung des Sternenhimmels zu erklären. Kant verteidigte sich in der Vorrede der *Allgemeinen Naturgeschichte* ausführlich gegen den Vorwurf, seine Thesen seien mit den Lehren des Christentums nicht zu vereinbaren. So versuchte er zu zeigen, dass sie mit der Existenz eines Schöpfergottes vereinbar sind. Dennoch dürfte sein Buch vor allem unter den Pietisten an der Königsberger Universität als Provokation empfunden worden sein. Kant wusste das und war daher vorsichtig. Sein Buch erschien anonym, doch seine Autorschaft wurde bekannt.[7]

Das führt uns zum dritten Aspekt von Kants Naturverständnis, der Teleologie, die bei Kant diejenigen Naturphänomene erklären soll, die sich einer rein physikalischen Erklärung zu entziehen scheinen. So gehörte Kant mit seinen Überlegungen zur Entwicklung von Menschen unterschiedlicher Haut- und Haarfarbe durch eine Kombination von Vererbung und Umwelteinflüssen zwar zu den Pionieren der Evolutionstheorie, konnte aber für Vererbung, Variation und Selektion noch keine physikalisch-mechanischen Erklärungen angeben und hielt eine solche Erklärung auch für grundsätzlich unmöglich. An ihre Stelle tritt nach Kant die telelogische Erklärung durch die Zweckmäßigkeit bestimmter Phänomene und Vorgänge. Kants Rehabilitierung der Teleologie, wenn auch im Modus des «als ob», ist Thema des nächsten Kapitels (Kapitel 20).

Zu den drei Aspekten der Natur als Gegenstand wissenschaftlicher Forschung kommen zwei weitere Hinsichten hinzu, in denen die Natur bei Kant eine wichtige Rolle spielt, nämlich die Natur als Objekt menschlicher Beherrschung und als Gegenstand ästhetischer Erfahrung. Kants Ethik betrachtet nur vernünftige Wesen als Zwecke an sich, während die nicht-vernünftige Natur einschließlich aller Lebewesen außer dem Menschen als bloßes Mittel gilt (Kapitel 8). Dass eine solche rein instrumentelle Perspektive auf die Natur als Mittel zur Befriedigung menschlicher Bedürfnisse nicht ausreichend ist, liegt heute, in Zeiten des menschengemachten Klimawandels und Artensterbens, anders als im 18. Jahrhundert auf der Hand. Doch auch bei Kant wird dieses instrumentelle Naturverständnis bereits konterkariert durch den Wert der Naturschönheiten und durch einen teleologischen Naturbegriff, in dem auch noch die geringsten Naturerscheinungen Teil einer auf den Menschen und seine Moralisierung ausgerichteten Zweckordnung sind. Die Natur gewinnt so auch bei Kant einen moralischen und ästhetischen Eigenwert (Kapitel 18, 20).[8]

Nachdem sich Kants erste Schriften aus den 1750er Jahren fast ausschließlich mit naturwissenschaftlichen und -philosophischen Fragen beschäftigen, treten im folgenden Jahrzehnt metaphysische und erkenntnistheoretische Themen in den Vordergrund. Zu diesen gesellen sich in 1780er Jahren vermehrt ethische und in den 1790er Jahren, unter dem Eindruck der Französischen Revolution, politische Themen. Doch am Ende seines Lebens kehrt Kant zu den physikalischen Fragestellungen seiner Jugend zurück und verbindet sie mit dem zentralen Projekt seiner *Kritik der reinen Vernunft*, der Transzendentalphilosophie. Darunter versteht Kant die Theorie nicht-empirischer Erkenntnis, die nicht nur alles umfasst, was wir unabhängig von Erfahrung über die Natur wissen können, sondern auch erklärt, wie dieses Wissen möglich ist (Kapitel 22, 25). Bereits in der *Kritik der reinen Vernunft* wird deutlich, dass zwischen dieser sehr allgemeinen Theorie der Naturgesetze und den empirischen Gesetzmäßigkeiten, welche die Physik durch Beobachtung und Experiment entdeckt, eine Lücke klafft. So gibt es der *Kritik der reinen Vernunft* zufolge keine Garantie dafür, dass es in der Natur Gesetzmäßigkeiten gibt, die wir empirisch entdecken können (also zum Beispiel so etwas wie die Fallgesetze Galileis oder die Mendelschen Vererbungsregeln). Es ist daher grundsätzlich denkbar, dass die Natur so chaotisch verfasst ist, dass wir keine spezifischen Naturgesetze ausmachen können.

Kant begegnet diesem Problem bereits in der *Kritik der reinen Vernunft* mit seiner Theorie regulativer Ideen und Prinzipien: Danach gibt es zwar keine theoretische Garantie, dass die Natur auch im Einzelnen gesetzmäßig geordnet ist, aber wir müssen und dürfen sie so betrachten, *als ob* dies der Fall sei, um auf diese Weise gezielt nach Ordnung und Regelmäßigkeit suchen zu können (A685/B713). So können wir zum Beispiel in der Natur zwar kein «reines» Gold finden oder herstellen, das keinerlei Verunreinigungen enthält. Aber die «regulative Idee» reinen Goldes ist trotzdem sinnvoll, nicht nur, um zwischen dem Element Gold und den Verunreinigungen überhaupt unterscheiden zu können, sondern auch, um die für Gold geltenden Naturgesetze, etwa seinen Schmelzpunkt, genau zu bestimmen und zu erklären. In der *Kritik der Urteilskraft* entwickelt Kant diesen Gedanken zu einer Theorie der «reflektierenden Urteilskraft» (5:180) weiter, worunter Kant ganz allgemein die Fähigkeit versteht, zu einem gegebenen Einzelfall (z. B. geschmolzenem Gold) die passende allgemeine Regel, also etwa ein einschlägige Naturgesetz zu finden (z. B. «Gold schmilzt bei 1064 Grad Celsius»). Bereits zuvor hatte Kant in den *Metaphysischen Anfangsgründen der Naturwissenschaft* eine Brücke von der Transzendentalphilosophie zur Physik geschlagen, indem er die Prinzipien der newtonschen Mechanik auf ein metaphysisches Fundament stellte. Doch auch diese Erklärung des Zusammenhangs zwischen Prinzipien a priori und empirischen Naturgesetzen erschien Kant auf Dauer nicht ausreichend.

Nachdem er sich 1796 aus Altersgründen von der akademischen Lehre zurückgezogen hatte, veröffentlichte Kant bis 1798 noch einige schon länger geplante oder vorbereitete Bücher, darunter die *Metaphysik der Sitten* (1797) und die *Anthropologie in pragmatischer Hinsicht* (1798), die ganz oder teilweise auf Vorlesungen beruhten, die Kant jahrzehntelang gehalten hatten. Danach hat Kant, von wenigen kleinen Gelegenheitstexten abgesehen, nichts mehr veröffentlicht. (Die Kompendien über Logik, Pädagogik und physische Geografie, die noch zu Lebzeiten Kants unter seinem Namen erschienen, haben in seinem Auftrag seine Vertrauten Jäsche und Rink herausgegeben.) Doch das bedeutet nicht, dass Kant die wissenschaftliche Arbeit eingestellt hätte. Vielmehr arbeitete er, trotz nachlassender Kräfte, intensiv und ausdauernd an einem Buchprojekt, das die Lücke zwischen Transzendentalphilosophie und Empirie endlich auf befriedigende Weise schließen sollte. Das Werk sollte den Titel «Übergang von den Metaphysischen Anfangsgründen der Naturwissenschaft zur Physik» tragen. Heute ist es als *Opus postumum* (d.h. nachgelassenes Werk) bekannt. Wie Kants ersten beiden Büchern war auch seinem letzten Werk kein gutes Schicksal beschieden.

Kant arbeitete am *Opus postumum*, das er als sein «Hauptwerk» betrachtete, von 1796 bis zum Februar 1803, ein Jahr vor seinem Tod. Das Ergebnis sind 525 Seiten, die zum Teil bis auf den letzten Zwischenraum mit Text, Korrekturen und Anmerkungen beschrieben sind. (Papier war teuer.) Es handelt sich um insgesamt vierzehn unvollendete Entwürfe, die sich in immer neuen Anläufen dem Problem des Übergangs von der Philosophie zur Naturwissenschaft widmen, dabei aber auch grundlegende Aspekte von Kants kritischer Transzendentalphilosophie neu durchdenken. Einen wichtigen Platz nehmen die Überlegungen zum Äther ein, den Kant als ein alles durchdringendes, daher den gesamten Raum erfüllendes Medium der Kraftübertragung versteht. Andere Entwürfe thematisieren das Verhältnis von Dingen an sich und Erscheinungen (Kapitel 26) oder Kants moralisches Argument für den Glauben an Gott (Kapitel 10, 28). Letztlich geht es dabei aber immer um den «Übergang» von der Transzendentalphilosophie zur Physik. Viele dieser Überlegungen wirken wie Gedankenexperimente, in denen Kant eine Idee prüft, indem er sie versuchsweise ausformuliert, um zu testen, wie weit man mit ihr kommt. Man hat den Eindruck, Kant beim Nachdenken zuzuschauen. Doch gerade wegen dieses experimentellen Charakters ist meist unklar, welche Aussagen Kant selbst für richtig und begründbar hielt und welche er nur erwogen, dann aber verworfen hat. Überaus beeindruckend ist jedenfalls, wie noch der alte Kant immer wieder neue Ideen entwickelt und mit welcher Energie er sie prüft und ausarbeitet.[9]

Welche eindrucksvolle philosophische Leistung das *Opus postumum* darstellt, ist erst in den vergangenen Jahrzehnten nach und nach deutlich geworden. Grund dafür ist vor allem der Zustand, in dem das Manuskript überliefert wurde. Es besteht aus 13 sogenannten «Konvoluten», also Sammlungen von losen Bögen und Blättern, die jeweils in einen Bogen Papier eingelegt waren. Auf diesen Seiten finden sich nicht nur die 14 Entwürfe des *Opus postumum*, sondern auch zahlreiche Notizen

Kants über seinen Gesundheitszustand, seine Verdauung, den Streit zwischen seiner Köchin und seinem Diener Lampe und andere private und alltägliche Themen. Nach Kants Tod ging das Manuskript durch verschiedene Hände, wobei die Blätter zum Teil durcheinandergerieten. Ein erster Editionsversuch in den 1820er Jahren scheiterte, spätere Editionen folgten der mehr oder weniger zufälligen Reihenfolge, in der sich die Blätter inzwischen befanden, und druckten auch Kants private Notizen zwischen seinen philosophischen Überlegungen ab. So entstand der Eindruck, es handle sich um das traurige Alterswerk eines senilen Geistes, der seine Gedanken nicht mehr zusammenhalten konnte. Erst die intensive Forschung der letzten Jahrzehnte zum *Opus postumum* hat dieses Bild nach und nach widerlegt. An der Berlin-Brandenburgischen Akademie der Wissenschaften arbeiten Eckart Förster und Jacqueline Karl nun seit vielen Jahren an einer Neuedition, die erstmals die 14 philosophischen Entwürfe akribisch rekonstruiert und von den anderen Texten, die im Manuskript enthalten sind, trennt.[10]

Kant scheint, mit Ausnahme seines letzten Lebensjahres, also keineswegs senil gewesen zu sein. Auch wenn sein Gedächtnis schon seit Jahren nachgelassen hatte, reichten seine geistigen Kräfte bis 1803 nicht nur dazu, weiterhin Gäste an seinem Mittagstisch zu unterhalten, sondern auch philosophisch produktiv zu arbeiten. Überhaupt ist das öffentliche Bild Kants einseitig durch Berichte aus seinen späten Jahren geprägt, in denen Kant kaum noch ausging und ein sehr regelmäßiges, fast eintöniges Leben führte.[11] Der «galante Magister» und charismatische Professor der früheren Jahre gerät darüber oft in Vergessenheit (Kapitel 1, 23).

Im *Opus postumum* greift Kant auch den Gedanken aus der *Kritik der praktischen Vernunft* wieder auf, mit dem dieses Kapitel begonnen hat: «Die Newtonische Attraktion durch den leeren Raum und die Freiheit des Menschen sind einander analoge Begriffe» (21:35). Die Gravitationstheorie Newtons («Attraktion durch den leeren Raum») erklärt den «bestirnten Himmel über mir», die «Freiheit des Menschen» äußert sich im «moralischen Gesetz in mir». Beide sind durch eine Gesetzmäßigkeit und Ordnung gekennzeichnet, die auf den menschlichen Geist zurückgeht. Die Bewegungsgesetze der newtonschen Mechanik beruhen nach Kant auf Prinzipien, die unser Verstand der Natur «vorschreibt» (Kapitel 1, 25), etwa dem Kausalprinzip und dem Grundsatz der Wechselwirkung. Und das Moralgesetz ist Ausdruck der menschlichen Autonomie, die darin besteht, dass wir als freie Wesen nur selbstgegebene Gesetze befolgen müssen (Kapitel 9). Wenn Kant den Sternenhimmel und das Moralgesetz als zwei Gegenstände der Ehrfurcht und Bewunderung hervorhebt, dann deshalb, weil beide die Leitidee der Objektivität des menschlichen Standpunkts verdeutlichen: dass alle Ordnung und Gesetzmäßigkeit, in der Natur wie in der Moral, auf den menschlichen Geist zurückgeht.[12]

«Diese Analogie der Formen ... verstärkt
die Vermutung einer wirklichen Verwandtschaft
derselben in der Erzeugung von einer
gemeinschaftlichen Urmutter durch die stufenartige
Annäherung einer Tiergattung zur andern, von ...
dem Menschen bis zum Polyp, von diesem sogar
bis zu Moosen und Flechten und endlich zu der
niedrigsten uns merklichen Stufe der Natur,
zur rohen Materie».

Kritik der Urteilskraft (5:418f.)

20

Sind Tiere Maschinen? Kant über Teleologie

Sie war ein beeindruckendes Produkt französischer Ingenieurskunst: die mechanische Ente des Jacques Vaucanson (1709–1782). Das Tier aus Kupfer, das aus tausenden von Einzelteilen bestand und 1738 erstmals der Öffentlichkeit vorgeführt wurde, galt als technisches Wunderwerk, denn es konnte nicht nur verschiedene ententypische Bewegungen vollführen, sondern auch Körner fressen, verdauen und zur besonderen Begeisterung des Publikums auch wieder ausscheiden. Angetrieben wurde es von einem uhrwerkartigen Mechanismus, der sich im Sockel unter der Ente befand. Der Apparat wurde zur Sensation, über die man in ganz Europa sprach. Friedrich der Große versuchte vergeblich, Vaucanson an seinen Hof zu holen.[1]

Abb. 12: Vaucansons mechanische Ente, Fotografie vor 1880

Dass man eine Maschine bauen konnte, die so sehr einem lebenden Tier glich, war nicht nur eine verblüffende Publikumsbelustigung, sondern auch philosophisch bedeutsam, denn es zeigte, dass der Unterschied zwischen Tieren und Maschinen vielleicht gar nicht so groß war wie allgemein angenommen. Aufklärer wie der Herausgeber der *Encyclopédie*, Jean Le Rond d'Alembert, sahen in Vaucansons Ente eine Bestätigung der auf Descartes zurückgehenden These, dass Tiere nur sehr komplexe Maschinen sind. Der Arzt und Philosoph Julien Offray de la Mettrie ging so weit, diese These auch auf den Menschen anzuwenden: *L'Homme machine*, der Mensch als Maschine, lautete der Titel seines berühmten (und berüchtigten) Buches, das 1748 erschien. Tatsächlich hatte Vaucanson vor seiner Ente auch einen mechanischen Flöten- und einen Tamburinspieler in Menschengestalt gebaut.[2]

Vaucansons Automaten, die Kant in der *Kritik der praktischen Vernunft* erwähnt (5:101), wurden so zum Argument in einem Streit, der im 18. Jahrhundert intensiv geführt wurde und die Frage betraf, ob auch Tiere eine Seele haben oder aber bloße Automaten sind – «gezimmert und aufgezogen», wie Kant es ironisch formuliert, «von dem obersten Meister aller Kunstwerke» (5:101). Vor allem René Descartes hatte die herkömmliche Auffassung, dass auch nicht-menschliche Tiere eine Seele haben, wirkungsvoll kritisiert. Descartes betrachtete diese Auffassung als Teil jener aristotelisch-scholastischen Metaphysik, die er mit seiner Philosophie überwinden wollte. Aristoteles zufolge waren alle Dinge in der Natur, also auch die Tiere, eine Kombination aus einer gestaltlosen Materie und einer sie gestaltenden Form. Im Fall von Lebewesen war diese Form ihre «Seele». Dieser «Hylemorphismus» (von gr. *hylé*, Materie, und *morphé*, Form) ging Hand in Hand mit der aristotelischen Lehre von den «vier Ursachen». Danach kann man zur Erklärung einer Sache auf die Materie verweisen, aus der sie besteht (*causa materialis*), aber auch auf ihre Form (*causa formalis*), auf die Wirkursache, die sie hervorgebracht hat (*causa efficiens*), und schließlich auf ihren Zweck (*causa finalis*). So besteht zum Beispiel eine lebendige Ente aus verschiedenen Organen und Geweben (*causa materialis*) in Gestalt einer Ente (*causa formalis*), sie ist aus einem Ei geschlüpft (*causa efficiens*) und dient ihrerseits dem Zweck der Arterhaltung und Fortpflanzung, aber auch der Ernährung anderer Lebewesen wie des Menschen (*causa finalis*).[3]

Auch für die christlichen Philosophen des Mittelalters galt, dass alle Dinge in der Natur einen Zweck und damit eine Finalursache haben, denn sie waren von Gott als Teil einer zweckmäßigen Ordnung erschaffen worden. Grundsätzlich ließen sich daher alle Dinge durch Angabe ihres Zwecks erklären, auch wenn uns dieser nicht immer bekannt oder offensichtlich ist. Das bezeichnet man auch als «teleologische» Erklärung (von gr. *telos*, Zweck, Ziel). Allerdings muss man, wie Kant in der *Kritik der Urteilskraft* einwendet, zwischen zwei unterschiedlichen Fällen teleologischer Erklärungen unterscheiden, die Kant als *relative* und als *innere* Zweckmäßigkeit bezeichnet. Im ersteren Fall ist eine Sache Mittel zu einem Zweck, der außerhalb ihrer selbst liegt. So ist, mit einem Beispiel Kants, das Gras für das Vieh da und dieses für den Menschen (5:378). Wenn das Gras unter anderem deshalb existiert, um das Vieh zu ernähren, dann verleiht das dem Gras zunächst einmal nur eine relative Zweckmäßigkeit: Es ist Mittel für etwas anderes, das Vieh. Aber wozu ist das Vieh da? Vielleicht für den Menschen. Aber wozu ist der Mensch da? Solange diese Frage nicht beantwortet ist, ist auch nicht klar, ob das Gras wirklich einem Zweck dient.[4]

Ein unstrittiger Fall von relativer Zweckmäßigkeit sind menschliche Handlungen und ihre Produkte. So dient ein Bett dem Zweck, darin zu schlafen, und zwar deshalb, weil ein Mensch das Bett zu diesem Zweck gebaut hat. Nach diesem Modell sind Naturprodukte wie Gras und Vieh aber nur dann zweckmäßig, wenn es einen zwecksetzenden Willen gibt, der sie als Mittel zur Realisierung seiner Zwecke geschaffen hat. Mit anderen Worten: Relative Zweckmäßigkeit in der Natur gibt es nur als Teil einer von Gott geschaffenen Ordnung. Da wir Kant zufolge aber nicht wissen können, ob Gott existiert (Kapitel 28), trägt diese Art von Zweckmäßigkeit zur wissenschaftlichen Erklärung der Natur nichts bei (5:378).

Bei der *inneren* Zweckmäßigkeit dagegen dient die Sache nicht einem außer ihr gelegenen Zweck, sondern dieser liegt in ihr selbst. Kant denkt dabei vor allem an Lebewesen, also Pflanzen und Tiere (einschließlich des Menschen), die er auch als «organisierte Wesen» bezeichnet (5:372), also als Organismen. Diese werden nach Kant durch drei Merkmale charakterisiert: Erstens sind sie Ganzheiten, in denen alle Teile, also ihre «Organe», sich wechselseitig erhalten; so versorgt das Herz den Darm mit Sauerstoff, aber dieser wiederum versorgt das Herz mit Nährstoffen. Zweitens betreiben Organismen Stoffwechsel, nehmen also unbelebte Materie auf, verwandeln manches davon in Teile ihrer selbst und scheiden anderes wieder aus. Und drittens entstehen sie durch Fortpflanzung aus anderen Lebewesen derselben Art und können sich ihrerseits fortpflanzen (5:371). Solche Wesen, so Kant, sind «von sich selbst (obzwar in einem zweifachen Sinne) Ursache und Wirkung» (5:370), nämlich insofern, als das Ganze (als Zweck) Ursache seiner Teile ist, die Teile aber zugleich (als Mittel) Ursache des Ganzen sind. So ist zum Beispiel ein Baum (als Zweck) Ursache der Existenz seiner Blätter, denn die existieren, *um* den Baum mit Energie zu versorgen. Die Existenz des Baumes ist die Zweckursache seiner Teile. Aber umgekehrt sind die Blätter (als Mittel) auch Wirkursache für das Weiterleben und Wachstum des Baumes.

Kant stellte sich damit gegen einen mächtigen Trend in Wissenschaft und Philosophie der Neuzeit, der Zweckursachen grundsätzlich ablehnte. Descartes zum Beispiel betrachtete die Natur als Ansammlung von materiellen Köpern im Raum, deren Entstehung und Bewegung vollständig nach mechanischen Prinzipien (das hieß für Descartes: durch Druck und Stoß) erklärt werden konnten. Die einzige Ausnahme davon war der Mensch, der außer einem Körper auch eine immaterielle Seele hat. Diese Seele war für Descartes nicht, wie Aristoteles meinte, die Form des lebendigen Körpers, sondern eine eigene nicht-materielle und nicht-räumliche Substanz. Sie ist mit dem menschlichen Körper zwar aufs Engste verbunden, aber dennoch von ihm unterschieden, was erklärt, warum sie den Tod des Körpers überleben und unsterblich sein kann. In der räumlich ausgedehnten Natur blieb für Descartes vom Hylemorphismus (Materie/Form) also nur die Materie übrig und von den vier aristotelischen Ursachen nur die Wirkursache (Druck und Stoß). Für teleologische Erklärungen war in der Wissenschaft Descartes' kein Platz mehr.[5]

Viele neuzeitliche Denker hatten für teleologische Erklärungen daher nur noch Spott übrig, denn sie erschienen ihnen willkürlich und leer. Voltaire macht sich über sie in seinem *Candide* lustig: «denn alldieweil alles, was da ist, zu einem Endzweck geschaffen worden, so zielt notwendig alles zu dem besten Endzweck ab. Gebt nur acht, und Ihr werdet diese Grundwahrheit durchgängig bestätigt finden. Betrachtet zum Beispiel Eure Nasen. Sie wurden gemacht, um Brillen zu tragen, und man trägt auch welche.»[6]

Doch die Ablehnung der Teleologie hatte eine verstörende Konsequenz. Weil nach Descartes nur solche Wesen eine Seele haben, die über Vernunft und Selbstbewusstsein verfügen, sind nicht-menschliche Tiere rein materielle Gegenstände, deren Existenz und Verhalten vollständig durch mechanische Kraftübertragung erklärt werden kann. Weil sie keine Seele haben, empfinden Tiere daher Descartes zufolge auch keinen Schmerz, weshalb man sie zum Zweck wissenschaftlicher Forschung bei lebendigem Leib sezieren darf (die sogenannte «Vivisektion»).[7]

Auch wenn Vaucansons Ente nicht fliegen und nicht schwimmen, sich nicht fortpflanzen und natürlich auch nicht wirklich verdauen konnte und damit kein Organismus im Sinne Kants war, schien sie die cartesische Auffassung zu bestätigen, dass sich die lebendigen Tiere nicht wesentlich von einem mechanischen Apparat unterscheiden. Auch Tiere sind demnach nichts anderes als komplizierte Maschinen. Und da die künstliche Ente des Vaucanson offenbar keinen Schmerz empfindet, galt dies den Anhängern von Descartes zufolge auch für ihre natürlichen Artgenossen.

Auch wenn Descartes' Auffassung im 18. Jahrhundert viele Anhänger hatte, war sie keineswegs unumstritten. So bezeichnete zwar auch Leibniz Tiere als «Maschinen», meinte damit aber nur, dass ihre Lebensprozesse nach strengen Gesetzen ablaufen, ohne ihnen damit eine Seele abzusprechen. Ganz im Gegenteil, Leibniz zufolge sind *alle* Dinge in der Natur, nicht nur Menschen und Tiere, sondern auch Steine, Erde und Wasser, belebt und bestehen ihrerseits aus immer kleineren lebendigen Teilen. Davon hatte ihn die sensationelle Entdeckung des niederländischen Naturforschers Antoni van Leeuwenhoek (1632–1723) überzeugt, der unter dem von ihm entwickelten Mikroskop in scheinbar unbelebter Materie kleinste Organismen nachgewiesen hatte. Beseelte Wesen, vom Menschen bis zum kleinsten Pantoffeltierchen, bezeichnet Leibniz als «Monaden». Jede dieser Monaden verfolgt einen ihr von Gott, der «Zentralmonade», zugewiesenen Zweck (Kants relative Zweckmäßigkeit) und ist in sich zweckmäßig organisiert (Kants innere Zweckmäßigkeit). Leibniz bezeichnet die Monaden mit einem aristotelischen Ausdruck auch als «Entelechien», also als Wesen, die ihren Zweck in selbst haben.[8]

Christian Wolff, der die Philosophie von Leibniz nach dessen Tod zu einem geschlossenen Lehrsystem ausbaute (Kapitel 21), prägte für die Erforschung der Zwecke in der Natur den Namen *Teleologie* (Lehre der Zwecke) und verstand sie als Ergänzung zu mechanistischen Erklärungen. Wie für viele Denker des 18. Jahrhunderts steht das teleologische Denken bei Wolff in engem Zusammenhang mit dem sogenannten «teleologischen Gottesbeweis», wonach die zweckmäßige Einrichtung der Natur die Existenz Gottes als einer Art himmlischen Uhrmachers beweist (Kapitel 28). Wie sollten so kunstvolle Dinge wie ein Vogelflügel oder das menschliche Auge, deren Funktionsweise man im Laufe des 18. Jahrhunderts immer besser verstand, durch blinden Zufall, ohne einen göttlichen Plan entstanden sein?[9]

Die Haltung zur Teleologie im 18. Jahrhundert war also ambivalent:

Einerseits bestanden Physiker und Philosophen im Anschluss an Descartes und Newton auf rein mechanistische Erklärungen natürlicher Phänomene und lehnten Finalursachen ab, was aber zu der unplausiblen These führte, dass Tiere nichts als seelen- und empfindungslose Automaten seien. Andererseits bestärkten die Erforschung von Lebewesen und die Entdeckung ihrer zweckmäßigen Organisation das Vertrauen in den teleologischen Gottesbeweis und den Glauben an teleologische Erklärungen, die aber umgekehrt im Verdacht der Willkürlichkeit und Zirkularität standen (Brillen als Zweck der Nase).

Kant reagiert auf diese Debatte im zweiten Teil der *Kritik der Urteilskraft*, der «Kritik der teleologischen Urteilskraft», in der für sein Denken charakteristischen vermittelnden Weise. Kant arbeitet nämlich die berechtigten Punkte beider Seiten heraus und verbindet sie miteinander in einer vermittelnden Position. Dazu transformiert Kant die Debattenlage zunächst einmal in eine «Antinomie» – in einen Widerstreit von Gesetzen, in der sich nun nicht mehr die zufälligen Meinungen einzelner Philosophen, sondern notwendige Vernunftprinzipien gegenüberstehen. Da ist auf der einen Seite das allgemeine Kausalprinzip, dem zufolge jede Veränderung eine ihr zeitlich vorausgehende Ursache hat, auf die sie nach physikalischen Bewegungsgesetzen «mechanisch» folgt (5:387). Kant zufolge ist das ein notwendiger Grundsatz nicht nur unseres Verstandes, sondern auch der für uns erkennbaren Natur (Kapitel 25). Auf der anderen Seite steht das «Prinzip der Zweckmäßigkeit», dem zufolge es in der Natur auch Dinge gibt, nämlich Lebewesen, deren Funktionsweise sich nicht rein «mechanisch» erklären lässt, sondern nur durch Angabe von Zweck-Mittel-Beziehungen.

Kant löst diese Antinomie auf, indem er zeigt, dass beide Seiten sich gar nicht wirklich widersprechen, sondern recht verstanden miteinander vereinbar sind. Die Vereinbarkeit ergibt sich durch Einschränkungen auf beiden Seiten. Zwar müssen wir nach Kant daran festhalten, dass alle Naturphänomene vollständig durch mechanische Wirkursachen bestimmt sind, aber das bedeutet nicht, dass Menschen mit ihren begrenzten kognitiven Fähigkeiten tatsächlich alle Naturphänomene mechanistisch erklären können. Vielmehr trifft das gerade auf Lebewesen nicht zu, denn die können wir nur durch Annahme von Zweckursachen erklären. Ohne Teleologie können sie nicht einmal *als* Lebewesen erkannt und beschrieben werden, denn Lebewesen sind, wie wir sahen, dadurch charakterisiert, dass Organismus und Organe, zum Beispiel Baum und Blätter, sich gegenseitig als Mittel und Zweck bedingen. Eine solche ganzheitliche Struktur lässt sich für Wesen mit einem Verstand wie dem unseren, der Ganzheiten nur von ihren Teilen her verstehen kann, nicht angemessen erklären. Wir müssen in Lebewesen also eine Zweckverursachung der Teile durch das Ganze annehmen, ohne dass wir deren Wirkungsweise vollständig verstehen können (5:395–397).

Aber auch das Prinzip der Zweckmäßigkeit schränkt Kant ein. Da alle Naturphänomene vollständig durch mechanische Ursachen bestimmt sind, bleibt für Zwecke objektiv betrachtet eigentlich nichts mehr zu tun. Doch da wir Organismen nicht vollständig mechanistisch beschreiben und erklären können, müssen wir sie so betrachten, *als ob* sie zweckmäßig eingerichtet wären und *als ob* sich Teile und Ganzes in ihnen gegenseitig bedingen. Das Prinzip der Zweckmäßigkeit ist für Kant daher kein *konstitutives*, sondern nur ein *regulatives* Prinzip. Es drückt kein Wissen darüber aus, wie die Natur wirklich ist, sondern hat eine heuristische (d. h. forschungsanleitende) Funktion, indem es uns hilft, die belebte Natur in einer für unseren Verstand angemessenen Weise zu beschreiben und zu erklären (5:410f.).

Kant löst die Antinomie zwischen mechanistischer und teleologischer Erklärung der Natur – den Widerstreit zwischen Descartes und Leibniz – also auf, indem er das mechanistische Kausalprinzip als ein konstitutives Prinzip der Natur selbst, die Zweckmäßigkeit dagegen nur als ein regulatives Prinzip zur Erklärung von Organismen versteht. Doch Kant geht noch weiter, denn nachdem er auf diese Weise die «innere Zweckmäßigkeit» von Lebewesen rehabilitiert hat, lässt sich das Prinzip der Zweckmäßigkeit im Modus des «als ob» auch auf die Natur als Ganze anwenden und damit die Idee einer teleologischen Naturordnung (die «relative Zweckmäßigkeit») verteidigen. Wenn wir Zweckmäßigkeit ohnehin als regulatives Prinzip annehmen müssen, um Lebewesen angemessen zu beschreiben und zu erklären, dann können wir auch die gesamte Natur auf diese Weise betrachten. Das Prinzip der Zweckmäßigkeit in seiner umfassendsten Bedeutung besagt dann, dass die Natur eine systematische Ordnung aufweist, in der nichts sinnlos und ohne Zweck ist. Da wir uns eine solche Zweckordnung aber nur als ein System der «relativen Zweckmäßigkeit» denken können, das einen zwecksetzenden Willen voraussetzt, bedeutet das nach Kant, dass wir uns die Natur so vorstellen müssen, *als ob* sie von einem allmächtigen und vollkommen rationalen Wesen, also Gott, erschaffen worden sei (5:378f.).

Das Prinzip der Zweckmäßigkeit hilft uns Kant zufolge nicht nur, die Welt der Tiere und Pflanzen zu erforschen, indem wir zum Beispiel nach dem Zweck von noch unverstandenen Organen und Körperteilen fragen, sondern leitet uns auch in der Erforschung der «toten Materie» dazu an, nach Ordnung und Struktur zu suchen, die uns andernfalls entgangen wäre. In der *Kritik der reinen Vernunft* nennt Kant dafür als Beispiel die Annahme, dass vielleicht auch chemische Elemente in einem systematischen Zusammenhang stehen (A645f./B673f.). Er wäre daher von der Entdeckung des Periodensystems der Elemente im Jahr 1869 begeistert gewesen, das nicht nur alle chemischen Elemente nach der Zahl ihrer Elektronen und ihren chemischen Eigenschaften ordnet, sondern auch zeigt, welche weiteren, bisher unentdeckten Elemente es prinzipiell geben könnte. Zahlreiche Elemente (zuerst das Gallium, Ordnungszahl 31) wurden auf diese Weise vorhergesagt und dann entdeckt, andere (die Transurane) später künstlich erzeugt. Diese Entdeckungen waren nur möglich, weil die Forscher annahmen, dass die chemischen Elemente kein zufälliges Durcheinander, sondern eine systematische Ordnung bilden. Kant zufolge müssen wir dazu keinen göttlichen Plan unterstellen, sondern die Natur nur so betrachten, *als ob* sie ein wohlgeordnetes System sei.[10]

Dieses System bezieht nach Kant auch den Menschen, seine Geschichte und seine Zukunft mit ein. Wenn Kant behauptet, «die Natur» garantiere, dass unsere Bemühungen um eine Weltfriedensordnung (den «ewigen Frieden») nicht von vornherein vergeblich sind (Kapitel 2) und dass wir auf ein «Fortschreiten der Menschheit zum Besseren» hoffen dürfen (Kapitel 3), dann ist dies Ausdruck seiner teleologischen Perspektive auf die Natur. Wie die *Kritik der Urteilskraft* zeigt, ist das kein naiver Glaube daran, dass Gott alles schon zum Besten eingerichtet hat, sondern Teil einer kritisch-reflektierten Einstellung, der zufolge wir die Natur teleologisch betrachten dürfen, solange wir nicht vergessen, dass es sich dabei bloß um eine heuristische «als ob»-Einstellung handelt.

Man könnte vielleicht vermuten, dass sich die Frage, ob Lebewesen zweckmäßig organisiert sind und eine telelogische Erklärung verlangen, aus heutiger Sicht erledigt hat. Die Evolutionstheorie erklärt die Entstehung biologischer Arten ohne göttlichen Plan durch zufällige Mutation und natürliche Selektion, während die Biochemie die Lebensprozesse auf einer molekularen Ebene als (im weitesten Sinn) «mechanische» Abläufe entschlüsselt, ohne dabei auf Zwecke Bezug nehmen zu müssen. Doch es wäre voreilig, die Teleologie deshalb als überflüssig abzutun. Tatsächlich sind teleologische oder funktionale Zusammenhänge der Form «In einem Lebewesen ist A dazu da, um B zu tun» auch aus der modernen Biologie nicht wegzudenken. Zwar ist es denkbar, dass teleologische Erklärungen *grundsätzlich* durch rein mechanische Erklärungen (im weitesten Sinn) ersetzt werden könnten. De facto ist das bisher aber nicht möglich und es ist unklar, ob es jemals möglich sein wird. Kants These, dass sich Lebewesen angemessen nur teleologisch beschreiben und erklären lassen, ist bis heute nicht widerlegt.[11]

Und was bedeutet das für Vaucansons Ente und ihre lebendigen Artgenossen? Auch wenn das Prinzip der Zweckmäßigkeit kein konstitutives, sondern nur ein regulatives Prinzip ist, bedeutet das Kant zufolge nicht, dass Tiere in Wirklichkeit nur seelen- und empfindungslose Automaten sind. Ein Lebewesen ist «nicht bloß Maschine» (5:374), denn es verfügt über Merkmale wie Stoffwechsel und Fortpflanzung, die sich rein mechanisch nicht erklären lassen. Kant widerspricht Descartes daher entschieden, was die Leidensfähigkeit von Tieren angeht. Sein Argument lautet, dass die Ähnlichkeiten zwischen Menschen und Tieren, was Körperbau, Organe und Verhalten angeht, per Analogieschluss zeige, dass «die Tiere auch nach Vorstellungen handeln (nicht, wie Cartesius will, Maschinen sind)» (5:464 Anm.) und also auch Schmerzen empfinden. In der *Metaphysik der Sitten* entwickelt Kant sogar ein Argument gegen Tierversuche, die allein der Befriedigung unserer theoretischen Neugier dienen (6:443), wobei Kant vor allem an die Vivisektion gedacht haben dürfte. Da seine Ethik moralische Pflichten ausschließlich gegenüber vernünftigen Wesen, also gegenüber anderen Menschen kennt (Kapitel 9), muss Kant hier indirekt argumentieren: Wer Tiere quält, stumpft gegenüber dem Leid anderer Wesen ab und zerstört damit auch das eigene Mitgefühl gegenüber seinen Mitmenschen.

Dagegen kann man einwenden, dass dies wohl kaum der primäre

Grund ist, aus dem man Tiere nicht quälen sollte, denn der besteht offenbar darin, dass die Tiere darunter leiden, wenn man sie quält (und nicht darin, dass dies dem quälenden Menschen schadet). Aber Kants Kritik an Tierversuchen ist doch ein Fortschritt gegenüber Descartes, der zwischen einer lebenden Ente und Vaucansons Automat keinen wesentlichen Unterschied gesehen hätte.[12]

TEIL V

Metaphysische Erkenntnis und ihre Grenzen

«So ist wirklich in allen Menschen, sobald Vernunft sich in ihnen zur Spekulation erweitert, irgend eine Metaphysik zu aller Zeit gewesen und wird auch immer darin bleiben».

Kritik der reinen Vernunft (B21)

21

Metaphysik: Letzte Fragen und keine Antworten?

Schicksal und Liebe – diese Ausdrücke verwendet Kant, um sein Verhältnis zur Metaphysik zu beschreiben. Es ist die Wissenschaft, schreibt er im Jahr 1766, «in welche ich das Schicksal habe verliebt zu sein» (2:367). Nur werde diese Liebe leider selten erwidert.

Kants Liebe zur Metaphysik äußerte sich unter anderem darin, dass es der Königsberger Lehrstuhl für Logik und Metaphysik war, den er von Anfang an als Karriereziel im Auge hatte. Als dessen Inhaber Johann David Kypke, bei dem auch Kant studiert hatte, 1758 starb, hatte sich Kant Hoffnung auf seine Nachfolge gemacht, aber ein anderer Schüler Kypkes, Friedrich Johann Buck, wurde ihm vorgezogen. Kant musste seinen Lebensunterhalt weiterhin als «Magister», nach heutigen Begriffen also als Privatdozent, ohne festes Gehalt bestreiten. Erst 1764 wurde ihm die Professur für Dichtkunst an der Königsberger Universität angetragen, die ihn unter anderem dazu verpflichtet hätte, jedes Jahr ein Lobgedicht auf den preußischen König zu verfassen. Obwohl Kant mit nunmehr 40 Jahren noch immer von Hörergeldern und einem kleinen

Gehalt als Unterbibliothekar lebte, lehnte er ab: Er wollte keine Professur für Dichtkunst, sondern eine für Metaphysik.[1]

Was faszinierte Kant, der sich doch für Geografie ebenso begeistern konnte wie für Physik, der Vorlesungen über Anthropologie und Recht, Mechanik und Logik hielt, gerade an der Metaphysik? Die Antwort lautet, dass nur die Metaphysik nach abschließenden Erklärungen und Antworten sucht, während alle anderen Wissenschaften sich mit Zwischenantworten und Teilerklärungen zufriedengeben. Die Geografie sammelt Wissen über fremde Länder und beschreibt die räumliche Gestalt der Erde, aber sie erklärt zum Beispiel nicht, warum die Erde eine Kugel ist. Das tut die Kosmologie, und Kant selbst hatte in seinem frühen Werk *Allgemeine Naturgeschichte* eine Theorie entwickelt, die die Entstehung unseres Sonnensystems und die Kugelgestalt der Sterne und Planeten nach Gesetzen der newtonschen Mechanik aus einem anfänglichen Materienebel erklärt (Kapitel 19). Aber was erklärt die Gesetze der newtonschen Mechanik? Und woher kam die ursprüngliche Materie? Diese Fragen zu stellen bedeutet, über die Physik hinauszugehen: Es sind metaphysische Fragen, die sich nicht durch Beobachtung und Experiment beantworten lassen, sondern – wenn überhaupt – allein durch vernünftiges Nachdenken. In Kants Zeit nannte man diese Art von Nachdenken «Spekulation».

Doch nicht nur das Grübeln über die Natur, sondern auch über Recht und Moral führt uns auf metaphysische Fragen. Wenn ich einen Vertrag mit meiner Nachbarin geschlossen habe, muss ich ihn halten. Wenn ein Kollege unverschuldet in Not gerät, sollte ich ihm helfen. Doch warum? Dass man Verträge einhalten oder Menschen in Not helfen soll, sind Grundprinzipien menschlichen Zusammenlebens. Doch warum gelten sie? Was erklärt, warum Verträge zu halten gut und richtig ist, Verträge zu brechen hingegen nicht? Auch diese Fragen, so Kant, lassen sich nicht durch Beobachtung und Experiment beantworten, sondern nur durch rationales Durchdenken und «Spekulieren».

Was diese verschiedenen metaphysischen oder spekulativen Fragen miteinander gemeinsam haben, ist nicht nur ihr überempirischer, über alle konkrete Erfahrung hinausgehender Charakter, sondern auch, dass sie nicht bei vorläufigen Zwischenantworten stehenbleiben. Das Sonnensystem entstand aus einem Materienebel, aber woher kam der? Die heutige Physik hat darauf eine Antwort, die Kant noch nicht kannte: aus einem «Urknall», aus dem alle Energie und Materie unseres Universums hervorgegangen ist. Aber selbst diese Antwort hätte den Metaphysiker Kant nicht vollkommen zufriedengestellt, denn nun stellt sich die Frage, warum es zum Urknall kam. Letztlich führt uns das auf die Frage, die bereits die Philosophen des Mittelalters stellten: Warum existiert überhaupt etwas und nicht vielmehr nichts?

Ganz analog führen auch Fragen nach Gut und Böse, Richtig und Falsch letztlich ins Allgemeinste und Grundsätzlichste: Warum ist überhaupt etwas gut oder böse? Sind Werte etwas objektiv Gegebenes oder eine menschliche Setzung? Andere metaphysische Fragen betreffen die Seele des Menschen, die Freiheit des Willens und die Endlichkeit oder Unendlichkeit von Raum und Zeit. Sie alle verlangen nach letzten Antworten und abschließenden Erklärungen: Antworten und Erklärungen, die keine weiteren Fragen mehr aufwerfen. Kant findet dafür einen suggestiven Ausdruck. Sie sind Fragen nach dem «Unbedingten» (B xx): nach dem, was Bedingung für anderes ist und dieses erklärt, aber selbst unter keiner Bedingung mehr steht und keine Erklärung braucht.

Die christlichen Denker des Mittelalters, aber auch viele Zeitgenossen Kants verwiesen an dieser Stelle auf Gott. Die Existenz Gottes erkläre die Existenz und Beschaffenheit der Welt und die Geltung von Werten und Normen, denn Gott erschuf die Welt und gab den Menschen moralische Regeln. Gott selbst steht unter keinen Bedingungen und braucht keine Erklärung: Er ist ewig und notwendig. Doch Kant fand einen solchen «deus ex machina» (10:131) – die Berufung auf Gott als Erklärungsgrund – nicht ausreichend (Kapitel 25, 28). Für den Bereich der Werte und Normen hatte bereits Platon in seinem Dialog *Euthyphron* darauf hingewiesen, dass deren Begründung durch Gott problematisch ist. Das Gute, so der naheliegende Einwand, wird ja nicht dadurch gut, dass Gott es will, sondern Gott in seiner Güte will es, weil es gut ist. Das sah auch Kant so. Und woher *wissen* wir denn überhaupt, so fragt Kant weiter, dass es Gott tatsächlich gibt und er keine bloße Fiktion ist? Die Rätsel der Metaphysik führen so zur Frage nach der Reichweite menschlicher Erkenntnis. Wir müssen zunächst einmal diese erkenntnistheoretischen Fragen beantworten, so eine der Grundeinsichten Kants, bevor wir versuchen können, metaphysische Probleme zu lösen (A xiif.).

Nicht alle, vielleicht nicht einmal die meisten Menschen neigen zu Spekulationen über das Unbedingte. Vielen fehlen dafür Zeit und Muße, anderen die Geduld, wieder andere wenden sich frustriert ab, weil sie diese Fragen für lebensfern oder unbeantwortbar halten. Doch für einen «spekulativen» Kopf wie Kant sind diese Fragen unausweichlich: Wer anfängt, wissenschaftlich nach den Ursachen einer Begebenheit – ihren Bedingungen – zu fragen, wird zwangsläufig weitergeführt zur Frage nach den Ursachen der Ursachen, den Bedingungen der Bedingungen. Das, so Kant, ist keine individuelle Marotte, sondern ergibt sich aus der Struktur der menschlichen Vernunft. Diese ist durch drei Merkmale gekennzeichnet, die zusammengenommen die Frage nach dem Unbedingten unausweichlich machen.[2]

Erstens ist unser vernünftiges Denkvermögen, wie Kant es nennt, «diskursiv». Anders als ein göttlicher Intellekt können wir eine Begebenheit mit ihren Bedingungen (etwa ein Feuer mit seiner Ursache oder eine Regel mit ihrer Begründung) nicht «intuitiv», auf einen Schlag, erfassen. Für uns fällt beides auseinander, sodass wir nach den Bedingungen, Ursachen und Erklärungen eigens fragen oder suchen müssen. Zweitens kann jede vernünftige Antwort Ausgangspunkt einer neuen Frage sein. Wenn ich frage: «Warum brennt es?», und die Antwort lautet: «Weil es geblitzt hat», dann ist auch «Warum hat es geblitzt?» eine sinnvolle Frage – und so weiter. Wir fragen nicht nur nach Ursachen und Bedingungen, sondern auch nach den Ursachen der Ursachen, den Bedingungen der Bedingungen. Doch wir sind, und das ist das dritte Merkmal menschlicher Vernunft, mit einer vorläufigen Antwort nicht zufrieden, sondern erwarten, dass die Fragen irgendwann zu einem Abschluss kommen, der keine weiteren Fragen mehr aufwirft. Nur bei etwas Unbedingtem, so Kant, können unsere Fragen zu einem befriedigenden Abschluss kommen: bei einer unverursachten Ursache, einem ersten Zeitpunkt, einem unteilbaren Teil, einem letzten Zweck, einem unbedingten Wert. (Ersatzweise wäre auch eine unendliche Reihe von Bedingungen als Antwort ausreichend, solange sie nur vollständig ist. Worauf es Kant ankommt, ist die Vollständigkeit der Erklärung, die keine Frage mehr offenlässt.)

Es ist also die Struktur vernünftigen Denkens selbst, die uns unweigerlich auf metaphysische Fragen führt. Mit diesem Verständnis des Zusammenhangs zwischen Vernunft und Metaphysik knüpft Kant direkt an dasjenige Buch an, dass der Metaphysik ihren Namen gab. Aristoteles hatte eine Reihe von Vorlesungsmanuskripten hinterlassen, die (so eine verbreitete, aber ungesicherte Legende) der Herausgeber Andronikos dreihundert Jahre später zu einem Buch zusammenfasste, das er hinter den Büchern zur Physik – griechisch: *meta ta physika* – einordnete, was dem Buch seinen Namen gab. Dieses Buch beginnt mit den berühmten Worten: «Alle Menschen streben von Natur aus nach Wissen.» Aristoteles erklärt, wie dieses Streben uns zu einer Wissenschaft führt, die nach den allgemeinsten Eigenschaften des Seienden, seinen obersten Prinzipien und ersten Ursachen fragt. Als Name für diese Wissenschaft hat sich später das Wort «Metaphysik» eingebürgert.[3]

Es ist dieser Anfang der aristotelischen *Metaphysik*, auf den Kant mit den ersten Worten der *Kritik der reinen Vernunft* anspielt: «Die menschliche Vernunft hat das besondere Schicksal in einer Gattung ihrer Erkenntnisse: dass sie durch Fragen belästigt wird, die sie nicht abweisen kann, denn sie sind ihr durch die Natur der Vernunft selbst aufgegeben, die sie aber auch nicht beantworten kann, denn sie übersteigen alles Vermögen der menschlichen Vernunft» (A vii). Dies, so Kant weiter, sind metaphysische Fragen nach allgemeinsten Grundsätzen und «entferntesten Bedingungen». Wie Aristoteles sieht Kant das Streben nach Erkenntnis als Teil der Vernunft und damit der menschlichen Natur. Und wie Aristoteles meint er, dass dieses Streben uns unausweichlich auf metaphysische Fragen führt. Aber während Aristoteles noch hoffte, dass wir diese Fragen korrekt und verlässlich beantworten können, sieht Kant hier nur noch «Dunkelheit und Widersprüche» und einen «Kampfplatz» endloser Streitigkeiten mit Namen «Metaphysik» (A viii), denn diese Fragen übersteigen die Reichweite menschlicher Vernunft. Das ist die tragische Lage, auf die Kant mit der *Kritik der reinen Vernunft* reagiert: Als vernünftiges Wesen mit einer Neigung zu metaphysischer Spekulation hat er das «Schicksal», in die Metaphysik verliebt zu sein, aber unsere Vernunft hat ihrerseits das «Schicksal», dass sie metaphysische Fragen zwar stellen muss, aber nicht beantworten kann.

Wie gelangte Kant zu dieser ernüchternden Einschätzung? Sie ist das Ergebnis einer enttäuschten Liebe und einer schmerzhaften Entfremdung. Während seiner Studienzeit wurde er mit der Metaphysik unter anderem durch die Vorlesungen seiner Lehrer Kypke und Knutzen vertraut. Dabei war es für Studierende damals noch nicht üblich, sich die klassischen Werke der Philosophie, etwa die Dialoge Platons und die Bücher des Aristoteles, im Original oder in einer Übersetzung unter Anleitung ihrer Professoren selbst zu erarbeiten. Vielmehr besuchten die Studenten Vorlesungen, die ihrem Namen alle Ehre machten, weil die Professoren dort Lehrbücher vorlasen, erläuterten und kommentierten. Die wichtigsten Metaphysik-Lehrbücher des 18. Jahrhunderts stammten von dem berühmten Hallenser Philosophen Christian Wolff (1678–1754) und seinen Schülern.

Wolff hatte die rationalistische Philosophie von Leibniz in ein umfassendes und logisch aufgebautes System gegossen und in dicken Bänden veröffentlicht, die schnell zu akademischen Bestsellern wurden. Sie trugen barocke Titel wie diesen: *Vernünftige Gedanken von Gott, der Welt und der Seele des Menschen, auch allen Dingen überhaupt, den Liebhabern der Wahrheit mitgeteilet* (1720). Wie Descartes, Spinoza und Leibniz hatte Wolff nahezu unbegrenztes Vertrauen in die menschliche Vernunft als Erkenntnisinstrument. Er ging von wenigen abstrakten Prinzipien aus wie dem Satz vom Widerspruch («Eine Aussage und ihre Verneinung können niemals zugleich wahr sein») und dem Satz des zureichenden Grundes («Alles, was geschieht, hat einen zureichenden Grund»). Mit diesen Grundsätzen und klaren Definitionen der philosophischen Grundbegriffe, so glaubte Wolff, kann sich das menschliche Denken in logisch zwingenden Schlussfolgerungen zu Beweisen für die Existenz Gottes und die Unsterblichkeit der Seele aufschwingen. Leibniz folgend bewies Wolff auf diese Weise auch den «Optimismus», also die These, dass wir in der besten aller möglichen Welten leben (Kapitel 10). Auch die Grundlagen von Recht und Moral, so Wolff, lassen sich durch die menschliche Vernunft vollständig erkennen.[4]

Diese These kostete Wolff allerdings zwischenzeitlich sein Amt und beinahe sein Leben. In einem Vortrag an seiner Heimatuniversität in Halle an der Saale hatte er 1721, drei Jahre vor Kants Geburt, argumentiert, dass auch die «Sineser» (also die Chinesen) die allgemeingültigen Regeln des Rechts und der Moral kraft ihrer Vernunft einsehen können und sich ihre (konfuzianische) Ethik gar nicht wesentlich von der des Christentums unterscheide. Doch Halle war in dieser Zeit nicht nur eine

Abb. 13: Christian Wolff, Kupferstich von Johann Martin Bernigeroth, 1755

führende Aufklärungsuniversität, sondern auch eine Hochburg des strenggläubigen Pietismus. Die pietistischen Gegner Wolffs waren entrüstet, denn Wolff behauptete ja, dass die göttliche Offenbarung und das Zeugnis der Bibel gar nicht nötig seien, um ein guter Mensch zu sein. Sie agitierten bei Friedrich Wilhelm I. (dem «Soldatenkönig») so lange gegen Wolff, bis der König ihn zwei Jahre später seines Amtes enthob. Wolff musste Halle unter Androhung der Todesstrafe innerhalb von 48 Stunden verlassen. Er fand Aufnahme an der protestantischen Universität Marburg, von wo ihn erst Friedrich der Große, gleich nach seiner Thronbesteigung 1740, zurück nach Halle holte. Inzwischen war Wolff zum wichtigsten Philosophen Deutschlands, ja Europas geworden. Wolffs Schüler hatten zahlreiche Lehrstühle in ganz Deutschland inne und dominierten die deutsche Philosophie bis in die 80er Jahre des 18. Jahrhunderts.

Kant hielt seine frühen Vorlesungen über Mathematik nach einem

Lehrbuch von Christian Wolff und seine Vorlesungen über Metaphysik, Ethik und Logik jahrzehntelang nach Werken der Wolff-Schüler Baumgarten und Meier. Seine ersten eigenen philosophischen Arbeiten sind – außer von Newton – vor allem von Wolff und seiner Schule beeinflusst. So glaubte auch der frühe Kant, die Existenz Gottes und die ersten Grundlagen der Moral aus reiner Vernunft beweisen zu können. Und noch 1759 verteidigte er den «Optimismus» von Leibniz und Wolff mit dem folgenden Argument: «Darum weil Gott diese Welt unter allen möglichen, die er kannte, allein wählte, muss er sie für die beste gehalten haben, und weil sein Urteil niemals fehlt, so ist sie es auch in der Tat» (2:34).[5]

Doch im Laufe der 1760er Jahre kamen Kant mehr und mehr Zweifel an dieser rationalistischen Form von Metaphysik. Bestärkt wurden diese Zweifel durch die Lektüre der Werke des wichtigsten Kritikers der Leibniz-Wolff'schen Philosophie, Christian August Crusius, der unter anderem einwandte, dass wir durch die bloße Analyse unserer Begriffe, wie Leibniz und Wolff sie betrieben, keinen Aufschluss über die Realität erhalten. In eine ähnliche Richtung wiesen die Werke des großen englischen Empiristen John Locke und seines deutschen Anhängers Johannes Nikolaus Tetens. Kant nahm diese Einflüsse auf und entwickelte im Laufe der 1760er Jahre eine Position, die zwischen der Leibniz-Wolff'schen Philosophie und ihren Kritikern vermittelte, sich aber auf Dauer nicht als stabil erwies.

Das schien Kant um 1769 klar geworden zu sein, denn im Rückblick notiert er: «Das Jahr 69 gab mir großes Licht» (18:69). Wovon diese Erleuchtung ausging, ist umstritten. Kant selbst äußert sich an verschiedenen Stellen unterschiedlich darüber. Einerseits sei es «die Erinnerung des David Hume» (4:260) gewesen, die ihn aus seinem «dogmatischen Schlummer» (4:338) geweckt habe. Andererseits machte Kant um 1769 eine Entdeckung, die ihn und sein Vertrauen in die Metaphysik nachhaltig erschüttert hat.

Der schottische Philosoph und Historiker David Hume (1711–1776) war der bedeutendste Vertreter des britischen Empirismus im 18. Jahrhundert. Etwas älter als Kant, hatte er in seinem genialischen Frühwerk *A Treatise of Human Nature* von 1739/40 eine Theorie des menschlichen Geistes entwickelt, die alle Erkenntnis nach dem Vorbild von Newtons

Abb. 14: David Hume, Portrait von Allan Ramsay, 1754

Mechanik auf wenige Grundelemente – Sinneseindrücke und daraus gebildete Vorstellungen – und drei psychologische Prinzipien ihrer Verknüpfung – Ähnlichkeit, Nähe und Kausalität – zurückführte. Auf dieser schmalen Basis erwiesen sich aber viele Aussagen der klassischen Metaphysik als unhaltbar. Berühmt und auch für Kant höchst einflussreich wurde Humes skeptische Haltung gegenüber der Kausalität. Wenn A die Ursache von B ist, dann müssen auf ausnahmslos *alle* Ereignisse des Typs A auch solche des Typs B folgen, so Hume. Wenn zum Beispiel die Sonne Ursache für die Erwärmung des Steins ist, dann müssen sich alle gleichartigen Steine, die in derselben Weise von der Sonne beschienen werden, erwärmen. Doch da wir niemals alle Steine auf diesen Zusammenhang hin untersuchen können – erst recht nicht die Fälle, die noch in der Zukunft liegen –, können wir auch niemals durch Beobachtung feststellen, dass die Sonnenstrahlung Ursache für die Erwärmung des Steines ist. Aber woher wissen wir dann, dass es so etwas wie Kausalität in der Welt gibt? Humes Antwort lautet, dass wir es gar nicht wissen, sondern aus bloßer Gewohnheit davon ausgehen, dass die Sonne auch beim nächsten Mal den Stein erwärmen wird.[6]

Nun war Kausalität (in Form des «Satzes vom zureichenden Grunde») ein Grundprinzip der Wolff'schen Metaphysik: Alles, was geschieht, hat einen Grund oder eine Ursache, wodurch es erklärt wird. Doch Hume zeigte, dass wir selbst dann, wenn dieses Prinzip wahr sein sollte, auf empirischem Wege, also durch Beobachtung, niemals herausfinden können, ob es auch wirklich zutrifft. Ursache und Wirkung sind Begriffe «a priori», die über jede konkrete Erfahrung hinausgehen. Wie, so fragte sich Kant nun, können wir dann wissen, ob ihnen in der Welt überhaupt etwas entspricht? Könnten sie nicht, wie Hume meinte, bloße Fiktionen sein, die wir auf die Welt projizieren, denen in Wirklichkeit aber nichts korrespondiert? Wie Wolff und seine Schüler hatte Kant diese Möglichkeit bis in die späten 1760er Jahre hinein schlicht ignoriert und naiv darauf vertraut, dass unsere Begriffe von Ursache und Wirkung, aber auch von Gott, Seele und Freiheit, die Welt schon adäquat abbilden werden. Doch Hume hatte dieses Vertrauen erschüttert. Kein Wunder also, dass Kant sich durch Hume aus einem «dogmatischen Schlummer» geweckt fühlte.

Der andere Anstoß für Kants Zweifel an der rationalistischen Metaphysik Wolffs war seine Entdeckung, dass es metaphysische Aussagen gibt, die sich allem Anschein nach ebenso zwingend beweisen lassen wie ihr Gegenteil. So scheint es zum Beispiel einen Beweis sowohl für die *endliche* als auch die *unendliche* Teilbarkeit von materiellen Körpern zu geben. Diese Beweise spielen zwei der drei oben genannten Merkmale vernünftigen Denkens gegeneinander aus: die Möglichkeit, immer weiter zu fragen, und das Streben nach Vollständigkeit. Wenn wir zum Beispiel nach den Bestandteilen eines materiellen Körpers fragen, etwa eines Würfels, so können wir auch nach den Teilen der Teile und nach deren Teilen fragen – und so weiter. So gelangen wir zur Annahme einer unendlichen Reihe von immer kleineren Teilen. Andererseits erwarten wir aber doch, dass eine vollständige Erklärung, woraus der Würfel besteht, grundsätzlich möglich ist. Doch die gibt es nur, wenn wir irgendwann bei kleinsten Teilen ankommen, die selbst nicht mehr aus Teilen bestehen. Die Möglichkeit, immer weiter zu fragen, treibt uns also zur Annahme der unendlichen Teilbarkeit der Materie, das Streben nach Vollständigkeit zur Annahme von etwas Unteilbarem.

Beide Überlegungen, so Kant, erscheinen rational zwingend, aber sie führen zu widersprüchlichen Aussagen (A421/B448). In der *Kritik der reinen Vernunft* bezeichnet Kant dieses Phänomen als «Antinomie». Ist die menschliche Vernunft also in sich widersprüchlich? Falls ja, wäre ihr als Quelle metaphysischer Erkenntnis, auf die sich die rationalistische Metaphysik beruft, offenbar nicht zu trauen.

Kant hat diese beiden Denkanstöße – die «Erinnerung des David Hume» und das «große Licht» der Widersprüche der Vernunft – als tiefe Erschütterung, aber zugleich als Befreiung und Anstoß zum eigenen Weiterdenken empfunden. Es sollte zwölf Jahre dauern, bis er diese Anstöße in ihren Konsequenzen durchdacht hatte und das Ergebnis – die *Kritik der reinen Vernunft* – seinen Lesern zur Beurteilung vorlegen konnte. Mit diesem Buch hat Kant die Metaphysik, seine schicksalhafte Liebe, auf eine neue Grundlage gestellt.

Doch streng genommen ist auch die *Kritik der reinen Vernunft* nur eine Vorarbeit und nicht das Endziel, auf das Kant hingearbeitet hatte. Denn seit den 60er Jahren war ihm klar geworden, dass nicht nur die Naturphilosophie und Naturwissenschaft (zwischen beidem wurde damals noch nicht scharf unterschieden) ein neues metaphysisches Fundament brauchten. Auch Recht und Ethik beruhen auf metaphysischen Voraussetzungen, etwa der Annahme von Willensfreiheit und von objektiv gültigen Normen und Werten, die durch den Zweifel an der Leistungsfähigkeit der menschlichen Vernunft ebenfalls unsicher geworden waren. Und so kam zur selben Zeit, in der Kant von Hume aus dem «dogmatischen Schlummer» geweckt wurde und er auf die Problematik der Antinomien der Vernunft stieß, also in der zweiten Hälfte der 1760er Jahre, auch der Plan zu einer «Metaphysik der Sitten» auf, die die metaphysischen Grundlagen der Moral untersuchen und sichern sollte (10:74).

Die Metaphysik besteht nach Kant also aus zwei Teilen, der Metaphysik der Natur und der Metaphysik der Sitten. Zur ersteren gehören neben der Ontologie (die die Grundstrukturen der Realität untersucht) die drei Bereiche Theologie, Psychologie und Kosmologie. Kant folgt damit der Einteilung Wolffs, die sich im oben erwähnten Buchtitel widerspiegelt: *Vernünftige Gedanken* (= Metaphysik) *von Gott* (= Theologie), *der*

Welt (= Kosmologie) *und der Seele des Menschen* (= Psychologie), *auch allen Dingen überhaupt* (= Ontologie). Dieses traditionelle Metaphysikverständnis unterzieht Kant einer radikalen Transformation, die die folgenden Kapitel genauer betrachten werden. Aus der Ontologie wird bei Kant eine «Analytik des reinen Verstandes», die nicht die Dinge selbst, sondern die begrifflichen Strukturen unseres Denkens untersucht (Kapitel 22–26). Auf ihr baut eine «Metaphysik der Natur» auf, die die notwendigen Bedingungen naturwissenschaftlicher Erkenntnis erfasst und damit selbst als Wissenschaft gelten kann. Theologie, Kosmologie und Psychologie als metaphysische Disziplinen hingegen sind Kant zufolge keine echten Wissenschaften. Über ihre wichtigsten Themen, nämlich Gott, Freiheit und Unsterblichkeit, gibt es kein gesichertes Wissen (Kapitel 17, 27–28).

Auf der anderen Seite steht die Metaphysik der Sitten, die weder bei Wolff noch in der philosophischen Tradition ein direktes Vorbild hat. Sie behandelt die «metaphysischen Anfangsgründe» von Ethik und Recht (Kapitel 9, 11). Dabei stehen die beiden Teile der Metaphysik (die der Natur und die der Sitten) nach Kant nicht gleichberechtigt nebeneinander. Zwar setzen beide eine «Kritik der reinen Vernunft» voraus, also eine kritische Überprüfung der philosophischen Leistungsfähigkeit der menschlichen Erkenntnis. Aber das letztendliche Ziel dieser Bemühungen ist, der kantischen Leitidee vom Primat der Praxis entsprechend, nicht die «spekulative» Erkenntnis Gottes, der Seele oder des Kosmos, sondern das gute Handeln des Menschen, denn anders als metaphysische Spekulation hat das gute Handeln einen *unbedingten* Wert. Das Projekt einer Metaphysik der Sitten, für das die *Kritik der reinen Vernunft* die theoretischen Vorarbeiten leisten sollte, konnte Kant erst 1797 mit den letzten Kräften des Alters abschließen.

Kants Liebe zur Metaphysik, auch wenn sie nicht immer erwidert wurde, hat sein ganzes Leben lang gehalten und letztlich ein versöhnliches Ende gefunden. Zwar können wir die Existenz Gottes, die Freiheit des Willens und die Unsterblichkeit der Seele nicht im Rahmen einer Metaphysik der Natur theoretisch beweisen, aber wir können die metaphysischen Grundlagen von Recht und Moral als gültig erkennen, welche indirekt auch den Glauben an die «Postulate» Gott, Freiheit und Unsterblichkeit als rational erweisen (Kapitel 17, 27–28).

Kants Bemühungen um die Metaphysik-Professur war ebenfalls ein guter Ausgang beschieden, obwohl er hier dem Schicksal etwas nachhelfen musste. Im Jahr 1770 starb der greise Inhaber des Königsberger Lehrstuhls für Mathematik, Christoph Langhansen, der diese Professur über 50 Jahre lang bekleidet hatte. Kant sah seine Chance endlich gekommen. Er schrieb an den zuständigen Minister in Berlin, dann an den König selbst und bat darum, seinen Konkurrenten Buck, der ihm 1756 vorgezogen worden war, auf die freigewordene Professur für Mathematik zu versetzen, damit er selbst die Stelle für Logik und Metaphysik übernehmen könne. Kant begründete sein Gesuch damit, dass er mit bald 47 Jahren auf die finanzielle Absicherung einer Professur angewiesen sei, er aber nur die Metaphysik-Professur (oder die für Moralphilosophie, die aber ebenfalls besetzt war) «mit Ehre bekleiden» könne. In der Tat war Kant, anders als Buck, der ein hervorragender Mathematiker war, für eine Mathematik-Professur nicht qualifiziert.

Der König hatte ein Einsehen, versetzte Buck auf den Lehrstuhl für Mathematik und ernannte Kant am 31. März 1770 zum Ordinarius für Logik und Metaphysik in Königsberg. Kant hatte sein Ziel endlich erreicht. Doch Buck war zu Recht empört, denn Kant hatte ihn über seine Pläne nicht informiert, sondern war hinter seinem Rücken an die zuständigen Stellen in Berlin herangetreten.[7] Wie war das mit dem kategorischen Imperativ zu vereinbaren, den Kant zur selben Zeit bereits in seinen Moralphilosophievorlesungen lehrte?

«Unser Zeitalter ist das eigentliche Zeitalter
der Kritik, der sich alles unterwerfen muss.
Religion durch ihre Heiligkeit und Gesetzgebung
durch ihre Majestät wollen sich gemeiniglich
derselben entziehen. Aber alsdann erregen sie
gerechten Verdacht wider sich und können auf
unverstellte Achtung nicht Anspruch machen,
die die Vernunft nur demjenigen bewilligt,
was ihre freie und öffentliche Prüfung
hat aushalten können.»

Kritik der reinen Vernunft (A xi Anm.)

22

Kritik: Die Vernunft prüft alles, auch sich selbst

Während Kant 1781 in Königsberg nach zehn Jahren Vorarbeit seine *Kritik der reinen Vernunft* veröffentlichte, steckte der Schriftsteller, Redakteur und Bibliothekar Johann Christoph Adelung in Leipzig noch mitten in einem anderen Mammutprojekt: dem ersten wissenschaftlichen Wörterbuch der deutschen Sprache, dessen fünf Bände zwischen 1774 und 1786 erschienen.[1] Für die moderne Kant-Forschung sind sie ein unersetzliches Hilfsmittel. Kant gehörte erst zur dritten Generation von deutschen Philosophen, die ihre Hauptwerke auf Deutsch schrieben und veröffentlichten. Der deutsche Philosoph und Universalgelehrte Leibniz zum Beispiel, der 1716 starb, verfasste fast alle seine Texte auf Latein und Französisch. Christian Wolff (1679–1754), der die Philosophie von Leibniz systematisierte sowie weiterentwickelte und dessen lehrbuchartige Werke die Universitätsphilosophie in Deutschland lange prägten, war einer der Ersten, der seine wichtigsten Werke zunächst auf Deutsch und erst dann in lateinischer Übersetzung veröffentlichte. Kant dagegen schrieb seine Werke von Anfang an ausschließlich auf Deutsch – mit Ausnahme der akademischen Qualifikationsschriften, für die Latein vorgeschrieben war. Auch seine Vorlesungen hielt Kant auf Deutsch, wenn auch meistens nach lateinischen Lehrbüchern.[2]

Viele zentrale Ausdrücke der kantischen Philosophie sind Übersetzungen lateinischer Fachtermini: «Vorstellung» (*repraesentatio*), «Erkenntnis» (*cognitio*), «Neigung» (*inclinatio*), um nur drei Beispiele zu nennen. Da Deutsch erst im 18. Jahrhundert zu einer Wissenschaftssprache wurde, mussten die meisten Fachausdrücke noch geprägt werden. Wir hatten bereits von Moses Mendelssohn 1784 erfahren, dass zum Beispiel Wörter wie «Bildung» und «Kultur» in der damaligen Zeit noch «neue Ankömmlinge» im Deutschen waren (Kapitel 4). Gemeinsam mit «Trieb», «Anlage» und «Entwicklung» gehörten sie zu einer ganzen Familie pädagogischer und psychologischer Fachtermini, die auch Kant verwendete. Sie waren aus einem der High-Tech-Bereiche des 18. Jahrhunderts entlehnt, nämlich der Landwirtschaft, die nun erstmals wissenschaftlich untersucht und betrieben wurde. Zudem haben viele alltägliche und wissenschaftliche Ausdrücke seit dem 18. Jahrhundert ihre Bedeutung verändert. Wenn Kant zum Beispiel von «Organisation» spricht, meint er keine Verwaltungs- oder Sozialstruktur, sondern den inneren Aufbau eines Lebewesens (eines «Organismus»). In Adelungs Wörterbuch, wie auch dem etwas späteren der Brüder Grimm, können wir nachschlagen, wie Kant und seine Zeitgenossen ein bestimmtes Wort verstanden haben.

Schauen wir bei Adelung nun unter «Kritik» und «kritisch» nach, so finden wir als Bedeutung vor allem das, was man heute als Kunst- und Literaturkritik bezeichnet. Im Wörterbuch der Brüder Grimm heißt es ähnlich: «1. Eigentlich die Kunst des fachmäßigen Urteilens oder Beurteilens in Sachen der Künste und Wissenschaften.» Und sie fügen mit einer weiteren landwirtschaftlichen Metapher hinzu: «das eigentlich junge Wort ist schon tief eingewurzelt.»[3] «Kritik» und «kritisch» waren also zwar ebenfalls «neue Ankömmlinge» in der deutschen Sprache, aber schon vor Kant in Deutschland gebräuchlich. Letzteres zeigt bereits der Titel von Adelungs Wörterbuch: *Grammatisch-kritisches Wörterbuch der hochdeutschen Mundart.* Eines der einflussreichsten Werke der französischen Aufklärung trug das Wort «kritisch» ebenfalls im Titel: Pierre Bayles *Dictionionaire historique et critique* (zuerst 1694–1697), 1741 von Johann Christoph Gottsched ins Deutsche übersetzt als *Historisches und critisches Wörterbuch.*[4]

Doch Kants *Kritik der reinen Vernunft* war das erste Buch, das das Wort «Kritik» im Titel führte. Es sollte damit eine Welle lostreten, die bis heute anhält. Kant selbst ging dieser Titelinflation mit der *Kritik der praktischen Vernunft* (1788) und der *Kritik der Urteilskraft* (1790) voran, gefolgt von Fichte mit dem *Versuch einer Kritik aller Offenbarung* von 1792. Kants Königsberger Freund und Kritiker Johann Georg Hamann antwortete bereits 1784 mit einer *Metakritik über den Purismum der reinen Vernunft*, die aber erst 1800 postum erschien, ein Jahr nachdem auch Kants früher Schüler Johann Gottfried Herder eine *Metakritik zur Kritik der reinen Vernunft* veröffentlicht hatte. Es folgt eine lange Liste von Buchtiteln nach dem kantischen Schema «Kritik der …»: von der *Kritik der politischen Ökonomie* (das ist der Untertitel von Marx' *Kapital*) über die *Kritik der instrumentellen Vernunft* (Horkheimer) und *Kritik der zynischen Vernunft* (Sloterdijk) bis zur *Kritik der schwarzen Vernunft* (Mbembe). Inzwischen führt der Katalog der Deutschen Nationalbibliothek über 20 000 Publikationen mit dem Wort «Kritik» im Titel.[5]

Kant hatte mit seinem Buchtitel also einen Nerv getroffen. Tatsächlich verbindet dieser zwei Leitbegriffe seiner Epoche, nämlich «Vernunft» (Kapitel 6) und «Kritik». Das Wort geht auf das griechische Verb *krinein* zurück, das «unterschieden» bedeutet. Kritik unterscheidet zwischen dem Wahren, Gültigen, Berechtigten und dem, was falsch, ungültig oder unberechtigt ist: «Durch Kritik wird unserem Urteil der Maßstab zugeteilt, wodurch Wissen von Scheinwissen mit Sicherheit unterschieden werden kann» (4:383). Sie ist also keineswegs rein negativ oder destruktiv (wie eine «kritische Bemerkung»), sondern hat auch eine positive Seite: Was der Kritik standhält, darf bis auf Weiteres «unverstellte Achtung» (A xi Anm.) beanspruchen.[6]

Critik
der
reinen Vernunft

von
Immanuel Kant
Professor in Königsberg.

Riga,
verlegts Johann Friedrich Hartknoch
1781.

Abb. 15: Titelblatt der ersten Auflage der «Kritik der reinen Vernunft»

In der *Kritik der reinen Vernunft* geht es um die kritische Prüfung der Metaphysik (Kapitel 21). Die rationalistischen Philosophen des 18. Jahrhunderts, allen voran Christian Wolff und seine Schule, hatten ein komplexes Lehrgebäude entwickelt, das auf der Grundlage weniger abstrakter Prinzipien die Existenz Gottes, die Unsterblichkeit der Seele, die Freiheit des Willens und die Grundsätze von Recht und Moral beweisen sollte. Doch kann man wirklich a priori, also unabhängig von aller Erfahrung und aus reiner Vernunft erkennen, dass es Gott gibt und der menschliche Wille frei ist? Daran zweifelten Empiristen wie David Hume, dessen Zweifel Kant aus dem «dogmatischen Schlummer» erweckt hatten. Dachte man die empiristische Position zu Ende, so lief sie auf eine Leugnung der Existenz Gottes, der Unsterblichkeit der Seele und der Willensfreiheit hinaus. Denn Gott, Seele und Freiheit sind nun einmal keine wahrnehmbaren Gegenstände. Wenn alle Vorstellungen in unserem Geist, wie die Empiristen meinten, auf die sinnliche Wahrnehmung zurückgehen: Wie können wir uns solche «übersinnlichen» Dinge dann überhaupt vorstellen, geschweige denn Wissen über sie erlangen?

Bevor man also überhaupt sinnvoll danach fragen kann, ob Gott existiert oder die Seele unsterblich ist, muss man, so Kant, zunächst einmal die Reichweite und Leistungsfähigkeit des menschlichen Erkenntnisvermögens prüfen. Das gilt ganz besonders für die Vernunft – verstanden als die Fähigkeit, unabhängig von Erfahrung und durch bloßes Nachdenken zu Erkenntnissen und Einsichten a priori zu gelangen (Kapitel 6). Genau das ist das Projekt der *Kritik der reinen Vernunft*: «Ich verstehe aber hierunter nicht eine Kritik der Bücher und Systeme, sondern die des Vernunftvermögens überhaupt in Ansehung aller Erkenntnisse, zu denen sie, unabhängig von aller Erfahrung, streben mag, mithin die Entscheidung der Möglichkeit oder Unmöglichkeit einer Metaphysik überhaupt» (A xii).

Um den besonderen Charakter metaphysischer Erkenntnis genauer zu fassen, trifft Kant in der Einleitung zur *Kritik der reinen Vernunft* zwei für die Philosophie bis heute wichtige Unterscheidungen: zwischen Urteilen *a priori* und *a posteriori* einerseits und zwischen *analytischen* und *synthetischen* Urteilen andererseits. Urteile (Sätze, Aussagen) gelten *a priori* (wörtlich: von vornherein), wenn sie nicht auf Wahrnehmung und Erfahrung beruhen. Das kann allerdings zweierlei bedeuten: erstens, dass wir feststellen können, ob das Urteil wahr oder falsch ist, ohne uns dabei auf unsere fünf Sinne, Beobachtungen, Tests oder Experimente berufen zu müssen; und zweitens, dass auch die Bestandteile dieses Urteils, die in ihm enthaltenen Begriffe, nicht auf die Erfahrung zurückgehen, sondern zur Grundausstattung unseres Geistes gehören (B1–6).

Betrachten wir als Beispiel den Satz «Alle Singles sind alleinstehend». Man muss keine soziologischen Studien anstellen, um zu wissen, dass dieser Satz wahr ist. Das folgt schon aus der Bedeutung der Wörter «Single» (für Menschen ohne festen Lebenspartner) und «alleinstehend» (ledig). Allerdings kann man diese Ausdrücke nur auf der Basis früherer Erfahrungen verstehen, denn nur aufgrund von Erfahrung wissen wir, was es heißt, ein Mensch zu sein und einen Lebenspartner zu haben. Nach Kant gilt der Satz «Alle Singles sind alleinstehend» zwar a priori, weil wir seine Wahrheit unmittelbar einsehen können. Aber er ist nicht «*rein* a priori», weil seine Bestandteile, also die Begriffe «Single» und «alleinstehend», auf Erfahrung beruhen. Reine Urteile a priori sind solche, bei denen auch ihre Bestandteile keinerlei Erfahrung voraussetzen (B4–5). Das «rein» im Titel der *Kritik der reinen Vernunft* bezieht sich auf diesen Punkt: Es geht nicht um Vernunft im Allgemeinen, sondern vor allem um die Vernunft, sofern sie mit Begriffen und Vorstellungen operiert, die nicht der Erfahrung entnommen sind.

Das gilt nach Kant zum Beispiel für mathematische Urteile. Dass bei einem Kreis alle Punkte der Kreislinie denselben Abstand zum Mittelpunkt haben, ist eine Aussage, die man nicht durch Nachmessen beweisen kann. Erstens können wir nicht alle möglichen Kreise messen. Und zweitens ist ein Kreis, den wir zeichnen oder herstellen können, niemals ein perfekter Kreis, weil die Punkte einer gezeichneten Kreislinie nie ganz genau gleichweit vom Mittelpunkt entfernt sind. Und genau aus diesem Grund können wir auch nicht aus Erfahrung wissen, was ein Kreis ist, denn in der Erfahrung treffen wir nie auf einen perfekten Kreis. Der Begriff des Kreises muss also ein Begriff a priori sein. Dass die Punkte einer Kreislinie gleichweit vom Mittelpunkt entfernt sind, ist ein *reines* Urteil a priori: Seine Bestandteile sind a priori, und wir können unabhängig von Erfahrung wissen, dass es wahr ist. Urteile dagegen, deren Wahrheit wir nur durch Wahrnehmung und Erfahrung erkennen können, nennt Kant *a posteriori* (wörtlich: im Nachhinein) oder *empirisch* (B3). So ist zum Beispiel die Feststellung, dass Euromünzen (ungefähr) kreisförmig sind, ein empirisches Urteil a posteriori.[7]

Die zweite Unterscheidung ist die zwischen analytischen und synthetischen Urteilen. Analytische Urteile sind solche, bei denen wir schon wissen, ob sie wahr oder falsch sind, wenn wir sie nur richtig verstanden haben. Ihre Wahrheit oder Falschheit ergibt sich aus den Begriffen, die in ihnen vorkommen. Ein Beispiel hatten wir gerade kennengelernt: «Alle Singles sind alleinstehend». Wer weiß, was das Wort «Single» bedeutet, weiß auch, dass dieser Satz wahr ist. Ein Test dafür ist, ob die Verneinung des Satzes widersprüchlich ist: «Einige Singles haben einen festen Partner» ist ein Widerspruch, ebenso wie «Dieser Kreis hat

Ecken» oder «Dieser Kreis ist kein Kreis». Kant sagt daher auch, dass analytische Aussagen solche sind, deren Wahrheit wir «nach dem Satz des Widerspruchs» feststellen können. Alle anderen Aussagen nennt Kant «synthetisch» (A6–7/B10–11, B14).[8]

So ist zum Beispiel der Satz «Immanuel Kant war ein Single» zwar wahr, aber nicht analytisch, sondern synthetisch, weil seine Wahrheit weder aus der Bedeutung des Wortes «Single» noch aus dem Namen «Immanuel Kant» folgt. Zwar war Kant ein geradezu sprichwörtlicher Junggeselle. Aber Kants lebenslanges Junggesellendasein war weniger Ausdruck seiner Persönlichkeit als seiner ökonomischen Verhältnisse, denn ein Ehemann in Kants gesellschaftlicher Stellung musste finanziell für seine Ehefrau, die zu erwartenden Kinder und den Haushalt samt Köchin und Diener aufkommen. So soll Kant sinngemäß gesagt haben, dass er zu der Zeit, als er sich eine Ehefrau wünschte, sie nicht hätte ernähren können; und als er sie ernähren konnte, aufgrund seines Alters keine mehr wollte. Tatsächlich sollen einige vielversprechende Begegnungen und Beziehungen, einmal mit einer «schönen Witwe», einmal mit einem «hübschen westfälischen Mädchen», aufgrund von Kants Zögern im Sande verlaufen sein. Man kann sich also ohne Widerspruch vorstellen, dass Kant geheiratet hätte – woraus folgt: Der Satz «Kant war ein Single» ist ein synthetisches Urteil.[9]

Das Interessante ist nun, dass nur synthetische Urteile uns etwas über die Welt und die Dinge darin sagen, analytische Urteile aber nicht. Wenn ich weiß, dass alle Singles alleinstehend sind, weiß ich weder, ob es Singles überhaupt gibt, noch, ob Kant ein solcher gewesen ist. Eigentlich weiß ich nur etwas über den *Begriff* des Singles, also über meine eigenen Gedanken und ihren Inhalt, nicht aber über Dinge und Ereignisse in der Welt (A9/B13, B18). Das wird besonders deutlich, wenn wir ein analytisches Urteil wie «Alle geflügelten Pferde können fliegen» betrachten. Der Satz ist insofern analytisch wahr, als gilt: Wenn etwas ein geflügeltes Pferd ist, dann kann es fliegen. Aber ob es in Wirklichkeit geflügelte Pferde gibt oder auch nur geben könnte, weiß ich dadurch noch nicht. Kants Sorge ist, dass es sich mit manchen metaphysischen Aussagen wie «Gott ist das vollkommenste Wesen» oder «Die Seele ist immateriell» ähnlich verhalten könnte: Sie sind zwar analytisch wahr, sagen aber nichts über die Wirklichkeit selbst aus – also darüber, ob Gott, weil vollkommen, faktisch existiert oder die menschliche Seele, weil immateriell, unsterblich ist. Tatsächlich lautet ein zentraler Vorwurf Kants gegen Wolff und seine Schule, dass ihre Methode ihnen nicht erlaubt, über solche analytischen Urteile hinauszukommen. Sie analysieren nur Begriffe, gewinnen so aber keine metaphysische Erkenntnis über deren Gegenstände.

Wenn wir nun die beiden Unterscheidungen *a priori* und *a posteriori* sowie *analytisch* und *synthetisch* miteinander kombinieren, können wir die zentrale Frage verstehen, um die es Kant in der *Kritik der reinen Vernunft* geht, nämlich: «Wie sind synthetische Urteile a priori möglich?» (B19). Metaphysische Erkenntnis, so hatten wir gesehen, kann nur a priori sein – und zwar rein a priori, weil Begriffe wie Gott und Seele, wie Kant sagt, nicht «aus der Erfahrung entlehnt» sind. Aber sie dürfen auch nicht analytische Urteile sein, denn wir wollen ja nicht nur etwas über unseren *Begriff* von Gott oder Seele erfahren, sondern darüber, ob es einen Gott oder eine unsterbliche Seele tatsächlich gibt. Solche Existenzaussagen sind synthetische Urteile, in denen wir über den Inhalt unserer Begriffe hinausgehen und etwas über die Welt aussagen. Mit anderen Worten: Die grundlegenden Aussagen der Metaphysik sind *synthetische Urteile a priori*.

Aber, so Kants Frage, wie sind solche Urteile möglich? Wie kann man Wissen über Dinge in der Welt gewinnen, ohne sich dabei direkt oder indirekt auf Wahrnehmung zu stützen? Wahrnehmung, so Kant in Übereinstimmung mit dem Empirismus, ist die *einzige* Weise, wie äußere Gegenstände auf unser Denken Einfluss nehmen können. Wenn ich zum Beispiel urteile, dass vor mir ein Baum steht, weil ich dort einen Baum sehe, so reflektiert der Baum Licht auf meine Retina, was in mir das Wahrnehmungsbild des Baumes hervorruft. Ohne diesen kausalen, durch meine Sinnesorgane vermittelten Zusammenhang würde ich nicht wissen, dass vor mir ein Baum steht. Bei synthetischen Urteilen a priori fehlt aber genau dieser Zusammenhang zwischen dem Gegenstand und meinem Urteil über ihn. Es gibt zwar Menschen, die behaupten, Gott oder Seelen wahrnehmen zu können. Kant hatte sich mit solchen «Geistersehern» in seinem Swedenborg-Büchlein von 1766 auseinandergesetzt und kein gutes Haar an ihnen gelassen (2:315–373). Wenn es sich bei Gott, Seelen und Geistern, wie die metaphysische Tradition behauptet, um etwas «Übersinnliches» handelt, dann ist es Kant zufolge unmöglich, sie wahrzunehmen. Wir haben schließlich keinen *Sinn* für das Übersinnliche. Kants Frage «Wie sind synthetische Urteile a priori möglich?» besagt also letztlich: Wie können wir Gegenstände erkennen, ohne dass diese über die sinnliche Wahrnehmung einen kausalen Einfluss auf unser Denken ausüben?

Kant zweifelte nicht daran, dass es gültige synthetische Urteile a priori gibt. Seiner Meinung nach geben uns Mathematik und newtonsche Physik unbestreitbare Beispiele dafür (B14, B17). Aber gibt es synthetische Urteile a priori auch in der Metaphysik? Und können wir erkennen, ob sie wahr sind? In der *Kritik der reinen Vernunft* erklärt Kant zunächst, wie synthetische Urteile a priori in Mathematik und Naturwissenschaft möglich sind (Kapitel 23–25). Anschließend zeigt er, warum solche Urteile der traditionellen Metaphysik über Gott, Seele und die Welt als Ganze nicht möglich sind, oder genauer: warum wir nicht wissen können, ob solche metaphysischen Urteile wahr sind oder nicht. Die kritische Überprüfung der Reichweite unserer Vernunft ergibt, dass metaphysische Urteile über die Existenz Gottes oder die Unsterblichkeit der Seele außerhalb der Grenzen menschlicher Erkenntnis liegen (Kapitel 17, 28) – ein für viele Zeitgenossen Kants schockierendes Resultat, das Kant den Beinamen «Alleszermalmer» einbrachte (Kapitel 3).

Der Ausdruck «Kritik» ist so eng mit Kants Philosophie verbunden, dass er in doppelter Hinsicht zu ihrer Charakterisierung dient. Zum einen unterscheidet man Kants Werke der «vorkritischen» von jenen der «kritischen» Phase – also jene, die vor 1781 erschienen sind, von der *Kritik der reinen Vernunft* und allen späteren Werken. Während lange die Auffassung vorherrschte, dass die *Kritik der reinen Vernunft* einen vollständigen Bruch mit Kants «vorkritischer» Philosophie bedeutet, hat die neuere Kant-Forschung zunehmend die Kontinuitäten zwischen beiden Phasen seines Werkes herausgearbeitet. Zum anderen hat sich schon zu Kants Lebzeiten der Name «kritische Philosophie» (oder «Kritizismus») für sein reifes philosophisches System durchgesetzt. Dabei scheint es sich zunächst eher um eine abschätzige Fremdzuschreibung gehandelt zu haben (8:419, 10:548), die sich dann aber als treffender Name für Kants Philosophie durchsetzte und schließlich auch von Kant selbst übernommen wurde (6:206f.).[10]

Doch wenn es in der *Kritik der reinen Vernunft* um die kritische Prüfung der Grenzen unserer Vernunfterkenntnis geht, wie erkennen wir eigentlich diese Grenzen? Wer oder was prüft die Reichweite der Vernunft? Nach Kant ist es dasselbe Erkenntnisvermögen, das auch Gegenstand der Prüfung ist, nämlich die Vernunft. Der Genitiv im Ausdruck «Kritik der reinen Vernunft» bedeutet also nicht nur Kritik *an* der Vernunft, sondern auch Kritik *durch* die Vernunft. Die *Kritik der reinen Vernunft* verbindet ein kritisches Misstrauen gegenüber der Vernunft mit dem Vertrauen, dass nur die Vernunft selbst unserem Denken Orientierung geben kann. Die schon erwähnte *Metakritik* Herders wird Kant genau das zum Vorwurf machen: Im Gerichtsverfahren über die Vernunft ist die Vernunft Angeklagte und Richterin zugleich. Wie soll da ein faires Urteil herauskommen?[11]

Doch Herder nimmt die von Kant selbst verwendete Metapher von der Kritik der reinen Vernunft als einem «Gerichtshof» (A751/B779) zu wörtlich. Tatsächlich führt weder die Vernunft selbst noch der Autor Kant allein die kritische Prüfung durch, sondern das tun gemeinsam mit Kant die Leserinnen und Leser der *Kritik der reinen Vernunft*: das «Publikum», das auch in Kants Konzeption der Aufklärung im Mittelpunkt steht (Kapitel 4). Kritik, so Kant, besteht in einer «freien und öffentlichen Prüfung» (A xi Anm.). Das gilt auch für die Kritik der Vernunft: «Die Vernunft muss sich in allen ihren Unternehmungen der Kritik unterwerfen, und kann der Freiheit derselben durch kein Verbot Abbruch tun … Auf dieser Freiheit beruht sogar die Existenz der Vernunft, die kein diktatorisches Ansehen hat, sondern deren Ausspruch jederzeit nichts als die Einstimmung freier Bürger ist, deren jeglicher seine Bedenklichkeiten, ja sogar sein *veto*, ohne Zurückhaltung muss äußern können» (A738f./B766f.).[12]

Kants kritische Prüfung der Vernunft durch die Vernunft mündet also nicht in ein diktatorisches Expertenurteil, sondern versteht sich als Beitrag zur Diskussion unter Freien und Gleichen in der Republik des Geistes. Sie erweist sich erst dann als gültig, wenn sie ihrerseits der kritischen Prüfung durch Kants Leserschaft standhält. Tatsächlich sind gegen sein Hauptwerk von Anfang an zahlreiche «Bedenklichkeiten» und auch manches «Veto» geltend gemacht worden (Kapitel 26). Wie sich im Folgenden noch zeigen wird, haben sich einige Thesen und Argumente in Kants Hauptwerk aus heutiger Sicht als unzutreffend oder fehlerhaft erwiesen. Unbestritten ist aber, dass die *Kritik der reinen Vernunft* die philosophische Diskussion über die Reichweite menschlicher Erkenntnis und die Möglichkeit einer Metaphysik auf ein neues Niveau gehoben hat. Kant selbst, dem es in dieser Hinsicht nicht an Selbstbewusstsein mangelte und der sich der epochalen Bedeutung seines Werkes früh bewusst war, drückt es auf der letzten der 856 Seiten der *Kritik der reinen Vernunft* so aus: «Der kritische Weg ist allein noch offen» (A856/B884).

«Unsere Erkenntnis entspringt aus zwei Grundquellen des Gemüts, deren die erste ist, die Vorstellungen zu empfangen (die Rezeptivität der Eindrücke), die zweite das Vermögen, durch diese Vorstellungen einen Gegenstand zu erkennen (Spontaneität der Begriffe)».

Kritik der reinen Vernunft (A50/B74)

23

Wir müssen unsere Begriffe sinnlich machen!

Kant hat die Philosophie seiner Zeit revolutioniert, aber natürlich nicht in jeder Hinsicht. Es ist daher nicht überraschend, dass er in vielem einem spezifisch neuzeitlichen Denkrahmen verhaftet blieb, der uns heute zum Teil fremd geworden ist. Die wohl wichtigste philosophische Grundvoraussetzung, die Kant mit seinen unmittelbaren Vorgängern und seinen Zeitgenossen teilt, geht auf René Descartes zurück. Descartes zufolge sind die unmittelbaren Gegenstände des Denkens, die eigentlichen Inhalte unseres Bewusstseins, keine unabhängig von uns existierenden Dinge, sondern *Vorstellungen*. Diese Annahme, die den meisten antiken und mittelalterlichen Denkern befremdlich erschienen wäre, hatte zur Folge, dass die Philosophie nun nicht mehr unmittelbar von ihren traditionellen Gegenständen wie Mensch, Natur und Gott handelte, sondern zunächst von unserem eigenen Bewusstsein und unseren Vorstellungen von diesen Gegenständen. Vor diesem Hintergrund wurde es für Descartes und seine Nachfolger zu einer zentralen philosophischen Frage, welche Rückschlüsse wir von unseren Vorstellungen, die uns unmittelbar bekannt sind, auf die Dinge in der Welt ziehen können – ja, ob es eine Welt von Dingen außerhalb unserer Vorstellungen überhaupt gibt. Die These, dass letztlich alle Dinge von unseren Vorstellungen abhängen oder sogar mit ihnen identisch sind, bezeichnete man als *Idealismus* (von lat. *idea*, Vorstellung).[1]

Der Begriff der Vorstellung ist neben dem des Dinges (lat. *res*, wovon der Ausdruck «Realismus» für die Gegenposition zum Idealismus abgeleitet ist) ein Grundbegriff des kantischen Denkens. Kant trifft eine für seine gesamte Philosophie grundlegende Unterscheidung zwischen zwei Arten von Vorstellungen, nämlich Anschauungen und Begriffen, und den dazu erforderlichen Fähigkeiten, Sinnlichkeit und Verstand. Es ist diese Unterscheidung, die es Kant erlaubt, die Opposition zwischen Empirismus und Rationalismus (Kapitel 6) hinter sich zu lassen und die Frage zu beantworten, wie metaphysische Erkenntnisse (also: «synthetische Urteile a priori») möglich sind (Kapitel 22).

In erster Annäherung kann man Anschauungen als das Ergebnis sinnlicher Wahrnehmung verstehen (Sehen, Hören, Tasten etc.), Begriffe dagegen als Bestandteile abstrakter Gedanken. Anschauungen sind Vorstellungen von konkreten Gegenständen in Raum und Zeit. Sie sind nicht, wie das Wort «Anschauung» nahelegen könnte, auf visuelle Vorstellungen beschränkt, sondern umfassen auch auditive, taktile und andere sinnliche Vorstellungen. Davon unterscheidet Kant Begriffe als diejenigen Vorstellungen, die sich auf eine Vielzahl möglicher Gegenstände beziehen – nämlich auf alle Gegenstände, die die Merkmale aufweisen, die in dem Begriff enthalten sind. So enthält zum Beispiel der Begriff des Singles die Merkmale ‹erwachsener Mensch› und ‹alleinstehend›. Er ist damit keine Vorstellung von irgendeinem bestimmten Single, sondern von erwachsenen Menschen im Allgemeinen, sofern sie alleinstehend sind. Anschauungen sind also sinnlich-konkrete Vorstellungen von einzelnen Dingen und Ereignissen, Begriffe abstrakte Vorstellungen von allgemeinen Klassen von Dingen.[2]

Anschauungen und Begriffe unterscheiden sich nach Kant auch in ihrer Entstehung. Anschauungen kommen typischerweise dadurch zustande, dass ein äußerer Gegenstand auf unsere Sinne einwirkt und so unseren Geist, wie Kant es nennt, «affiziert» (A19/B33). Begriffe dagegen gehen auf die Tätigkeit unseres eigenen Geistes zurück, der sie selbst erzeugt – typischerweise durch Vergleich, Abstraktion und Reflexion aus anderen Vorstellungen. Kant gibt folgendes Beispiel: Ich sehe vor mir eine Linde, eine Weide und eine Fichte. Meine visuelle Anschauung geht darauf zurück, dass diese Bäume Licht reflektieren, das auf meine Retina trifft und mich so «affiziert». Wenn ich die Wahrnehmung der drei Bäume nun vergleiche und von ihren Unterschieden abstrahiere, bleiben als gemeinsame Merkmale der Stamm, die Äste und die Blätter oder Nadeln zurück, die ich nun im allgemeinen Begriff eines Baumes zusammenfassen kann (9:94f.). Der Verstand als das «Vermögen der Begriffe» ist daher nach Kant durch «Spontaneität» (Selbsttätigkeit) gekennzeichnet, während die Sinnlichkeit als Anschauungsvermögen eine Art von «Rezeptivität» (Empfänglichkeit) ist (9:36). Vereinfacht gesagt: Der Verstand ist aktiv, die Sinnlichkeit passiv. Nur durch die Empfänglichkeit für sinnliche Eindrucke, so Kant, beziehen sich unsere Vorstellungen auf die Realität.

Die strikte Unterscheidung zwischen Anschauung und Begriff, ein Kernstück von Kants reifer Philosophie, ist das Ergebnis einer mühsamen gedanklichen Entwicklung Kants, die in den frühen 1760er Jahren begann und erst in der *Kritik der reinen Vernunft* ihren Abschluss fand. Doch ausgerechnet Kants bedeutendster Schüler Johann Gottfried Herder (1744–1803), der von 1762 bis 1764 bei Kant studiert hatte, konnte und wollte dieser Entwicklung nicht folgen. Herders Vorlesungsmitschriften und Erinnerungen sind eine unserer wenigen Informationsquellen über den frühen Kant und seine Tätigkeit als akademischer Lehrer. Sie zeugen von einem Professor in den besten Jahren, der anschaulich und klar, aber auch mit «Scherz und Witz und Laune» über eine große Zahl von aktuellen wissenschaftlichen Themen sprechen konnte: «nichts Wissenswürdiges war ihm gleichgültig».[3]

Herder war zu dieser Zeit nicht nur ein enger Schüler Kants, sondern auch ein Freund Georg Hamanns und gehörte wie diese beiden zu einem gelehrten Zirkel in Königberg, zu dem auch der Buchhändler Kanter (bei dem Kant damals wohnte) und der spätere Bürgermeister Hippel zählten. Nach seinem Weggang aus Königsberg wurde Herder schnell durch zahlreiche Veröffentlichungen – darunter die *Fragmente über die neuere deutsche Literatur* (1766/67) und die Schrift *Über den Ursprung der Sprache* (1772) – zu einem der einflussreichsten Intellektuellen Deutschlands, dessen Ideen Goethe und den Sturm und Drang ebenso prägten wie die deutsche Romantik. Nach Herder war die Sprache und vor allem die Poesie der entscheidende Schlüssel zum menschlichen Geist und zugleich das Medium der tiefsten Erkenntnis. Seit 1776 hatte er in Weimar das hohe protestantische Kirchenamt eines Generalsuperintendenten inne, war aber in seinen späteren Jahren zunehmend isoliert und verbittert.[4]

Zu dieser Verbitterung dürften auch die scharfen Auseinandersetzungen mit Kant beigetragen haben. Kant hatte Herders philosophisches Hauptwerk, die *Ideen zur Philosophie der Geschichte der Menschheit* (1784ff.), in zwei Rezensionen vernichtend kritisiert. Umgekehrt verwarf Herder in seiner stark von Hamann beeinflussten *Metakritik zur Kritik der reinen Vernunft* von 1799 Kants Hauptwerk als «ein Muster kunstreicher Buchstabendichtung» (was trotz Herders Begeisterung für die Poesie nicht als Lob gemeint war).[5] Herder kritisierte Kants Fixierung auf die «reine» Vernunft und die strikte Unterscheidung zwischen Sinnlichkeit und Verstand. Dagegen betonte er, dass alles Denken von sinnlichen Eindrücken, aber auch von der jeweiligen Sprache, Kultur und Geschichte abhängt. Eine trennscharfe Unterscheidung zwischen Anschauungen und Begriffen gibt es Herder zufolge ebenso wenig wie eine «reine», also übersprachliche und ahistorische Vernunft. Für Herder blieb der frühe, «vorkritische» Kant stets der bessere, weil anschaulich und konkret denkende Philosoph.

Kant fühlte sich von Herder und seiner *Metakritik* böswillig missverstanden: «Unvernunft und absichtliche Täuschung ist Aushängeschild Herders», notiert der alte Kant unversöhnlich (21:225). Nun hatte Herder insofern recht, als es Kant in der *Kritik der reinen Vernunft* vor allem um Metaphysik und andere Formen abstrakten Wissens ging und um die «reine Vernunft» als deren Quelle. Und tatsächlich verteidigt Kant die Möglichkeit solchen Wissens gegen die Einwände empiristischer Philosophen wie Locke und Hume. Aber eine besondere Pointe Kants liegt gerade darin, dass auch das abstrakteste Denken, um überhaupt «Sinn und Bedeutung» zu haben, einen Anschauungsbezug haben muss. Wir müssen, so Kant, unsere Begriffe «sinnlich ... machen» (A51/B75), wenn wir mit ihnen etwas in der Welt erkennen wollen. Herders Kritik verfehlt daher ihr Ziel.

In Kants Unterscheidung zwischen zwei grundlegenden Quellen oder «Stämmen» menschlicher Erkenntnis, Sinnlichkeit und Verstand, liegt eine produktive Abgrenzung sowohl von seinen rationalistischen als auch den empiristischen Vorgängern. Rationalistische Philosophen wie Descartes, Leibniz und Wolff hatten angenommen, dass sinnliche Vorstellungen, also etwa das Sehen einer Rose oder das Hören des Kammertons A, nur verworrene und unzureichende Weisen sind, die Realität zu erkennen. Klar und adäquat erkennen wir die Dinge nur durch abstrakte Begriffe, also etwa den botanisch exakten Begriff der Rose oder den akustischen Begriff eines Tons mit einer bestimmten Frequenz. Diese Begriffe liegen, zumindest als Denkmöglichkeit, in unserem Geist bereit und müssen nur durch Nachdenken und Schlussfolgern aktiviert und bewusst gemacht werden. Sinnliche Wahrnehmung, Beobachtung und Experiment spielen also keine Rolle in der Hervorbringung von Erkenntnis und Wissen – es sei denn als Anregung, über eine bestimmte Sache einmal genauer nachzudenken. Letztlich beruht unsere Erkenntnis allein auf Begriffen, die aller Erfahrung vorhergehen, also Begriffen a priori.

Empiristische Philosophen wie Locke und Hume sahen das genau umgekehrt. Für sie war der menschliche Geist eine *tabula rasa* (eine «leere Tafel»), die erst durch die sinnliche Wahrnehmung mit Inhalt gefüllt wird. Zwar verfügen Menschen auch über abstrakte Begriffe wie den Begriff der Rose oder des Kammertons A, aber diese sind genau das: *abstrahiert* (wörtlich: abgetrennt) aus der sinnlichen Wahrnehmung. Wir sehen verschiedene Rosen und bilden den Begriff derjenigen Eigenschaften, die ihnen gemeinsam sind. Wir hören verschiedene Töne, entdecken die regelmäßigen Beziehungen zwischen ihnen und bilden so schließlich den Begriff eines Referenztons für das Stimmen verschiedener Instrumente. Grundlage und Ausgangspunkt aller Erkenntnis ist daher die sinnliche Wahrnehmung. Begriffe leisten dazu einen Beitrag, aber keinen eigenständigen, denn sie sind von sinnlichen Wahrnehmungen abgeleitet. Begriffe, die nicht auf Sinneseindrücke zurückgeführt werden können, sind demnach sinnlos und leer.[6]

Kant weist beide Positionen zurück – aber nicht ohne in der für ihn typischen Weise das Richtige an beiden aufzunehmen und zu verbinden.

Erkenntnis, so Kant, erfordert sowohl sinnliche Wahrnehmung (Anschauung) als auch abstrakte Begriffe: «Gedanken ohne Inhalt sind leer, Anschauungen ohne Begriffe sind blind», so Kants berühmter und immer wieder zitierter Slogan (A51/B75). Der erste Teil des Satzes wendet sich gegen den Rationalismus, der zweite gegen den Empirismus.

Der zweite Teil besagt, dass wir, um etwas mit unseren Sinnen wahrzunehmen und zu erkennen, bereits über Begriffe verfügen müssen, die unsere Wahrnehmung strukturieren und einordnen. Ich sehe zum Beispiel eine Blume vor mir und frage mich, um welche Art es sich handelt. Ich weiß also noch nicht, welcher spezifische Begriff (Moosrose, Primel, Veilchen) auf diese Blume zutrifft. Aber damit ich mir diese Frage stellen kann, muss ich das Ding, das ich vor mir sehe, schon als Blume, als Pflanze, ja überhaupt erst einmal als einen Gegenstand erkannt haben. Die Begriffe «Gegenstand», «Pflanze», «Blume» gehen also schon in meine Wahrnehmung ein: Erst sie machen aus ihr die Wahrnehmung einer Blume, bei der ich mich nun fragen kann, um welche Art es sich handelt. Anders gesagt: Um eine Blume nicht nur irgendwie in meinem Gesichtsfeld zu haben, sondern sie *als* Blume zu sehen, brauche ich ein allgemeines Verständnis davon, was eine Blume ist. Genau das ist der Begriff «Blume». Und da eine Blume ein über längere Zeit existierender Gegenstand mit unterschiedlichen, teils wechselnden Eigenschaften ist, brauche ich auch ein allgemeines Verständnis davon, was es heißt, ein solcher Gegenstand zu sein. Das ist der Begriff eines gleichbleibenden Trägers wechselnder Eigenschaften, den man in der Philosophie als «Substanz» bezeichnet.

Sobald unsere Wahrnehmung nicht nur ein bloßes Durcheinander von Sinneseindrücken, sondern Wahrnehmung von Gegenständen und ihren Eigenschaften ist, so Kants Einsicht, sind Begriffe im Spiel, die unsere Sinneseindrücke strukturieren und so erst verständlich machen. Anschauungen «ohne Begriffe» dagegen sind «blind», d. h. sie repräsentieren noch keine spezifischen Aspekte der uns umgebenden Realität. Diese Auffassung, die Kant als Erster so deutlich formuliert hat, beeinflusste nicht nur die Philosophie, sondern auch Disziplinen wie die Psychologie, Anthropologie und die neueren Kulturwissenschaften auf nachhaltige Weise. Heute ist weithin akzeptiert, dass unsere Sinne uns kein neutrales, nur durch den wahrgenommenen Gegenstand geprägtes

Bild der Welt liefern, sondern jede Wahrnehmung, jeder Blick schon im Lichte unserer Begriffe und damit unseres Vorverständnisses strukturiert und interpretiert ist. Allerdings ist die genaue Abgrenzung zwischen dem, was die Sinne selbst uns darbieten (dem «Gegebenen»), und dem, was Begriffe (Sprache, Kultur) hinzufügen, bereits mit Blick auf Kants Theorie und bis heute umstritten.

Doch das ist nur die eine Hälfte von Kants berühmtem Slogan. Die andere lautet: «Gedanken ohne Inhalt» – das heißt: Begriffe ohne Anschauung – «sind leer». Damit meint Kant, dass abstrakte Begriffe, um einen Beitrag zu unserer Erkenntnis zu leisten, einen Bezug zur Wirklichkeit haben müssen, und den verleiht ihnen nur die sinnliche Anschauung. Das übersahen Kant zufolge seine rationalistischen Vorgänger. Es ist daher nötig, so Kant, «seine Begriffe sinnlich zu machen, (d. i. ihnen den Gegenstand in der Anschauung beizufügen)» (A51/B75). Ohne einen solchen Anschauungsbezug sind unsere Begriffe, etwa der Begriff Gottes oder der Seele, «ohne Sinn und Bedeutung» (A156/B195), d. h. ohne Bezug zur Realität.

Anschauungen und Begriffe müssen also einerseits philosophisch klar unterschieden werden, aber andererseits in unserem Geist zusammenwirken, um zu Erkenntnissen zu führen. Die Kooperation zwischen Anschauung und Begriff im Erkenntnisprozess stellt sich Kant nun nicht als ein äußerliches Anwendungsverhältnis vor, so als ob meine Sinne mir Anschauungen lieferten, auf die ich dann meine Begriffe anwende. Denn in jeder Wahrnehmung, bereits im allerersten Sehen einer Rose, verwenden wir nach Kant Begriffe wie den der Substanz, indem wir die Rose zum Beispiel als einen dauerhaften Gegenstand mit möglicherweise wechselnden Eigenschaften wahrnehmen. Diese Begriffe können wir nicht ihrerseits anhand von Wahrnehmungen erworben haben, denn sie gehen jeder Wahrnehmung voraus. Kant identifiziert zwölf dieser grundlegenden Begriffe a priori, die er im Anschluss an Aristoteles als «Kategorien» bezeichnet und in vier Dreiergruppen zusammenfasst: (1) Einheit, Vielheit, Allheit; (2) Realität, Negation, Limitation (Beschränkung); (3) Substanz, Kausalität, Wechselwirkung; (4) Möglichkeit, Wirklichkeit und Notwendigkeit. Im Folgenden werden uns zumeist die Begriffe der Substanz und der Kausalität (Verursachung) als Beispiele für diese zwölf Grundbegriffe des menschlichen Verstandes dienen.

Nach Kant ist jede bewusste Wahrnehmung von etwas *als* einem Gegenstand bereits das Ergebnis einer Verbindung von Anschauung und Kategorien, die Kant als *Synthesis* (Verknüpfung) bezeichnet. Dabei kann man sich die Kategorien Kant zufolge als Regeln vorstellen, nach denen wir unsere Sinneseindrücke zur anschaulichen Vorstellung eines Gegenstandes verbinden. Beim Sehen einer roten Rose bedeutet das zum Beispiel, dass wir nicht nur unverbundene Farb- und Lichtreflexe sehen, sondern einen zusammenhängenden Gegenstand, und dass wir die rote Farbe als Eigenschaft der Blütenblätter wahrnehmen und nicht des Stiels. In dieser Weise, so Kant, ist jede Wahrnehmung bereits das Ergebnis einer unbewussten Kooperation von Sinnlichkeit (passiver Empfänglichkeit für Sinneseindrücke) und Verstand (spontaner, d.h. aktiver Verbindung gegebener Eindrücke unter Anleitung eines Begriffs). Die Fähigkeit, gegebene Sinneseindrücke in anschauliche Vorstellungen von äußeren Gegenständen zu verwandeln, bezeichnet Kant als «Einbildungskraft», die ihm zufolge also nicht nur in Phantasievorstellungen zum Zuge kommt, sondern in jeder Wahrnehmung wie dem Sehen einer vor mir stehenden roten Rose.[7]

Kants neuartige Erkenntnistheorie ist also durch drei Thesen gekennzeichnet, die ihn von seinen rationalistischen wie empiristischen Vorgängern gleichermaßen unterscheidet: Erstens sind Sinnlichkeit und Verstand, Anschauung und Begriffe, zwei voneinander unabhängige Quellen menschlicher Erkenntnis. Zweitens verfügen beide über apriorische Strukturen, die erfahrungsunabhängiges Wissen ermöglichen. Beim Verstand sind dies die Kategorien als Grundbegriffe unseres Denkens. (Bei der Sinnlichkeit sind es die Anschauungsformen Raum und Zeit, in denen wir die Eindrücke unserer Sinne ordnen; Kapitel 24.) Und drittens können Sinnlichkeit und Verstand, obwohl voneinander unabhängig, nur in Verbindung miteinander zu Erkenntnissen führen. Im grundlegenden Fall bedeutet das, dass Begriffe als Regeln für die Synthesis (Verknüpfung) von Sinneseindrücken dienen, woraus erst Vorstellungen einer objektiven Realität hervorgehen. Das ist es, was Kant mit seinem Slogan «Gedanken ohne Inhalt sind leer, Anschauungen ohne Begriffe sind blind» auf den Punkt bringt.

An diesem Satz zeigt sich übrigens ein charakteristisches Merkmal von Kants sprachlichem Stil, der ja für seine langen und komplizierten

Sätze berüchtigt ist. Sicher, viele Sätze Kants sind lang und kompliziert; manche gehen über eine ganze Seite. Und zumindest in seinen theoretisch-abstrakteren Werken wie der *Kritik der reinen Vernunft* verzichtet Kant meist auf anschauliche Beispiele. Aber andererseits sind viele seiner Werke in einem lebendigen und anschaulichen, oft geistreich-witzigen Stil geschrieben, die ihn zu einem auch von philosophischen Laien vielgelesenen Autor machten. Und selbst seine schwierigsten Werke sind durchsetzt von pointierten Formulierungen und einprägsamen Phrasen wie «Anschauungen ohne Begriffe sind blind», die seine abstrakten Gedanken oft schlaglichtartig erhellen und auf den Punkt bringen. Viele davon sind zu philosophischen Gemeinplätzen geworden: «Sein ist … kein reales Prädikat» (A598/B626), «Er urteilt, dass er kann, weil er soll» (5:30), «die Freiheit eines Bratenwenders» (5:97), um nur drei Beispiele zu nennen. Auch kantische Ausdrücke wie «Ding an sich» (A26/B42), «Zweck an sich» (4:428), «kategorischer Imperativ» (4:421), «das Unbedingte» (A322/B379) oder «selbst verschuldete Unmündigkeit» (8:35) sind in den gebildeten Sprachschatz eingegangen, weil sie eine suggestive Kraft haben, die weit über ihre spezifisch philosophische Bedeutung hinausgeht. Kant ist nicht immer leicht zu lesen, aber er war ein glänzender Schriftsteller.

Doch zurück zu Kants Erkenntnistheorie. Was ist das eigentlich: eine Erkenntnis? Kant übernimmt diesen für seine Philosophie zentralen Ausdruck von den Autoren seiner Zeit, die ihn als Übersetzung des lateinischen *cognitio* verwenden – so zum Beispiel Georg Friedrich Meier, nach dessen Lehrbuch *Auszug aus der Vernunftlehre* (1752) Kant seine Logikvorlesungen hielt. Adelung schreibt in seinem ab 1774 erschienenen deutschen Wörterbuch (Kapitel 22), Erkenntnis bedeute: «Sich eine Sache vorstellen, wir mögen sie uns nun klar oder dunkel, deutlich oder undeutlich vorstellen; in welcher weitesten Bedeutung es bei den neuern Philosophen sehr häufig ist».[8] Auch Kant verwendet «Erkenntnis» zum Teil in dieser weiten Bedeutung, meint damit aber oft auch genauer das Ergebnis einer begrifflichen Verknüpfung sinnlicher Vorstellungen, etwa die Wahrnehmung einer Blume als Rose. Erkenntnis in diesem Sinne ist also noch nicht unbedingt Wissen, wenn man darunter, im Anschluss an Platon, eine begründete wahre Meinung versteht. Erstens muss eine Erkenntnis noch keine Meinung sein, sondern kann einfach darin bestehen, dass man sich der Existenz und Beschaffenheit eines bestimmten Gegenstandes, etwa einer Rose, bewusst ist. Zweitens brauchen wir dafür keine angebbaren Gründe. Und drittens muss eine Erkenntnis noch nicht einmal (ganz) wahr sein, weil Kant auch «falsche Erkenntnis» zulässt, etwa wenn mir eine weiße Rose in rotem Licht als rot erscheint.[9]

Im 19. Jahrhundert ist die sogenannte «Erkenntnistheorie» (ein Ausdruck, den Kant selbst noch nicht verwendet) unter dem Eindruck der kantischen Philosophie zur philosophischen Zentraldisziplin geworden.[10] Diese große Bedeutung konnte sie aber nur gewinnen, weil man anders als Kant Erkenntnis mit Wissen gleichsetzte. Das hat in der Rezeption der *Kritik der reinen Vernunft* im 19. und 20. Jahrhundert manche Verengungen zur Folge gehabt. So nahm man an, es ginge Kant in erster Linie um die Widerlegung des Skeptizismus, also des Zweifels an der Möglichkeit sicheren Wissens (Peter F. Strawson). Oder man sah in Kants Theorie vor allem eine philosophische Grundlegung der Naturwissenschaft (Marburger Neukantianismus; Kapitel 30). Tatsächlich geht es Kant, wenn er von «Erkenntnis» spricht, aber um die viel grundlegendere Frage, wie sich unsere Vorstellungen auf eine objektive Welt existierender Gegenstände und ihre Eigenschaften beziehen können. Das ist sicherlich eine Voraussetzung von Wissen über diese Welt, aber Kants Fokus ist nicht «erkenntnistheoretisch», sondern eher (im weitesten Sinn) kognitionswissenschaftlich: Es geht um die Frage, wie unser Geist aus subjektiven Sinneseindrücken Repräsentationen einer objektiven Welt macht. Und diese Frage wiederum interessiert Kant, weil er die Möglichkeit apriorischer Erkenntnis (also von «synthetischen Urteilen a priori») untersucht, da die Möglichkeit von Metaphysik als Wissenschaft davon abhängt, wie solche Urteile möglich sind (Kapitel 22).

Synthetische Urteile, die über das bloße Verständnis von Begriffen hinausgehen und etwas über die Welt aussagen, brauchen einen Anschauungsbezug, denn nur die Anschauung verbindet unsere Vorstellungen mit der Realität. Da steht Kant auf der Seite des Empirismus. Aber Anschauung allein liefert uns noch keine Vorstellung von einer objektiven Realität, denn dazu brauchen wir auch Begriffe, vor allem die Kategorien als Grundbegriffe a priori. In dieser Hinsicht steht Kant auf der Seite des Rationalismus. Kants Unterscheidung zwischen Anschauungen und Begriffen erlaubt es ihm so, die berechtigten Punkte beider Seiten miteinander zu verbinden und die Leitfrage der *Kritik der reinen Vernunft* zu beantworten, wie synthetische Urteile a priori möglich sind (Kapitel 22, 25).

Das Interesse an Metaphysik und Erkenntnis a priori, das im Zentrum von Kants kritischer Philosophie steht, geht zurück bis auf seine Schriften aus den frühen 1760er Jahren, als Herder bei Kant studierte. Herder scheint Kant also bereits damals missverstanden oder seine Vorlesungen nur selektiv aufgenommen zu haben, wenn er später den frühen Kant gegen den Autor der *Kritik der reinen Vernunft* ausspielt. Die Differenzen zwischen Lehrer und Schüler blieben bis zum Tod Herders 1803 bestehen. Umso bemerkenswerter ist, mit welch warmen Worten sich Herder 1792, also bereits nach seinem Zerwürfnis mit Kant, öffentlich an seinen Lehrer erinnert:

> «Ich habe das Glück genossen, einen Philosophen zu kennen, der mein Lehrer war. Er in seinen blühendsten Jahren hatte die fröhliche Munterkeit eines Jünglinges, die, wie ich glaube, ihn auch in sein greisestes Alter begleitet. Seine offene, zum Denken gebaute Stirn war ein Sitz unzerstörbarer Heiterkeit und Freude; die gedankenreichste Rede floss von seinen Lippen; … sein lehrender Vortrag war der unterhaltendste Umgang. … Er munterte auf, und zwang angenehm zum Selbstdenken; Despotismus war seinem Gemüt fremd. Dieser Mann, den ich mit größter Dankbarkeit und Hochachtung nenne, ist *Immanuel Kant*.»[11]

«Worauf beruht der innere Unterschied der Schnecken, die sonst ähnlich und sogar gleich [sind], aber davon eine Species rechts, die andere links gewunden ist; oder des Windens der Schwertbohnen und des Hopfens, deren die erstere wie ein Pfropfenzieher, oder, wie die Seeleute es ausdrücken würden, wider die Sonne, der andere mit der Sonne um ihre Stange läuft?»

Metaphysische Anfangsgründe der Naturwissenschaft (4:483f.)

24

Körper im Spiegel: Kant über den Raum

Kant war ein kleiner, schmächtiger Mann von nur 1,57 Metern Körpergröße. In seinen *Beobachtungen über das Gefühl des Schönen und Erhabenen* von 1764 schreibt er: «Eine große Statur erwirbt sich Ansehen und Achtung, eine kleine mehr Vertraulichkeit» (2:213). Kant war von Kindheit an schmalbrüstig, was ihm das Atmen erschwerte, und im Alter («der große Verwüster der Schönheit», 2:239) entwickelte er einen Buckel. Dennoch schildern ihn seine Zeitgenossen als eine attraktive Erscheinung: «Sein Haar war blond, seine Gesichtsfarbe frisch und seine Wangen hatten noch im hohen Alter eine gesunde Röte». In Gesellschaft trug er Perücke und Degen und kleidete sich elegant. In seinen mittleren Jahren trug er braune, in Goldschnur gefasste Mäntel mit gelben Westen, im Alter eher gedeckte Farben, getreu seiner Aussage: «Dem Alter geziemen dunklere Farben und Einförmigkeit im Anzuge, die Jugend schimmert durch hellere und lebhaft abstechende Kleidungsstücke» (2:213). Trotzdem berichtet Friedrich Schulz noch 1791 nicht nur über Kants gepflegte Erscheinung mit altmodischer Perücke und Haarbeutel, sondern auch über einen «Leibrock in heller Karmesinfarbe, mit ganz kleinen Perlmutterknöpfen». Schulz schreibt: «Sein Äußeres gibt den Anblick eines guten ehrlichen Uhrmachers, der sich zur Ruhe gesetzt hat».[1]

Kant legte also Wert auf ein gepflegtes, ja elegantes Äußeres. Auch wenn seine Kleidung von seinem Diener gepflegt sowie für ihn morgens bereitgelegt wurde und er sich vermutlich nicht selbst rasierte, wird er regelmäßig in den Spiegel geschaut haben, um sein Erscheinungsbild zu prüfen. Vielleicht war es bei einem solchen Blick in den Spiegel, dass Kant Mitte der 1760er eine Entdeckung machte, die seine weitere philosophische Entwicklung stark beeinflusste und die zugleich auf moderne naturwissenschaftliche Erkenntnisse vorausweist. Das Phänomen als solches ist allgegenwärtig: Es gibt Paare von Dingen, etwa die rechte und die linke Hand oder eine links- und eine rechtsdrehende Schraube, die sich zueinander wie Spiegelbilder verhalten, aber trotzdem nicht gegeneinander austauschbar sind. Die rechte Hand passt nun einmal nicht in den linken Handschuh und eine linksdrehende Schraube nicht in ein rechtsdrehendes Gewinde – und das selbst dann nicht, wenn die rechte Hand der linken und die linksdrehende der rechtsdrehenden Schraube in jeder anderen Hinsicht genau gleicht (2:381, 4:286).

So vertraut dieses Phänomen auch ist, erweist es sich bei näherer Betrachtung als überraschend rätselhaft. Was genau ist es eigentlich, das die beiden Hände und beiden Schrauben voneinander unterscheidet? Nehmen wir an, dass sie sich in materieller Beschaffenheit und Aufbau ganz genau gleichen und die räumliche Anordnung ihrer Teile genau dieselbe ist – nur eben gespiegelt. Auch wenn man *alle* ihre Eigenschaften bis in die kleinsten Details auflisten würde, könnte man sie anhand dieser Liste nicht unterscheiden, ohne Worte wie «links» und «rechts» zu verwenden. Sie unterscheiden sich also ausschließlich in ihrer räumlichen Orientierung. Aber ist das nicht eine rein subjektive, standpunktabhängige Unterscheidung? Schließlich ist das, was von meinem Standpunkt aus gesehen links ist, für mein Gegenüber rechts, und umgekehrt.

Wie Kant 1768 in seinem Aufsatz «Von dem ersten Grunde des Unterschiedes der Gegenden im Raume» bemerkt, kommt das Phänomen links- oder rechtsorientierter Körper in der organischen Natur sehr häufig vor: «Die Haare auf dem Wirbel aller Menschen sind von der Linken gegen die Rechte gewandt. Aller Hopfen windet sich von der Linken gegen die Rechte um seine Stange; die Bohnen aber nehmen eine entgegengesetzte Wendung. Fast alle Schnecken, nur etwa drei Arten ausgenommen, haben ihre Drehung ... von der Linken gegen die Rechte» (2:380). Das Phänomen von (meist organischen) Körpern, die entweder links oder rechts ausgerichtet sind, bezeichnet man heute, mit einem Ausdruck des Physikers Lord Kelvin (1824–1907), als «Chiralität» oder Händigkeit. Es spielt in vielen Bereichen der modernen Naturwissenschaften eine Rolle, allen voran in der Chemie und Molekularbiologie, weil viele Moleküle in einer rechts- und einer linksorientierten Variante vorkommen. Kant dürfte dieses Phänomen nicht selbst entdeckt haben. Er scheint aber der Erste gewesen zu sein, der es präzise beschrieben und in seiner naturphilosophischen Bedeutung erkannt hat.

Dabei interessiert sich Kant vor allem für einen Spezialfall chiraler Objekte, nämlich für solche, die anders als Haarwirbel und Schneckenhäuser normalerweise paarweise auftreten, wie menschliche Hände oder Ohren. Solche Paare bezeichnet Kant als «inkongruente Gegenstücke» und definiert sie durch zwei Merkmale. Erstens sind sich beide «völlig gleich und ähnlich», womit Kant die Eigenschaft der Spiegelsymmetrie umschreibt. Zwei Dinge sind spiegelsymmetrisch, wenn die räumliche Form des einen genau der des Spiegelbildes des anderen entspricht. Zweitens können sie trotzdem nicht «zwischen denselben Grenzen eingeschlossen sein» (4:286), was heißt, dass das eine nicht den Raum des anderen einnehmen kann (so, wie die linke Hand nicht in den rechten Handschuh passt). Heute bezeichnet man solche Objekte, wie zum Beispiel zwei spiegelsymmetrische Moleküle, als «Enantiomere».[2]

Kant interessierten Chiralität und inkongruente Gegenstücke vor allem wegen ihres Zusammenhangs mit der im 18. Jahrhundert heiß umstrittenen Frage nach dem Wesen des Raumes. Die beiden konkurrierenden Auffassungen gingen zurück auf Sir Isaac Newton (1643–1727) und Gottfried Wilhelm Leibniz (1646–1716), die beiden bedeutendsten Wissenschaftler und Denker ihrer Zeit, die auch in anderen Bereichen miteinander im Wettbewerb standen. So führten die beiden einen erbittert ausgetragenen Prioritätsstreit über die Entdeckung der Infinitesimalrechnung, die beide für sich beanspruchten. (Tatsächlich hatten sie sie in etwa gleichzeitig, aber unabhängig voneinander entwickelt.)[3]

In seinem Hauptwerk *Philosophiae naturalis principia mathematica* («Die mathematischen Prinzipien der Naturphilosophie», 1687), der bedeutendsten naturwissenschaftlichen Abhandlung der Neuzeit, postuliert Newton einen «absoluten» Raum: einen alles umfassenden, unendlich großen dreidimensionalen Behälter, der unabhängig von den Dingen existiert, die in ihm platziert sind. Gäbe es keine materiellen Gegenstände, so würde es immer noch den umfassenden Raum geben. Die Bewegung eines Körpers, etwa das Fallen eines Apfels, verstand Newton als Positionsveränderung in diesem absoluten Raum. Auch wenn es in der Welt nur diesen einen Apfel geben würde, könnte man daher sinnvoll davon sprechen, dass er sich bewegt, nämlich wenn er sich erst an einer und dann einer anderen Stelle des absoluten Raumes befindet. Newtons Raumtheorie war keine philosophische Spekulation, sondern Teil der erklärungsstärksten und empirisch bestbestätigten naturwissenschaftlichen Theorie des 18. Jahrhunderts, der newtonschen Mechanik. Zugleich passte sie bestens in das religiöse Weltbild des strenggläubigen Christen Newton, der den absoluten Raum auch als «sensorium dei» bezeichnete, also als Sinnesorgan Gottes: Wie das Wissen Gottes ist der Raum unendlich, alles durchdringend, allgegenwärtig.[4]

Der Philosoph und Universalgelehrte Leibniz hingegen hielt die Idee eines absoluten Raumes für absurd. Welchen Grund könnte Gott gehabt haben, die von ihm erschaffene Welt in einem absoluten unendlichen Raum gerade hier und nicht einen Meter weiter links oder rechts zu platzieren? Die Idee eines absoluten Raumes verstößt also gegen das Prinzip des zureichenden Grundes («Nichts geschieht ohne zureichenden Grund»), das Leibniz für ein universell gültiges metaphysisches Grundprinzip hielt. Die Vorstellung eines leeren unendlichen Raumes ohne Dinge darin war seiner Meinung nach sinnlos. Gäbe es hingegen nur ein einziges Objekt, etwa einen Apfel, so bestünde, anders als Newton behauptet, kein wirklicher Unterschied zwischen einer Welt, in der sich der Apfel an dieser Stelle befindet, und einer Welt, an der er sich an irgendeiner anderen befindet: Immer wäre er in alle Richtungen von unendlich viel leerem Raum umgeben. Und wie sollte man entscheiden, ob die Welt als Ganze, mit allen ihren Gegenständen, im absoluten Raum stillsteht oder aber in Bewegung ist?[5]

Leibniz entwickelt diese und andere Einwände in seinem Briefwechsel mit Samuel Clarke, einem Vertrauten und Anhänger Newtons. Leibniz' eigener Auffassung zufolge ist der Raum kein behälterähnliches Ding, sondern er besteht in den *Beziehungen* zwischen Dingen, also dem Neben-, Über- und Hintereinandersein von materiellen Gegenständen. Ohne Dinge, die in solchen Beziehungen stehen, gäbe es demnach auch keinen Raum. Bewegung ist nach Leibniz daher auch keine Positionsveränderung im absoluten Raum, sondern stets relativ zu anderen Objekten. So bewegt sich ein vom Baum fallender Apfel, indem er zunächst am Ast hängt, dann auf gleicher Höhe mit dem Stamm ist und schließlich auf dem Boden liegt. Absoluten Stillstand und absolute Bewegung gibt es nicht. Einen Ort im Raum einzunehmen heißt stets, eine Position relativ zu anderen Dingen einzunehmen.

Aber wenn räumliche Beziehungen nicht auf der Position im absoluten Raum beruhen, was erklärt dann eigentlich, dass zwei Dinge in einer bestimmten räumlichen Relation stehen, also zum Beispiel gleich weit von einem dritten entfernt oder unterschiedlich groß sind? Nach Leibniz folgt dies aus ihren Eigenschaften, die *nicht* in Relationen zu anderen Dingen bestehen. Man spricht heute von «intrinsischen» Eigenschaften. Solche Eigenschaften können Leibniz zufolge nur geistige Eigenschaften sein – Vorstellungen im weitesten Sinne. Diese Annahme führt Leibniz zu seiner Monadenlehre, wonach die Welt letztlich aus ausdehnungslosen seelenartigen Substanzen besteht – eine eigenwillige, aber auch faszinierende metaphysische Theorie. Demnach ergeben sich aus den intrinsischen Eigenschaften der Dinge zwingend ihre relationalen, also auch ihre räumlichen Eigenschaften.

Das aber bedeutet nach Leibniz, dass zwei Dinge, etwa zwei verschiedene Äpfel, sich nicht ausschließlich darin unterscheiden können, dass sie verschiedene Stellen im Raum einnehmen, denn dieser Unterschied muss sich ja aus Unterschieden in ihren intrinsischen Eigenschaften ergeben. Leibniz gelangt so zu seinem berühmten Prinzip der Identität des Ununterscheidbaren: Es kann keine zwei Dinge geben, die sich in allen

Eigenschaften genau gleichen. Wenn der Apfel, der vor mir auf dem Boden liegt, und der Apfel, der vom Baum gefallen ist, in allen Eigenschaften genau gleich sind, dann muss es sich um denselben Apfel handeln. In Newtons absolutem Raum hingegen könnten zwei Äpfel in allen nicht-räumlichen Eigenschaften genau gleich und trotzdem zwei verschiedene Dinge sein, wenn sie sich an verschiedenen Orten befinden.

Als Kant 1768 seinen kleinen Aufsatz über die «Gegenden im Raume» schrieb, dachte er zunächst nur, mit den inkongruenten Gegenstücken ein Argument gegen Leibniz und damit für Newton gefunden zu haben. Nehmen wir an, eine rechte und eine linke Hand sind in allen ihren Eigenschaften gleich außer in ihrer räumlichen Orientierung: Sie bestehen aus denselben Knochen und Geweben, haben denselben anatomischen Aufbau und selbst die räumlichen Relationen ihrer Teile zueinander, etwa des Daumens zu den Fingern, sind genau gleich. Nach Leibniz' Theorie des Raumes muss es sich um denselben Gegenstand handeln. Aber das ist offensichtlich nicht der Fall. Es ist allein eine räumliche Eigenschaft, ihre Orientierung nach links oder rechts, die sie unterscheidet. Das kann Leibniz' Theorie nicht erklären.

Oder vielleicht doch? Leibniz könnte erwidern, dass man die beiden Hände nicht isoliert betrachten dürfe. Tatsächlich unterscheiden sie sich in ihren räumlichen Relationen zu *anderen* Dingen, etwa zum Rest des menschlichen Körpers. So passt die rechte Hand eben nur an die rechte Seite des Körpers, nicht aber an die linke. Doch Kant zeigt mit einem faszinierenden Gedankenexperiment, dass diese Verteidigung nicht verfängt. Man stelle sich vor, Gott erschuf zunächst nur einen einzigen Gegenstand, nämlich eine menschliche Hand. Erst danach erschuf er den dazugehörigen Körper, aber ohne Hände. Es ist klar, dass die Hand entweder an die rechte oder an die linke Seite passt. Aber da sich die Hand durch die Erschaffung des Körpers nicht verändert hat, bedeutet das, dass sie bereits zuvor, als sie noch der einzige existierende Gegenstand war, eine rechte oder linke Hand gewesen sein muss. Da zu diesem Zeitpunkt noch kein anderer Gegenstand existierte, kann ihre Eigenschaft, eine rechte oder linke Hand zu sein, nicht, wie Leibniz behauptet, in ihrem Verhältnis zu anderen Dingen bestanden haben. Leibniz, so jedenfalls Kants Einschätzung, war damit widerlegt (vgl. 2:382f.).

Doch das bedeutet nicht, dass Newton Kant zufolge Recht behalten hätte. Tatsächlich greift Kant das Beispiel inkongruenter Gegenstücke in seinen späteren Werken wiederholt auf, so zum Beispiel in den *Metaphysischen Anfangsgründen der Naturwissenschaft* (1786), wo er dieses Phänomen nun ganz allgemein als Argument gegen Theorien verwendet, die den Raum als wahrnehmungsunabhängigen Teil der Realität verstehen (4:484). Das schließt auch den absoluten Raum Newtons ein. Kants Argument lautet nun, dass der Unterschied zwischen einer rechten und einer linken Hand kein objektiver Unterschied in ihren abstrakt beschreibbaren Eigenschaften ist, sondern nur *anschaulich*, also durch Sinneswahrnehmung oder bildliche Vorstellungen, erfahren werden kann. Das zeigt sich unter anderem daran, dass dieser Unterschied nur hinweisend, mit Worten wie «diese Seite» oder «so herum» beschrieben werden kann, die nur in Verbindung mit wahrnehmbaren Zeigegesten verständlich sind. Der Raum, so Kant, ist subjektiv und wahrnehmungsabhängig in einer Weise, die Newtons Theorie des absoluten Raums nicht erfassen kann. Er ist nichts anderes als die Form menschlicher Anschauung, keine Eigenschaft der Dinge an sich.

Dass der Raum – ebenso wie die Zeit – eine spezifisch menschliche Form der Wahrnehmung ist, in der uns die wahrgenommenen Gegenstände erscheinen, hatte Kant zuerst 1770 in seiner Dissertation *De mundi sensibilis atque intelligibilis forma et principiis* (Von den Formen und Prinzipien der Sinnenwelt und der Verstandeswelt) behauptet, die er anlässlich seiner Berufung auf die Professur für Logik und Metaphysik vorlegte. Sein Schüler und Freund Marcus Herz verteidigte die Schrift in der ebenfalls zum Berufungsverfahren gehörenden Disputation und veröffentlichte im Jahr darauf mit Kants Unterstützung eine leicht überarbeitete deutsche Fassung unter seinem eigenen Namen. (Die Vorstellungen von Autorschaft waren im 18. Jahrhundert noch andere als heute, wo ein solches Vorgehen als Plagiat betrachtet würde.) Kants Dissertation von 1770 ist ein wesentlicher Schritt auf dem Weg zur *Kritik der reinen Vernunft*, in der Kant seine Theorie von Raum und Zeit zur Grundlage seiner gesamten Erkenntnistheorie und Metaphysik macht.[6]

Im Abschnitt «Transzendentale Ästhetik», gleich am Anfang der *Kritik der reinen Vernunft*, entwickelt Kant eine Reihe von Argumenten, die zeigen sollen, dass Raum und Zeit keine von menschlicher Wahrnehmung unabhängigen Strukturen der Realität sind, sondern «Formen der Anschauung», also Weisen, wie wir uns Dinge anschaulich vorstellen. Diese Formen entnehmen wir aber nicht der Wahrnehmung, etwa der Beobachtung hängender und fallender Äpfel, sondern sie sind bei jeder Wahrnehmung schon vorausgesetzt und daher *a priori*, nicht empirisch (A23f./B38; A30f./B46f.). Sie bilden gleichsam den Ordnungsrahmen, der es uns erlaubt, die unmittelbaren Eindrücke unserer Sinne (Farben, Töne, Tastempfindungen etc.) zu ordnen und aufeinander zu beziehen. Erst dadurch, so Kant, kann aus dem «Gewühle» (A111) von Sinneseindrücken ein einheitliches Wahrnehmungsbild, die Vorstellung einer zusammenhängenden Welt von farbigen, tönenden, leichten und schweren Dingen werden. (Dazu reichen Raum und Zeit allein aber nicht aus, sondern es sind auch Begriffe – die Kategorien – nötig; Kapitel 23.)

Kant schreibt dem Raum im Wesentlichen die Eigenschaften zu, die auch Newtons absoluten Raum kennzeichnen, vor allem Unendlichkeit und Unabhängigkeit von den im Raum enthaltenen Gegenständen, aber anders als Newton bestreitet Kant, dass der Raum «absolut», für sich genommen existiert, sondern behauptet, dass es sich um eine bloße Vorstellung des Menschen handelt (A23–25/B38–40). Aus dem Sensorium Gottes ist bei Kant ein Sensorium des Menschen geworden.

Doch wenn der Raum, in dem sich die uns bekannten materiellen Gegenstände befinden, nach Kant alle strukturellen Merkmale des newtonschen Raumes aufweist, warum kann es sich bei ihm nicht, wie Newton meinte, um eine objektive Struktur der Realität «an sich» handeln? Der wichtigste Grund, den Kant nennt, ergibt sich aus den Besonderheiten mathematischen Wissens. Es gibt eine Wissenschaft räumlicher Strukturen und Beziehungen, die völlig erfahrungsunabhängig zu absolut sicheren Resultaten führt, nämlich die Geometrie. Dass die Winkelsumme im Dreieck 180 Grad beträgt, kann man ohne Nachmessen allein durch geometrische Konstruktion für alle nur denkbaren Dreiecke beweisen. Euklids *Elemente*, die diesen und viele andere geometrische Beweise enthalten, galten in der Neuzeit als Inbegriff der wissenschaftlichen Methode (Kapitel 6). Während Wahrnehmung und Beobachtung uns täuschen können, führen uns diese Beweise nach dem Verständnis Kants und seiner Zeitgenossen zu unbezweifelbar sicheren Einsichten. Das können sie nur, weil sie *a priori*, unabhängig von Wahrnehmung und Beobachtung, geführt werden (A24; B40f.).

Aber wie ist das möglich? Wie können wir durch bloßes Nachdenken und geometrisches Konstruieren etwas über die Realität herausfinden, etwa dass die Winkelsumme auch bei einem Warndreieck oder einer dreieckigen Bodenfliese 180 Grad beträgt? Wie kommt es, so die Frage in ihrer allgemeinsten Form, dass wir in der Lage sind, geometrische Aussagen zu treffen, ohne sie empirisch zu testen oder zu bestätigen, und wir diese Aussagen in der Realität trotzdem ausnahmslos bestätigt finden? Dieselbe Frage stellt sich natürlich auch für andere Bereiche der Mathematik, etwa die Arithmetik. Wir wissen a priori, also ohne nachzuzählen, dass dann, wenn von 157 Bodenfliesen 43 bereits verlegt sind, noch 114 übrig sein müssen. Und wenn eine Statikerin die Belastbarkeit einer Brücke auf dem Papier oder am Computer mathematisch korrekt berechnet, können wir uns darauf verlassen, dass die Brücke halten wird, sofern sie entsprechend den Plänen gebaut wird und keine Materialfehler auftreten. Wie ist das möglich? Warum richtet sich die Realität nach mathematischen Prinzipien, die wir a priori erkennen können? Kant zufolge ist das ein Rätsel, das keine der Theorien vor ihm lösen konnte, auch die von Leibniz und Newton nicht.

Nach Kant machen diese Theorien eine Voraussetzung, die das Rätsel überhaupt erst entstehen lässt, nämlich dass den Dingen im Raum ihre räumlichen und zeitlichen Eigenschaften ganz unabhängig davon zukommen, wie *wir* uns diese Dinge vorstellen und erkennen können. Dann muss es in der Tat rätselhaft erscheinen, wie wir zum Beispiel von geometrischen Beweisen, die für unsere Vorstellungen von Dreiecken gelten mögen, auf die geometrischen Eigenschaften dreieckiger Fliesen schließen können, die in einem Badezimmer verlegt werden sollen. Das Rätsel verschwindet jedoch, wenn man annimmt, dass der Raum selbst nur eine Vorstellung in unserem Geist ist, und zwar eine solche, die jeder Wahrnehmung realer Gegenstände vorausgeht und diese strukturiert. Die Strukturen des Raumes, so Kant, können wir deshalb a priori, ohne Blick auf die äußere Welt, erkennen, weil es sich um Strukturen unseres eigenen Geistes handelt, zu denen wir unmittelbar Zugang haben. Und sie gelten trotzdem für die realen Dinge im Raum, weil diese ihre räumlichen Eigenschaften der Struktur unseres Geistes, der Form unserer Anschauung, verdanken.

Dasselbe gilt nach Kant auch für die Zeit. Diese ist die Form unserer *inneren* Anschauung, das heißt, des Bewusstseins von unseren eigenen Vorstellungen. Diese bieten sich uns in einer zeitlichen Ordnung «nacheinander» dar: Jetzt denke ich dieses, als Nächstes etwas anderes, vorher habe ich jenes gefühlt, jetzt nicht mehr. Wenn ich mir meiner Vorstellungen bewusstwerde, dann sind sie nicht an einem bestimmten Ort im Raum, sondern rein zeitlich lokalisiert (früher, später oder gleichzeitig). Materielle Gegenstände dagegen erscheinen uns anschaulich als räumlich ausgedehnt und «nebeneinander» im Raum. Er ist daher die Form der äußeren Anschauung, also der Gegenstände außerhalb unseres Geistes. Nur auf indirekte Weise – nämlich dadurch, dass wir sie uns vorstellen – sind Kant zufolge auch die räumlichen Gegenstände «in der Zeit» (A34/B51).

Die Eigenschaft von Raum und Zeit, bloße Anschauungsformen «in uns» und keine Merkmale der «Dinge an sich» zu sein, bezeichnet Kant als ihre «Idealität» (A28/B44). Diese Idealität oder Vorstellungsabhängigkeit überträgt sich auch auf die Dinge, die wir in Raum und Zeit wahrnehmen: Von den kleinsten Teilen der Materie über Menschen und ihre Lebenswelt bis hin zu Sonnensystemen und Galaxien existieren diese Dinge nur insofern in Raum und Zeit, als wir sie wahrnehmen oder zumindest wahrnehmen können. Sie *erscheinen* uns in Raum und Zeit, sind es an sich betrachtet aber nicht.

Doch was bleibt von einem Tisch oder einem Stein übrig, wenn man von allen raumzeitlichen Eigenschaften absieht? Nicht viel, denn auch Eigenschaften wie Form, Farbe und materielle Beschaffenheit sowie Vorgänge wie Bewegung oder Teilung sind untrennbar mit Raum und Zeit verbunden. Wir können Kant zufolge über die «Dinge an sich» (also die Dinge unabhängig davon, wie sie uns in Raum und Zeit erscheinen) keine näheren Aussagen machen. Sie bleiben für uns immer ein bloßes «X», ein «etwas überhaupt», das sich unserer Erkenntnis entzieht. Die für uns erkennbare Welt in Raum und Zeit dagegen, so die zentrale These von Kants «transzendentalem Idealismus», ist eine Welt bloßer «Erscheinungen» (A491/B519; Kapitel 26).

Das ist eine radikale, ja verstörende These, denn sie scheint die uns umgebenden Dinge gleichsam ihrer Solidität zu berauben und sie in bloße Vorstellungen in unserem Geist zu verwandeln. So haben viele frühe Leser Kants ihn verstanden; Heinrich von Kleist stürzte dieser Gedanke in eine existentielle Krise.[7] Doch auch wenn Kant zu solchen Missverständnissen Anlass gab, wollte er keineswegs behaupten, dass die Realität in Raum und Zeit nicht wirklich existiert. Erstens sind materielle Gegenstände Kant zufolge Erscheinungen *von* Dingen an sich, also keine bloßen Phantasievorstellungen. Und zweitens bilden sie eine allen Menschen zugängliche empirische Realität. Sie sind zwar in transzendentaler Hinsicht «ideal», aber empirisch «real» (A28/B44; A35f./B52), was bedeutet: Kants Theorie betrachtet sie zwar als abhängig von unseren Vorstellungen und somit als «ideal», aber das heißt nicht, dass es Atome, Menschen und Galaxien nicht wirklich gibt. Es gibt sie, aber wir können sie nur so erkennen, wie sie uns erscheinen – nämlich in Raum und Zeit. Dass es Raum und Zeit und darin enthaltene Dinge gibt, ist eine objektive Tatsache. Aber es handelt sich um eine Objektivität relativ zu den allgemeinen Bedingungen menschlicher Erkenntnis. Es ist eine Objektivität des menschlichen Standpunktes, da wir «nur aus dem Standpunkte eines Menschen» von Raum und Zeit sprechen können (Kapitel 1).

Aus heutiger Sicht folgt allerdings weder aus der Existenz inkongruenter Gegenstücke noch aus dem apriorischen Charakter der Mathematik, dass Raum und Zeit nur Strukturen unserer Erkenntnis sind und kein Teil der von uns unabhängigen Realität. Selbst wenn Kant mit seiner Kritik an Leibniz und Newton Recht gehabt haben sollte, was umstritten ist, beruht sein entscheidendes Argument für die Idealität des Raumes auf der Annahme, dass der Raum der euklidischen Geometrie, für den wir apriorische Beweise führen können, derselbe ist wie der physikalische Raum, der uns umgibt. Seit Einsteins Relativitätstheorie weiß man, dass das nicht der Fall ist. Dabei hat sich unter anderem herausgestellt, dass Raum und Zeit keine voneinander unabhängigen Größen, sondern Teile der vierdimensionalen Raumzeit sind. Damit ist nach Meinung vieler Expertinnen und Experten in Physik und Philosophie auch Kants These von der Idealität von Raum und Zeit widerlegt. Inwieweit damit auch andere Aspekte von Kants Erkenntnistheorie und Metaphysik fragwürdig werden, ist umstritten.[8]

Das Phänomen der inkongruenten Gegenstücke dagegen ist bis heute von wissenschaftlichem Interesse. Dass es auch in der nicht-belebten Natur vorkommt, hatte zuerst der junge Louis Pasteur 1848, also achtzig Jahre nach Kants Aufsatz über die inkongruenten Gegenstücke, in einem wegweisenden Experiment anhand zweier Formen von Weinsäure gezeigt. Weitere einhundert Jahre später erlangte das Phänomen traurige Berühmtheit im sogenannten Contergan-Skandal. Tausende werdende Mütter brachten nach Einnahme des Schlafmittels Contergan Kinder mit körperlichen Fehlbildungen zur Welt. Die Ursache: Der chemische Wirkstoff des Medikaments, das Thalidomid, kommt in zwei Formen vor, nämlich als links- und als rechtsorientiertes Molekül. Für die Zulassung des Medikaments hatte man nur die harmlosere rechtsdrehende Form getestet; das Medikament selbst bestand aber zur Hälfte aus der linksdrehenden Form, die zu Fehlbildungen führt. Seitdem werden in der Pharmazie Enantiomere (Kants inkongruente Gegenstücke) sorgfältig unterschieden.[9]

Es gibt keinen Hinweis darauf, dass Kants Aufsatz aus dem Jahr 1768 die moderne Erforschung der Chiralität beeinflusst hat. Aber der Aufsatz zeigt, dass Kant nicht nur ein großer Philosoph war, sondern auch ein genauer Beobachter, der die vertrautesten Dinge mit theoretischer Neugier betrachtete und in ihnen das Fremde und Überraschende entdecken konnte.[10]

«Die Bedingungen der Möglichkeit der Erfahrung
überhaupt sind zugleich Bedingungen
der Möglichkeit der Gegenstände der Erfahrung,
und haben darum objektive Gültigkeit in einem
synthetischen Urteile a priori».

Kritik der reinen Vernunft (A158/B197)

25

Objektivität (fast) ohne Objekt

Es ist der 21. Februar 1772. Immanuel Kant ist 48 Jahre alt und seit zwei Jahren (endlich) Professor für Logik und Metaphysik an der Universität Königsberg. Kant sitzt in seinem gemieteten Zimmer im winterlichen Königsberg und schreibt an seinen Schüler und Freund Marcus Herz in Berlin, dem er schon lange einen Brief schuldet. Herz hatte als Respondent an der zum Antritt der Professur erforderlichen Verteidigung von Kants Dissertation teilgenommen und ein Jahr später eine deutsche Fassung dieser Schrift veröffentlicht (Kapitel 24). Inzwischen hatte er Königsberg mit einem Empfehlungsschreiben Kants an den berühmten Philosophen Moses Mendelssohn und andere Berliner Freunde Kants verlassen, um in Berlin sein Medizinstudium abzuschließen (Kapitel 3). Kant berichtet Herz («Hochedler Herr, werter Freund») von seinen aktuellen philosophischen Projekten und vor allem von seinen Zweifeln, die ihm inzwischen an einigen Thesen der Dissertation gekommen sind – nicht an der Raum-Zeit-Lehre, die Kant von nun an im Wesentlichen beibehalten sollte (Kapitel 24), sondern an der Theorie von Begriffen wie Substanz und Ursache (10:129–135).

Solche Begriffe können wir nicht dadurch gewinnen, dass wir sinnliche Wahrnehmungen vergleichen und ihre Gemeinsamkeiten festhalten, etwa so, wie wir den Begriff des Baumes bilden, indem wir verschiedene Bäume vergleichen (Kapitel 23). Der schottische Philosoph David Hume hatte gezeigt, dass dieses Verfahren für einen Begriff wie den der Kausalität (Verursachung) nicht funktionieren kann: Eine Ursache ist das, auf das *immer* eine bestimmte Wirkung folgt. Aber wir können weder *alle* Veränderungen vergleichen noch feststellen, ob auf dieselbe Ursache tatsächlich *immer* dieselbe Wirkung folgt – etwa auch in lange vergangenen oder zukünftigen Fällen (Kapitel 21). Kant war klar, dass Humes Punkt auch für andere Grundbegriffe der Metaphysik gilt. Auch die Begriffe von Substanz, Seele oder Gott können nicht empirisch, aufgrund von Wahrnehmung und Erfahrung erworben werden. Aber wie gelangen wir dann zu diesen Begriffen?

Die traditionelle Antwort von rationalistischen Philosophen wie Descartes und Leibniz lautete: Diese Begriffe gehören zur Grundausstattung unseres Verstandes, sie sind Begriffe *a priori* (Kapitel 21). Das sah Kant im Wesentlichen genauso. Doch nun war ihm klargeworden, dass sich daraus ein Problem ergibt: Wenn Begriffe wie Substanz und Ursache einerseits unserem eigenen Verstand entstammen, ihnen aber andererseits, wie Hume für den Begriff der Kausalität gezeigt hatte, in unserer Wahrnehmung nichts entsprechen kann, woher wissen wir dann, ob diese Begriffe überhaupt auf irgendetwas in der Welt zutreffen können? Schließlich gibt es Begriffe wie den des Einhorns oder eines Schlaraffenlandes, die unser Geist bilden kann, denen in Wirklichkeit aber nichts entspricht. Verhält es sich mit Begriffen wie Substanz und Ursache vielleicht genauso? Ja, mit diesen Begriffen scheint es sogar noch schlimmer zu stehen. Wenn es Einhörner geben *würde*, dann könnten wir sie ebenso erkennen wie Bäume und Häuser, nämlich indem wir feststellen, dass es Dinge gibt, welche die entsprechenden wahrnehmbaren Merkmale aufweisen (pferdeähnliches Tier mit einem Horn). Doch wenn Hume recht hat, könnten wir Substanzen und Ursachen selbst dann nicht erkennen, wenn es sie geben sollte: Wir können niemals feststellen, ob ein Gegenstand wirklich in allen möglichen Veränderungen derselbe bleibt und ob auf gleiche Ursachen tatsächlich immer gleiche Wirkungen folgen.

Abb. 16: Marcus Herz, Gemälde von Friedrich Georg Weitsch, 1795

Wie, so fragt sich Kant in seinem Brief an Herz, können wir wissen, ob solche Begriffe sich überhaupt auf etwas beziehen: «ich frug mich nämlich selbst: auf welchem Grunde beruht die Beziehung desjenigen, was man in uns Vorstellung nennt, auf den Gegenstand?» (10:130) Handelt es sich bei einer Vorstellung um eine sinnliche Anschauung, ist die Antwort leicht zu geben, denn sie bezieht sich auf genau denjenigen Gegenstand, der sie verursacht. Wenn ich zum Beispiel einen Baum im Hof sehe, dann bezieht sich meine visuelle Vorstellung auf diesen Baum, weil er Licht reflektiert und so meine Sinne affiziert (Kapitel 23). Aber diese Erklärung funktioniert nicht bei Begriffen a priori, weil diese nicht in äußeren Gegenständen, sondern «in der Natur der Seele … ihre Quellen haben» (10:130). Die Frage, wie sie dennoch reale Gegenstände und Vorgänge repräsentieren können oder ob sie vielleicht ein bloßes «Hirngespinst» sind, so Kant nun mit Blick auf seine Dissertation selbstkritisch, «überging ich mit Stillschweigen» (10:131f.).

Andere Philosophen, allen voran Descartes, hatten sich an dieser Stelle auf Gott berufen, der dafür sorge, dass unsere angeborenen Begriffe mit der Realität übereinstimmen. Doch Kant verwirft das als einen «Deus ex Machina» (was ursprünglich den per Bühnenmechanismus plötzlich auf der Theaterbühne auftauchenden Gott bezeichnete). Die Berufung auf Gott «ist in der Bestimmung des Ursprungs und der Gültigkeit unserer Erkenntnisse das ungereimteste was man nur wählen kann» (10:131), denn damit setze man voraus, was in Frage steht. Schließlich ist der Begriff Gottes selbst ein Begriff a priori, der nicht auf sinnlicher Wahrnehmung beruht. Auch für diesen Begriff müsste also zunächst einmal erklärt werden, wie er sich überhaupt auf etwas beziehen kann.

Für das Projekt, alle Begriffe a priori in Metaphysik und Moral systematisch zu erfassen und ihre Gültigkeit zu prüfen, hat Kant im Februar 1772 bereits einen Namen: «Critick der reinen Vernunft» (10:132). Deren ersten Teil über die Metaphysik, schreibt Kant, werde er in drei Monaten herausgeben. Tatsächlich wurden daraus über neun Jahre intensivster Arbeit, bis Kant mit seinen Überlegungen endlich zufrieden war und sein Hauptwerk 1781 erscheinen konnte.

Was ist die Lösung, die Kant für das Problem der Begriffe a priori, auf das er Anfang der 1770er Jahre gestoßen war, in der *Kritik der reinen Vernunft* gefunden hat? Sie besteht in einer «Revolution der Denkart» – also in der Umkehrung der herkömmlichen Perspektive auf das Problem (Kapitel 1). Bisher, so Kant 1787 im Rückblick auf seine Entdeckung, hatte man angenommen, dass unsere Begriffe sich «nach den Gegenständen richten» müssen (B xvi). Wenn ich zum Beispiel unter einem «Walfisch» einen Fisch verstehe, der aussieht wie ein Wal, dann gibt es nichts, das diesem Begriff entspricht. Wenn ich ihn auf Wale anwende, dann irre ich mich, denn Wale sind keine Fische, sondern Säugetiere. Der korrekte Begriff ist der des Wals als Meeressäuger. In diesem Sinn müssen sich unsere empirischen Begriffe nach ihrem Gegenstand richten, und sie können das, weil wir ihre Angemessenheit anhand der Erfahrung überprüfen können.

Aber wenn man dieselbe Erklärungsrichtung auch für Begriffe a priori annimmt, ergibt sich das Problem, das Kant in seinem Brief an Herz schildert. Wenn der Begriff der Substanz sich nach seinem Gegenstand richten sollte, wäre das nur dann möglich, wenn wir ihn an der Erfahrung überprüfen und wenn nötig anpassen könnten – so, wie der Begriff des Wals angepasst wurde, nachdem man entdeckte, dass es sich um ein Säugetier handelt. Aber genau das, so hatte Hume gezeigt, ist bei Begriffen a priori nicht möglich, denn ihnen kann in der menschlichen Erfahrung niemals etwas entsprechen. Also schlägt Kant vor, die Erklärungsrichtung umzudrehen: Begriffe a priori richten sich nicht nach ihren Gegenständen, sondern diese Gegenstände müssen sich nach unseren Begriffen richten (B xviif.). Aber warum sollten die Gegenstände uns diesen Gefallen tun?

Kants Antwort ist komplex, aber die Grundidee lautet: weil sie sonst keine für uns erkennbaren Gegenstände wären. Zumindest jene Dinge, die wir erkennen und von denen wir Erfahrung haben können, also alle Dinge in Raum und Zeit, müssen den Bedingungen genügen, unter denen Erkenntnis und Erfahrung für uns möglich sind, denn sonst könnten wir sie ja nicht erkennen. Im Fall der sinnlichen Wahrnehmung ist es genauso: Damit ich einen Gegenstand sehen kann, muss er Licht reflektieren. Damit ich etwas hören kann, muss es Schallwellen erzeugen. Wir können also etwas ganz Allgemeines über alle wahrnehmbaren Gegenstände wissen, nämlich dass sie sich nach den jeweiligen Bedingungen «richten» müssen, unter denen sie für uns wahrnehmbar sind.

Wenn sich nun zeigen ließe, dass bestimmte Begriffe a priori – die zwölf Kategorien (Kapitel 23) – zu den Bedingungen gehören, durch die empirische Gegenstände für uns überhaupt erst denkbar und erfahrbar werden, dann müssten sich diese Gegenstände, damit wir von ihnen Erfahrung haben können, nach diesen Begriffen «richten». Wenn wir eine Veränderung zum Beispiel nur dann wahrnehmen könnten, wenn sie eine Ursache hat, dann wüssten wir a priori (das heißt: unabhängig von jeder konkreten Erfahrung), dass *alle* für uns wahrnehmbaren Veränderungen eine Ursache haben müssen und der Begriff der Ursache somit, wie Kant es nennt, «objektive Gültigkeit» hat. Solche Begriffe wären dann, so Kants berühmte Formel, «Bedingungen der Möglichkeit der Erfahrung» und damit zugleich «Bedingung der Möglichkeit der Gegenstände der Erfahrung» (A158/B197). So wäre also erklärt, wie Begriffe a priori sich auf Gegenstände beziehen können, ohne dass sie auf die sinnliche Wahrnehmung dieser Gegenstände zurückgehen: indem sie jede für uns mögliche Erfahrung strukturieren und so erst das Erkennen von Gegenständen möglich machen. Genau diese erfahrungsermöglichende

Rolle spielen die Begriffe «Substanz», «Ursache» und die zehn weiteren Begriffe, die Kant als «Kategorien» bezeichnet.

Das jedenfalls will Kant im schwierigsten und meistinterpretierten Kapitel der *Kritik der reinen Vernunft* zeigen, der «transzendentalen Deduktion» der Kategorien, die uns in zwei verschiedenen Versionen vorliegt. Kant hatte die ursprüngliche Fassung in der ersten, der sogenannten «A-Auflage» der *Kritik der reinen Vernunft* von 1781, für die «B-Auflage» von 1787 vollständig neu geschrieben. Wie er selbst zugestand, blieb ein Rest an Dunkelheit aber bestehen. Bis heute ist nicht nur umstritten, ob Kants Argument überzeugen kann, sondern bereits, wie es genau zu verstehen ist.

Unter einer «Deduktion» versteht Kant hier den Nachweis, dass wir die Kategorien als Grundbegriffe unseres Denkens zu Recht auf Gegenstände anwenden und mit ihrer Hilfe tatsächlich Strukturen der Realität erfassen können. Seine Grundidee lautet, dass die Kategorien «Bedingungen der Möglichkeit von Erfahrung» sind. Aber wie zeigt man das?

In einem ersten, vorgelagerten Schritt (der «metaphysischen Deduktion») leitet Kant zunächst die zwölf Kategorien aus zwölf logischen Grundformen des Urteils her (A80/B106). So sind Urteile zum Beispiel entweder *allgemeine* Urteile (‹Alle A sind B›), *besondere* (‹Einige A sind B›) oder *einzelne* Urteile (‹Dieses A ist B›); sie sind *bejahend* oder *verneinend*, haben *Subjekt-Prädikat-* oder *Wenn-dann-*Form und so weiter. Das sind die sogenannten Urteilsformen. Die Kategorie der Substanz, also eines fortdauernden Dinges mit verschiedenen Eigenschaften, ergibt sich Kant zufolge zum Beispiel aus der Urteilsform von Subjekt (Ding) und Prädikat (Eigenschaft); die Kategorie von Ursache und Wirkung aus der Urteilsform ‹Wenn A, dann B› (wenn die Ursache auftritt, dann auch die Wirkung).

In einem zweiten Schritt (der «transzendentalen Deduktion») argumentiert Kant dann, dass diese Urteilsformen und mit ihnen auch die entsprechenden Kategorien notwendig sind, um sich in der Vielzahl von Vorstellungen der eigenen Identität bewusst sein zu können (B134). Damit knüpft Kant an Descartes und dessen berühmtes *Cogito ergo sum* an («Ich denke, also bin ich»), gibt diesem Gedanken aber eine ganz neue Wendung. Anders als Descartes versteht Kant das denkende Ich nicht als eine Substanz (Descartes: *res cogitans*, ein denkendes Ding), sondern als dasjenige, was unsere unzähligen Bewusstseinsinhalte zu einem einheitlichen Bewusstsein verbindet (Kapitel 17).

Kant bezeichnet diese einheitsbildende Funktion als «transzendentale Apperzeption»: «Das: Ich denke», so Kants berühmte Formulierung, «muss alle meine Vorstellungen begleiten können», denn sonst wären sie nicht *meine* Vorstellungen (B131f.). Dazu müssen diese Vorstellungen aber aktiv in einem Bewusstsein vereinigt werden, was Kant zufolge in Urteilen geschieht. Zum Beispiel verbinde ich verschiedene Sinneseindrücke von etwas Rotem und etwas Spitzem zu dem Urteil «Diese Rose ist rot und dornig». Das kann explizit in einem versprachlichten Urteil geschehen, aber auch implizit im Sehen der Rose *als* rot und dornig. In solchen Urteilen kommen Kategorien zur Anwendung, hier zum Beispiel die Kategorie von Substanz (Rose) und Eigenschaft (rot, dornig).

Wenn es sich um die Vorstellung einer realen Rose handeln soll, muss ich sie außerdem mit anderen Vorstellungen, etwa des Gartens, in dem die Rose wächst, zu einer einheitlichen Erfahrung, dem Bewusstsein einer objektiven Realität in Raum und Zeit verbinden können. Auch dazu sind nach Kant die Kategorien notwendig, etwa die Kategorie von Ursache (Nährstoffe im Boden des Gartens) und Wirkung (Wachstum der Rose). Ohne Kategorien also keine «Einheit der Erfahrung» (A158/B197); und ohne Einheit der Erfahrung kein einheitliches Selbstbewusstsein, keine Einheit des *Subjekts* der Erfahrung. Die Kategorien sind Kant zufolge also Bedingungen dafür, dass etwas für ein *Subjekt* als ein *Objekt*, als Teil der objektiven Realität, *erfahrbar* ist. In diesem Sinn gelten sie «objektiv».

Diese objektive Geltung haben die Kategorien aber nur für Gegenstände möglicher Erfahrung. Darin liegt eine weitere Pointe Kants, mit der er den Gegensatz von Rationalismus und Empirismus (Kapitel 6, 23) hinter sich lässt: Ja, es gibt Begriffe und Erkenntnisse a priori, so wie die Rationalisten seit Descartes behauptet hatten, aber unsere Erkenntnis bleibt trotzdem begrenzt auf empirische Gegenstände in Raum und Zeit, wie die Empiristen behauptet hatten, denn nur für «Gegenstände möglicher Erfahrung» lässt sich die Geltung der Kategorien nachweisen.

Das ist, im groben Umriss, Kants spätere Antwort auf die Frage, die er 1772 in seinem Brief an Herz aufwirft. Sie verfährt ganz parallel zur

Raum-Zeit-Theorie, die Kant bereits in der Dissertation von 1770 entwickelt hatte: So wie Raum und Zeit apriorische Vorstellungen sind, die aller Erfahrung vorausgehen und einen Ordnungsrahmen für unsere sinnlichen Wahrnehmungen bereitstellen (Kapitel 24), so sind die Kategorien Vorstellungen a priori, die uns erlauben, die Inhalte der Wahrnehmung zusammenzufassen und in Vorstellungen von Gegenständen zu bündeln.

Kant vergleicht sein Vorgehen in der *Kritik der reinen Vernunft* mit dem des Nikolaus Kopernikus, dessen heliozentrisches Weltbild nur durch einen Wechsel der Perspektive möglich wurde (Kapitel 1). Indem Kopernikus annahm, dass die Erde sich um die Sonne dreht, konnte er die am Nachthimmel beobachtbaren Bewegungen der Planeten als Resultat von zwei Faktoren erklären, nämlich der Bewegung des menschlichen Beobachters, der sich auf der Erde um die Sonne dreht, und den Bewegungen der anderen Planeten, die sich ebenfalls in elliptischen Bahnen um die Sonne drehen. Die von uns beobachteten komplizierten Bewegungen der anderen Planeten ergeben sich daraus, wie uns ihre elliptischen Umlaufbahnen von der sich bewegenden Erde aus erscheinen. Ebenso können wir a priori wissen, so Kants «Revolution der Denkart», wie empirische Gegenstände uns erscheinen müssen, nämlich in Raum und Zeit und strukturiert durch die apriorischen Begriffe unseres Verstandes, die Kategorien.

Man kann sich an Kants Lösung noch einmal die zentrale Idee seiner kritischen Philosophie klarmachen. Sie besagt, dass *Objektivität* auf Leistungen des *Subjekts* beruht. Objektiv ist unser Denken, wenn es nicht willkürlich und nur für uns selbst gültig ist, sondern mit seinem Gegenstand übereinstimmt und daher von jedermann nachvollzogen werden kann. Die traditionelle Auffassung, der auch der Alltagsverstand zustimmen würde, lautet, dass solche Objektivität dadurch zustande kommt, dass unser Denken sich nach seinem Gegenstand – nach der Realität – «richtet». Kants völlig neuartige Idee ist dagegen, dass Objektivität im Denken darauf beruht, dass alle menschlichen Subjekte in ihrem Denken und Erkennen denselben notwendigen Bedingungen unterworfen sind (Raum, Zeit, Kategorien), um überhaupt etwas erfahren und erkennen zu können. Insofern kann man von einer «Objektivität des menschlichen Standpunkts» sprechen: Der erkannte Gegenstand selbst ist nicht von den subjektiven Bedingungen seiner Erkenntnis unabhängig, sondern wird durch sie erst möglich gemacht.

Damit haben wir zugleich eine Antwort auf die Leitfrage der *Kritik der reinen Vernunft*: Wie sind synthetische Urteile a priori möglich? (Kapitel 22) Darunter versteht Kant Urteile, die etwas über die Realität aussagen (und nicht nur über unsere eigenen Begriffe), aber nicht auf Erfahrung beruhen. Kant meint, dass solche Urteile in der Mathematik vorkommen, aber auch in den metaphysischen Grundlagen der Naturwissenschaft, etwa in Form des Kausalprinzips («Jede Veränderung hat eine Ursache»). Wie kann es sein, dass wir etwas so Allgemeines a priori, unabhängig von Wahrnehmung und Experiment, über die Realität wissen können? Kants Antwort lautet: Weil wir die subjektiven Grundstrukturen unserer Erkenntnis a priori erkennen können (denn die sind Teil unseres eigenen Geistes) und diese Grundstrukturen zugleich die Realität strukturieren, sofern sie für uns erkennbar ist.

So wissen wir zum Beispiel, dass materielle Gegenstände uns als räumlich ausgedehnt erscheinen müssen, weil wir sie sonst gar nicht wahrnehmen könnten. Da der Raum keine Eigenschaft der Dinge an sich ist, sondern nur die Form unserer menschlichen Anschauung, können wir seine Strukturen a priori, unabhängig von Erfahrung erkennen, indem wir Geometrie betreiben. Deren Resultate gelten aber trotzdem für materielle Gegenstände, weil diese ebenfalls keine Dinge an sich, sondern durch unsere Raumanschauung strukturierte «Erscheinungen» sind. Ebenso verhält es sich mit dem Kausalprinzip. Ob die Dinge an sich, unabhängig von unserer Erfahrung, diesem Prinzip genügen, können wir nicht wissen. Aber es gilt notwendigerweise für alle Gegenstände, die wir wahrnehmen und erkennen können, denn eine Welt ohne durchgehende Kausalität, so Kant, wäre für uns nicht erfahrbar. (Ob diese These damit vereinbar ist, dass es der heutigen Physik zufolge auf der Quantenebene unverursachte, rein zufällig auftretende Prozesse gibt, ist fraglich.)

Über die für uns erkennbare Realität können wir Kant zufolge also a priori wissen, dass jede Veränderung eine Ursache hat. Die Gültigkeit synthetischer Urteile a priori beruht darauf, dass sie die subjektiven Bedingungen angeben, unter denen eine objektive Realität für uns erfahrbar ist. Das bedeutet aber zugleich, dass diese objektive Realität nicht aus denkunabhängigen Dingen an sich besteht, sondern aus «Erscheinungen», die von unseren spezifisch menschlichen Erkenntnisstrukturen mitgeprägt sind.

In einer späten Notiz spitzt Kant dies zu dem Gedanken zu: «Wir machen alles selbst» (22:82). Damit meint Kant: Alles an unseren Vorstellungen über die Welt geht auf unsere eigene geistige Aktivität zurück. Das ist wohl eine Übertreibung. Jedenfalls muss es dem Kant der *Kritik der reinen Vernunft* zufolge auch unabhängig von uns existierende Gegenstände geben – die «Dinge an sich» –, die auf unsere Sinne einwirken und so das Material bereitstellen, das wir dann nach Raum, Zeit und Kategorien strukturieren und zu Vorstellungen von Gegenständen verarbeiten. Wir machen also nicht *alles* selbst. Aber trotzdem spielen die spezifischen Eigenschaften dieser «Dinge an sich» für die Objektivität unserer Erkenntnis keine Rolle, weil alles, was wir an ihnen erkennen können, bereits durch unsere Erkenntnisformen (Raum, Zeit, Kategorien) bedingt und geprägt ist. Dass wir dennoch eine objektive und von allen Menschen geteilte Realität wahrnehmen, liegt Kant zufolge daran, dass alle Menschen mit denselben Erkenntnisformen ausgestattet sind, die unser Erkennen notwendig und auf dieselbe Weise strukturieren.

Ein charakteristisches Merkmal von Kants reifer Philosophie – neben dem Vorrang des Praktischen und dem Bemühen um die Synthese gegensätzlicher Positionen (Kapitel 1) – ist der verblüffende Gedanke, dass die Objektivität unserer Erkenntnis nicht auf Eigenschaften des Objekts, sondern auf der Aktivität des erkennenden Subjekts beruht. Es ist diese Idee, die es ihm schließlich in der *Kritik der reinen Vernunft* erlaubt, das Problem zu lösen, von dem er Marcus Herz im Februar 1772 berichtet. Sie hat die Philosophie- und Geistesgeschichte der vergangenen 250 Jahre geprägt hat wie kaum eine andere. Der «Deutsche Idealismus» Fichtes, Schellings und Hegels ist von dieser Idee ebenso beeinflusst wie der Konstruktivismus unserer Tage. Und es ist derselbe Gedanke der Objektivität des menschlichen Standpunktes, der auch Kants Ethik und Ästhetik zugrunde liegt: Dass für alle Menschen dieselben moralischen Regeln gelten und dass wir mit ästhetischen Urteilen nicht nur subjektive Vorlieben ausdrücken – auch das erklärt Kant durch die notwendige Übereinstimmung in subjektiven geistigen Leistungen (Kapitel 9, 18).

Kant schließt seinen Brief an Marcus Herz mit einem Gruß an die Berliner Freunde und Kollegen Mendelssohn, Sulzer und Lambert (allesamt bedeutende Philosophen und zu dieser Zeit berühmter als Kant). Er bittet sie um Verständnis, dass er wegen seiner intensiven Arbeit an der «Critick der reinen Vernunft» mit der Beantwortung ihrer Briefe in Verzug ist (10:135). Tatsächlich starb der von Kant sehr geschätzte Lambert, dem er seit 1770 eine Antwort auf einen wichtigen Einwand gegen seine Raum-Zeit-Lehre schuldete, im Jahr 1777, ohne dass Kant ihm noch einmal geschrieben hatte. Kant hatte die richtige Erwiderung auf Lamberts Einwand noch nicht gefunden. Er antwortet erst 1781 – mit der Veröffentlichung der *Kritik der reinen Vernunft*.

Kants Briefe und handschriftliche Aufzeichnungen (die sogenannten «Reflexionen») geben nur einen begrenzten Einblick in sein zehn Jahre andauerndes, intensives Ringen auf dem Weg zur *Kritik der reinen Vernunft*. Doch sie zeigen, dass Kant dieses Buch zwar, wie er mitteilt, in «etwa 4 bis 5 Monaten, gleichsam im Fluge» niederschrieb (10:345), er dabei aber auf umfangreiche Aufzeichnungen und Vorarbeiten aus den 1770er Jahren zurückgriff.[1] Norman Kemp Smith (1872–1958) hat die *Kritik der reinen Vernunft* daher als eine Kollage oder ein «Patchwork» aus vorgefertigten Textbausteinen bezeichnet und damit echte und scheinbare Widersprüche und Ungereimtheiten in diesem Buch erklärt. Diese Auffassung wird heute kaum noch vertreten, da sie unterschätzt, wie stark Kant die früheren Entwürfe beim Verfassen des Buches überarbeitet und vereinheitlicht haben dürfte.[2]

Richtig aber bleibt, dass in der *Kritik der reinen Vernunft* zahlreiche Gedankenlinien zusammenlaufen, die Kant zum Teil unabhängig voneinander in den 70er Jahren verfolgt und erst mit der Komposition des Werkes endgültig zusammengeführt hat. Neben seiner Theorie von Raum und Zeit als Anschauungsformen und den Kategorien als Bedingungen der Möglichkeit von Erfahrung gehören dazu seine Kritik an den traditionellen Beweisen für die Unsterblichkeit der Seele (Kapitel 17) und der Existenz Gottes (Kapitel 28) ebenso wie seine These, dass Willensfreiheit und Determinismus sich nicht widersprechen (Kapitel 27) – um nur einige der Themen der *Kritik der reinen Vernunft* zu nennen. Es ist also nicht erstaunlich, dass Kant fast zehn Jahre brauchte, um seine Ideen auszuarbeiten und zu einem komplexen Gedankengebäude zusammenzufügen. Erstaunlich ist eher, dass er nicht noch viel länger gebraucht hat – ja, dass es ihm überhaupt gelungen ist. Die *Kritik der reinen Vernunft*, die Kant im Brief an Marcus Herz aus dem Februar 1772 erstmals ankündigt, ist das unwahrscheinliche Ergebnis einer einzigartigen kreativen und gedanklichen Leistung.

«Wenn wir die Gegenstände der Sinne ...
als bloße Erscheinungen ansehen, so gestehen
wir hierdurch doch zugleich, dass ihnen ein Ding
an sich selbst zum Grunde liege, ob wir dasselbe
gleich nicht, wie es an sich beschaffen sei,
sondern nur seine Erscheinung ...
kennen».

Prolegomena (4:314f.)

26

Streit um die Dinge an sich: Kants *Kritik* und ihre ersten Kritiker

Als Kant 1771 mit den ersten Vorarbeiten zur *Kritik der reinen Vernunft* begann, war er ein bekannter philosophischer Autor, dessen Bücher und Aufsätze in ganz Deutschland gelesen und diskutiert wurden. Doch während der langen Jahre, in denen Kant zurückgezogen an seinem gewaltigen Hauptwerk arbeitete, hatte er nicht nur eine «Revolution der Denkart» vollzogen, sondern auch eine sperrige und eigenwillige Terminologie erfunden, die den Zugang zu seinen neuartigen Gedanken zusätzlich erschwerte. Auch war das neue Werk keineswegs in dem lockeren und gefälligen Stil mancher seiner Bücher aus den 1760er Jahren geschrieben, für die Kant bekannt war. Als Kants *Kritik der reinen Vernunft* zur Leipziger Ostermesse 1781 endlich erschien, waren seine Leser auf das Ergebnis dieser intensiven Denkarbeit in keiner Weise vorbereitet. Und so antwortet die Öffentlichkeit auf die Beendigung seines zehn Jahre währenden öffentlichen Schweigens, wie er enttäuscht feststellt, nun umgekehrt mit «Stillschweigen» (4:380).

Tatsächlich berichten mehrere von Kants Freunden und Kollegen, dass sie das Buch von über 850 Seiten bald beiseitegelegt haben, weil sie es unverständlich fanden. Berühmt ist Mendelssohns Eingeständnis an Kant, das «nervensaftverzehrende» Werk (10:308) noch zwei Jahre nach dessen Erscheinen nicht zu Ende gelesen zu haben. Auch Kants langjährigem Freund Hamann bereitet die Lektüre solche Schwierigkeiten, dass er Herder um Erläuterung bat, der doch schließlich bei Kant Vorlesungen gehört habe (Kapitel 23). Doch das war fast 20 Jahre her, sodass Herder auch nicht weiterhelfen konnte. Kant, der Mendelssohn und Hamann Freiexemplare hatte schicken lassen und gespannt auf ihre Reaktionen wartete, war enttäuscht.

Die Enttäuschung wuchs mit der ersten ausführlichen Rezension des Buches, die am 19. Januar 1782 in den viel gelesenen *Göttingischen gelehrten Anzeigen* anonym erschien. Ihr Autor war, wie Kant erst später erfuhr, der von ihm durchaus geschätzte Breslauer Philosoph Christian Garve. Allerdings hatte der Herausgeber der Zeitschrift, der Göttinger Philosophieprofessor Johann Georg Heinrich Feder, die ohnehin kritische Rezension Garves ohne dessen Wissen polemisch zugespitzt. In der Sache bezog sich die Kritik Garves und Feders vor allem auf Kants «transzendentalen Idealismus», also die These, dass Gegenstände in Raum und Zeit «Erscheinungen» und daher «bloße Vorstellungen» seien, keine «Dinge an sich selbst» (A369).[1]

War das nicht bloß eine Wiederholung der paradoxen Thesen des irischen Bischofs George Berkeley (1685–1753)? Dieser hatte bereits 70 Jahre zuvor behauptet, dass es keine materiellen Gegenstände gebe, sondern nur vorstellende Wesen und ihre Vorstellungen (*ideas*). «Esse est percipii vel percipere», so Berkeleys berühmter Slogan: Zu existieren heißt, entweder vorgestellt zu werden oder selbst vorzustellen.[2] Das bezeichnete man als «Idealismus» (Kapitel 23). Berkeleys faszinierendes Argument für seine These lautete: Der Gedanke, es gebe einen Gegenstand, den sich niemand vorstellt, ist widersprüchlich, denn wenn man diesen Gedanken denkt, stellt man sich den Gegenstand ja vor. Berkeleys Theorie fand breite Beachtung, aber wenig Anhänger, denn die Existenz materieller Gegenstände wie Steine und Bäume erschien den meisten

Menschen als offensichtlich. Der britische Schriftsteller Samuel Johnson soll als Antwort auf Berkeleys Thesen gegen einen Stein getreten und gesagt haben: «I refute it *thus*» («Ich wiederlege es *so*») – also durch Hinweis auf die Widerständigkeit materieller Gegenstände, die bloßen Vorstellungen fehle.[3] Johnson hielt Berkeleys Idealismus für absurd. Das sahen Garve und Feder genauso. Auch für sie durfte sich die Philosophie nicht zu weit vom gesunden Menschenverstand entfernen. Wenn Kants Theorie also auf einen Idealismus à la Berkeley hinauslief, kam das aus Sicht Garves und Feders ihrer Widerlegung gleich. (Übrigens ist Berkeleys Argument für seinen Idealismus ungültig, denn man muss sich keinen *bestimmten* Gegenstand vorstellen, um zu denken, dass es *irgendeinen* Gegenstand geben könnte, von dem niemand eine Vorstellung hat.)

Kant war enttäuscht und auch verärgert über die Göttinger Rezension, denn er fühlte sich böswillig missverstanden. Aus Kants Sicht hatten die Rezensenten übersehen, dass sein «transzendentaler» Idealismus, anders als derjenige Berkeleys, die Existenz materieller Gegenstände gerade nicht leugnete, sondern voraussetzte. Kant wollte mit ihm nur erklären, wie wir manche ihrer allgemeinsten Eigenschaften (z. B. ihre raum-zeitliche Struktur oder ihre Kausalität) unabhängig von Erfahrung und Experiment, also a priori, erkennen können. Das meinte Kant, wenn er seinen Idealismus als «transzendental» bezeichnete: «Transzendental» ist für Kant dasjenige, was die Möglichkeit von Erkenntnis a priori erklärt (B25).

Trotzdem hat Kant sich die Rezension zu Herzen genommen. Ihm war klar geworden, dass die *Kritik der reinen Vernunft*, von deren Richtigkeit und philosophischer Bedeutung er fest überzeugt war, ohne weitere Unterstützung ihre Leser nicht erreichen würde. Und so machte er sich 1782 daran, eine leichter verständliche Kurzfassung der *Kritik der reinen Vernunft* zu schreiben. Dieser «Plan nach vollendetem Werke» (4:263) erscheint 1783 unter dem allerdings auch nicht gerade eingängigen Titel *Prolegomena zu einer jeden künftigen Metaphysik, die als Wissenschaft wird auftreten können*. Im Anhang geht Kant auch auf die Kritikpunkte der Göttinger Rezension ein. Tatsächlich erleichtert das neue Buch das Verständnis der mehr als viermal so langen *Kritik der reinen Vernunft*, ohne deren Lektüre jedoch ersetzen zu können – nicht zuletzt deshalb, weil Kant für die Einzelheiten oft auf das 1781 erschienene Hauptwerk verweist.

Interessant ist jedoch, dass Kant zwar meint, gegenüber der *Kritik der reinen Vernunft* keine inhaltlichen Änderungen vorzunehmen, er seinen transzendentalen Idealismus nun aber meistens vorsichtiger formuliert als zuvor. Es ist zwar immer noch gelegentlich davon die Rede, dass materielle Gegenstände bloße Vorstellungen sind. Aber meistens macht Kant klar, dass er nicht bestreiten will, dass es wirkliche Gegenstände außer unseren Vorstellungen gibt. Der Idealismus Berkeleys, so Kant, «besteht in der Behauptung, dass es keine andere als denkende Wesen gebe, die übrigen Dinge, die wir in der Anschauung wahrzunehmen glauben, wären nur Vorstellungen in den denkenden Wesen, denen in der Tat kein außerhalb diesen befindlicher Gegenstand korrespondierte. Ich dagegen sage: es sind uns Dinge als außer uns befindliche Gegenstände unserer Sinne gegeben, allein von dem, was sie an sich selbst sein mögen, wissen wir nichts, sondern kennen nur ihre Erscheinungen, d. i. die Vorstellungen, die sie in uns wirken, indem sie unsere Sinne afficiren» (4:288f.). Kant gibt seinem transzendentalen Idealismus also eine realistische Erdung in den «Dingen an sich», die bei Berkeley fehlt.

Wie bereits in der *Kritik der reinen Vernunft* besteht Kant darauf, dass die «transzendentale Idealität» raumzeitlicher Gegenstände mit ihrer «empirischen Realität» vereinbar ist – was besagen soll: Es gibt *wirklich* solche Dinge wie Atome, Äpfel und Galaxien, die wir beobachten oder aufgrund von Beobachtungen erschließen können (das ist der «empirische Realismus»); aber wir *erkennen* sie nur so, wie sie uns relativ zu unseren Erkenntnisbedingungen (Raum, Zeit, Kategorien) erscheinen, und nicht so, wie sie «an sich selbst betrachtet» sein mögen (das ist der «transzendentale Idealismus»). Dieser Punkt wird in den *Prolegomena* (4:292–294) und auch der zweiten Auflage der *Kritik der reinen Vernunft* von 1787 deutlicher herausgestellt als in deren erster Auflage. Auch wenn Kant sich ungern und nur sehr selten öffentlich korrigierte, hatte er aus der Göttinger Rezension, trotz allem Ärger über sie, offenbar etwas gelernt.

Doch auch mit den *Prolegomena* rissen die ablehnenden Reaktionen auf Kants Hauptwerk nicht ab. Und so stand Kant seit Mitte der 1780er Jahre im Zentrum einer immer intensiver werdenden Debatte um seinen «Kritizismus». Es lassen sich mindestens drei Lager von Kant-Kritikern unterscheiden. Da waren erstens die empiristisch orientierten sogenannten «Popularphilosophen» wie Garve und Feder. Zweitens gab es die Verteidiger der rationalistischen Metaphysik von Leibniz und Wolff, die immer noch die meisten deutschen Universitäten dominierten. Deren wichtigste Stimme war Johann August Eberhard (1739–1809), seit 1778 Nach-Nachfolger Wolffs auf dessen Lehrstuhl in Halle. Zuvor hatte der zuständige Staatsminister von Zedlitz diese prestigeträchtige und hochdotierte Stelle Kant angeboten, der jedoch abwinkte. Trotz der ausdrücklichen Bitte seines Förderers von Zedlitz blieb Kant selbst dann bei seiner Ablehnung, als dieser das Gehaltsangebot noch einmal erhöhte und eine Ernennung zum Hofrat in Aussicht stellte (10:224, 10:229). Zehn Jahre später, also 1788, gründete Eberhard eigens eine Zeitschrift, das *Philosophische Magazin*, deren einziges Ziel es war, Kants «Kritizismus» zu widerlegen. Eberhards Grundhaltung lässt sich in zwei Thesen fassen: Was bei Kant richtig ist, steht schon bei Leibniz und Wolff; und was Kant nicht von diesen beiden übernommen hat, ist falsch. Kant antwortet auf Eberhard mit einem ausführlichen Aufsatz, in dem er dessen Kritik Punkt für Punkt zurückweist.[4]

Die dritte Gruppe von Kritikern bestand aus religiös motivierten Autoren, die gegen Kant zeigen wollten, dass Menschen sehr wohl kognitiven Zugang zum Übersinnlichen und Göttlichen haben können. Zwar hatte Kant recht, dass wir Gott nicht durch die Vernunft erfassen und seine Existenz rational beweisen können. Zugang zum Göttlichen vermitteln uns aber Gefühl und Glauben. Zu diesen Autoren gehörte neben Kants langjährigem Freund Hamann und Kants abtrünnigem Schüler Herder (Kapitel 23) auch Friedrich Heinrich Jacobi (1743–1819), von dem einer der wichtigsten und folgenreichsten Einwände gegen Kants transzendentalen Idealismus stammt.

Jacobi war in seiner intensiven Auseinandersetzung mit der *Kritik der reinen Vernunft* auf ein Problem gestoßen, für das er keine Lösung finden konnte. Es ergibt sich daraus, dass laut Kant unsere Sinneseindrücke, etwa bei der Wahrnehmung eines Baumes, auf eine «Affektion» unserer Sinnlichkeit zurückgehen. Doch was ist die Ursache dieser Affektion? Wie Jacobi meint, kann die Ursache nicht einfach der wahrgenommene Baum sein, denn der ist Kant zufolge als «bloße Erscheinung» bereits das Ergebnis der kognitiven Verarbeitung von Sinneseindrücken, die ihrerseits auf eine solche Affektion zurückgehen. Der Baum kann die Affektion nicht verursachen, weil er sie bereits voraussetzt. Die Ursache kann also nur ein Ding an sich sein. Doch Kant bestreitet, dass wir die Kategorie der Kausalität (Ursache und Wirkung) auf Dinge an sich anwenden können, weil die Kategorien nur für empirische Gegenstände gelten, nicht für Dinge an sich (Kapitel 25). Auch Dinge an sich kommen Kants eigener Theorie zufolge also nicht als Ursache der Affektion in Frage.

Und so findet Jacobi 1787, dass man «*ohne* jene Voraussetzung» affizierender Dinge an sich in Kants System «nicht hineinkommen, und *mit* jener Voraussetzung darin nicht bleiben» könne. Man kommt in Kants System ohne die Annahme affizierender Dinge an sich nicht hinein, weil nur so verständlich wird, wie ein Erkenntnisprozess überhaupt in Gang kommt. Befindet man sich aber einmal in Kants System, so wird Jacobi zufolge deutlich, dass die Annahme einer solchen Affektion nicht aufrechtzuerhalten ist. Es scheint also einen inneren Widerspruch in Kants Theorie zu geben, da sie die Annahme affizierender Dinge an sich sowohl erfordert als auch ausschließt. Jacobi sah darin eine Widerlegung von Kants Idealismus und ein Argument für den Realismus – also für die herkömmliche Annahme, dass die uns umgebende Realität in Raum und Zeit unabhängig von unseren Vorstellungen existiert. Kants Anhänger forderte er daher auf, sich entweder zum Realismus zu bekennen oder aber «den kräftigsten Idealismus, der je gelehrt worden ist» zu behaupten, nämlichen einen Idealismus ohne Dinge an sich.[5]

Kant hat auf diesen Einwand, den er sicherlich zur Kenntnis nahm, nicht geantwortet. Vielleicht dachte er, dass die Lösung auf der Hand liegt: Seiner Meinung nach können wir mithilfe der Kategorien die Dinge an sich zwar nicht «erkennen», wir können sie aber sehr wohl «denken», d. h. theoretische Überlegungen über sie anstellen und Annahmen über sie machen (B xxvi Anm.). Wenn affizierende Dinge an sich eine «Bedingung der Möglichkeit von Erfahrung» sind, dann ist ihre Annahme gerechtfertigt, auch ohne dass wir diese Affektion im Einzelfall erkennen können. Ähnlich argumentiert Kant auch hinsichtlich des freien Willens, der für uns seiner Auffassung nach ebenfalls unerkennbar ist, den wir aber annehmen müssen und dürfen (Kapitel 27).

Doch da Jacobis Einwand offiziell unbeantwortet blieb, machte er umso größeren Eindruck auf eine neue Generation von Philosophen, die in den 1790er Jahren von Kants System ausgingen, aber, wie Jacobi richtig vorhersagte, «nicht darin bleiben» konnten. Sie folgten Jacobi jedoch nicht zurück in den Realismus, sondern entschieden sich für einen Idealismus ohne affizierende Dinge. Jacobis Einwand wurde so zu einer wesentlichen Anregung für jene mit Kant über Kant hinausgehende philosophische Strömung, die man später als «Deutschen Idealismus» bezeichnen sollte. Als dessen Hauptvertreter gelten Johann Gottlieb Fichte (1762–1814), Friedrich Wilhelm Josef Schelling (1755–1854) und Georg Wilhelm Friedrich Hegel (1770–1831).

Kant selbst hat diese Entwicklung, die erst um 1795 richtig in Gang kam, als seine Kräfte altersbedingt bereits nachließen, nicht mehr genau verfolgt. Trotzdem wehrte er sich noch in seinen letzten Jahren öffentlich gegen die Vereinnahmung durch Fichte, der sich als kritischer Kantianer verstand. Für Fichte, der wie Kant aus ärmlichen Verhältnissen stammte, war die Lektüre der *Kritik der praktischen Vernunft* im Jahr 1790 eine Art Erweckungserlebnis gewesen. Er machte sich im Juli 1791 auf, um Kant in Königsberg zu besuchen, wurde von ihm aber kurz abgefertigt. Also verfasste er in nur sechs Wochen ein stark von Kant beeinflusstes Buchmanuskript, den *Versuch einer Kritik aller Offenbarung*, den er Kant schickte. Kant war beeindruckt und empfahl das Buch einem seiner früheren Verleger, Gottlieb Leberecht Hartung in Königsberg, der es 1792 anonym herausbrachte. Titel, Inhalt, Stil und Verleger deuteten auf Kant hin, sodass das Publikum annahm, es handle sich um das lange erwartete Buch Kants zur Religionsphilosophie. Tatsächlich erschien Kants *Religion innerhalb der Grenzen der bloßen Vernunft* erst ein Jahr später (Kapitel 14, 15). Kant selbst stellte den Irrtum in einer öffentlichen Erklärung richtig und nannte Fichte als Autor, dem er die «Ehre» der Autorschaft «ungeschmälert» lassen wolle. Fichte wurde mit einem Schlag berühmt und 1794 auf Vorschlag des zuständigen Ministers in Weimar, Johann Wolfgang von Goethe, auf eine außerordentliche Professur in Jena berufen.[6]

In dieser Zeit begann Fichte auch mit der Arbeit an seinem eigenen philosophischen System, der «Wissenschaftslehre», die er in immer neuen Versionen vorlegte. Anders als Kant geht Fichte ganz von dem

Gedanken eines «Ich» aus, das zunächst einmal nicht von einem äußerlichem Ding affiziert wird, sondern das sich selbst aktiv von einem Objekt unterscheidet, oder wie Fichte sagt, «sich ein Nicht-Ich entgegensetzt». Zugleich ist dieses Ich sich seiner selbst als der Einheit von Ich und Nicht-Ich, Subjekt und Objekt bewusst. Erst aus dieser ursprünglichen Einheit gehen dann die Vorstellungen von Raum und Zeit, von den Kategorien und von empirischen Gegenständen hervor. So wollte Fichte die strikten Zweiteilungen der kantischen Philosophie (Subjekt/Objekt, Sinnlichkeit/Verstand, Erscheinung/Ding an sich) vermeiden, aber im Kern doch Kantianer bleiben. In einer seiner letzten öffentlichen Äußerungen, der «Erklärung in Beziehung auf Fichtes Wissenschaftslehre» von 1799, weist Kant diese radikale Form des Idealismus ohne Dinge an sich zurück und erklärt, dass er «Fichte's Wissenschaftslehre für ein gänzlich unhaltbares System halte» (12:370). Am meisten scheint Kant geärgert zu haben, dass Fichte die *Kritik der reinen Vernunft* als bloße Vorarbeit («Propädeutik») für seine eigene «Wissenschaftslehre» darstellte.

In seiner «Erklärung» gegen Fichte zitiert Kant ein «italienisches Sprichwort»: «Gott bewahre uns nur vor unsern Freunden, vor unsern Feinden wollen wir uns wohl selbst in Acht nehmen» (12:371). Das war natürlich gegen seinen «Freund» Fichte gerichtet, traf aber auch auf einige andere Kantianer der ersten Stunde zu, die inzwischen über Kants Philosophie hinausgegangen waren, wie etwa Karl Leonhard Reinhold (1757–1823). In einem Brief Kants aus dem Jahr 1797 nennt er Fichte und Reinhold seine «hypercritischen», also über die Kritik hinausgehenden «Freunde», deren «Verdienste um die Wissenschaft» er aber durchaus würdigt (12:207). Tatsächlich hat wohl niemand zur frühen Verbreitung der kritischen Philosophie mehr beigetragen als Reinhold mit seinen «Briefen über die kantische Philosophie», die von 1786 bis 1789 im *Teutschen Merkur* und dann auch als Buch erschienen waren.[7]

Reinhold, geboren in Wien, war ein zum Protestantismus konvertierter ehemaliger Mönch und begeisterter Kantianer, der nun «das Evangelium der reinen Vernunft» predigte und dem es gelang, Kants Philosophie für eine gebildete Leserschaft verständlich und einleuchtend darzustellen. Seine Briefe fanden ein großes Publikum und machten Kant weit über die Grenzen der akademischen Philosophie hinaus bekannt. Doch auch Reinhold ging schließlich mit seiner «Elementarphilosophie» eigene Wege, indem er Kants Kritizismus auf einen einzigen Grundsatz, den «Satz des Bewusstseins», zurückführen wollte. Wie andere Denker dieser Zeit war Reinhold stark von Kants Idee beeindruckt, dass alles Wissen ein in sich geschlossenes System ausmachen müsse – ein Anspruch, dem Kants eigene Philosophie seiner Meinung nach noch nicht genügte. Diese Kritik an Kant hat in den Jahren um 1800 zu einer großen Zahl von idealistischen «Systemen» geführt, von denen vor allem diejenigen Fichtes, Schellings und Hegels die Philosophie der nächsten Jahrzehnte prägen sollten.[8]

Ein anderer wichtiger Vermittler der Philosophie Kants war Jacob Sigismund Beck (1761–1840), den Kant beauftragt hatte, seine Werke in einem «erläuternden Auszug» einer breiteren Leserschaft zugänglich zu machen. Der scharfsinnige Beck bittet Kant dafür in einer Reihe von Briefen um Erläuterungen, die dieser bereitwillig leistet. Becks Fragen motivierten Kant zu einigen Klarstellungen, die bis heute wertvoll sind, so etwa zum Verhältnis von Anschauungen und Begriffen (Kapitel 23). Doch nach zwei Bänden des *Erläuternden Auszugs* (1793 und 1794) zeigt sich auch Beck im dritten Band von 1796 mit Kants Antworten nicht mehr zufrieden und entwickelt, wie Kant in der Erklärung gegen Fichte spitz bemerkt, einen eigenen «Standpunkt», von dem aus Kants Philosophie zu betrachten sei.[9]

Von den frühen philosophischen «Freunden» der kritischen Philosophie ist Kant vor allem einer bis zum Schluss treu geblieben, nämlich der Hofprediger Johann Schulz (auch Schultz; 1739–1805), der zugleich als Mathematikprofessor an der Königsberger Universität Kants Kollege war. Er hatte bereits 1784 auf Bitten Kants *Erläuterungen über des Prof. Kant Kritik der reinen Vernunft* veröffentlicht und diese in weiteren Büchern gegen seine Kritiker verteidigt.[10] Trotz eines zwischenzeitlichen Zerwürfnisses (Schulz hatte ein Buch freundlich rezensiert, in dem Kant kritisiert wurde, was dieser ihm übelnahm) blieb Schulz mit Kant befreundet und war oft bei ihm zu Gast. 1797 wird Kant von einem aufdringlichen «Verehrer» namens Schlettwein («mein lieber alter Bruder Kant») gefragt, welcher seiner Anhänger seine Schriften «wirklich versteht», und Kant antwortet: «es ist der würdige Hofprediger und ordentliche Professor der Mathematik allhier, Hr. Schulz» (12:364ff.). Kant macht Schulz also offiziell zum obersten Kant-Versteher.

Schulz' *Erläuterungen*, von Kant derart autorisiert, sind daher eine interessante Quelle für eine mit Jacobis Einwand zusammenhängende Interpretationsfrage, die die Kant-Forschung bis heute beschäftigt. Sind die unerkennbaren Dinge an sich und die empirischen Gegenstände («Erscheinungen») eigentlich zwei unterschiedliche Arten von Gegenständen? Manches deutet darauf hin, so zum Beispiel, dass letztere nach Kant räumlich und zeitlich ausgedehnt sind, erstere hingegen nicht. Daraus scheint zu folgen, dass eine «Erscheinung», etwa ein Baum oder ein Haus, kein Ding an sich sein kann, weil sie sich in Raum und Zeit befindet. Dinge an sich und Erscheinungen gehörten also gleichsam verschiedenen «Welten» an, weshalb man auch von einer «Zwei-Welten-Interpretation» des transzendentalen Idealismus spricht.

Diese Auffassung war lange Zeit vorherrschend – bis in den 1970er Jahren die Kant-Interpreten Gerold Prauss und im Anschluss an ihn Henry E. Allison darauf hingewiesen haben, dass andere Formulierungen Kants in eine ganz andere Richtung weisen. So spricht Kant wiederholt davon, dass wir *dieselben* Dinge einerseits so betrachten können, wie sie an sich selbst sein mögen, also unabhängig von unseren Erkenntnisformen, andererseits aber auch so, wie sie uns in Raum und Zeit erscheinen. Die Ausdrücke «Ding an sich» und «Erscheinung» würden also nicht zwei Gegenstandsbereiche, sondern nur zwei Aspekte oder Betrachtungsweisen derselben Gegenstände bezeichnen, weshalb man von einer «Zwei-Aspekte-Interpretation» spricht. Interessanterweise scheint bereits Kants offizieller Interpret Schulz dieser Interpretation zu folgen. So heißt es bei ihm (in enger Anlehnung an Formulierungen Kants): «Somit erkennen wir die Dinge bloß, wie sie uns erscheinen … Was sie an sich selbst sein mögen, davon wissen wir nichts». Und: «Denn wenn uns die Sinne etwas bloß vorstellen, wie es erscheint, so muss dieses Etwas doch auch an sich selbst ein Ding … sein».[11]

Seit den 2000er Jahren hat sich in der Kant-Literatur eine dritte Lesart etabliert, die Merkmale der beiden anderen verbindet. Ihre bekanntesten Vertreter sind Lucy Allais und Tobias Rosefeldt. Danach geht es Kant nicht um die Unterscheidung zwischen Dingen oder Betrachtungsweisen von Dingen, sondern zwischen zwei Arten von Eigenschaften.

Alle für uns erkennbaren Eigenschaften der Dinge sind an unsere Anschauungsformen Raum und Zeit gebunden. Indem wir solche Eigenschaften erkennen, erkennen wir die Dinge als «Erscheinungen». Diesen Erscheinungen liegen aber andere, für uns als solche nicht erkennbare Eigenschaften zugrunde, die erklären, warum uns die Dinge so und nicht anders erscheinen. Das sind die Eigenschaften, die ihnen als Dingen an sich zukommen.[12]

Kant selbst verwendet in diesem Zusammenhang einen Vergleich mit der auf Locke zurückgehenden Unterscheidung zwischen primären und sekundären Qualitäten. Locke zufolge ist zum Beispiel die räumliche Form eines Gegenstandes eine «primäre» Eigenschaft, während Farben, Töne und Gerüche «sekundäre» Eigenschaften sind, die sich einem Zusammenspiel der primären Eigenschaften mit unserer Wahrnehmung verdanken. Eine Rose zum Beispiel ist rot, weil sie bei menschlichen Betrachtern rote Sinneseindrücke hervorruft. Diesen Roteindrücken, so Locke, entspricht aber keine Farbe in der Rose selbst, sondern nur die Oberflächenbeschaffenheit ihrer Blütenblätter (eine primäre Qualität), die zur Folge hat, dass sie Licht einer bestimmten Wellenlänge reflektiert und anderes absorbiert.[13]

In Analogie dazu ließe sich Kants Unterscheidung zwischen Dingen an sich und Erscheinungen so verstehen: Auch Oberflächenbeschaffenheiten und andere räumlich-zeitliche Eigenschaften kommen den Dingen nicht unabhängig davon zu, wie wir sie (in Raum und Zeit) wahrnehmen; sie sind also eigentlich «sekundäre» Qualitäten; die wahren primären Qualitäten der Dinge aber sind nicht in Raum und Zeit und daher für uns überhaupt nicht erkennbar. Doch auch diese Lesart, die vieles für sich hat, stößt auf Schwierigkeiten. So ist zum Beispiel fraglich, wie wir verschiedene Dinge an sich voneinander unterscheiden können, da sich die Weise, wie wir zwischen verschiedenen empirischen Gegenständen in Raum und Zeit unterscheiden, auf Dinge an sich nicht übertragen lässt. Auch muss diese Lesart die Möglichkeit von Dingen zulassen, die ausschließlich Eigenschaften «an sich» haben, weil sie uns nicht in Raum und Zeit erscheinen, wie zum Beispiel Gott. Dessen Existenz können wir Kant zufolge zwar nicht erkennen, aber wir müssen sie trotzdem annehmen («postulieren»; Kapitel 10, 28). Das weist dann doch wieder in Richtung einer Zwei-Welten-Interpretation.[14]

Der Streit um das richtige Verständnis der *Kritik der reinen Vernunft*, der unmittelbar nach ihrer Veröffentlichung begann, ist auch nach mehr als 240 Jahren und allen Bemühungen der Kant-Forschung nicht an ein Ende gekommen. Da kann uns auch der oberste Kant-Versteher Schulz nicht weiterhelfen. Tatsächlich lassen sich Kants Werke, wie alle anspruchsvollen Texte, auf unterschiedliche Weise interpretieren, sodass es oft mehrere plausible Lesarten gibt, zwischen denen eine eindeutige Entscheidung nicht möglich ist. Auch hier müssen wir uns also, wie in allem anderen, unseres eigenen Verstandes bedienen und einen eigenen «Standpunkt» finden – auch wenn Kant dies, wenn es um seine eigene Philosophie ging, gar nicht gerne sah.

«Die Kausalität nach Gesetzen der Natur ist nicht die einzige, aus welcher die Erscheinungen der Welt insgesamt abgeleitet werden können. Es ist noch eine Kausalität durch Freiheit zur Erklärung derselben anzunehmen notwendig.» – «Es ist keine Freiheit, sondern alles in der Welt geschieht lediglich nach Gesetzen der Natur».

Kritik der reinen Vernunft (A 444f./B472f.; Thesis und Antithesis der 3. Antinomie)

27

Unendliche Reihe oder erster Anfang? Kant über Willensfreiheit

Dass die *Kritik der reinen Vernunft* der Auftakt zu einer Trilogie werden sollte, war bei ihrer Publikation im Jahr 1781 nicht geplant gewesen. Doch bereits in der 1785 erschienenen *Grundlegung zur Metaphysik der Sitten* deutet Kant auf eine «Kritik der reinen praktischen Vernunft» (4:391) hin, die er dann 1786 als Teil der zweiten Auflage der *Kritik der reinen Vernunft* ankündigt. Es wurde schließlich aber ein eigenes Buch daraus: die 1788 erschienene *Kritik der praktischen Vernunft*. Zwei Jahre später folgte die dritte und letzte Kritik, die *Kritik der Urteilskraft*. Kant war mit Mitte 60 auf dem Höhepunkt seiner Produktivität. Doch das bedeutete nicht, dass er sich in seiner Arbeit vergrub. Ganz im Gegenteil.

Kant hatte nach Jahrzehnten in gemieteten Zimmern 1785 ein Haus gekauft (Kapitel 8). Ein Jahr darauf war sein engster Freund, der Kaufmann Joseph Green, gestorben, bei dem Kant täglich zu Gast war und seine Hauptmahlzeit einnahm. Noch sechs Jahre später bezeichnet Kant ihn in einem Brief als seinen «besten Freund» (11:245). Nachdem die gemeinsamen Mahlzeiten nun wegfielen, gründete Kant 1787 seine eigene «Ökonomie», also einen Haushalt mit Personal. Kant stellt vor: zusätzlich zu seinem vertrauten Diener Martin Lampe eine Köchin ein und empfing nun fast täglich zwischen zwei und fünf Gäste zu einem ausgedehnten Mittagessen. Kants Gäste waren ein bunt gemischter Kreis, der sich aus Kollegen, Geistlichen, Beamten, Kaufleuten, Schriftstellern, einem Bankdirektor und durchreisenden Persönlichkeiten zusammensetzte. Manche von ihnen kamen über Jahre fast täglich, andere nur gelegentlich oder einmal. Dabei hatte Kant die Angewohnheit, seine Gäste sehr kurzfristig einzuladen, um sie nicht in die Verlegenheit zu bringen, seinetwegen eine andere Einladung absagen zu müssen. Umgekehrt folgte Kant jeden Sonntag der regelmäßigen, aber ebenfalls kurzfristigen Einladung zum Mittagessen bei seinem Freund Motherby, dessen ganzer Familie er nahestand.[1]

Zumindest für den älteren Kant waren diese gemeinsamen Mahlzeiten, entweder bei ihm zu Hause oder auswärts bei Freunden, die wichtigste Form sozialen Austauschs, über die er – natürlich – auch philosophisch reflektierte. Er widmete dem Thema Tischgesellschaft und ihren Regeln differenzierte Überlegungen in seinen Anthropologievorlesungen. So liege die ideale Zahl der Gäste zwischen denen der Grazien und der Musen, also zwischen drei und neun (7:278). Das «höchste moralisch-physische Gut» des Menschen bestehe in der Verbindung von «Wohlleben und Tugend»; eine «gute Mahlzeit in guter … Gesellschaft» leiste das in bestmöglicher Weise (7:277f.).

An Kants Tafel gab es unter anderem die im 18. Jahrhundert üblichen Gerichte Ostpreußens. Die Küche war auf das regionale und jahreszeitliche Angebot angewiesen, ergänzt um importierte Zutaten und Gewürze wie den von Kant sehr geschätzten Senf und die Teltower Rübchen, die ihm sein Berliner Schüler Kiesewetter manchmal schickte (mitsamt Rezept für die Zubereitung; 12:265). Auch die berühmten Königsberger Klopse dürfte es gelegentlich gegeben haben. Kant machte den Speiseplan davon abhängig, wer zu Besuch kam, und ließ oft die Lieblingsgerichte seiner Gäste kochen. Zum Essen, das gegen 13 Uhr begann, meis-

Abb. 17: So stellte man sich im 19. Jh. Kants Tischgesellschaft vor: Gemälde von Emil Doerstling, 1892/1893. Von links nach rechts: Martin Lampe, Johann Conrad Jacobi, Immanuel Kant, Robert Motherby, Christian Jacob Kraus, Johann Georg Hamann, Theodor Gottlieb von Hippel d. Ä., Johann Georg Scheffner, Ludwig Ernst Borowski, Karl Gottfried Hagen

tens drei Gänge umfasste und sich bis in den Nachmittag, manchmal sogar bis in den Abend hinziehen konnte, gab es normalerweise «2 Bouteillen Wein». Kant hatte seine produktiven Stunden am Vormittag (der für ihn in den späteren Jahren um 5 Uhr morgens begann). Das Mittagessen scheint für ihn der Abschluss des Arbeitstages gewesen zu sein; danach machte er seinen Spaziergang, las und ging gegen 22 Uhr zu Bett.[2]

Klassische philosophische Probleme haben mit klassischen Gerichten gemeinsam, dass eine konstante Grundform unterschiedliche Variationen zulässt. So wie Königsberger Klopse zu einer Zeit mit Hering, zu einer anderen mit Sardellen, hier mit Kalbfleisch und dort mit Rindfleisch, aber immer mit Kapernsauce zubereitet wurden, so überstehen auch philosophische Probleme manche historische Veränderung, solange der Kern des Problems derselbe bleibt. Das zeigt sich besonders klar am Problem der Willensfreiheit. Für Platon und Aristoteles stellte sich dieses Problem noch gar nicht. Es plagte zuerst die Philosophen zur Zeit des Hellenismus (also etwa eine Generation später), die sich fragten, wie es freie Entscheidungen geben kann, wenn alles Geschehen in der Welt von einem allumfassenden Schicksal bestimmt wird. In anderer Weise stellte sich das Problem für die mittelalterlichen Philosophen: An die Stelle des Schicksals waren nun die Allmacht und das Allwissen des christlichen Gottes getreten. In der Neuzeit erfuhr das Problem der Willensfreiheit eine weitere Transformation, denn mit dem Aufkommen der modernen Naturwissenschaften stellte sich die Frage, wie unsere Handlungen und Entscheidungen frei sein können, wenn alles Geschehen in der Natur vollständig durch naturgesetzliche Ursachen determiniert ist.

Beeinflusst von Newton und Hume begriff auch Kant das Problem der Willensfreiheit vor allem als Konflikt zwischen Freiheit und Naturgesetzen. Während es in Kants Zeit die Gesetze der newtonschen Mechanik waren, die die Freiheit in Frage stellten, sind es aus heutiger Sicht die neuronalen Aktivitäten im menschlichen Gehirn. So sind manche Neurowissenschaftler der Meinung, dass es einen freien Willen nicht gebe, weil alle unsere Entscheidungen durch neuronale Prozesse und Strukturen im Gehirn determiniert seien. Strukturell handelt es sich aber immer noch um dasselbe Problem: Lässt sich die Willensfreiheit mit der Annahme eines durchgehenden Determinismus vereinbaren – sei dies nun ein Determinismus des Schicksals, der Ratschlüsse Gottes, der Gesetze der Mechanik oder des Gehirns?[3]

Das Problem der Willensfreiheit ist ein zentrales Thema der *Kritik der praktischen Vernunft*, die Kant im selben Jahr verfasst, in dem er auch seine eigene «Ökonomie» begründet. Das schlanke Druckwerk, in modernen Ausgaben keine 200 Seiten lang, ist vielleicht Kants bestes Buch: transparent aufgebaut, glasklar argumentiert, schwungvoll und zugleich präzise formuliert. Vielen anderen Werken Kants merkt man an, dass sie neue, ja revolutionäre Gedanken enthalten, für die Kant noch im Schreiben den richtigen Ausdruck sucht. Die *Kritik der praktischen Vernunft* ist in dieser Hinsicht ein Sonderfall, denn über weite Strecken reformuliert Kant hier Gedanken, die er bereits in früheren Werken entwickelt hatte. So gibt er eine neue Begründung für den kategorischen Imperativ, die manche Unklarheiten der *Grundlegung zur*

Metaphysik der Sitten vermeiden soll. Und die Lehre vom höchsten Gut und den Postulaten Gott, Freiheit und Unsterblichkeit entfaltet Ideen, die bereits in der *Kritik der reinen Vernunft* angelegt sind. Auch wenn die *Kritik der praktischen Vernunft* im Detail viel Neues enthält, gibt Kant hier mit großer Souveränität Gedanken ihre endgültige Form, die er bereits in früheren Werken eingeführt hatte. Dazu gehört auch die Frage, ob Willensfreiheit mit dem Determinismus vereinbar ist oder nicht.

Die Antwort scheint zunächst ein klares Nein zu sein. Determinismus bedeutet: Wenn wir den Zustand der Welt zu zwei beliebigen Zeitpunkten betrachten, dann ergibt sich der spätere Zustand zwingend und alternativlos aus dem früheren (und dieser aus einem noch früheren usw.). Doch Willensfreiheit, so Kant, erfordert erstens Alternativen, zwischen denen man wählen kann, und zweitens, dass es von der handelnden Person abhängt, welche Alternative sie wählt. Wenn Kant zum Beispiel seine Köchin beauftragt, heute für die Gäste «*Cabliau* mit dicken Butter *Cartoffeln*» zu kochen (21:125), dann ist das nur dann Ausdruck seines freien Willens, wenn er sich auch *anders* hätte entscheiden können und die Entscheidung bei ihm lag. Doch wenn der Determinismus wahr ist, dann haben wir keine Alternativen und können niemals anders entscheiden, als wir es tatsächlich tun. Willensfreiheit und Determinismus, so scheint es, schließen sich aus.

Diese Auffassung ist jedoch keineswegs unumstritten. So waren Leibniz und Wolff überzeugt, dass alles, was geschieht, einen hinreichenden Grund hat. Das gelte folglich auch für die Welt als Ganze, die Gott deshalb erschaffen hat, weil sie die beste aller möglichen Welten ist (auch wenn das für uns Menschen nicht immer offensichtlich erscheint). Schließlich hätte Gott in seiner Güte und Allmacht keinen hinreichenden Grund gehabt, eine schlechtere als die bestmögliche Welt zu erschaffen. Alles in der Welt ist darum notwendigerweise so, wie es ist – echte Alternativen gab und gibt es nicht, selbst nicht für Gott. Das gilt natürlich auch für menschliche Handlungen, die ja ebenfalls Teil der von Gott geschaffenen Welt und somit notwendig und alternativlos sind. Dennoch sahen Leibniz und Wolff darin kein Hindernis für die Annahme von Willensfreiheit: Freiheit erfordere gar keine offenen Handlungsalternativen, sondern nur die Fähigkeit, ohne unmittelbaren äußeren Anstoß oder Zwang nach den eigenen Absichten und Prinzipien zu handeln. Wenn Kant sich also dazu entscheidet, seinen Gästen Kabeljau vorzusetzen, dann ist diese Entscheidung Leibniz und Wolff zufolge frei, solange er dazu nicht gegen seinen Willen gezwungen wurde, sondern es aus eigenem Antrieb, also «von selbst» tat. Das gilt selbst dann, wenn seine Entscheidung Teil einer deterministischen Welt ist, in der er keine Alternative hatte.[4]

Kant verwirft diese Leibniz-Wolff'sche Auffassung in der *Kritik der praktischen Vernunft* als «elenden Behelf» und bloße «Freiheit eines Bratenwenders» (5:96f.). Ein Bratenwender war ein federgetriebenes Küchengerät, das einen Braten langsam über dem Rost drehte, wenn man es entsprechend aufgezogen hatte. Ob auch in Kants Küche ein solcher Bratenwender zum Einsatz kam, wissen wir nicht, aber falls ja, verfügte er, anders als sein Besitzer, offenbar nicht über einen freien Willen. Trotzdem erfüllt er die Bedingung, die Leibniz und Wolff an Willensfreiheit stellen: Auch der Bratenwender wird nicht gezwungen oder von außen gesteuert, sondern dreht sich, einmal aufgezogen, «von selbst». Diese Bedingungen reichen also nicht aus. Willensfreiheit erfordert Kant zufolge mehr als das, nämlich dass die handelnde Person in ihrer Entscheidung nicht determiniert ist, sondern sich frei von vorhergehenden Ursachen entscheiden kann (5:97f.).

Erstaunlicherweise verteidigt Kant in der *Kritik der praktischen Vernunft* anschließend aber selbst die Auffassung, dass Freiheit und Determinismus miteinander vereinbar sind. Man könne einräumen, dass «man eines Menschen Verhalten auf die Zukunft mit Gewissheit, so wie eine Mond- oder Sonnenfinsternis ausrechnen könnte und dennoch dabei behaupten, dass der Mensch frei sei» (5:99). Tatsächlich war Kant überzeugt, dass alle Ereignisse in der Natur eine natürliche Ursache haben, auf die sie mit naturgesetzlicher Notwendigkeit folgen. Auch wenn unsere Kenntnisse dazu niemals ausreichen sollten, wäre es daher prinzipiell möglich, menschliche Handlungen wie Mond- und Sonnenfinsternisse vorherzuberechnen. Dennoch, so Kant nun, könne der Mensch frei sein. Determinismus und Freiheit schließen sich also doch nicht aus, sondern sind miteinander vereinbar.

Doch wie kann Kant einerseits behaupten, dass Willensfreiheit echte Alternativen erfordert und daher mit dem Determinismus nicht vereinbar ist, andererseits aber sagen, dass menschliche Handlungen auch dann frei sein können, wenn sie determiniert sind wie Sonnen- und Mondfinsternisse? Ist das nicht ein klarer Widerspruch? Kant zufolge ist das nicht der Fall. Um das zu zeigen, greift er auf Argumente zurück, die er bereits sieben Jahre zuvor in der *Kritik der reinen Vernunft* entwickelt hatte. Eine zentrale These dieses Buches lautete, dass der Anspruch der Metaphysik, über die Grenzen der sinnlichen Erfahrung hinauszugehen und allein durch vernünftiges Nachdenken etwas über die Welt herauszufinden, uns zwangsläufig in Widersprüche verwickelt, die Kant als «Antinomien der reinen Vernunft» bezeichnet (Kapitel 21). Kant identifiziert vier solcher Antinomien. Sie alle betreffen unsere Vorstellung von der Welt als Ganzer und bringen den Begriff der Unendlichkeit ins Spiel. So betrifft die erste Antinomie die Frage, ob die Welt in Raum und Zeit endlich oder unendlich ausgedehnt ist. In der zweiten Antinomie geht es um die endliche oder unendliche Teilbarkeit materieller Köper. Die vierte Antinomie erörtert, ob es in der Welt etwas notwendig Existierendes als oberste Bedingung geben muss oder ob die Reihe der Bedingungen, die selbst nicht notwendig existieren, ins Unendliche fortgehen kann. Es ist die dritte Antinomie, in der es um den Widerspruch zwischen Freiheit und Determinismus geht (A444–451/B472–479).

Deren offizielles Thema ist allerdings gar nicht die Freiheit des Willens, sondern die kosmologische Frage, ob am Anfang des Naturgeschehens eine Ursache steht, die selbst keine Ursache mehr hat. So hatte zum Beispiel Aristoteles angenommen, dass es in der Welt einen oder mehrere «unbewegter Beweger» geben müsse, denn wenn jede Bewegung durch eine andere Bewegung angestoßen würde, bliebe unerklärlich, wie es überhaupt jemals zu einer Bewegung gekommen ist. Kant bezeichnet die Möglichkeit einer unverursachten Verursachung als «absolute Spontaneität der Ursachen»: Sie besteht darin, «eine Reihe von Erscheinungen, die nach Naturgesetzen läuft, von selbst anzufangen» (A446/B474). Spontaneität, vom lateinischen *sponte* («von selbst»), bedeutet Selbsttätigkeit (Kapitel 14). Auch der Bratenwender dreht sich in gewissem Sinn «von selbst». Aber diese Selbsttätigkeit hat ihrerseits eine Ursache, nämlich das Aufziehen der Feder, die den Bratenwender antreibt. *Absolute* Spontaneität im Sinne Kants bedeutet dagegen, dass ein Ereignis etwas verursacht, ohne selbst eine Ursache zu haben. Kann es das geben?

Wie die anderen Antinomien besteht auch die dritte aus zwei einander widersprechenden Sätzen. Die These lautet: Es gibt unverursachte Ursachen. Die Antithese besagt: Es gibt keine unverursachten Ursachen, denn jedes Ereignis, also auch jede Ursache, hat selbst eine Ursache (A444f./B472f.). Kant will nun zeigen, dass es für beide Seiten Beweise gibt, die zunächst zwingend zu sein scheinen. Diese Beweise verfahren negativ, das heißt durch Widerlegung der Gegenseite. Es liegt Kant zufolge nämlich in der Logik vernünftigen Nachdenkens über die Welt, dass uns ein erster Anfang einer Kausalkette ebenso unmöglich erscheint wie ein unendlicher Regress von Ursachen und Wirkungen (Kapitel 21). Einerseits können wir bei *jedem* Ereignis nach seinen Ursachen fragen und bei diesen wiederum nach deren Ursachen – und so immer weiter. Betrachten wir als Beispiel ein Feuer. Was war seine Ursache? Nehmen wir an: ein Blitzschlag. Was verursachte den Blitzschlag? Eine elektrische Ladung zwischen warmen und kalten Luftmassen. Und was verursachte diese? Unsere Fragen kommen auf diese Weise nie an ein Ende. Nehmen wir an, dass wir auf eine erste, nicht weiter erklärbare Ursache stoßen – sagen wir: den Urknall. Dann drängt sich immer noch die Frage auf, was denn nun den Urknall verursachte.

Andererseits wird unser Erklärungshunger aber auch nicht gestillt, wenn wir eine Reihe von Ursachen und Wirkungen annehmen, die unendlich weit in die Vergangenheit zurückreicht. Was, so die naheliegende Frage, ist denn die Ursache dafür, dass es diese unendliche Reihe von Ursachen und Wirkungen gibt? Wenn das eine sinnvolle Frage ist, dann lässt sie sich nicht durch Hinweis auf eine Ursache beantworten, die ihrerseits Wirkung einer vorhergehenden Ursache ist, denn dann stellt sich dieselbe Frage erneut. Wir sehen uns also gezwungen, einen *ersten* Anfang, eine unverursachte Ursache anzunehmen – und können uns zugleich klarmachen, dass unsere Fragen auch bei dieser Ursache kein befriedigendes Ende finden.

Was hat das mit dem Problem der Willensfreiheit zu tun? Kants Antwort lautet, dass dieselbe Form von absoluter Spontaneität, die wir als ersten Anfang der Kausalketten in der Welt unterstellen, auch den Kern dessen ausmacht, was wir unter Freiheit verstehen. Unsere Handlungen sind nur dann frei, wenn sie auf eine absolut spontane, unverursachte Entscheidung zurückgehen. Der amerikanische Philosoph Roderick Chisholm hat diesen Gedanken in Anlehnung an Aristoteles auf die Formulierung gebracht, jede frei handelnde Person sei ein «erster unbewegter Beweger». In einer vollständig determinierten Welt sind freie und zurechenbare Entscheidungen demnach unmöglich. Nur in einer Welt, in der unverursachte Verursachung möglich ist, kann es Willensfreiheit geben. Die These der dritten Antinomie (‹Es gibt unverursachte Ursachen›) bedeutet also, dass Willensfreiheit *möglich* ist, während die Antithese (‹Jedes Ereignis hat eine Ursache›) die *Unmöglichkeit* von Willensfreiheit impliziert. Das Großartige, aber auch Verwirrende an Kants Position zur Willensfreiheit ist nun, dass er zeigen will, wie diese beiden Auffassungen, die sich allem Anschein nach widersprechen, miteinander vereinbar sind.[5]

Kants Argumentation zerfällt der Sache nach in drei Schritte (A532/B560–A558/B586). In einem grundlegenden *ersten* Schritt schlägt Kant zunächst eine Auflösung der kosmologischen Antinomie von Spontaneität und Naturkausalität vor, die das Problem der Willensfreiheit noch ganz ausklammert. Diese Auflösung besteht darin, dass Kant beiden Seiten ein beschränktes Recht einräumt: Thesis und Antithesis der dritten Antinomie sind Kant zufolge beide wahr – und zwar deshalb, weil sie auf einen jeweils anderen Gegenstandsbereich bezogen sind. Kant stützt sich hier auf seine grundlegende erkenntnistheoretische Unterscheidung zwischen Dingen an sich und Erscheinungen (Kapitel 26). Danach können Menschen die Dinge nur so erkennen, wie sie ihnen relativ zu ihrem kognitiven Apparat erscheinen, nicht aber so, wie die Dinge unabhängig davon an sich selbst sein mögen. Zum Beispiel erscheinen uns die Dinge als räumlich und zeitlich ausgedehnt. Doch Raum und Zeit sind Kant zufolge nichts weiter als Formen unserer spezifisch menschlichen Anschauung, keine Eigenschaften der Dinge an sich (Kapitel 24). Und nur für die Natur als Erscheinung in Raum und Zeit, so Kant weiter, gelten die Grundsätze unseres Verstandes wie zum Beispiel das Kausalprinzip ‹Jedes Ereignis hat eine Ursache› (Kapitel 25). Die Antithese der dritten Antinomie besagte aber genau das: Jedes Ereignis hat eine Ursache. Also gilt diese Aussage Kant zufolge nur für Ereignisse in der Natur – was zumindest die Möglichkeit offenlässt, dass es im Bereich der Dinge an sich auch unverursachte Ursachen geben könnte (A532f./B560f.).

These und Antithese der dritten Antinomie widersprechen sich in Wirklichkeit also gar nicht: Die Antithese, wonach jedes Ereignis eine natürliche Ursache hat, ist beweisbar, wenn man sie als Aussage über die Erscheinungswelt menschlicher Erkenntnis versteht. Ob sie auch für Dinge an sich gilt, können wir nicht wissen. Die These, wonach es unverursachte Ursachen gibt, könnte daher wahr sein, wenn man sie als Aussage über den Bereich der Dinge an sich versteht. Unterscheidet man zwischen Dingen an sich und Erscheinungen, dann zeigt sich somit, dass beide Seiten der Antinomie miteinander vereinbar sind. Der Widerspruch ist nur ein scheinbarer, ähnlich dem zwischen den Aussagen, dass die Sonne mittags im Süden und dass sie mittags im Norden steht. Beide sich scheinbar widersprechenden Aussagen sind wahr, die erste für die Nordhalbkugel der Erde, die zweite für die südliche Hemisphäre. Ebenso gilt die Aussage, dass es unverursachte Ursachen gibt, nicht für den Bereich der erscheinenden Natur, was aber damit vereinbar ist, dass es im Bereich der Dinge an sich unverursachte Ursachen geben könnte (A537/B565).

Kants *zweiter* Schritt zur Beantwortung der Frage, wie Willensfreiheit und Determinismus vereinbar sein können, besteht in einer Perspektivenunterscheidung: Aus einer naturwissenschaftlichen Perspektive betrachtet ist der Mensch ein natürliches Wesen wie andere auch; sein Verhalten muss sich daher vollständig durch natürliche Ursachen erklären lassen – als Wirkung seines «empirischen Charakters», seiner durch empirische Betrachtungen erschließbaren «Natur». Aus einer normativen Perspektive betrachtet ist der Mensch hingegen ein vernunftbegabtes Wesen, das aus Gründen handeln kann. Ob es für eine Meinung oder Handlung einen guten Grund gibt, ist keine wissenschaftlich-deskriptive, sondern eine normative Frage. Sie fragt nicht danach, was faktisch der Fall *ist*, sondern danach, was richtigerweise der Fall sein *sollte*. Die Gesamtheit aller handlungsrelevanten Meinungen und Gründe einer Person, sofern sie von vernünftigen Überlegungen beeinflussbar sind, fasst Kant im Begriff des «intelligiblen Charakters» zusammen (A539/B567). «Intelligibel» bedeutet hier: nicht sinnlich wahrnehmbar, sondern nur durch vernünftiges Denken erkennbar. Da uns nur solche Handlungen zurechenbar sind, auf die wir einen rationalen Einfluss haben, können wir den intelligiblen Charakter als Grundlage unseres zurechenbaren Handelns verstehen. Die relevanten Gesetze für diesen intelligiblen Charakter sind nicht die Naturgesetze, sondern die Gesetze von Moral und Recht (Kapitel 6–9).

In einem *dritten* Schritt identifiziert Kant nun die Gegenstände der naturwissenschaftlichen Perspektive (einschließlich des Menschen als Naturwesen) mit der Welt der Erscheinungen, während er die Gegenstände einer normativen Perspektive der Welt der Dinge an sich zuordnet. Das erlaubt es ihm, den intelligiblen Charakter als *Ursache* unserer empirisch beobachtbaren Handlungen zu betrachten (A538f./B566f.). Da unsere Handlungen, als natürliche Phänomene, bloße Erscheinungen sind, müssen sie eine «intelligible», das heißt empirisch nicht zugängliche Ursache haben, die zu den Dingen an sich gehört. Anders gesagt: Wenn unsere Handlungen bloße Erscheinungen sind, muss es etwas an sich Seiendes geben, das in ihnen zur Erscheinung kommt. Das sind die vernünftigen Gründe unserer Handlungen, unser «intelligibler Charakter». Als Teil der Welt der Dinge an sich, die keine räumlichen und zeitlichen Eigenschaften hat, hat dieser intelligible Charakter selbst keine natürlichen Ursachen in Raum und Zeit: Er ist insofern also unverursacht. Dennoch hat er natürliche Wirkungen, nämlich unsere empirisch beobachtbaren Handlungen und deren Folgen.

Hier wird man sich vielleicht fragen, wie mein intelligibler Charakter Einfluss auf mein Handeln haben kann, wenn dieses Kant zufolge doch durch natürliche Ursachen determiniert ist. Die Reihe der Ursachen meiner Handlungen reicht beliebig weit in die Vergangenheit zurück und deren Wirkungen in der entferntesten Zukunft stehen bereits fest wie eine Sonnen- oder Mondfinsternis. Müsste mein intelligibler Charakter nicht in die Vergangenheit zurückwirken können, um mein Handeln zu beeinflussen? Doch diese Frage beruht Kant zufolge auf einem Missverständnis. Die Zeit – und mit ihr die Unterscheidung von Vergangenheit, Gegenwart und Zukunft – ist lediglich eine menschliche Anschauungsform, keine Eigenschaft der intelligiblen Dinge an sich. Die intelligiblen Ursachen unserer Handlungen müssen also nicht in die Vergangenheit zurückwirken, denn sie wirken überhaupt nicht in der Zeit. Trotzdem würde, so Kant, ein anderer «intelligibler Charakter» eines Menschen als Teil der «intelligiblen Welt» der Dinge an sich zu einem anderen Naturverlauf und damit zu anderen empirischen Handlungen dieses Menschen geführt haben.[6]

Zusammengefasst besteht Kants Auflösung des Widerspruchs zwischen Freiheit und Determinismus also darin, dass die natürlichen Ursachen unserer Handlungen, weil sie Erscheinungen sind, als Wirkungen unseres «intelligiblen Charakters» betrachtet werden können, der selbst keine natürlichen Ursachen hat und insofern frei ist. Einen freien Willen in der Natur kann es nicht geben, doch sind Menschen nach Kant nicht nur Teil der Natur, sondern als vernünftige Wesen auch Teil einer nicht-empirischen Realität, der «intelligiblen Welt» der Dinge an sich. Als Ereignisse in der Natur sind unsere Handlungen determiniert, als Ausdruck unseres intelligiblen Charakters hingegen spontan und frei.

Kant ist sich der Tatsache bewusst, dass diese Lösung keinen Beweis dafür darstellt, dass wir Menschen *tatsächlich* über einen freien Willen verfügen. Ja, sie macht noch nicht einmal verständlich, *wie* freie Handlungen in einer kausal determinierten Natur möglich sind, denn dazu müsste man verstehen, wie ein intelligibler Charakter empirische Handlungen hervorbringt, was Kant zufolge unmöglich ist. Alles, was Kants Lösung leisten soll, ist der Nachweis, dass kein *Widerspruch* besteht zwischen der Annahme eines freien Willens und der These, dass unsere Handlungen durch natürliche Ursachen determiniert sind. Freiheit als absolute Spontaneität ist auch in einer deterministischen Welt prinzipiell möglich, wenn die deterministische Welt die bloße Erscheinung einer intelligiblen Welt der Dinge an sich ist. Die Annahme einer solchen Freiheit kann in rein theoretischer Hinsicht weder bewiesen noch widerlegt werden (A558/B586).

Doch gerade deshalb, so Kant nun in der *Kritik der praktischen Vernunft*, darf in der Frage, ob wir einen freien Willen haben, unser moralisches Selbstverständnis den Ausschlag geben. Als moralische Subjekte müssen wir uns für frei halten (Kapitel 14). Wenn Freiheit und Determinismus vereinbar und Freiheit nicht widerlegbar ist, dann ist diese Annahme zulässig. Willensfreiheit, so Kant, ist daher ein notwendiges Postulat der reinen praktischen Vernunft (5:142). Wie bei den anderen beiden Postulaten (Gott und Unsterblichkeit) beruht Kants Argumentation auch hier auf der Idee eines Vorrangs der Praxis vor der Theorie (Kapitel 1), denn angesichts einer theoretisch unentscheidbaren Frage müssen wir uns nicht des Urteils enthalten, sondern dürfen vernünftigerweise den moralisch-praktischen Gründen für die Annahme der Willensfreiheit folgen.

Abb. 18: «Immanuel Kant, Senf zubereitend», Zeichnung von Friedrich Hagemann, 1801

Kant entzieht die Willensfreiheit also den Angriffen der modernen Wissenschaft, indem er sie aus dem Bereich der Natur in den Bereich der Moral versetzt und diesen mit der intelligiblen Welt der Dinge an sich identifiziert. Wenn man Kant seine Voraussetzungen zugesteht, ist diese Auflösung des Freiheitsproblems stimmig. Doch der theoretische Preis ist hoch: Wir müssen nicht nur die Unterscheidung zwischen Dingen an sich und Erscheinungen akzeptieren, sondern auch, dass die Natur als Ganze Erscheinung einer «intelligiblen Welt» ist, zu der auch die wahren Ursachen unserer Handlungen gehören. Das erscheint heute den wenigsten Philosophinnen und Philosophen noch plausibel. Dennoch ist die Grundidee von Kants Auflösung der Freiheitsantinomie, die Willensfreiheit dem Erklärungsanspruch der Naturwissenschaften zu entziehen, indem er sie in einer normativen Perspektive auf den Menschen verortet, auch heute noch attraktiv.[7]

Ob Kant die Frage der Willensfreiheit auch mit seinen Gästen am

Mittagstisch diskutiert hat? Wohl kaum, denn dort galt die von Kant vorgegebene Regel, dass über alle möglichen Themen geredet werden durfte – Politik, Wirtschaft, Kultur, Wissenschaft –, nur nicht über Philosophie. Und auch, was das Essen anging, hatten seine Gäste keine freie Wahl. Kant hatte morgens bereits für sie entschieden.

«Der Begriff von Gott ist die Idee von einem moralischen Wesen welches als ein solches richtend [und] allgemein gebietend ist. Dieses ist nicht ein hypothetisches Ding sondern die reine praktische Vernunft selbst in ihrer Persönlichkeit».

Opus postumum (22:118)

28

War Kant ein Atheist?

Der berühmteste Atheist des 18. Jahrhunderts, Baruch de Spinoza (1632–1677), glaubte an Gott. Tatsächlich gab es in jener Zeit in Europa fast keine Atheisten, wenn man darunter wie heute üblich Menschen versteht, die die Existenz von etwas Göttlichem grundsätzlich bestreiten. In einigen anonym verfassten und heimlich verbreiteten Schriften wurden zwar die Gottesvorstellungen der drei abrahamitischen Religionen Christentum, Judentum und Islam scharf attackiert und ihre «Propheten» Moses, Jesus und Mohammed als «Betrüger» kritisiert. Aber selbst diese Schriften bestritten häufig nicht, dass es einen Gott gibt, sondern nur, dass man ihn sich so vorzustellen habe, wie etwa das Alte Testament ihn darstellt – also als ein mächtiges, aber doch menschenähnliches Wesen, das uns nach seinen wechselnden Vorlieben prüft, belohnt und bestraft. Unter den Philosophen der Aufklärung weit verbreitet war dagegen eine abstraktere Gottesvorstellung, die man als «Deismus» bezeichnet.[1]

Deisten wie zum Beispiel Shaftesbury, Leibniz, Voltaire und Rousseau glaubten an einen personalen Schöpfergott, der in seiner vollkommenen Weisheit und Güte die Welt wie ein großartiges Kunstwerk erschaffen hat, ohne danach in deren Gesetzmäßigkeiten und Geschehnisse einzugreifen. Die Vollkommenheit der göttlichen Schöpfung, so die Deisten, offenbart sich gerade darin, dass ein späteres Eingreifen, etwa in Form von Wundern, gar nicht nötig ist. Das wichtigste Argument für diese Auffassung und damit für die Existenz eines deistischen Gottes war die überaus kunstvolle Beschaffenheit der beobachtbaren Welt, deren innere Ordnung die modernen Naturwissenschaften immer genauer beschrieben. Eine Uhr, die man an einem menschenleeren Strand findet, kann dort nicht zufällig entstanden sein, sondern verweist auf den Uhrmacher, der sie hergestellt hat. War unsere Welt nicht ein noch viel eindrucksvolleres Kunstwerk als eine Uhr? So demonstrierte etwa Harveys Entdeckung des Blutkreislaufs im Jahr 1628 den zweckmäßigen Aufbau des menschlichen Körpers und seiner Organe. Und die newtonsche Mechanik zeigte, dass unser Sonnensystem unfehlbaren mathematischen Gesetzmäßigkeiten unterliegt wie eine gigantische Uhr, die es erlaubt, Sonnen- und Mondfinsternisse präzise vorherzusagen. Sie musste daher von einem vollkommenen «höchsten Wesen» erschaffen worden sein. Die Deisten des 18. Jahrhunderts, in ihrem Glauben noch nicht durch den Darwinismus erschüttert, sahen in der teleologischen, d. h. zweckmäßigen Anordnung der Welt einen hinreichenden Beweis für die Existenz Gottes. Man spricht deshalb auch vom «teleologischen Gottesbeweis» (Kapitel 20).

Dennoch standen die Anhänger des Deismus oft im Verdacht des Atheismus, weil sie den christlichen (oder jüdischen respektive islamischen) Gottesglauben ablehnten. So galt Leibniz, dem zufolge Gott die beste aller möglichen Welten erschaffen hat, laut einer berühmten Anekdote bei seinen Nachbarn und Mitbürgern als «Löwenix» (Glaubt-annichts). Noch schlimmer erging es Baruch de Spinoza, der kein Deist war, sondern Pantheist, was bedeutet, dass er die Welt als Ganze (*pan*) mit Gott (*theós*) identifizierte. «Deus sive natura» – Gott und Natur sind für Spinoza nur zwei Seiten derselben Sache. Die jüdische Gemeinde seiner Heimatstadt Amsterdam verstieß ihn 1656 wegen Gotteslästerung und belegte ihn mit einem Bann, der jeden Kontakt mit ihm verbot. Spinozas Philosophie, die die Existenz eines Gottes (nur eben nicht des biblischen) ausdrücklich beweisen wollte, wurde im 18. Jahrhundert zum Inbegriff des Atheismus.

War auch Kant ein Atheist? Das behauptet Manfred Kühn in seiner zuerst 2002 erschienenen meisterhaften Kant-Biografie. Damit meint Kühn nicht nur, dass Kant eine traditionelle christliche Gottesvorstellung ablehnte, sondern dass er die Existenz von Gott oder einem höchsten Wesen überhaupt bestritten habe: «Jedem, der Kant persönlich kannte, war klar, dass ihm der Glaube an einen persönlichen Gott fremd war. Gott und Unsterblichkeit hatte er zwar postuliert, glaubte aber selbst an keines von beiden». Falls das stimmt, dann hätte Kant die Leser und Leserinnen seiner Werke bewusst getäuscht, da er in seinen Werken immer wieder ausdrücklich behauptet, dass Gott existiert.

Bereits Heinrich Heine hatte vermutet, Kant habe diese Aussagen vielleicht nicht ehrlich gemeint. Vielmehr habe er an der Existenz Gottes einerseits «des alten Lampe wegen» festgehalten, also aus Rücksicht auf die einfachen Leute wie seinen Diener Martin Lampe, andererseits «auch der Polizei wegen», also um der Zensur und Bestrafung zu entgehen. In seinen späteren Jahren hatte Kant tatsächlich unter der Zensur zu leiden (Kapitel 14). Heine fragt ungläubig: «Oder hat er wirklich aus Überzeugung gehandelt?»[2]

Doch anders als Heine und Kühn annehmen, spricht alles dafür, dass Kant tatsächlich «aus Überzeugung gehandelt» und an einen personalen Gott geglaubt hat. Kant ist in einer dem Pietismus nahestehenden Familie groß geworden, doch die strenge pietistische Erziehung auf dem Collegium Fridericianum hatte ihn von allen Formen religiösen Eiferertums entfremdet (Kapitel 15). Dennoch – oder vielleicht gerade deshalb – beginnt Kant als Student, sich intensiv mit der philosophischen Theologie zu beschäftigen, also mit Fragen wie den folgenden: Existiert Gott? Wie können wir dies wissen? Was ist eine angemessene Vorstellung von Gott? Welche Eigenschaften kommen ihm zu? Neben Metaphysikvorlesungen hörte Kant daher gemeinsam mit zwei Studienfreunden auch eine Theologievorlesung; die drei bestehen die Abschlussprüfung so gut, dass der Professor ihnen eine geistliche Laufbahn nahelegt. Kants Auseinandersetzung mit der Frage nach Gott durchzieht über sechzig Jahre lang alle seine Schaffensphasen und hält bis in die letzten Aufzeichnungen im *Opus postumum* an.[3]

Allerdings ist Kants bedeutendster und einflussreichster Beitrag zur philosophischen Theologie zunächst einmal negativ. In der *Kritik der reinen Vernunft* beweist Kant, dass man Gott nicht beweisen kann. Zumindest ist das Kants erklärtes Ziel – und viele seiner zeitgenössischen Leser hatten den Eindruck, dass ihm dieser Beweis gelungen ist. In einer säkularen Kultur wie der unseren, in der der Glaube an Gott für die meisten Menschen zu einer privaten Entscheidung geworden ist, kann man sich die Erschütterung, die von Kants Thesen ausging, kaum noch vorstellen.

Für die Philosophen und Theologen im christlichen Europa beruhte der Glaube an Gott, der für fast alle Menschen eine Selbstverständlichkeit darstellte, auf zwei Säulen: einerseits der göttlichen Offenbarung, die den Menschen vor allem durch die Bibel mitgeteilt war; und andererseits auf der vernünftigen Einsicht, die ihnen erlaubte, die Existenz Gottes und seine Eigenschaften durch rationales Nachdenken zu erkennen (Kapitel 15). Während für gläubige Christen traditionell die Offenbarung Vorrang vor der rationalen Einsicht hatte, begannen die Philosophen der Aufklärung seit Mitte des 17. Jahrhunderts, dieses Verhältnis umzukehren. War die Bibel nicht selbst das Werk von fehlbaren Menschen, wie an zahllosen inneren Widersprüchen und Ungereimtheiten deutlich wurde? Die Aussagen der Bibel mussten also am Maßstab der Vernunft geprüft werden, bevor sie als Wort Gottes gelten konnten – so lautete etwa die wegweisende Bibelkritik Spinozas. Glücklicherweise, so die vorherrschende Auffassung, überstand das Christentum diese Prüfung größtenteils unbeschadet, da sich seine zentralen Lehren, wenn man sie nur richtig deutete, mit dem deckten, was wir durch rationales Nachdenken als richtig einsehen können. Das galt auch für den zentralen Glaubenssatz des Christentums, nämlich die Existenz eines allmächtigen und allgütigen Schöpfergottes, die sich auf verschiedenen Wegen zwingend beweisen ließ.

Der im 18. Jahrhundert populärste dieser Beweise war der bereits erwähnte teleologische Gottesbeweis, der seinerseits antike Vorläufer hat. Ihm zufolge gibt es einen allmächtigen und allgütigen Schöpfergott, weil dies die einzige denkbare Erklärung für die zweckmäßige Einrichtung der Welt ist. Doch bereits vor Kant war dieser Beweis nicht unumstritten. Erstens wirft er ein Problem auf, das nachdenkliche Christen seit jeher beschäftigt hatte, das sich nun aber mit besonderer Schärfe stellte – nämlich das seit Leibniz so genannte Theodizeeproblem (Kapitel 10). Die Welt enthält auch vieles, was auf den ersten Blick überhaupt nicht zweckmäßig zu sein schien: Naturkatastrophen, Krankheiten, unverdientes menschliches Leid und Elend. Wenn Gott allmächtig und allgütig ist, warum gibt es dann vieles in der Welt, das nicht gut und richtig zu sein scheint, wie das Leiden eines unschuldigen Kindes? Auf ein verwandtes Problem hatte David Hume hingewiesen: Der teleologische Gottesbeweis zeigt in Wirklichkeit nicht, dass es einen allgütigen und allmächtigen Gott gibt, sondern allenfalls, dass es ein Wesen geben muss, das mächtig genug ist, eine Welt wie die unsere, mit allen ihren Mängeln, hervorzubringen.[4]

Es gab also auch schon vor Kants *Kritik der reinen Vernunft* eine vielfältige und kontroverse Debatte über Gottesbeweise. Was also war das Revolutionäre an Kants Kritik? Es bestand darin, dass er beanspruchte, nicht nur diese oder jene Variante des einen oder anderen Gottesbeweises zu widerlegen, sondern zu zeigen, dass es grundsätzlich unmöglich ist, die Existenz Gottes zu beweisen. Wir können niemals definitiv wissen, ob Gott existiert oder nicht. Dahinter steht Kants zentrale Einsicht, dass wir bei jedem Versuch, metaphysische Fragen zu beantworten, die Grenzen unserer eigenen Erkenntnis beachten müssen. Gott, so Kant, liegt außerhalb dieser Grenzen.

Kant zeigt zunächst, dass der Begriff Gottes bereits in der Struktur vernünftigen Denkens angelegt ist: Er ist ein «Ideal der reinen Vernunft» (A567/B595). Kant greift dafür auf Überlegungen zurück, die er fast zwanzig Jahre zuvor, in seinem 1762 entstandenen Buch *Der einzig mögliche Beweisgrund zu einer Demonstration des Daseins Gottes* entwickelt hatte. Seine Idee lautet, dass die menschliche Vernunft eine Erklärung nicht nur für die Wirklichkeit, sondern auch für die bloße *Möglichkeit* der Dinge braucht. Diese Erklärung ist nur in der Annahme eines notwendigen Wesens zu finden, das alle positiven Möglichkeiten in sich verbindet und realisiert. Ein solches Wesen bezeichnete man traditionell als «ens realissimum» und «ens perfectissimum» – als «realstes» und «vollkommenstes» Wesen – und identifizierte es mit dem christlichen Gott. Nur ein solches Wesen, so Kant, erklärt die Möglichkeit aller anderen Dinge und ihrer Eigenschaften. Doch während Kant 1762 darin noch einen Gottesbeweis gesehen hatte, dient diese Überlegung in der *Kritik der reinen Vernunft* nur noch als Erklärung dafür, warum rational nachdenkende Menschen auf die *Idee* Gottes kommen müssen. Zugleich zeigt sie, dass diese Idee alle menschliche Erfahrung übersteigt, denn ein vollkommenstes Wesen ist offenbar kein empirischer Gegenstand in Raum und Zeit. Wenn ein Beweis der Existenz Gottes also überhaupt möglich ist, dann nicht durch die Beobachtung empirischer Tatsachen, sondern a priori, also durch rationales Nachdenken und «reine Vernunft».[5]

Doch, so Kant weiter, die reine Vernunft ist nicht in der Lage, einen solchen Beweis zu führen. Kant zeigt dies, indem er zunächst drei klassische Formen von philosophischen Gottesbeweisen unterscheidet: den uns schon bekannten teleologischen (oder wie Kant ihn nennt: «physikotheologischen») Beweis, den «kosmologischen» und den «ontologischen» Gottesbeweis. Den teleologischen Gottesbeweis weist Kant mit dem bereits erwähnten Argument Humes zurück, dass die Erschaffung der uns bekannten Welt nicht unbedingt ein vollkommenes Wesen erfordert, sondern nur ein Wesen, das mächtig genug ist, eine Welt wie die unsere zu erschaffen. Es muss dazu nicht allgütig, allmächtig und allwissend sein und auch sonst nicht die Eigenschaften des christlichen Gottes haben (A620–630/B648–658).

Der kosmologische Beweis geht bis auf Aristoteles zurück und fand im Mittelalter unter anderem in Thomas von Aquin einen einflussreichen Verteidiger. In der von Kant diskutierten Form geht er von der Tatsache aus, dass es in der Welt viele «zufällige» Dinge und Ereignisse gibt, also solche, die es auch nicht hätte geben können. So hätte es Immanuel Kant nicht gegeben, wenn seine Eltern sich nicht kennengelernt hätten. Wenn wir nun fragen, warum Kant geboren wurde, und als Antwort auf seine Eltern verweisen, dann ist das keine vollständige Erklärung, denn nun stellt sich die Frage, warum seine Eltern sich trafen und ein Kind zeugten. Seine Eltern hätten sich nicht kennengelernt, wenn ihre Familien nicht irgendwann aus Tilsit (Vater) und Nürnberg (Mutter) nach Königsberg gezogen wären. Doch warum war das der Fall? Solche Fragen, so die Idee hinter dem kosmologischen Beweis, kommen nur dann an ein Ende, wenn wir etwas annehmen, das nicht wieder «zufällig» ist, also auch anders hätte sein können, sondern einen notwendigen und unveränderlichen Charakter hat, und das ist Gott. Also setzt die Existenz von etwas «Zufälligem» (wie der Geburt Kants) voraus, dass es Gott gibt. Doch dieser letzte Schritt des Beweises ist ungültig, so wendet Kant ein, denn etwas notwendig Existierendes muss nicht unbedingt ein göttliches Wesen, ein *ens realissimum* sein. Aus der bloßen Tatsache, dass es in der Welt Zufälliges und damit Erklärungsbedürftiges gibt, folgt also nicht die Existenz Gottes, sondern allenfalls von irgendetwas notwendig Existierendem (A603–614/B633–642).

Besonders berühmt und philosophisch bedeutend ist Kants Kritik am ontologischen Gottesbeweis (vgl. A592–602/B620–630). Den hatte zuerst der englische Mönch Anselm von Canterbury (1033–1109) formuliert, einer der Begründer der mittelalterlichen Scholastik. In der Neuzeit wurde der Beweis unter anderen von René Descartes verteidigt. In seiner einfachsten Form lautet er: Man kann sich widerspruchsfrei vorstellen, dass ein vollkommenes Wesen (also Gott) existiert; ein Wesen, das *nicht* existiert, wäre aber nicht vollkommen, da ihm etwas fehlt, nämlich die Existenz. Also ist der Gedanke, dass ein vollkommenes Wesen *nicht* existiert, widersprüchlich und falsch. Somit wäre der Gedanke, dass ein vollkommenes Wesen (Gott) existiert, also notwendigerweise wahr. Gottes Existenz folgt also aus der bloßen Vorstellung von Gott als einem vollkommenen Wesen.[6]

Doch das, so hatten schon Anselms Zeitgenossen befürchtet, ist zu schön, um wahr zu sein. Sie hatten unter anderem eingewandt, dass aus der Vorstellung einer vollkommenen Insel ja auch nicht folge, dass diese Insel in Wirklichkeit existiert, nur weil eine nichtexistierende Insel nicht vollkommen wäre. Etwas stimmt also nicht mit diesem angeblichen Beweis. Aber was?

Kants Diagnose lautet mit einer berühmten Formulierung: «Sein ist … kein reales Prädikat» (A598/B626). Mit einem «realen Prädikat» meint Kant hier eine beliebige Eigenschaft wie Größe, Güte, Röte oder Weisheit, die einer Sache zukommen kann und die es erlaubt, sie von anderen Dingen zu unterschieden. So kann eine Insel zum Beispiel im Atlantik oder im Pazifik liegen, sie kann Palmen haben oder keine, es kann auf ihr regnen oder die Sonne scheinen. All das sind reale Prädikate. «Sein», also Existenz, ist dagegen kein solches Prädikat, was Kant an folgendem Beispiel klarmacht: Hundert existierende Taler unterscheiden sich in keiner Eigenschaft von einhundert Talern, die ich mir nur vorstelle. Gäbe es einen solchen Unterschied, dann könnte ich meine Vorstellung einfach anpassen. Wenn die hundert wirklichen Taler zum Beispiel fünf Pfund wiegen, dann kann ich mir auch meine vorgestellten Taler als fünf Pfund schwer denken. Der Unterschied zwischen wirklichen und vorgestellten Talern ist also nicht, dass die einen eine Eigenschaft haben, die den anderen fehlt, sondern eben: dass es die einen wirklich *gibt* und die anderen *nicht gibt* (A599/B627).

Der ontologische Gottesbeweis beruht auf der Annahme, dass Existenz eine Eigenschaft ist, die zur «Vollkommenheit» einer Sache beitragen kann. Etwas, das existiert, so die Annahme, ist vollkommener als etwas, das nicht existiert. Doch dieser Gedanke verwechselt Existenz oder Sein mit einem «realen Prädikat», das etwas zu den Eigenschaften und damit zur Vollkommenheit einer Sache beitragen kann. Vollkommenheit ist eine Frage der Eigenschaften, die etwas hat oder hätte, *wenn* es existiert. Zum Beispiel *wäre* eine vollkommene Insel vielleicht eine, in der Milch und Honig fließen und immer die Sonne scheint. Ob eine solche Insel existiert, ist eine ganz andere Frage, die man überhaupt erst sinnvoll stellen kann, wenn man schon weiß, *welche* Eigenschaften eine Insel haben müsste, um als vollkommen zu gelten. Genauso verhält es sich mit Gott: Ob Gott existiert, hängt davon ab, ob es ein Wesen gibt, das alle Eigenschaften hat, die es in jeder Hinsicht vollkommen machen. Die Existenz kann daher nicht selbst eine solche Eigenschaft sein.

Kants Kritik am ontologischen Gottesbeweis, wonach «Sein» kein «reales Prädikat» ist, ist nur ein Spezialfall einer allgemeineren Einsicht, die für Kants gesamte Philosophie grundlegend ist. Sie lautet, dass Existenzaussagen (also Urteile darüber, ob etwas wirklich existiert) nicht analytische, sondern synthetische Urteile sind. Die Wahrheit analytischer Urteile wie «Alle Singles sind alleinstehend» ergibt sich schon aus den Begriffen, die in ihnen vorkommen (Kapitel 22). So folgt es bereits aus dem Begriff «Single», alleinstehend zu sein. Der ontologische Gottesbeweis behandelt «Es existiert ein vollkommenes Wesen» als ein analytisches Urteil: Es folge schon aus dem Begriff eines vollkommenen Wesens, dass es existiert. Doch dass «existieren» kein reales Prädikat ist, bedeutet gerade, dass es keine Eigenschaft ist, die im Begriff einer Sache schon enthalten sein könnte so wie «alleinstehend» im Begriff «Single».

«Gott existiert» und «Es gibt ein vollkommenes Wesen» sind daher synthetische Urteile. Und da man sie nicht einfach an der Erfahrung überprüfen kann, sind sie synthetische Urteile *a priori*, nach deren Berechtigung Kant in der *Kritik der reinen Vernunft* fragt (Kapitel 22).

Wir sehen jetzt, warum Kants Kritik an den Gottesbeweisen so viel grundlegender und für die Zeitgenossen erschütternder war als die seiner Vorgänger. Kant hatte nicht nur gezeigt, dass bestimmte Gottesbeweise nicht überzeugen können, also etwa der teleologische oder der ontologische Gottesbeweis. Er meinte gezeigt zu haben, dass jeder Versuch, die Existenz Gottes zu beweisen, grundsätzlich zum Scheitern verurteilt war, denn die Aussage «Gott existiert» ist ein synthetisches Urteil a priori, das alle menschliche Erkenntnis übersteigt.

Nun gibt es Kant zufolge durchaus solche Urteile, die wir berechtigterweise fällen können, etwa in der Mathematik, aber auch in der Philosophie. Die Aussage «Jede Veränderung hat eine Ursache» zum Beispiel ist nach Kant ein synthetisches Urteil a priori, von dem wir wissen können, dass es wahr ist, und zwar deshalb, weil es eine «Bedingung der Möglichkeit von Erfahrung» ist (Kapitel 25). Anders gesagt: Eine Welt, in der dieser Satz nicht gilt, wäre für uns nicht erfahrbar, wir könnten in ihr kein zusammenhängendes Bild von der Realität gewinnen. Da wir die Welt in Raum und Zeit erfahren können, muss der Satz also wahr sein. Das bedeutet aber zugleich, dass dieser Satz ausschließlich für die empirische Welt in Raum und Zeit gültig ist.

Die Aussage «Gott existiert» dagegen ist keine Bedingung der Möglichkeit von Erfahrung, denn nach Kant könnten wir auch dann, wenn Gott nicht existiert, die Erfahrung einer zusammenhängenden Realität in Raum und Zeit machen. Wir können daher auch nicht wissen, ob das synthetische Urteil a priori «Gott existiert» wahr ist. Da Gott aber auch kein Gegenstand in Raum und Zeit ist, den wir mithilfe unserer Sinne erkennen können, übersteigt die Frage, ob Gott existiert oder nicht, alle menschliche Erkenntnis.

Haben Heine und Kühn also doch recht mit ihrer Annahme, Kant sei Atheist gewesen? Wohl kaum. Zumindest ist das nicht die Konsequenz, die Kant selbst in seinen Schriften zieht. So schreibt er in der Vorrede zur zweiten Auflage der *Kritik der reinen Vernunft*: «Ich musste also das Wissen aufheben, um zum Glauben Platz zu bekommen» (B xxx). Daraus, dass wir nicht wissen können, *ob* Gott existiert, folgt schließlich nicht, dass Gott *nicht* existiert. Wir können nämlich ebenso wenig beweisen, dass Gott nicht existiert. Insofern gibt es hier Platz für den Glauben an Gott, gerade weil wir weder wissen können, dass es ihn gibt, noch, dass es ihn nicht gibt. Heute klingt die kantische Einsicht, dass man von Gott nicht wissen, sondern nur an ihn glauben kann, vielleicht selbstverständlich. Für Kants Zeitgenossen dagegen war sie erschütternd.

Doch Kant geht über das bloße Zugeständnis, dass man auch ohne Beweis an Gott glauben kann, weit hinaus. Schon gegen Ende der *Kritik der reinen Vernunft* und dann in einer Reihe weiterer Werke argumentiert Kant nämlich, dass es nicht nur rational zulässig ist, an Gott zu glauben, sondern sogar rational *notwendig*. Vernünftige Menschen, so Kant, können gar nicht anders, als an Gott zu glauben. Die Begründungen, die Kant in verschiedenen Schriften für diese These gibt, weichen im Detail voneinander ab, aber der Grundgedanke ist stets derselbe. Er geht aus von der Idee eines «höchsten Gutes» (Kapitel 10). Darunter versteht Kant eine gerechte Welt, in der alle Menschen so glücklich sind, wie sie es moralisch verdienen. Bisher ist das in unserer Welt offensichtlich nicht der Fall, denn die Erfahrung zeigt, dass viele Menschen unverdient leiden und andere von ihrem unmoralischen Verhalten profitieren. Doch der kategorische Imperativ, so Kant, verpflichtet uns dazu, eine gerechte Welt anzustreben – indem wir erstens selbst möglichst moralisch handeln (und damit «glückswürdig» werden) und zweitens andere Menschen in ihrem Streben nach verdientem Glück unterstützen. Dennoch ist klar, dass Menschen aus eigener Kraft dieses höchste Gut nicht vollständig realisieren können, denn es gibt ja auch natürliche Hindernisse wie Krankheiten und Naturkatastrophen, die Menschen voraussichtlich niemals ganz verhindern können. Darum, so Kants Argument, bedarf es göttlichen Beistandes, an den wir als moralisch handelnde Wesen daher auch glauben müssen. Andersherum gesagt: Wer nicht an Gott glaubt, kann auch nicht glauben, dass wir das höchste Gut verwirklichen können. Doch genau dazu sind wir moralisch verpflichtet (5:125f.). (Zu Zweifeln an Kants Argumentation siehe Kapitel 10.)

In der *Kritik der praktischen Vernunft* bezeichnet Kant die Existenz Gottes als ein «Postulat der reinen praktischen Vernunft» (5:124), das heißt als eine nicht beweisbare, aber rational notwendige Annahme. Und in der *Kritik der Urteilskraft* dient ausgerechnet Spinoza als Beispiel für einen «rechtschaffenden Mann», der an seiner eigenen moralischen Aufgabe verzweifeln muss, weil er nicht an Gott glaubt (5:452). Auch für Kant war jemand, der Gott und Natur gleichsetzte, ein Atheist. Doch daraus wird zugleich klar, dass Kant selbst sich nicht als Atheisten sah. Natürlich war Kant kein unkritischer Anhänger einer traditionellen christlichen Gottesvorstellung, sondern vertrat bereits in seiner frühen *Allgemeinen Naturgeschichte* von 1755 einen abstrakteren, dem Deismus nahestehenden Gottesbegriff (1:227ff.). Später lehnte Kant den Deismus zwar ab, meinte damit aber nur eine bestimmte Variante, die Gott nicht als allgütige und allwissende Person betrachtet (4:356). Umgekehrt bedeutet das, dass für Kant Persönlichkeit, Allgüte und Allwissen zu seinem Verständnis Gottes unbedingt hinzugehören. Dass Kant die Existenz eines solchen Gottes bestritten hat, ist weder durch seine Schriften noch durch Zeugnisse seiner Freunde, Kollegen und Schüler belegt. Ganz im Gegenteil behauptet Kant immer wieder, dass es moralisch notwendig sei, an einen allgütigen, allwissenden und allmächtigen Gott zu glauben (5:125). Oder sollte Kant seine Leser wissentlich getäuscht haben, um öffentlicher Verfolgung und Zensur (Heine: «der Polizei») zu entgehen? Das ist aus drei Gründen sehr unwahrscheinlich.

Erstens war das politische Klima in Preußen unter Friedrich dem Großen (also bis 1786) äußerst liberal. Kant hatte also keinen Grund, schon in der *Kritik der reinen Vernunft* (1781) den Glauben an Gott nur aus Rücksicht auf die Zensur als rational notwendig darzustellen. Zweitens macht Kant in seinen Schriften und seinen uns überlieferten mündlichen Äußerungen immer wieder klar, dass für ihn absolute Ehrlichkeit gegen sich und andere die wichtigste moralische Pflicht darstellt, die für allen menschlichen Umgang grundlegend ist. Wie hätte es Kant da vor sich selbst rechtfertigen können, seine Leser (und auch sein soziales Umfeld) so zu belügen? Und drittens wäre eine solche Lüge auch gar nicht nötig gewesen, denn Kant hätte sich, ohne damit öffentlich anzuecken, über die Frage, ob man an Gott glauben muss, auch wesentlich zurückhaltender äußern können. Das scheint in anderen Fällen tatsächlich seine Strategie gewesen zu sein. So schreibt Kant 1766 an Moses Mendelssohn: «Zwar denke ich vieles …, was ich niemals den Muth haben werde zu sagen; niemals aber werde ich etwas sagen was ich nicht denke» (10:69). Wenn Kant nicht an Gott und an seine eigene Lehre vom notwendigen Postulat Gottes geglaubt hätte, so hätte er darüber schweigen können. Dass er dies nicht tat, zeigt daher, dass Kant auch tatsächlich an Gott glaubte.

Übrigens hat die öffentliche Einschätzung Spinozas in Deutschland in den 1780er Jahren einen radikalen Wandel erfahren und einen publikumswirksamen Streit ausgelöst, in den auch Kant mit hineingezogen wurde. Friedrich Heinrich Jacobi, den wir schon als Kritiker von Kants transzendentalem Idealismus kennengelernt haben (Kapitel 26), berichtete 1785, dass der inzwischen verstorbene Lessing sich vor seinem Tod in einem Gespräch mit Jacobi zum Spinozismus und Pantheismus bekannt habe. Moses Mendelssohn sah darin einen Vorwurf des Atheismus und verteidigte seinen Freund Lessing gegen diese rufschädigende Anschuldigung. Jacobi hingegen betrachtete Lessings Spinozismus als eine folgerichtige Konsequenz aus dessen Rationalismus, dem Jacobi seine eigene Konzeption eines gefühlsbasierten Glaubens entgegenhielt.

Der dadurch ausgelöste «Pantheismusstreit» war eine der bedeutendsten intellektuellen Auseinandersetzungen im Deutschland des späten 18. Jahrhunderts, an der sich auch Kant mit seiner Schrift «Was heißt: Sich im Denken zu orientieren?» beteiligte (8:131–147). Er hatte eine Neubewertung Spinozas zur Folge, der für die folgende Generation von Philosophen und Intellektuellen nun nicht mehr als Atheist, sondern als moralisches Vorbild und Wegbereiter eines philosophisch geläuterten Gottesglaubens galt. Goethe bewunderte ihn und bekannte sich zum Pantheismus. Kant hat sich dieser Neubewertung, wie wir gesehen haben, nur zum Teil angeschlossen. Für ihn blieb Spinoza, wenn auch ein «rechtschaffender Mann», ein Atheist (5:452).[7]

TEIL VI

Das Ende

«Auf diese Weise ist die Philosophie eine bloße Idee von einer möglichen Wissenschaft, die nirgend in concreto gegeben ist ... [B]is der einzige ... Fußsteig entdeckt wird ... kann man keine Philosophie lernen. ... Man kann nur Philosophieren lernen».

Kritik der reinen Vernunft (A838/B866)

29

Wie alles zusammenhängt: Philosophie

Im Jahr 1796, im für damalige Verhältnisse hohen Alter von 72 Jahren, hatte Kant aufgehört, Vorlesungen zu halten, weil seine Kräfte immer mehr nachließen. In den folgenden zwei Jahren war er jedoch noch überaus produktiv, denn bis 1798 erschienen drei umfangreiche Werke: die *Metaphysik der Sitten* (in zwei Teilen, 1797), die *Anthropologie* und der *Streit der Fakultäten* (beide 1798). Und auch wenn Kant nach 1798 keine philosophischen Bücher mehr veröffentlichte, arbeitete er noch mehrere Jahre intensiv an einem Werk über den Übergang von der Transzendentalphilosophie zur Physik, das er aber nicht mehr fertigstellen konnte – dem sogenannten *Opus postumum* (Kapitel 19). Doch auch diese Arbeit konnte Kant 1803 nicht mehr fortsetzen. Kants engster Vertrauter in seinen letzten Lebensjahren, Ehregott Wasianski, berichtet, dass Kant nun unter Alpträumen und nächtlicher Schlaflosigkeit litt, weshalb er tagsüber immer wieder einschlief. Er klagte über «Kopfbedrückungen» und

Verdauungsprobleme, schmeckte fast nichts mehr, aß immer weniger und erblindete fast vollständig, nachdem er auf einem Auge schon länger nicht mehr sehen konnte. Seinen 79. Geburtstag am 22. April 1803 feierte Kant noch im Kreis seiner Freunde, doch für wissenschaftliches Arbeiten reichten seine geistigen und körperlichen Kräfte nicht mehr aus. Das Leben Immanuel Kants als Philosoph war schon etwa ein Jahr vor seinem Tod zu Ende gegangen.[1]

Kant hatte sich von seinen ersten Veröffentlichungen an stets als Philosoph verstanden. Zwar behandelten seine frühen Werke vor allem Themen, die wir heute als naturwissenschaftlich betrachten würden, wie den physikalischen Impulsbegriff oder die Entstehung von Sonnensystemen (Kapitel 18). Aber Kant sprach in ihnen von Anfang an auch als Philosoph. So beginnt er sein Erstlingswerk über die «lebendigen Kräfte» von 1747 mit metaphysischen Überlegungen zum Kraftbegriff (1:17). Und in seinem nächsten größeren Werk, der *Allgemeinen Naturgeschichte und Theorie des Himmels* (1755), ist seine kosmologische Theorie eingebettet in Überlegungen zum teleologischen Gottesbeweis, die Bedeutungslosigkeit des Menschen in den Weiten des Universums, das Leib-Seele-Problem und das Leben nach dem Tod. Und auch dann, wenn Kant in seinen späteren Werken und im *Opus postumum* zu naturwissenschaftlichen Themen zurückkehrte, tat er dies stets aus einer philosophischen Perspektive. Trotz vieler anderer fachlicher Interessen, die von der Theologie über das Recht bis zur Medizin, von der Physik bis zur Psychologie reichten, war Kant vom Anfang bis zum Ende seines wissenschaftlichen Lebens vor allem eines: ein Philosoph.

Und doch hätte Kant diese Bezeichnung vermutlich zurückgewiesen, denn ein Philosoph im vollen Sinn zu sein bedeutete für ihn, dem Ideal eines «Gesetzgebers der menschlichen Vernunft» zu entsprechen (A839/B867). Ein Philosoph zu sein, so Kant, ist keine rein theoretische, sondern vor allem eine praktische Angelegenheit, denn er muss als «Beispiel» für die «unfehlbare Wirkung» der Philosophie auf die Lebensführung dienen können (5:109). «In solcher Bedeutung wäre es sehr ruhmredig, sich selbst einen Philosophen zu nennen» (A839/B867). Von diesem anspruchsvollen Begriff des Philosophen zu unterscheiden ist der Philosoph als bloßer «Vernunftkünstler» – eine abschätzige Bezeichnung Kants für scharfsinnige Denkakrobatik in den luftigen Höhen der empiriefreien Spekulation, unter die auch Mathematiker und Logiker fallen (A839/B867).

Der Unterscheidung zwischen dem wahren Philosophen und dem bloßen Vernunftkünstler entspricht die Unterscheidung zwischen zwei Aspekten der Philosophie, die Kant als ihren «Schulbegriff» und ihren «Weltbegriff» bezeichnet (A838/B866). Ihrem Schulbegriff nach ist die Philosophie eine akademische Disziplin neben anderen, die aus rein theoretischer Neugier betrieben wird. Wie alle Wissenschaften zielt sie auf die Erkenntnis der Wahrheit und steht unter dem Anspruch, ein zusammenhängendes Ganzes, ein System der Erkenntnis zu bilden. Im Gegensatz zu anderen Wissenschaften gewinnt sie einen Teil ihrer Erkenntnisse jedoch a priori, aus reiner Vernunft, also unabhängig von Erfahrung, Beobachtung und Experiment. Dieses Merkmal teilt sie mit der Mathematik, die ihre Gegenstände (wie etwa ein Dreieck oder eine Funktion), anders als die Philosophie, aber in der nicht-empirischen Anschauung «konstruieren» kann, während es sich bei der Philosophie um eine rein begriffliche Erkenntnisform handelt. Der reine Teil der Philosophie umfasst nach Kant neben der Vernunftkritik und Logik (4:388) die Metaphysik der Natur und die Metaphysik der Sitten (A841/B869). Sie werden ergänzt durch die Disziplinen der «empirischen Philosophie» wie Anthropologie (A840/B868) und Psychologie (A848/B876).

Dem Schulbegriff der Philosophie stellt Kant ihren Weltbegriff gegenüber. Er betrifft das, was «jedermann notwendig interessiert» (A839/B867 Anm.), weil es die «Bestimmung des Menschen» betrifft (Kapitel 16). In dieser Hinsicht ist die Philosophie «die Wissenschaft von der Beziehung aller Erkenntnis auf die wesentlichen Zwecke der menschlichen Vernunft» (A839/B867). Diese Zwecke bestehen, wie wir aus früheren Kapiteln wissen, im Erreichen einer weltbürgerlichen Friedensordnung und des «höchsten Gutes», also einer alle Menschen einschließenden gerechten Weltgesellschaft (Kapitel 2, 10, 13). Kant spricht deshalb auch von der Philosophie in «weltbürgerlicher Bedeutung» (9:25).

Wir stoßen also auch hier auf Kants Leitidee vom Vorrang der Praxis vor der Theorie, die Kants Verständnis von Philosophie prägt. Philosophie beschäftigt sich mit allen möglichen Fragen, darunter vielen, die nur von theoretischem Interesse sind. So fragt sie, ob die Welt endlich oder unendlich ist oder was Schönheit ausmacht. Diese Fragen kann man um ihrer selbst willen stellen und zu beantworten versuchen – das ist der Schulbegriff der Philosophie. Letztlich geht es der Philosophie aber um mehr, nämlich um die Frage nach dem Sinn oder der «Bestimmung» des menschlichen Lebens. Diese Bestimmung liegt im moralischen Fortschritt der Menschheit mit dem letzten Ziel einer gerechten Welt, in der alle Menschen ihre Fähigkeiten vollständig entwickeln und sie zum eigenen Wohl wie zum Wohl aller anderen ausüben können. Ihrem Weltbegriff nach ist die Philosophie nicht nur die theoretische Erkenntnis und Reflexion dieses Ziels, sondern auch ein Beitrag zu seinem Erreichen, und zwar in zweifacher Hinsicht.

Erstens macht sie als «Weisheitslehre» aus der philosophierenden Person im Erfolgsfall einen besseren Menschen (5:108). Auch wenn der Philosoph, der sokratischen Wortbedeutung nach, die Weisheit zwar liebt, aber noch nicht besitzt, versteht Kant unter einem Philosophen einen Menschen, der sich dem Ziel der Weisheit immer weiter annähert. Damit knüpft Kant nicht nur an das sokratische Philosophieverständnis an, sondern auch an das der Stoiker, denen zufolge das Ziel der Philosophie im tugendhaften und damit guten Leben des einzelnen Menschen besteht, der so zu einem «Weisen» wird.

Zweitens deutet das Philosophieverständnis Kants aber auch auf den Marxismus und den amerikanischen Pragmatismus voraus, die im 19. Jahrhundert den Erfolg einer Theorie an ihrer gesellschaftlichen Wirksamkeit messen sollten. Dieser praktische Anspruch und seine politischen Implikationen kommen bei Kant besonders deutlich in seinem Aufsatz «Idee zu einer allgemeinen Geschichte in weltbürgerlicher Absicht» von 1784 zum Ausdruck. In diesem Aufsatz, der sich bereits in seinem Titel als Beitrag zum Weltbegriff der Philosophie ankündigt, entwickelt Kant seine Idee der menschlichen Geschichte als eines allmählichen Fortschritts hin zu einer globalen Weltfriedensordnung zwischen demokratischen und freiheitlichen Rechtsstaaten (Kapitel 3). Nur so könne die Menschheit alle von der Natur in ihr angelegten Fähigkeiten und Talente, vor allem die Fähigkeit zu freiem und moralisch gutem Handeln, vollständig entwickeln (8:15–31).

Natürlich ist sich Kant des utopischen Charakters seiner Überlegungen bewusst. Der Verdacht liege nahe, dass bei einer solchen Geschichte der Menschheit «nur ein Roman» herauskommen könne (8:29). Die tatsächliche Entwicklung der Menschheit mit all ihren Kriegen, Rechtsbrüchen und Formen von Unterdrückung und Ausbeutung scheint Kants idealistische Geschichtskonzeption zu widerlegen. Doch Kant verweist, wie auch später in der *Friedensschrift* von 1795, auf den Handelsgeist und das Gewinnstreben der Menschen sowie auf die Konkurrenz zwischen Menschen und zwischen Staaten, die letztlich eine freiheitliche und rechtsstaatliche Verfassung der Staaten nach innen und friedliche Verhältnisse nach außen begünstigen. Die bereits bestehenden Handelskontakte und der grenzüberschreitende kulturelle Austausch, so Kant, sind zwar nur «schwache Spuren der Annäherung» an das Ziel einer gerechten Welt, aber diese reichen aus, um uns zu Anstrengungen zu motivieren, die uns diesem Ziel immer näherbringen können (8:27f.).

Indem die Philosophie uns das Ziel einer gerechten Welt klar vor Augen stellt und zeigt, dass und wie dieses Ziel grundsätzlich erreichbar ist – oder vielleicht noch vorsichtiger: dass seine Realisierung nicht von vornherein ausgeschlossen ist –, leistet sie selbst einen Beitrag zum Erreichen dieses Ziels: «Ein philosophischer Versuch, die allgemeine Weltgeschichte nach einem Plane der Natur, der auf die vollkommene bürgerliche Vereinigung in der Menschengattung abziele, zu bearbeiten, muss als möglich und selbst *für diese Naturabsicht* beförderlich angesehen werden» (8:29). Die «Naturabsicht» ist die einer gerechten Welt. Die Philosophie – Kants Philosophie – leistet dazu einen Beitrag, indem sie zeigt, dass es sich trotz aller Widerstände lohnt, auf dieses Ziel hinzuarbeiten.

Wenn Kant in der *Kritik der reinen Vernunft* schreibt, dass die Philosophie ihrem Weltbegriff nach auf die «wesentlichen Zwecke» und letztlich auf den «Endzweck» der menschlichen Vernunft ausgerichtet ist, dann meint er genau das: Die Philosophie soll dazu beitragen, dass die Menschheit ihre «Bestimmung» realisiert, indem sie sich auf dem Weg einer allmählichen Kultivierung, Zivilisierung und Moralisierung dem Ziel einer gerechten Weltordnung immer weiter annähert. Kants Interventionen in den Debatten seiner Zeit, vor allem durch Beiträge in der *Berlinischen Monatsschrift* (Kapitel 4), sind für ihn also keine unbedeutenden Nebenprodukte, sondern ein ebenso zentraler Bestandteil seiner philosophischen Arbeit wie seine Hauptwerke.

Wenn Kant dem «Publikum», also der kritischen Öffentlichkeit, seine Konzeption der Aufklärung, des Verhältnisses von Theorie und Praxis oder einer Weltfriedensordnung darlegt, so tut er dies in dem Bewusstsein, als Philosoph politischen Einfluss auszuüben. Das gilt umso mehr, als Kant sich dabei oft ausdrücklich auch an die «Obrigkeit» richtet, die er von der Nützlichkeit oder Ungefährlichkeit seiner Ideen zu überzeugen versucht (Kapitel 4). Natürlich haben Philosophen, auch wenn sie für ein breiteres Publikum schreiben, normalerweise keinen direkten Einfluss auf das politische Geschehen; das wusste auch Kant. Aber wenn man bedenkt, dass Kant in historischen Zeiträumen dachte, dann scheint er mit seinem Selbstverständnis Recht behalten zu haben. Der Begriff der Menschenwürde im deutschen Grundgesetz (Kapitel 8) belegt die historische Wirkungsmacht der kantischen Philosophie ebenso wie die Gründung des Völkerbundes und der Vereinten Nationen (Kapitel 2). Dass das Ziel einer gerechten und friedlichen Welt heute weiter entfernt erscheint als noch vor einigen Jahrzehnten, hätte Kant von seinem Fortschrittsglauben nicht abgebracht, solange im wechselvollen Gang der menschlichen Geschichte zwischen allen Rückschlägen auch Zeichen der Hoffnung zu sehen sind (Kapitel 3, 11).

Auch innerhalb der Philosophie dachte Kant in historischen Zeiträumen, strebte nach dem «ewigen Frieden» und neigte dabei nicht dazu, seine eigene Bedeutung zu unterschätzen. Noch bevor die *Kritik der reinen Vernunft* seit Mitte der 1780er Jahre Anerkennung als epochaler Beitrag zur Philosophie fand, war Kant sich ihrer historischen Bedeutung sicher. So positioniert er sein Projekt am Ende der *Kritik der reinen Vernunft* in der Philosophiegeschichte, indem er es als Überwindung der alten Gegensätze zwischen einem auf Platon zurückgehenden Rationalismus und einem (angeblich) mit Aristoteles beginnenden Empirismus einerseits, zwischen Dogmatismus und Skeptizismus andererseits präsentiert (A852/B880–A856/B884). Da diese historischen Ansätze nicht zum Ziel geführt haben, schließt Kant: «Der *kritische* Weg ist allein noch offen» (A856/B884).

Dabei beruhen Kants Kenntnisse der Philosophiegeschichte oft nicht auf eigener Lektüre, sondern, wie im 18. Jahrhundert üblich, auf summarischen Darstellungen wie der *Historia philosophiae* Friedrich Gentzkens (1724) und der *Historia critica philosophiae* Johann Jakob Bruckers

(1742). Zwar besaß Kant unter anderem Gesamtausgaben der Werke Platons und Aristoteles', aber seine Aussagen über diese Denker zeigen zeittypische Verzerrungen, die erst durch die im 19. Jahrhundert beginnende intensive philosophiehistorische Forschung berichtigt wurden. So wird Platon durch die Brille des Neuplatonismus als «Mystiker» gelesen und Aristoteles als Empirist, was beiden nicht gerecht wird.

Dennoch nimmt Kant für sich in Anspruch, Platon besser verstanden zu haben, als dieser sich selbst verstand (A314/B370). Das ist nicht so vermessen, wie es klingt. Kant meint damit, dass auch ein großer Philosoph wie Platon die Konsequenzen seiner eigenen bahnbrechenden Ideen nicht immer bis ins Letzte überblickt. Andere können durch wohlwollend-kritische Interpretation seiner Aussagen zu einem besseren Verständnis kommen als dieser selbst. Kant dürfte nicht entgangen sein, dass diese Einsicht auch auf ihn selbst und sein eigenes Werk zutrifft. So sind wir in früheren Kapiteln immer wieder auf Thesen Kants gestoßen, die aus heutiger Sicht unhaltbar erscheinen. Das gilt für einige seiner naturwissenschaftlichen, erkenntnistheoretischen und metaphysischen Thesen, vor allem aber für seine diskriminierenden Aussagen über Frauen, Juden, nicht-weiße Menschen und andere Gruppen. Sie sind mit dem kosmopolitischen Geist und dem humanen Universalismus der kantischen Philosophie nicht zu vereinbaren. Allerdings haben wir auch gesehen, dass die Zweideutigkeit zwischen einem biologischen und einem rationalen Begriff des Menschen es leicht macht, bestimmte Menschen als angeblich nicht hinreichend rational auszugrenzen (Kapitel 16). Wenn wir Kants diskriminierende Aussagen heute auf der Grundlage seiner eigenen Ethik und politischen Philosophie zurückweisen, können wir mit gutem Grund beanspruchen, Kant besser verstanden zu haben als er sich selbst.

Mit Blick auf die Geschichte seines Faches betont Kant immer wieder die «endlosen Streitigkeiten» (A viii) zwischen Schulen und «Sekten». Seine eigene Philosophie stellt er als deren Überwindung dar. Auch wenn uns dies im Nachhinein naiv vorkommen mag, scheint Kant tatsächlich geglaubt zu haben, dass sich auf der Grundlage der *Kritik der reinen Vernunft* alle philosophischen Fragen in absehbarer Zeit endgültig beantworten lassen (A856/B884; A835/B863). Tatsächlich habe es, so Kant, vor der *Kritik der reinen Vernunft* gar keine wirkliche Philosophie als Wissenschaft gegeben (6:206; A838/B866). Nachdem die Grundlagen nun aber gelegt und die Grenzen der menschlichen Erkenntnis ein für alle Mal abgesteckt sind, sei es nur noch eine Frage der Zeit und des guten Willens, zumindest den nicht-empirischen Teil der Philosophie noch im 18. Jahrhundert zum Abschluss zu bringen (A856/B884). In einem späten Aufsatz von 1796 geht Kant so weit – wenn auch in einem durch und durch ironischen Tonfall und in koketter Anspielung auf sein ein Jahr zuvor erschienenes Buch *Zum ewigen Frieden* –, den «ewigen Frieden in der Philosophie» in Aussicht zu stellen (8:421).

In einer gewissen Spannung zu diesem Streben nach philosophischer Eintracht steht der Einsatz von beißendem Spott und handfester Polemik, mit dem Kant sich in den 1780er und 1790er Jahren gegen Kritiker seiner Philosophie zur Wehr setzt. Öffentlich ausgetragene und weithin wahrgenommene philosophische Dispute führte Kant unter anderem mit seinem Freund Moses Mendelssohn über den Fortschritt (Kapitel 3), seinem früheren Schüler Herder über die Geschichte der Menschheit (Kapitel 23), mit dem Weltreisenden Georg Forster über Menschenrassen (Kapitel 16), dem Popularphilosophen Christian Garve über die Moral, mit Friedrich Heinrich Jacobi und Johann Georg Schlosser über das Gefühl als Erkenntnisquelle und mit dem Leibnizianer Johann August Eberhard über die Originalität und Richtigkeit der *Kritik der reinen Vernunft* (Kapitel 26). Dabei ist Kants Polemik in der Sache oft so scharf, dass sie den Gegner bloßstellt und der Lächerlichkeit preisgibt.

Besonders die Verteidiger der Leibniz-Wolff'schen Schulphilosophie (unter dem Kampfbegriff des «Dogmatismus») und die platonisch inspirierten Gefühlsphilosophen (unter dem Kampfbegriff der «Schwärmerei») ziehen Kants Spott auf sich. So schreibt Kant gegen Jacobi, der sich in Fragen des Übersinnlichen am Gefühl statt an der Vernunft orientiere: Das «nennen wir gemeine Menschen Schwärmerei; jene Günstlinge der gütigen Natur aber Erleuchtung» (8:145). Und gegen Schlosser und dessen «vornehmen Ton» in der Philosophie heißt es: In «bildlichen Ausdrücken» sei der «platonisierende Gefühlsphilosoph unerschöpflich». So spreche er zum Beispiel vom «Schleier der Isis», den man nicht heben, sondern, so Schlosser, nur «dünne» machen könne (womit gemeint ist, dass die Wahrheit nicht erkannt, sondern nur erahnt werden kann). Dazu Kant: «*Wie* dünne, wird hierbei nicht gesagt; vermutlich doch noch so dicht, dass man aus dem Gespenst machen kann, was man will: denn sonst wäre es ein Sehen, welches ja vermieden werden sollte» (8:399). Philosophen wie Jacobi und Schlosser nennt Kant «Kraftmänner, welche neuerdings mit Begeisterung eine Weisheit verkündigen, die ihnen keine Mühe macht» (8:400 Anm.).

Den dogmatischen Rationalisten, die der Vernunft nicht zu wenig, sondern zu viel zutrauen, ergeht es nicht besser. Eberhard hatte in langen und unübersichtlichen Ausführungen zu zeigen versucht, dass Kant in Wirklichkeit nicht über Leibniz hinauskomme. Kant erwidert, es sei «schlimm mit einem Autor zu tun zu haben, der keine Ordnung kennt, noch schlimmer aber mit dem, der eine Unordnung erkünstelt, um seichte oder falsche Sätze unbemerkt durchschlüpfen zu lassen» (8:189). Hier (wie auch gegenüber Herder) wird Kant oft persönlich, indem er Eberhard immer wieder bewusste Täuschung vorwirft. So begehe dieser einen «so offenbaren Widerspruch», dass er ihn «notwendig bemerkt haben muss, aber ihn so gut, wie er konnte, verklebt und übertüncht hat, um ihn unmerklich zu machen» (8:203). Und an anderer Stelle: «Was soll man hier an Herrn Eberhard bezweifeln: die Einsicht oder die Aufrichtigkeit?» (8:214) Kant ist sich seiner Überlegenheit über seine Kritiker und Gegner bewusst und verteidigt seinen Platz in der Philosophiegeschichte mit Schärfe und nicht ohne eine gewisse Herablassung. Bis zum «ewigen Frieden in der Philosophie» ist es von da aus noch ein weiter Weg.

Eine weitere wichtige Unterscheidung Kants innerhalb des Feldes der philosophischen Erkenntnis, neben der zwischen Welt- und Schulbegriff, ist diejenige zwischen der *Philosophie* und dem *Philosophieren.* Seinen Studenten schärft er immer wieder ein: Man kann nicht Philosophie, sondern nur Philosophieren lernen (z. B. 2:306; 9:25; A838/B866). Das ist insofern paradox, als «Philosophie» hier gerade die Begriffe, Theorien und historischen Entwicklungen meint, die man in einem philosophischen Lehrbuch erwarten würde. Doch das, so Kant, ist eben noch keine wirkliche Philosophie, solange man sie sich nicht selbst durch eigenes Nachdenken und kritisches Nachfragen angeeignet hat: «Es kann sich überhaupt keiner einen Philosophen nennen, der nicht philosophieren kann. Philosophieren lässt sich aber nur durch Übung und selbsteigenen Gebrauch der Vernunft lernen» (9:25). Wer Philosophieren lernen wolle, dürfe daher «alle Systeme der Philosophie nur als Geschichte des Gebrauchs der Vernunft ansehen und als Objekte der Übung seines philosophischen Talents» (9:26).

Genau das hatte Kant von Anfang an getan. In seinem Erstlingswerk über die lebendigen Kräfte (1747) nimmt er die Auseinandersetzung zwischen Cartesianern und Leibnizianern im *Vis-viva*-Streit (Kapitel 3, 19) nicht nur zum Anlass eines eigenständigen Vermittlungsvorschlags, sondern auch einer weit ausholenden Rechtfertigung dafür, dass er sich als unbekannter Nachwuchsphilosoph anmaßt, es besser zu wissen als Geistesgrößen wie Newton und Leibniz. Kants Begründung lautet, dass in der Philosophie und Wissenschaft nicht Autorität und Seniorität zählen, sondern nur gute Gründe und Argumente. Diese Überlegung gipfelt in der kühnen Aussage des 23-Jährigen: «Ich habe mir die Bahn schon vorgezeichnet, die ich halten will. Ich werde meinen Lauf antreten, und nichts soll mich hindern ihn fortzusetzen» (1:10).

Wohl selten hat eine jugendliche Anmaßung sich im Rückblick als so zutreffend erwiesen. Ohne dieses Selbstvertrauen, aber auch ohne diesen großen Ehrgeiz, wäre es Kant wohl kaum möglich gewesen, zehn Jahre «schweigend» an der *Kritik der reinen Vernunft* zu arbeiten und die ersten enttäuschenden Jahre nach ihrem Erscheinen zu überstehen. Kant starb 1804 in dem Bewusstsein, dass er seine Ankündigung verwirklicht, seine vorgezeichnete Bahn gehalten hatte und so zum bedeutendsten Philosophen seiner Epoche geworden war.

Es ist ein Klischee, aber deshalb nicht falsch, dass sich der wahre Philosoph, die wahre Philosophin im Angesicht des eigenen Todes beweist. Wenn Kant schreibt, den Titel eines Philosophen zu beanspruchen sei «ruhmredig», also angeberisch, dann meint er auch dies: dass sich erst in der letzten Stunde zeigt, wie weit man sich dem Ideal eines Philosophen angenähert hat. Die Geschichte der Philosophie kennt einige eindrucksvolle Erzählungen dieser Art: Sokrates, der seinen Schülern die Unsterblichkeit der Seele beweist, bevor er gelassen den Schierlingsbecher trinkt und stirbt; Seneca, der mit seinen Freunden tafelt, bis er sich auf Geheiß Neros ohne Zögern und Klagen die Pulsadern aufschneidet; oder David Hume, von dem es heißt, dass er auch auf dem Sterbebett ein zufriedener Atheist und furchtloser Leugner der Unsterblichkeit der Seele gewesen sei. Auch wenn die Berichte über Kants Tod sich nicht ganz in diese

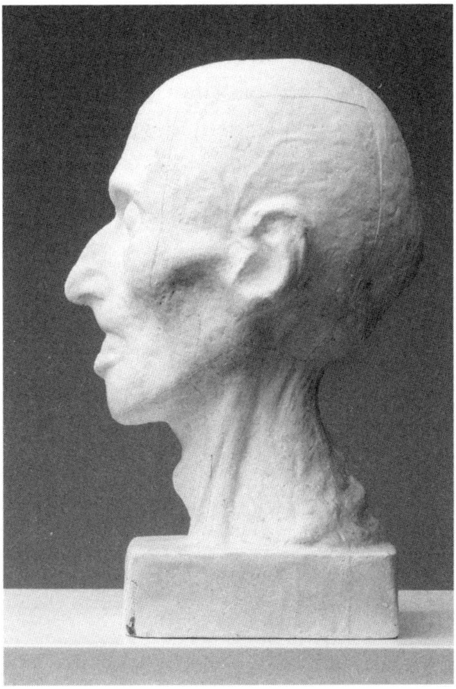

Abb. 19: Kants Totenmaske, Skulptur von Andreas Knorre, 1804

Heldenerzählungen einreihen, schildern sie sein Ende doch als das eines stoischen Weisen.

Kant hatte im Laufe seines letzten Lebensjahres immer mehr an Kraft, aber auch an geistiger Präsenz verloren und sich in den letzten Monaten vor seinem Tod an den Gesprächen seiner Tischgesellschaft kaum noch beteiligt. Manches deutet auf eine Altersdemenz hin, so gelegentliche aggressive Ausbrüche und verbale Entgleisungen, aber auch unvermitteltes Aufsagen von Merkversen aus der Schulzeit. In seinen letzten Tagen, so sein Vertrauter und Biograf Wasianski, sei Kant aber ganz ruhig und gelassen gewesen. Am 7. Februar 1804 saß er zum letzten Mal mit seinen Gästen am Mittagstisch, musste sich aber schon nach der Suppe wieder in das nun im selben Raum stehende Bett begeben. Sein Gast Hasse schreibt: «Da sah man sein armes Gerippe, der ausgezehrte Körper sank wie ins Grab». Die nächsten Tage verbrachte Kant, kaum noch bei Bewusstsein, in seinem Bett. Er sprach nur noch wenige Worte und nahm mit Mühe kleine Mengen einer gesüßten Mischung aus Wasser und Wein zu sich. Wasianski war in Kants letzten Tagen und Stunden fast ständig bei ihm. Gegen ein Uhr nachts am 12. Februar 1804 verlangte Kant ein letztes Mal zu trinken, bis er schließlich sagte: «Es ist gut». Es waren seine letzten Worte.[2]

«Ich fragte Goethe, welchen der neueren Philosophen er für den vorzüglichsten halte. ‹Kant›, sagte er, ‹ist der vorzüglichste, ohne allen Zweifel. Er ist auch derjenige, dessen Lehre sich fortwirkend erwiesen hat, und die in unsere deutsche Kultur am tiefsten eingedrungen ist. Er hat auch auf Sie gewirkt, ohne dass Sie ihn gelesen haben. Jetzt brauchen Sie ihn nicht mehr, denn was er Ihnen geben konnte, besitzen Sie schon.›»

Eckermann, *Gespräche mit Goethe* (11. April 1827)

30

«Das reine Gold seiner Philosophie»: Kants Wirkung

Als Kant 1804 starb, war er in den Augen seiner Zeitgenossen schon zu einer historischen Figur geworden. Fast alle seiner Freunde und Weggefährten wie Mendelssohn, Green und Hippel, aber auch viele seiner Schüler wie Herder und Herz hatte er überlebt. Der alte Mann aus Königsberg hatte sich bis zuletzt im Stil des nun schon lange vergangenen Rokoko mit Perücke und Rüschenhemd gekleidet. Auch in der Philosophie, so schien es, war die Zeit über Kant hinweggegangen. Fichte und Schelling hatten seinen transzendentalen Idealismus weitergedacht und radikalisiert (Kapitel 26). Und in Jena schrieb ein gewisser Friedrich Georg Wilhelm Hegel an einem Buch namens *Phänomenologie des Geistes*, das Kants Idee einer notwendigen Dialektik der Vernunft auf die gesamte menschliche Welt- und Geistesgeschichte übertrug. Zwar behauptete Schelling in einem Nachruf auf Kant, dieser habe sich trotz seines hohen Alterns «nicht überlebt». Doch dann würdigt er ihn vor allem als «naiven» Innovator, der die Bedeutung seiner eigenen Leistung – das «reine Gold seiner Philosophie» – selbst nicht richtig einzuschätzen wusste. Seine philosophische Wirkung, so Schelling, werde aufgrund des spezifisch deutschen Charakters seines Denkens für immer auf Deutschland und Nordeuropa beschränkt bleiben.[1]

Damit war für die kommenden Jahrzehnte der Ton gesetzt. Kant war ein bedeutender Denker des letzten Jahrhunderts, dessen Werk die Grundlagen der modernen Philosophie gelegt hatte, das aber nun durch die Systeme Fichtes und Schellings, später noch mehr durch dasjenige Hegels, als überwunden galt. Zwar wirkte Kant in der ersten Hälfte des 19. Jahrhunderts unter anderem in der Rechtswissenschaft und der aufkommenden Psychologie nach, aber der große Einfluss Hegels und seiner Schüler überschattete alles. Einzelne Philosophen wie Arthur Schopenhauer verstanden sich als Kantianer, doch blieben sie zunächst isoliert und kaum beachtet.

Das änderte sich in Deutschland erst Mitte des 19. Jahrhunderts. Naturwissenschaftler wie Hermann von Helmholtz und Wilhelm Wundt, die physische wie psychische Phänomene experimentell erforschten, sahen in Hegels Dialektik und seinen spekulativen Deduktionen keine philosophische Grundlage für ihre empirischen Methoden und griffen auf Kant zurück, dessen Transzendentalphilosophie sie als Wissenschaftstheorie der modernen Naturwissenschaft wiederentdeckten. Auch viele Philosophen, ebenfalls enttäuscht vom hermetischen Systemdenken Hegels und Schellings, wandten sich wieder Kant zu. Es entstand die Bewegung des Neukantianismus, dessen Schlachtruf Otto Liebmann in seinem Buch *Kant und die Epigonen* formulierte: «Also muss auf Kant zurückgegangen werden!» (Zu den «Epigonen» Kants zählten auch Fichte, Schelling und Hegel.)[2]

Das 19. Jahrhundert war an den deutschen Universitäten die Blütezeit des «Gelehrtenstreits». In der Philosophie bekämpften sich einflussreiche Lehrstuhlinhaber, die jeweils ihr eigenes «System» verteidigten, mit großer Schärfe und nicht ohne persönliche Beleidigungen. Berühmt wurde der Streit zwischen den beiden Großordinarien Friedrich Adolf

Trendelenburg (Berlin) und Kuno Fischer (Heidelberg) über Kants Beweis für die Subjektivität von Raum und Zeit. Trendelenburg hatte gegen Kant eingewandt, dass aus der Subjektivität der Anschauungsformen von Raum und Zeit nicht folge, dass Raum und Zeit keine Strukturen der Dinge an sich sind (Kapitel 24). Fischer widersprach in einer Schrift mit dem Titel «Anti-Trendelenburg», dieser antwortete in «Kuno Fischer und sein Kant». Der Streit wurde so persönlich, dass Fischer, als ihn 1872 die Nachricht von Trendelenburgs Tod erreichte, gesagt haben soll: «Das habe ich nicht gewollt!»[3]

Während im Rest der Welt weiterhin ein von Hegel inspirierter Idealismus die Philosophie dominierte (vertreten zum Beispiel durch Benedetto Croce in Italien, Francis Herbert Bradley in England und Josiah Royce in den USA), war die beherrschende philosophische Strömung in Deutschland zwischen 1870 und 1920 der Neukantianismus, der sich schnell in zwei unterschiedliche Schulen aufspaltete. Während die sogenannte «Marburger Schule» mit Hermann Cohen und Paul Natorp an Kant vor allem als Theoretiker der modernen Naturwissenschaften interessiert war, betonte die «Südwestdeutsche Schule» mit Wilhelm Windelband und Heinrich Rickert (zwei Schülern Kuno Fischers) in erster Linie die Bedeutung der kantischen Philosophie für die Geisteswissenschaften. Beide Schulen beteten Kants Werke nicht einfach nach, sondern entwickelten seine Philosophie kreativ und auf der Höhe ihrer eigenen Zeit weiter. Ein besonders eindrucksvoller und eigenständiger Denker war der deutsch-jüdische Philosoph Hermann Cohen (1842–1918), der in Kants kategorischem Imperativ die Grundlage für einen humanen Sozialismus sah, sich für die Gleichstellung der Juden im Deutschen Kaiserreich einsetzte und den zunehmenden Antisemitismus öffentlich kritisierte.[4] Kant, so Cohen, sei «der wahre und wirkliche Urheber des deutschen Sozialismus» gewesen.[5]

Der Einfluss des Neukantianismus hatte nach dem Ersten Weltkrieg seinen Höhepunkt überschritten, doch wirkte er auch darüber hinaus lange nach. Da war zum einen das bedeutende Werk Ernst Cassirers, der in seiner *Philosophie der symbolischen Formen* Einflüsse der Marburger und der südwestdeutschen Schule verband. Da war zum anderen die beginnende analytische Philosophie, die vor allem bei Gottlob Frege und Ludwig Wittgenstein, später auch bei Rudolf Carnap viele kantische und neukantianische Einflüsse aufnahm (etwa die Analytisch-Synthetisch-Unterscheidung und das kantische Verständnis von logischer Form). Und schließlich ist auch die Phänomenologie Edmund Husserls in vieler Hinsicht eine Weiterentwicklung von Ansätzen, die über den Neukantianismus auf Kant zurückgehen. So hat der «Anti-Psychologismus» Freges und Husserls (die Unterscheidung zwischen der historisch-psychologischen «Genesis» und der logischen «Geltung» oder Wahrheit) seine Wurzel im Neukantianismus. Es ist nicht übertrieben zu sagen, dass für alle bedeutenden philosophischen Strömungen im Deutschland des frühen 20. Jahrhunderts Kant die wichtigste historische Quelle darstellt.

Parallel zu diesen produktiven Anknüpfungen an Kant hat sich, ebenfalls unter dem Einfluss des Neukantianismus, in der zweiten Hälfte des 19. Jahrhunderts eine stärker philologisch-historische Kant-Forschung entwickelt. So erschien seit 1900 an der Preußischen Akademie der Wissenschaften eine verlässliche Ausgabe von Kants Schriften, die bis heute verwendete «Akademieausgabe», die neben den Werken und Briefen auch bis dahin nicht ediertes Material aus Kants Nachlass sowie Vorlesungsmitschriften umfasst. Die Bände 1 bis 9 dieser Ausgabe mit Kants veröffentlichten Werken sowie die Bände 21 und 22 mit dem *Opus postumum* werden zurzeit neu editiert, denn sie entsprechen nicht mehr den aktuellen Anforderungen an eine historisch-kritische Ausgabe. Die Neuedition, die aus Gründen der historischen Originaltreue zur kantischen Orthografie zurückkehrt, soll bis zum Kant-Jubiläum 2024 weitestgehend abgeschlossen sein. Dann wird es zum Beispiel statt «Kritik» wieder, wie bei Kant selbst, «Critik» heißen und (noch gewöhnungsbedürftiger) statt «Freiheit» wieder «Freyheit».

Die bedeutendsten frühen Vertreter einer stärker philologisch orientierten Kant-Forschung waren Erich Adickes, Karl Vorländer und Hans Vaihinger. Adickes edierte in der Akademieausgabe Kants handschriftliche Notizen, die sogenannten «Reflexionen», die Kant unter anderem in seinen Lehrbüchern notierte (Bände 14 bis 19 der Akademieausgabe). Vorländer verfasste eine grundlegende Kant-Biografie (*Immanuel Kant. Der Mann und das Werk*, 1924). Und Vaihinger, der auch mit seiner eigenständigen, an Kant nur lose anknüpfenden «Philosophie des *Als ob*» bekannt wurde, war der Autor eines großangelegten Kommentars zur

Kritik der reinen Vernunft, der aber über zwei umfangreiche Bände zu den ersten 50 Seiten von Kants Hauptwerk nicht hinauskam. Vaihinger gründete 1896 die *Kant-Studien* und 1904 die *Kant-Gesellschaft*, die beide bis heute fortbestehen.

In der Folge des Neukantianismus wurde Kant zumeist als Metaphysikkritiker wahrgenommen, dessen Transzendentalphilosophie für Wissenschaft und Ethik eine nicht-metaphysische, aber trotzdem erfahrungsunabhängige Grundlage legte. Diese Wahrnehmung änderte sich im Laufe der 1920er Jahre, als Autoren wie Max Wundt, Heinz Heimsoeth und vor allem Martin Heidegger Kants Bedeutung als Metaphysiker in den Mittelpunkt stellten. Doch indem diese Autoren Kant in die metaphysische Tradition zurückholen, bestritten sie zugleich seine Ausnahmestellung als Überwinder genau dieser Tradition. Es ist daher nicht überraschend, dass Kant nun nicht mehr, wie im Neukantianismus, als unangefochtener historischer Referenzpunkt galt, sondern als Teil eines Kanons «klassischer deutscher Philosophie» betrachtet wurde, der von Nikolaus von Kues über Leibniz und Hegel bis Nietzsche reichte. Dass Martin Heidegger sich 1933 den Nationalsozialisten andiente und Max Wundt, ein radikaler Nationalist und Antisemit, zu einem führenden Funktionär des NS-Wissenschaftssystems wurde, passt in dieses Bild. Die bereits in Schellings Nachruf anklingende Vereinnahmung des Kosmopoliten Kant für einen deutschen Nationalismus erreichte ihren traurigen Höhepunkt.[6]

Auch nach dem Zweiten Weltkrieg knüpften in Deutschland viele Philosophinnen und Philosophen an Kant (aber auch an Fichte und Hegel) an, um aktuelle philosophische Fragestellungen in einer Verbindung von historischen Analysen und eigenständigen philosophischen Überlegungen anzugehen. Bedeutende Vertreter dieser oft von der Hermeneutik Heideggers und Gadamers beeinflussten Strömung waren Julius Ebbinghaus und Dieter Henrich, die jeweils einflussreiche Schulen gründeten. Auch Jürgen Habermas, der sich heute als «von Hegel, Marx und Peirce belehrten Kantianer» bezeichnet, ist in seinem Denken stark von Kant beeinflusst. Habermas' Diskursethik ist ebenso von Kant inspiriert wie seine Rechtsphilosophie und seine Konzeption einer deliberativen Demokratie.[7]

Neben Habermas war es vor allem John Rawls, der dazu beigetragen hat, dass Kant heute weltweit nicht nur als Erkenntnistheoretiker und Metaphysiker, als Ethiker und Ästhetiker, sondern auch als politischer Denker ernstgenommen und intensiv rezipiert wird. Rawls hat als Professor an der Harvard University einen weiten Kreis von Schülerinnen und Schülern geprägt, darunter Christine Korsgaard in den USA und Onora O'Neill in Großbritannien. Sie haben dazu beigetragen, dass im traditionell utilitaristisch geprägten englischen Sprachraum Kants Ethik und politische Philosophie studiert und fruchtbar aufgenommen wird.[8]

Heute ist die Kant-Forschung eine weltweit florierende Sub-Disziplin der akademischen Philosophie, die sich mit der historischen Erforschung von Kants Leben und Werk, vor allem aber mit der philosophischen Interpretation und gegenwartsbezogenen Deutung der Werke Kants beschäftigt. Wichtige Zentren der internationalen Kant-Forschung gibt es nicht nur in Deutschland, sondern auch in Italien, Großbritannien und den USA. Aber auch an Universitäten in der spanischsprachigen Welt, in Russland, China, Japan, Korea und in zahlreichen anderen Ländern wird Kants Philosophie erforscht und gelehrt. Weltweit beschäftigen sich heute Tausende von Philosophinnen und Philosophen an Universitäten in aller Welt wissenschaftlich mit der Philosophie Kants. Es gibt mehrere auf Kant spezialisierte Fachzeitschriften: neben den *Kant-Studien* zum Beispiel die *Kantian Review* (GB), *Studi Kantiani* (Italien), *Con-Textos Kantianos* (Spanien) und *Studia Kantiana* (Brasilien). Die von Margit Ruffing (Mainz) erstellte und in den *Kant-Studien* veröffentlichte Kant-Bibliografie führt aktuell zwischen 700 und 1000 wissenschaftliche Publikationen zu Kant auf – pro Jahr!

Da mag man sich fragen, ob es 300 Jahre nach Kants Geburt und nach über 200 Jahren der Auseinandersetzung mit seinem Werk überhaupt noch etwas Neues zu entdecken gibt. Müsste inzwischen nicht jeder Winkel des kantischen Lebens und Denkens restlos erforscht sein? Doch das ist keineswegs der Fall. Der wichtigste Grund dafür ist, dass unsere Fragen an Kant, unser Interesse an seiner Philosophie sich im Laufe der Zeit verändern. In einer Zeit, als der Skeptizismus (die grundsätzliche Infragestellung der Möglichkeit von sicherem Wissen) als die wichtigste Herausforderung in der Erkenntnistheorie galt, suchte die Kant-Forschung in der *Kritik der reinen Vernunft* nach Antworten auf den Skeptizismus, etwa in den bedeutenden Arbeiten Peter F. Strawsons.[9] Diese

Problematik ist heute in den Hintergrund getreten. Dafür sind heute andere Aspekte der *Kritik der reinen Vernunft* in den Vordergrund gerückt, etwa die zwischen sogenannten Konzeptualisten und Non-Konzeptualisten umstrittenen Frage, welche Rolle Begriffe in der Wahrnehmung spielen (Kapitel 23). Ein anderes Beispiel ist die Frage, wie eine kantianische Ethik und politische Philosophie die Exklusion von Menschen aufgrund von Hautfarbe, Herkunft und Geschlecht vermeiden kann (Kapitel 16). Auch die Tierethik ist erst in den letzten Jahrzehnten zu einem wichtigen Thema der praktischen Philosophie geworden ist. Wie, so lautet nun die Frage, kann in Kants «Reich der Zwecke» Platz für nicht-menschliche Tiere geschaffen werden? Auf diese Weise ergeben sich aus neuen philosophischen Fragestellungen und aktuellen gesellschaftlichen Debatten immer wieder neue Perspektiven, unter denen Kants Werke gelesen und interpretiert werden.[10]

Es gehört zu den Merkmalen bedeutender Philosophen wie Platon und Kant, dass ein neuer Blick auf sie häufig auch zu neuen Erkenntnissen führt. Kants Werke enthalten keine ewigen Wahrheiten und absoluten Gewissheiten (Schellings «reines Gold»), sondern müssen immer wieder kritisch diskutiert und angeeignet werden. Auf diese Weise wird Kants Denken zweifellos auch in Zukunft die Philosophie und andere Disziplinen inspirieren.

Doch Kants anhaltende Wirkung beschränkt sich keineswegs auf die akademische Welt. Vor allem in Deutschland sind der kategorische Imperativ, die Maxime des Selbstdenkens, der Begriff der Mündigkeit und andere Aspekte des kantischen Denkens tief im Bewusstsein einer gebildeten Öffentlichkeit verankert. Selbst in der Populärkultur ist Kant angekommen: Die Band Tocotronic singt «Pure Vernunft darf niemals siegen»; Nicolas Mahler stellt seine «Philosofunnies» – ironisch-absurde Bildgeschichten über Philosophen – unter den Titel «Partyspass mit Kant»; Antje Herzog erzählte die Geschichte von Martin Lampe und seinem «Meister Immanuel Kant» als Graphic Novel; und Hanno Depners Bausatz «Kant für die Hand» macht die *Kritik der reinen Vernunft* zu einem Bastelset zum Selberbauen.[11]

Die bedeutendsten Nachwirkungen der Philosophie Kants aber betreffen unsere politischen Praktiken und Institutionen. Der Begriff der Menschenwürde im deutschen Grundgesetz geht unter anderem auf

Kant zurück (Kapitel 8), und die Vereinten Nationen sind zumindest indirekt durch Kant inspiriert (Kapitel 2). Das Bundesverfassungsgericht bezieht sich in seinen Urteilsbegründungen immer wieder auf die sogenannte «Objektformel», die auf Kants kategorischem Imperativ basiert und verbietet, «den Menschen zum bloßen Objekt des Staates zu machen», ihn also nur als Mittel und nicht auch als Zweck zu behandeln.[12] Unser westliches Verständnis liberal-rechtsstaatlicher Demokratien steht in der Tradition der Aufklärung und damit auch Kants. Die «freiheitlich-demokratische Grundordnung» Deutschlands ist von einem kantischen Rechtsverständnis geprägt.

In einer Zeit, in der Friede, Demokratie, Rechtsstaatlichkeit und Menschenwürde für viele Menschen ihre selbstverständliche Gültigkeit als Leitwerte unserer Gesellschaft verloren haben und diese Werte bedroht sind wie seit dem Zweiten Weltkrieg nicht mehr, gilt wieder das Motto Liebmanns: Es muss auf Kant zurückgegangen werden! Wie wir gesehen haben, gibt Kant uns keine vorgefertigten Antworten auf die Fragen unserer Zeit, sondern fordert uns zu einer kritischen Auseinandersetzung und eigener Urteilsbildung heraus. Dass Kant in vielem irrte, in anderem seiner Zeit verhaftet blieb, ist in diesem Buch mehrfach deutlich geworden. Aber seine zutiefst humane Denkweise, seine nüchterne Menschenkenntnis und sein unbedingter moralischer Anspruch können uns auch heute noch Orientierung geben – und uns Mut machen, uns unseres eigenen Verstandes zu bedienen.

Anhang

Dank

Dieses Buch wäre nicht möglich gewesen ohne die Hilfe und Unterstützung vieler Personen und mehrerer Institutionen.

Den größten Teil dieses Buches habe ich während eines Forschungssemesters geschrieben, das ich 2022 als Gast der Université Paris 1 Panthéon-Sorbonne verbringen durfte. Ich danke der Goethe-Universität Frankfurt für die Gewährung des Forschungssemesters und meinem Gastgeber an der Sorbonne, Jocelyn Benoist, für die freundliche Aufnahme. Stefanie Buchenau (Université Paris 8 Saint-Denis) und der Arbeitsgruppe «sapere aude!» danke ich für die Gelegenheit, zwei Kapitel des Buches zur Diskussion zu stellen.

Drei liebe Freunde haben eine erste Fassung des Buches auf Lesbarkeit für philosophische Laien geprüft: Susanne Windelen und Jochen Fischer haben ihre Leseeindrücke geschildert und mir damit sehr geholfen. Uwe Gepp hat den gesamten Text durchgearbeitet, zahlreiche Verbesserungen vorgeschlagen und mir geholfen, einen allzu akademischen Stil und unnötige Abstraktionen zu vermeiden.

Folgende Freunde und Kollegen, allesamt hochgeschätzte Kennerinnen und Kenner der Philosophie Kants, haben ein oder mehrere Kapitel des Buches gelesen, Verbesserungen vorgeschlagen und mich vor Fehlern bewahrt: Stefano Bacin, Larissa Berger, Angela Breitenbach, Achim Brosch, Eva Buddeberg, Fabian Burt, Wolfgang Ertl, Stefanie Grüne, Jacqueline Karl, Pauline Kleingeld, Lutz Koch, Katharina Kraus, Georg Mohr, Sofie Möller, Peter Niesen, Inga Römer, Tobias Rosefeldt, Dieter Schönecker, Jakub Techert, Bernhard Thöle, Jens Timmermann, Eric Watkins.

Fabian Burt, Andrea Esser, Andreas Fahrmeir, Joachim Mähnert, Birgit Recki, Dieter Schönecker, Jens Timmermann und Eric Watkins haben mir zudem sehr geholfen, indem sie kurzfristig auf E-Mailanfragen geantwortet haben.

Sophia Corell und Lea Stengel haben mich in der Arbeit an diesem Buch unterstützt: Sophia Corell durch Text- und Literaturrecherche; ohne ihre Mitarbeit wäre das Buch noch lange nicht fertig. Lea Stengel hat alle Zitate und Stellennachweise gewissenhaft geprüft. Für alle verbliebenen Fehler bin ich selbst verantwortlich.

Meine Frau Annette Werner und unsere Söhne Simon und Fabian Willaschek haben die intensive Arbeit an diesem Buch mit Geduld, Sympathie und Interesse begleitet, verschiedene Kapitel gelesen und kommentiert und mir mit Rat und Tat zur Seite gestanden.

Auf Seiten des Verlags haben zunächst Teresa Löwe und dann in den entscheidenden Phasen vor allem Dirk Setton als Lektor das Buch mit viel Sympathie und großer Kompetenz aktiv begleitet.

Ihnen allen gilt mein ganz herzlicher Dank!

Ein besonderer Dank gebührt Kurt Bayertz, der Autor und Verlag zu diesem Buch zusammengebracht hat.

Zeittafel

1724	Kant wird am 22. April in eine Handwerkerfamilie geboren; die Familie verarmt während Kants Kindheit
1732–1740	Besuch des Collegium Fridericianum
1739	Tod von Kants Mutter, Anna Regina Kant
1740	Friedrich II. wird König von Preußen; Rückberufung Wolffs nach Halle; Kant beginnt sein Studium an der Albertus-Universität Königsberg
1744	Schlaganfall des Vaters, Kant kümmert sich um Vater und Geschwister
1746	Tod des Vaters, Beginn der Tätigkeit als Hauslehrer
1749	Veröffentlichung der ersten Schrift: *Gedanken von der wahren Schätzung der lebendigen Kräfte*
1755	*Allgemeine Naturgeschichte und Theorie des Himmels*
1755–1769	Kant lehrt als Magister (Privatdozent) an der Philosophischen Fakultät der Albertus-Universität; er lebt von Hörergeldern (und später vom Gehalt einer Stelle als Unterbibliothekar)
1756, 1758	Erfolglose Bewerbung auf die Nachfolge seiner Lehrer Knutzen und Kypke
1758–1762	Russische Besetzung Königsbergs; Kant unterrichtet deutsche Offiziere in russischen Diensten
1763	*Der einzig mögliche Beweisgrund zu einer Demonstration des Daseins Gottes*
1763	*Versuch den Begriff der negativen Größen in die Weltweisheit einzuführen*
1764	Kant wird die Professur für Dichtkunst an der Universität Königsberg angeboten, die er ablehnt; *Beobachtungen über das Gefühl des Schönen und Erhabenen*
1764/65	Kants persönliche «Revolution»; Beginn der Freundschaft mit Joseph Green
1766	*Träume eines Geistersehers, erläutert durch Träume der Metaphysik*

1770	Berufung auf die Professur für Metaphysik und Logik (nachdem Kant zuvor zwei Rufe von anderen Universitäten abgelehnt hatte)
1770	Antrittsschrift («Dissertation»): *De mundi sensibilis atque intelligibilis forma et principiis*
1771–1781	Zehn Jahre des öffentlichen «Schweigens», in denen Kant an der *Kritik der reinen Vernunft* arbeitet
1777	Besuch Moses Mendelssohns bei Kant in Königsberg
1781	*Kritik der reinen Vernunft* (1. Auflage)
1783	*Prolegomena zu einer jeden künftigen Metaphysik, die als Wissenschaft wird auftreten können*
1783/84	Kant kauft das Haus, in dem er bis zu seinem Tod leben und einen Mittagstisch mit vielen Gästen unterhalten wird
1784	«Beantwortung der Frage: Was ist Aufklärung?»; «Idee zu einer allgemeinen Geschichte in weltbürgerlicher Absicht»
1785	*Grundlegung zur Metaphysik der Sitten*
1786	*Metaphysische Anfangsgründe der Naturwissenschaft;* Tod Friedrichs des Großen, Amtsantritt von Friedrich Wilhelm II; Tod von Kants «bestem Freund» Joseph Green; Kant wird Mitglied der Königlich-Preußischen Akademie der Wissenschaften und erstmals Rektor der Universität Königsberg
1786/87	Reinholds *Briefe über die Kantische Philosophie* machen Kant in ganz Deutschland bekannt
1787	*Kritik der reinen Vernunft* (2. Auflage)
1788	Zensur- und Religionsedikt des Ministers Wöllner; *Kritik der praktischen Vernunft*
1789	Beginn der Französischen Revolution
1790	*Kritik der Urteilskraft*
1792	Kant bekommt Probleme mit der Zensur
1793	*Die Religion innerhalb der Grenzen der bloßen Vernunft*
1794	Kant erhält ein Schreiben von Friedrich Wilhelm II. mit Strafandrohung bei fortgesetzter «Renitenz»
1795	*Zum ewigen Frieden*
1796	Kant hört auf zu lehren
1797	*Metaphysik der Sitten*
1798	*Anthropologie in pragmatischer Hinsicht*; *Streit der Fakultäten*
1798–1803	Kant arbeitet am Übergangswerk (sog. *Opus postumum*)
1804	Kant stirbt am 12. Februar

Glossar

Das Glossar bietet möglichst allgemeinverständliche und knappe Erläuterungen von Kants Terminologie, die die Lektüre dieses Buches erleichtern sollen. Für die ausführliche Erklärung kantischer Begriffe und Theorien sowie Darstellungen des Inhalts einzelner Werke sei auf das 2015 erschienene dreibändige *Kant-Lexikon* verwiesen, das seine Philosophie in über 2300 Einträgen umfassend erschließt (*Kant-Lexikon*, hrsg. von M. Willaschek, J. Stolzenberg, G. Mohr, S. Bacin, Berlin/Boston 2015; Studienausgabe 2018).

A posteriori: auf Erfahrung oder sinnlicher Wahrnehmung beruhend (= empirisch)

A priori: nicht auf Erfahrung oder sinnlicher Wahrnehmung beruhend

Affektion: Einwirkung äußerer Gegenstände auf die menschlichen Sinne

Anschauung: unmittelbare Vorstellung eines konkreten Gegenstandes, die (typischerweise) auf sinnliche Wahrnehmung zurückgeht; Gegensatz: Begriff

Antinomie: Widerspruch zwischen These und Gegenthese, wörtlich: «Widerstreit der Gesetze»

Ästhetik: Lehre von der sinnlichen Wahrnehmung (gr. *aisthesis*); auch spezieller: Lehre vom Schönen und Erhabenen

Autonomie: Selbstgesetzgebung; der Mensch als vernünftiges Wesen gibt sich selbst das Gesetz seines Handelns, das Sittengesetz

Begriff: abstrakte Vorstellung derjenigen Gegenstände, die bestimmte Merkmale gemeinsam haben; z. B. ist der Begriff des Single die Vorstellung aller Gegenstände (im weitesten Sinn), auf die die Merkmale «erwachsener Mensch» und «ohne festen Lebenspartner» zutreffen; Gegensatz: Anschauung

Deismus: im 18. Jahrhundert verbreitete Auffassung, wonach ein göttliches Wesen die Welt erschaffen hat, ohne danach in deren Ablauf einzugreifen

Determinismus: jeder spätere Zustand eines Systems ergibt sich zwingend und alternativlos aus einem früheren (und dieser aus einem noch früheren usw.)

Dinge an sich: Dinge, sofern sie unabhängig von menschlichen Erkenntnisbedingungen (vor allem unabhängig von Raum und Zeit) existieren

Diskursiv: schrittweise vorgehende, begriffliche Form der Erkenntnis; Gegensatz: intuitiv

empirisch: auf sinnlicher Wahrnehmung beruhend (= a posteriori)

Empirismus: Wissen und Erkenntnis gehen vollständig auf sinnliche Wahrnehmung zurück; vernünftiges Denken dient nur der Systematisierung von Wahrnehmungen und leistet keinen eigenständigen Beitrag zu unserem Wissen; Gegenposition: Rationalismus

Erhabenes: das Große, Mächtige, Imposante in der ästhetischen Erfahrung

Erkenntnis: Vorstellung; genauer: begrifflich bestimmte Vorstellung eines anschaulich gegebenen Gegenstandes

Erscheinungen: empirische Gegenstände bzw. deren Vorstellungen; durch unsere Anschauungsformen Raum und Zeit geprägte Gegenstände; Gegensatz: Dinge an sich

Idealismus: Gegenstände in Raum und Zeit sind bloße Vorstellungen bzw. von unseren Vorstellungen abhängig

Idealismus, transzendentaler: Theorie Kants, die erklären soll, wie Erkenntnis a priori möglich ist, indem sie empirische Gegenstände als bloße Erscheinungen betrachtet

Imperativ, hypothetischer: bedingtes Gebot, das man vernünftigerweise befolgen sollte, sofern man eine bestimmte Absicht verfolgt

Imperativ, kategorischer: unbedingtes Gebot, das für alle vernünftigen Wesen gilt

Intelligibel: nicht sinnlich wahrnehmbar, sondern nur durch vernünftiges Nachdenken zu erfassen

Intuitiv: ganzheitliche, anschauliche Form der Erkenntnis; Gegensatz: diskursiv

Kategorien: die zwölf apriorischen Grundbegriffe des menschlichen Verstandes

Kausalität: Verursachung; Verhältnis von Ursache und Wirkung

Maxime: Regel, nach der ein Mensch handelt (ohne sich dieser Regel immer bewusst zu sein)

Metaphysik: Wissenschaft a priori von den grundlegenden Bestandteilen, obersten Prinzipien und allgemeinsten Strukturen der Realität

Monaden: nach Leibniz die einfachen Substanzen, aus denen sich die Realität zusammensetzt

Ontologie: Lehre von den allgemeinsten Strukturen der Realität (Teildisziplin der Metaphysik)

Paralogismus: von Kant kritisierter Fehlschluss, auf dem die scheinbaren Beweise der Unsterblichkeit der Seele beruhen

Praxis/praktisch: das (gute) Handeln betreffend; Gegensatz: Theorie, theoretisch
Rational: vernünftig, durch vernünftiges Nachdenken einsehbar oder bestimmbar
Rationalismus: Wissen und Erkenntnis gehen vollständig auf vernünftiges Denken zurück; die sinnliche Wahrnehmung leistet keinen wesentlichen Beitrag zu unserem Wissen; Gegenposition: Empirismus
Sinnlichkeit: Empfänglichkeit für sinnliche Eindrücke, Rezeptivität
Spontaneität: Selbsttätigkeit
Teleologie: Lehre der Zwecke und Zweckmäßigkeit
teleologisch: auf Zwecke ausgerichtet; etwas durch seinen Zweck erklärend
Theorie/theoretisch: die Erkenntnis der Wahrheit betreffend; Gegenteil: Praxis, praktisch
Transzendental: die Erklärung von Erkenntnis a priori betreffend; Bedingung der Möglichkeit von Erfahrung
Transzendentalphilosophie: Theorie der Erkenntnis a priori, die alles umfasst, was wir unabhängig von Erfahrung über die Natur wissen können, und die erklärt, wie dieses Wissen möglich ist
Urteil: Verknüpfung von Vorstellungen, der sprachlich ein Aussagesatz entspricht; Kant unterscheidet zwölf Urteilsformen; z. B. allgemeine Urteile (‹Alle A sind B›) oder hypothetische Urteile (‹Wenn p, dann q›)
Urteil, analytisches: Urteil, dessen Wahrheit sich aus den darin enthaltenen Begriffen und den Regeln der Logik ergibt (z. B. ‹Alle Singles sind ledig›, ‹Dieser Kreis ist rund›)
Urteil, synthetisches: Urteil, das nicht analytisch ist (z. B. ‹Kant war Single›, ‹Es gibt einen Gott›)
Urteil, synthetisches a priori: Urteil, dessen Wahrheit sich nicht aus den darin enthaltenen Begriffen und den Regeln der Logik ergibt, das aber auch nicht durch sinnliche Wahrnehmung als wahr erkannt werden kann; nach Kant sind die Urteile der Metaphysik (wie auch die der Mathematik) synthetisch a priori
Urteilskraft: Fähigkeit, das Besondere unter das Allgemeine zu subsumieren (bestimmende Urteilskraft) bzw. zu etwas Besonderem das Allgemeine zu finden (reflektierende Urteilskraft)
Vernunft: Fähigkeit zur vernünftigen Einsicht in Prinzipien, logischem Schlussfolgern, konsequentem Denken; bei Kant im weiten Sinn das Vermögen zu Erkenntnissen a priori (unabhängig von Erfahrung), im engen Sinn das Vermögen der logischen Schlussfolgerung

Verstand: Fähigkeit zu begrifflicher Erkenntnis; bei Kant im weiten Sinn das Vermögen zu denken (Gegensatz: Sinnlichkeit), im engeren Sinn das Vermögen der Begriffe

Vorstellungen: Inhalte des menschlichen Geistes

Anmerkungen

Die Darstellung von Kants Biografie stützt sich vor allem auf die folgenden Quellen:

- die drei frühen Kant-Biografien seiner Schüler Borowski, Jachmann und Wasianski (*Immanuel Kant. Sein Leben in Darstellungen von Zeitgenossen*, mit einer Einleitung von Rudolf Malter und einem Vorwort von Volker Gerhardt, Darmstadt 2012; zitiert in den Anmerkungen als: *Borowski, Jachmann, Wasianski*);
- die weiteren von Rudolf Malter gesammelten Quellen (*Immanuel Kant in Rede und Gespräch*, eingeleitet und herausgegeben von Rudolf Malter, Hamburg 1990; zitiert in den Anmerkungen als: *Malter*);
- die beiden wichtigsten wissenschaftlichen Kant-Biografien, nämlich die von Karl Vorländer (*Immanuel Kant. Der Mann und das Werk*, Leipzig 1924; in den Anmerkungen zitiert als: *Vorländer*) und Manfred Kühn (*Kant. Eine Biographie*, München 2004; zitiert als: *Kühn*).

Die folgenden Anmerkungen beschränken sich auf Nachweise für Aussagen im Text und gelegentliche Hinweise auf weiterführende Literatur. Eine explizite Auseinandersetzung mit dem aktuellen Stand der Kant-Forschung hätte den Rahmen dieses Buches gesprengt.

1. Kants drei Revolutionen

1 Kopernikus: Martin Carrier, *Nikolaus Kopernikus* (München 2001).

2 Zum Begriff der Revolution und seiner Rolle in Kants Philosophie: Reinhard Brandt, «Kants Revolutionen», *Kant-Studien* 106 (2015), 3–35.

3 Kants Briefwechsel: Bände 10–12 der Akademieausgabe. Kiesewetters Briefe aus Berlin: z. B. 11:135–139, 11:155–159, 12:293–295.

4 «Alle Vorlesungen der Philosophischen Fakultät»: *Borowski*, 77; zu Kants Vorlesungstätigkeit: siehe die von Steve Naragon betreute Website «Kant in the Classroom» (https://users.manchester.edu/facstaff/ssnaragon/kant/Home/index.htm).

5 Der «galanteste Mann von der Welt»: *Malter*, 77. Zu Kants möglichen Heiratsplänen siehe Kapitel 22.

6 Kants «Wiedergeburt»: *Kühn*, 174–190.

7 Nietzsches Perspektivismus: Volker Gerhardt, *Friedrich Nietzsche* (München [4]2006).

8 Heinrich Heine, *Zur Geschichte der Religion und Philosophie in Deutschland,* in: ders., *Historisch-kritische Gesamtausgabe*, Bd. 8.1 (Hamburg 1981), 77. Die Parallele zwischen der Philosophie Kants und der Französischen Revolution findet sich bereits in Schellings Nachruf auf Kant (Kapitel 30), der sie als einen Gemeinplatz präsentiert.

2. Das höchste politische Gut: Der «ewige» Frieden

1 «Verehrungswürdiger» oder «verehrungswürdigster Greis»: z. B. 11:25; 12:102; 12:129.
2 Goethe als *embedded journalist*: Johann Wolfgang von Goethe, *Kampagne in Frankreich*, in: *Goethes Werke*, Bd. 10: *Autobiographische Schriften*, Teil 2, hrsg. von Erich Trunz (München [8]1982), 188–363; Kants Leben unter der russischen Besetzungsmacht: *Kühn*, 138–140.
3 Friedensentwürfe vor Kant: Abbé de Saint-Pierre (= Charles Irénée Castel de Saint-Pierre), *Projet pour rendre la paix perpétuelle en Europe* (Utrecht 1713); Jean-Jacques Rousseau, *Extrait du projet de paix perpétuelle de monsieur l'abbé de Saint-Pierre* (Amsterdam 1761).
4 Thomas Höwing, «Träume eines Geistersehers», *Kant-Lexikon*, 2327–2331; zur Ironie in der *Kritik der reinen Vernunft*: Marcus Willaschek, *Kant on the Sources of Metaphysics* (Cambridge 2018), 124 f.
5 Zur aktuellen Diskussion über die These des «demokratischen Friedens» im Anschluss an Kants Friedensschrift siehe Oliver Eberl, *Demokratie und Frieden. Kants Friedensschrift in den Kontroversen der Gegenwart* (Baden-Baden 2008).
6 Die folgenden Absätze beruhen auf Marcus Willaschek, «Vernunft und Realismus: Zur Aktualität der kantischen Philosophie», in: Volker Gerhardt/Maja Schepelmann/Matthias Weber (Hrsg.): *Immanuel Kant 1724–2024. Ein europäischer Denker* (München/Berlin/New York 2022), 29–36.
7 «Private Laster als gesellschaftliche Vorteile»: Untertitel von Bernard Mandeville, *Die Bienenfabel*, übers. von Helmut Findeisen (München 1988).
8 Zur frühen Rezeption der kantischen Friedensschrift: Oliver Eberl, *Demokratie und Frieden*, 47–62.
9 Zum Einfluss Kants auf Wilsons 14-Punkte-Plan: Oliver Eberl, *Demokratie und Frieden*, 73–79; zu Kants Friedensschrift: Oliver Eberl/Peter Niesen (Hrsg.), *Immanuel Kant. Zum ewigen Frieden und Auszüge aus der Rechtslehre* (Berlin 2011); Volker Gerhardt, *Immanuel Kants Entwurf ‹Zum ewigen Frieden›. Eine Theorie der Politik* (Darmstadt 1995).

3. Moses Mendelssohn und der Fortschritt der Menschheit

1 «Der Jude Theodor»: *Malter*, 303.

2 Kant-Medaille: Hans Vaihinger, «Die Kantmedaille mit dem schiefen Turm von Pisa», *Kant-Studien* 2 (1898), 109–115. – Die einleitenden Absätze dieses Kapitels beruhen auf Marcus Willaschek, «Die Vulkane im Monde und das moralische Gesetz in mir. Immanuel Kant mit 60 Jahren», in *Kultur. Technik. Freiheit*, hrsg. von Heiko Puls, Michael Schramm und Stefan Waller (Münster 2017), 179–198, wo sich auch weitere Nachweise finden.

3 Leben und Werk Mendelssohns: Dominique Bourel, *Moses Mendelssohn. Begründer des modernen Judentums. Eine Biographie.* Aus dem Französischen von Horst Brühmann (Zürich 2007); Stephen Tree, *Moses Mendelssohn* (Reinbek bei Hamburg 2007).

4 Zur Preisschrift von 1763: *Kühn*, 165f.; Kants Erstlingsschrift und die Reaktion Lessings: *Kühn*, 107–118.

5 Mendelssohns Besuch in Königsberg: *Kühn*, 266f. Zum Verhältnis zwischen Kant, Mendelssohn und Herz: *Vorländer* (Teil 1), 170ff. und 207f.; *Kühn*, 230f.

6 Zu den philosophischen Auseinandersetzungen zwischen Kant und Mendelssohn: Paul Guyer, *Reason and Experience in Mendelssohn and Kant* (Oxford 2020); «alles zermalmender Kant»: Moses Mendelssohn, *Morgenstunden oder Vorlesungen über das Daseyn Gottes* (1785), Vorbericht, in: Moses Mendelssohn, *Gesammelte Schriften*, Band 3.2, Stuttgart-Bad Cannstatt 1973, 3; zur Verbreitung der Bezeichnung Kants als «Alleszermalmer»: *Borowski*, 31, 62.

7 Kants Geschichtsphilosophie: Pauline Kleingeld, *Fortschritt und Vernunft. Zur Geschichtsphilosophie Kants* (Würzburg 1995); Otfried Höffe (Hrsg.), *Immanuel Kant: Schriften zur Geschichtsphilosophie* (Berlin 2011).

8 Mendelssohn über den Fortschritt: Moses Mendelssohn, *Jerusalem oder über religiöse Macht und Judenthum* (Berlin 1783), Zweiter Abschnitt, 44–48, in: Moses Mendelssohn, Gesammelte Schriften, Band 8, Stuttgart-Bad Cannstatt 1983.

9 «Vampyre der Gesellschaft»: *Malter*, 457.

4. Die Aufklärung und ihre Dialektik

1 Kant als Mieter Kanters: *Kühn*, 191–193; Kants fehlende Kenntnis des Buches von d'Alembert: Martin Schönfeld, «D'Alembert, Jean Le Rond», *Kant-Lexikon*, 338.

2 Jürgen Habermas, *Strukturwandel der Öffentlichkeit. Untersuchungen zu einer Kategorie der bürgerlichen Gesellschaft* (Neuwied 1962). Zum aktuellen Stand der Debatte: Martin Seeliger/Sebastian Sevignani, «Zum Verhältnis von Öffent-

lichkeit und Demokratie. Ein neuer Strukturwandel?», *Sonderband Leviathan* 37 (2021), 9–40; Jürgen Habermas, *Ein neuer Strukturwandel der Öffentlichkeit und die deliberative Politik* (Berlin 2022).

3 Johann Friedrich Zöllner, «Ist es rathsam, das Ehebündnis nicht ferner durch Religion zu sanciren?», *Berlinische Monatsschrift* 2 (Dezember 1783), 508–516.

4 Moses Mendelssohn, «Über die Frage: was heißt aufklären?», *Berlinische Monatsschrift* 4 (September 1784), 193–200; Immanuel Kant, «Beantwortung der Frage: Was ist Aufklärung?», *Berlinische Monatsschrift* 4 (Dezember 1784), 481–494. Ein Digitalisat der Berlinischen Monatsschrift ist online verfügbar: http://ds.ub.uni-bielefeld.de/viewer/toc/2239816/1/. Siehe auch: Norbert Hinske (Hrsg.), *Was ist Aufklärung? Beiträge aus der Berlinischen Monatsschrift* (Darmstadt 1990); Barbara Stollberg-Rilinger (Hrsg.), *Was ist Aufklärung? Thesen, Definitionen, Dokumente* (Stuttgart 2010).

5 Zur Epoche der Aufklärung siehe Barbara Stollberg-Rilinger, *Europa im Jahrhundert der Aufklärung* (Stuttgart 2000); «Die Worte Aufklärung, Kultur, Bildung ...»: Mendelssohn, «Über die Frage ...», 193.

6 «Aufklärung verhält sich ...»: Mendelssohn, «Über die Frage ...», 195.

7 Teile dieses Kapitels beruhen auf: Marcus Willaschek, «Kant und das Projekt der Aufklärung heute», *Con-Textos Kantianos* (im Erscheinen).

8 Wilhelmine Z., «Schreiben eines Berlinischen Frauenzimmers an die Herausgeber zur Verteidigung ihrer Mitbürgerinnen», *Berlinische Monatsschrift* 2 (Dezemberheft), 1783, 503–507.

9 Dass Sex in der Ehe nach Kant konsensuell sein muss, ist in der Kant-Literatur umstritten; siehe dazu Martin Brecher, «Ein Zwangsrecht auf Geschlechtsverkehr? Das kantische Vernunftrecht und die ‹eheliche Pflicht›», *Aufklärung* 30 (2018), 93–118.

10 Bianca Patricia Pick, «Hippel, Theodor Gottlieb von», *Kant-Lexikon*, 1034f.

11 Max Horkheimer/Theodor W. Adorno, *Dialektik der Aufklärung. Philosophische Fragmente* (Frankfurt 1969), 76.

12 Ebd., Kapitel «Kulturindustrie. Aufklärung als Massenbetrug», 108–150.

13 Zu Habermas' Verteidigung der Aufklärung siehe zum Beispiel: Jürgen Habermas, «Die Moderne – ein unvollendetes Projekt», in ders., *Die Moderne – ein unvollendetes Projekt. Philosophisch-politische Aufsätze 1977–1990* (Leipzig 1990), 32–54.

5. Freiheit und Zwang: Kant über Erziehung

1 Kants Nachhilfeunterricht und sein pädagogischer Umgang mit Studenten: *Malter*, 18f., *Borowski*, 75 ff.; Kants Zeit als Hauslehrer: *Kühn*, 119–122.

2 Entdeckung der Kindheit: Philippe Ariès, *Die Geschichte der Kindheit* (München 1975).

3 Rousseaus Erziehungslehre: Jean-Jacques Rousseau, *Émile oder über die Erzie-*

hung, hrsg. von Martin Rang (Stuttgart 2006); dazu Dieter Sturma, *Jean-Jacques Rousseau* (München 2001), Kap. 7.

4 Kants Pädagogik: Lutz Koch, «Pädagogik», *Kant-Lexikon*, 1727–1730.

5 «Nie ein schlechterer Hofmeister»: *Jachmann*, 110; Anhänglichkeit von Kants Schülern: *Kühn*, 120.

6 Kants Erziehung im Collegium Fridericianum: *Kühn*, 63, 70.

7 Kants Unterstützung des Philanthropins: *Kühn*, 264–266.

8 Kant als Pionier der wissenschaftlichen Pädagogik: Lutz Koch, «Pädagogik», *Kant-Lexikon*, 1727.

9 Kants Studienfächer: *Kühn*, 83; Kants Lehrtätigkeit an der Universität Königsberg: *Kühn*, 132, 240; *Jachmann*, 116; *Borowski*, 77; sowie Steve Naragons Website «Kant in the Classroom» (https://users.manchester.edu/facstaff/ssnaragon/Kant/).

10 Kant als Rektor der Universität Königsberg: *Kühn*, 362–365, 381.

11 «In welchen Behälter …»: *Borowski*, 65; Kant über Selbstbefriedigung («wollüstige Selbstschändung»): 6:424f.

12 «Nicht Philosophie lernen …»: *Borowski*, 76; Kants Vorlesungsstil: *Borowski*, 75ff.

6. Kult der Vernunft: Von Menschen, Göttern und Außerirdischen

1 Kult der Vernunft: Ernst Schulin, *Die Französische Revolution* (München [5]2013), 232ff.

2 Umstellung auf das Dezimalsystem: Michael Meinzer, *Der französische Revolutionskalender* (München 1992).

3 «Buch der Natur …»: Diese Formulierung findet sich nicht wörtlich, aber sinngemäß in Galileo Galileis *Il Saggiatore*: https://sites.icmc.usp.br/andcarva/il_saggiatore.pdf, 16; «Vernunft» in der Geschichte der Philosophie: Christof Rapp und Christof Horn: «Vernunft; Verstand», in: Joachim Ritter et al. (Hrsg.), *Historisches Wörterbuch der Philosophie*, Bd. 11 (Basel 2004), 748–763.

4 Euklids Elemente und ihr Einfluss auf die europäische Geistesgeschichte: Benjamin Wardhaugh, *Begegnungen mit Euklid. Wie die «Elemente» die Welt veränderten* (Hamburg 2022).

5 Zur Philosophie des 18. Jahrhunderts vor Kant: Wolfgang Röd, *Geschichte der Philosophie: Philosophie der Neuzeit 2: Von Newton bis Rousseau* (München 1984); Johannes Haag/Markus Wild, *Philosophie der Neuzeit* (München 2019).

6 Pietismus: Martin H. Jung, *Pietismus* (Frankfurt am Main 2005).

7 Kants Kindheit und Erziehung: *Kühn*, 40–79; Kants Mutter: *Kühn*, 43, 45f., 50.

8 Zu Kants Begriff der Vernunft: Willaschek, *Kant on the Sources of Metaphysics* (Cambridge 2018), Kapitel 1.1.

7. Großer Kant, der kategorische Imperativ hilft mir nichts!

1 Zu Maria von Herbert: Vorländer, *Kant* (Teil 2), 117–119.

2 Hubers Berufung auf den kategorischen Imperativ: Wolfgang Huber, *Kurt Huber vor dem Volksgerichtshof* (Essen 2009), 225. Zu Eichmanns Berufung auf den kategorischen Imperativ: Michael Wildt, «Eichmann und der kategorische Imperativ. Oder: Gibt es eine nationalsozialistische Moral?», in: Norbert Kampe/Peter Klein (Hrsg.), *Die Wannsee-Konferenz am 20. Februar 1942. Dokumente, Forschungsstand, Kontroversen* (Köln 2013), 151–166.

3 Zum kategorischen Imperativ siehe Dieter Schönecker, «Imperativ, kategorischer», *Kant-Lexikon*, 1152–1159.

4 François de la Rochefoucauld, *Maximen und Reflexionen*, übers. v. Friedrich Hörlek (Leipzig 1875), 8.

5 Zum Begriff der Maxime bei Kant: Jens Timmermann, «Maxime», *Kant-Lexikon*, 1486–1488.

6 Formalismuseinwand: G. W. F. Hegel, *Gesammelte Werke*, Bd. 14: *Grundlinien der Philosophie des Rechts*, hrsg. von Klaus Grotsch und Elisabeth Weisser-Lohmann (Hamburg 2009), § 135.

7 Constants Fall des versteckten Freundes: Benjamin Constant, «Von den politischen Gegenwirkungen», in: *Frankreich im Jahre 1797. Aus den Briefen deutscher Männer in Paris*, Bd. 2 (Altona 1797), 99–127.

8 Zu Kants Antwort auf Constant: Jens Timmermann, *Kant's «Supposed Right to Lie»* (Cambridge, in Vorb.).

9 Goldene Regel: Heinz-Horst Schrey/Hans-Ulrich Hoche, «Regel, goldene», in: Joachim Ritter et al. (Hrsg.), *Historisches Wörterbuch der Philosophie*, Band 8 (Basel 1992), 450–464.

10 Zu Kants moralischer Erziehung: *Wasianski*, 223.

11 Kant über das Verbot des Suizids: 4:422; homosexuelle Praktiken: 6:277; Selbstbefriedigung: 6:424f.

8. Der Maurer als Zweck an sich

1 Kants Freundes- und Bekanntenkreis: *Vorländer* (Teil 2), 26–37; Kants Junggesellendasein: *Jachmann*, 141f. Zu Kants Hauskauf: Marcus Willaschek, «Die Vulkane im Monde und das moralische Gesetz in mir. Immanuel Kant mit 60 Jahren», in: *Kultur. Technik. Freiheit*, hrsg. von Heiko Puls, Michael Schramm und Stefan Waller (Münster 2017), 179–198; einige Abschnitte dieses Kapitels beruhen auf diesem Aufsatz.

2 Kants Hauskauf: *Vorländer* (Teil 2), 3–10.

3 Kants Ethikvorlesungen aus den 1770er Jahren: Kant, *Vorlesung zur Moralphilosophie*, hrsg. von Werner Stark (Berlin 2004).

4 Friedrich Schiller, *Sämtliche Werke*, Bd. 1 (Gedichte, Dramen), hrsg. von Albert Meier (München/Wien 2004), 299–300 (Xenien 388–389).

5 Siehe dazu die von Steve Naragon gepflegte Website «Kant in the Classroom» (https://users.manchester.edu/facstaff/ssnaragon/kant/Home/index.htm); «verlor sein Vortrag zuweilen an Lebhaftigkeit»: *Kühn*, 317.

6 Kants Brief an Fetter: Rudolf Malter, *Kants Briefwechsel* (Hamburg 1986), 933f.

9. «Rousseau hat mich zurechtgebracht»: Menschenwürde und Autonomie

1 Kants Besuch des Collegium Fridericianum: *Kühn*, 63–74.

2 Kants Studienjahre: *Kühn*, 80–107, insbesondere 80–83; Kants Freundschaft mit der Familie Keyserlingk und die russische Besetzung Königsbergs: *Kühn*, 138–141.

3 Die Philosophie Rousseaus: Dieter Sturma, *Jean-Jacques Rousseau* (München 2001).

4 Kants Einrichtung sowie das Bild Rousseaus über seinem Schreibtisch: *Jachmann*, 172.

5 «Der Mensch ist frei geboren …»: J.-J. Rousseau, *Vom Gesellschaftsvertrag*, hrsg. von Hans Brockard (Stuttgart 2013), 5; «der Gehorsam gegen das selbstgegebene Gesetz»: ebd., 23.

6 Zum Begriff der Menschenwürde: Dietmar von der Pfordten, *Menschenwürde* (München 2016).

7 Zur Würde von Menschen mit schwersten geistigen Behinderungen: Thomas Gutmann, «Würde und Autonomie. Überlegungen zur kantischen Tradition», *Jahrbuch für Wissenschaft und Ethik* 15 (2010), 3–34.

8 Kants Verhalten nach dem Schlaganfall des Vaters: *Kühn*, 117.

10. Das «höchste Gut» und die beste aller möglichen Welten

1 Sterblichkeit im 18. Jahrhundert: Max Roser, Hannah Ritchie und Bernadeta Dadonaite, *Child and Infant Morality* (2019): https://ourworldindata.org/child-mortality#child-mortality-in-the-past; Königsberg im Krieg: Fritz Gause, *Die Geschichte der Stadt Königsberg*, Bd. 2 (Köln 1971), 152–167, 306–310; Seuchen in Königsberg: Robert Albinus, *Lexikon der Stadt Königsberg Pr. und Umgebung* (Leer 1985), 290.

2 Dieser und die folgenden Absätze beruhen auf Marcus Willaschek, «Vernunft und Realismus: Zur Aktualität der kantischen Philosophie», in: Volker Gerhardt, Maja Schepelmann, Matthias Weber (Hrsg.), *Immanuel Kant 1724–2024. Ein europäischer Denker* (München/Berlin/New York 2022), 29–36.

3 Urteil des Bundesverfassungsgerichts zum Flugzeugabschuss zur Terrorabwehr: BVerfG, Urteil des Ersten Senats vom 15. Februar 2006 (http://www.bverfg.de/e/rs20060215_1bvr035705.html); zur öffentlichen Meinung zu diesem Urteil: https://www.daserste.de/unterhaltung/film/terror-ihr-urteil/voting/index.html; World Happiness Report: https://worldhappiness.report/.

4 Kants Begriff des höchsten Gutes: Bernward Grünewald, «Gut, höchstes», *Kant-Lexikon*, 974–979.

5 Leibniz' Theodizee: Hans Poser, *Gottfried Wilhelm Leibniz zur Einführung* (Hamburg ^{4}2021), 163–179.

6 Kants Haltung zum Leibniz'schen Optimismus: Bernward Grünewald, «Optimismus», *Kant-Lexikon*, 1705f.

7 Voltaires Kritik des Optimismus: Voltaire, *Candide oder der Optimismus*, aus dem Französischen von Wilhelm Christhelf Sigismund Mylius (Frankfurt 2008).

8 Zur Unterscheidung einer religiösen von einer säkularen Interpretation des höchsten Gutes bei Kant: Andrews Reath, «Two Conceptions of the Highest Good in Kant», *Journal of the History of Philosophy* 26 (1988), 593–619.

9 Rückgang der Mütter- und Kindersterblichkeit: https://data.unicef.org/topic/maternal-health/maternal-mortality/; https://ourworldindata.org/child-mortality; zur Verbesserung der Lebensverhältnisse seit dem 18. Jahrhundert: Steven Pinker, *Aufklärung jetzt. Für Vernunft, Wissenschaft, Humanismus und Fortschritt. Eine Verteidigung* (Frankfurt am Main 2018).

11. «Ich habe das Heil der Welt gesehen!» Kant über Recht und Revolution

1 «Denn ich habe das Heil der Welt gesehen»: *Malter*, 348. Da Varnhagen von Ense erst 1784 geboren wurde, Kant nie traf und auch keine Quelle für diese Äußerung angibt, ist ihre Authentizität unsicher. Die Quelle dürfte aber Friedrich August Stägemann gewesen sein, der seit 1787 Justizkommissar und Kriminalrat in Königsberg war und in dessen Haus auch Kant, Hippel und andere Freunde Kants verkehrten. Varnhagen sprach 1837 in Berlin mit Stägemann über Kant. Siehe dazu *Malter*, 434. Zu Kants Revolutionsbegeisterung: *Kühn*, 393–396, und *Vorländer* (Teil 2), 214–216.

2 «Vornehmste Tafeln»: *Malter*, 351; «schönes Experimentchen»: *Malter*, 395.

3 Kants Haltung zur Französischen Revolution: Michael Pauen, «Revolution, Französische», *Kant-Lexikon*, 1967–1970.

4 Erklärung der Menschen- und Bürgerrechte vom 26. August 1789: https://www.conseil-constitutionnel.fr/de/erklaerung-der-menschen-und-buergerrechte-vom-26-august-1789.

5 Ableitung des Rechts aus dem kategorischen Imperativ: pro Ableitung siehe z. B.

Otfried Höffe, «Der kategorische Rechtsimperativ», in: ders., *Kant: Metaphysische Anfangsgründe der Rechtslehre* (Berlin 1999), 41–62; dagegen: Marcus Willaschek, «Right and Coercion: Can Kant's Conception of Right be Derived from his Moral Theory?», *International Journal of Philosophical Studies* 17 (2009), 49–70.

6 Kants Theorie des Strafrechts: Sharon Byrd, «Strafrecht», *Kant-Lexikon*, 2188–2191.

7 Kants Übergang von möglicher zu tatsächlicher Zustimmung der Bürger: Pauline Kleingeld, «The Principle of Autonomy in Kant's Moral Theory: Its Rise and Fall», in: Eric Watkins (Hrsg.), *Kant on Persons and Agency* (Cambridge 2018), 61–79.

8 Radbruch'sche Formel: Gustav Radbruch, «Gesetzliches Unrecht und übergesetzliches Recht», *Süddeutsche Juristen-Zeitung* 1 (1946), 105–108.

12. «Dies ist mein»: Über geistiges und anderes Eigentum

1 Kants Vermögen: *Jachmann*, 176, *Wasianski*, 220, sowie *Vorländer* (Teil 2), 338f., und *Kühn*, 189–191. Zum Umrechnungskurs von Talern und Gulden in Preußen von 1:3 siehe Kurt Dost, *Münzen im Preußenland* (Essen 1990), 49. (Ich danke Herrn Dr. Joachim Mähnert, Direktor des Ostpreußischen Landesmuseums in Lüneburg, für den Hinweis auf dieses Werk.) Umrechnung von Kants Vermögen in Euro, «das 200-fache eines Handwerksgesellen»: Das durchschnittliche Jahresbrutto angestellter Handwerker beträgt (laut Bundesagentur für Arbeit) ca. 40 000 €; 40 000 × 200 = 8 Mio. €. Zu den Durchschnittseinkommen um 1800 siehe Jochen Schmidt-Liebich, *Lexikon der Künstlerinnen 1700–1900: Deutschland, Österreich, Schweiz* (Berlin 2005), 547. Die finanzielle Situation von Kants Familie: *Kühn*, 47.

2 Kants Gehalt: *Kühn*, 129, 191, 224.

3 Zu den üblichen Autorenhonoraren in der zweiten Hälfte des 18. Jahrhunderts: Harald Steiner, *Das Autorenhonorar – seine Entwicklungsgeschichte vom 17. bis 19. Jahrhundert* (Wiesbaden 1998), 119–148. Kants Einnahmen aus Buchhonoraren: *Vorländer* (Teil 2), 82f. Zu Kants Vermögensanlagen: *Jachmann*, 174.

4 Autorenhonorare und Büchernachdruck: Harald Steiner, *Das Autorenhonorar – seine Entwicklungsgeschichte vom 17. bis 19. Jahrhundert* (Wiesbaden 1998).

5 Geistiges Eigentum: Alexander Peukert, «Geistiges Eigentum», in: Jürgen Basedow/Klaus J. Hopt/Reinhard Zimmermann (Hrsg.), *Handwörterbuch des Europäischen Privatrechts*, Bd. I (Tübingen 2009), 648–652.

6 Eigentumstheorien: Andreas Eckl/Bernd Ludwig (Hrsg.), *Was ist Eigentum? Philosophische Eigentumstheorien von Platon bis Habermas* (München 2005).

7 «Der erste, der ein Stück Land eingezäunt hatte ...»: J.-J. Rousseau, *Diskurs über die Ungleichheit*, übers. und hrsg. von Heinrich Meier (Paderborn 2008), 173;

Privateigentum im *Gesellschaftsvertrag*: J.-J. Rousseau, *Der Gesellschaftsvertrag*, übers. und hrsg. von Hans Brockard (Stuttgart 2011), 23–27.

8 Kant über Eigentum: Joachim Hruschka, «Eigentum», *Kant-Lexikon*, 457–459.

9 Kantianischer Sozialismus: Vorländer, «Kant und der Sozialismus», *Kant-Studien* 4 (1900), 361–412; zu Kant und dem Liberalismus: Dieter Schönecker, «Kant», in: Michael G. Festl (Hrsg.), *Handbuch Liberalismus* (Berlin 2021), 29–35; als Begründer einer (wirtschafts-)liberalen Kant-Deutung gilt Wilhelm von Humboldt, siehe dazu Michael G. Festl, «Wilhelm von Humboldt», in: ders. (Hrsg.), *Handbuch Liberalismus* (Berlin 2021), 64–74; zu Kants Wirtschaftstheorie: Achim Brosch, *Haus, Markt, Staat. Ökonomie in Kants praktischer Philosophie und Anthropologie* (Diss. Goethe-Universität Frankfurt am Main 2023); zu Hegels Theorie des freien Marktes: Axel Honneth, *Das Recht der Freiheit* (Berlin 2011).

10 Kants Spendentätigkeit: *Wasianski*, 255.

11 Lampes Entlassung: *Wasianski*, 230; Kants Änderung des Testaments: 12:388; Kants finanzielle Großzügigkeit: *Wasianski*, 255f.; Kant nennt seinen Diener Kaufmann weiterhin «Lampe»: *Kühn*, 482; «der Name Lampe …»: *Wasianski*, 234.

13. Weltbürger in Königsberg

1 Reisezeiten mit Kutsche im 18. Jahrhundert: Klaus Beyer, *Zeit der Postkutschen: Drei Jahrhunderte Reisen 1600–1900* (Karlsruhe 1992), 16, 90, 191.

2 Geschichte Königsbergs: Jürgen Manthey, *Königsberg. Geschichte einer Weltbürgerrepublik* (München 2005).

3 Zu Kants Geografievorlesungen und seinen Quellen siehe *Kant's gesammelte Schriften*, Vierte Abteilung: Vorlesungen, Bd. 26.1, 26.2.1 und 26.2.2, bearbeitet von Werner Stark (Berlin/Boston 2009/2020).

4 Kants Konzeption des Weltbürgerrechts: Matthias Hoesch, «Weltbürgerrecht», *Kant-Lexikon*, 2619–2621.

5 Wielands Begriff des Weltbürgertums: Pauline Kleingeld, «Kant and Wieland», in: dies., *Kant and Cosmopolitanism. The Philosophical Ideal of World Citizenship* (Cambridge 2011), 13–39.

6 Hugenotten und Salzburger Exulanten in Königsberg: Robert Albinus, *Lexikon der Stadt Königsberg Pr. und Umgebung* (Leer 1985), 135, 269.

7 Kants Weltbürgerrecht und das aktuelle Asylrecht in Deutschland: Jürgen Gerhards/Silke Hans/Jürgen Schupp, «Kant, das geltende Recht und die Einstellungen der Bürger zu Flüchtlingen und anderen Migranten», *Leviathan* 44 (2016), 604–620; zum Umgang der EU mit Flüchtlingen auf dem Mittelmeer: Silja Klepp, *Europa zwischen Grenzkontrolle und Flüchtlingsschutz: Eine Ethnographie der Seegrenze auf dem Mittelmeer* (Bielefeld 2019).

8 Reiseberichte und ihre Autoren: Williams H. Sherman, «Stirrings and Searchings (1500–1720)», *The Cambridge Companion to Travel Writing*, hrsg. von Peter Hulme (Cambridge 2005), 17–36.

9 Forsters Kritik an Kants Begriff der Menschenrasse: Georg Forster, «Noch etwas über die Menschenrassen», *Teutsche Merkur* 4 (1786), 57–86.

10 Kants veränderte Einstellung zum Kolonialismus in den 1790er Jahren: Pauline Kleingeld, «Kant's Second Thoughts on Colonialism», in: Katrin Flikschuh und Lea Ypi (Hrsg.), *Kant and Colonialism: Historical and Critical Perspectives* (Oxford 2014), 43–67.

14. Die Freiheiten eines untertänigen Knechts

1 Fehlende politische Partizipationsrechte im preußischen Absolutismus: Günter Birtsch, «Der preußische Hochabsolutismus und die Stände», in: Peter Baumgart (Hrsg.), *Ständetum und Staatsbildung in Brandenburg-Preußen* (Berlin 1983), 389–408; fehlende Freizügigkeit: Karl Härter, «Grenzen, Streifen, Pässe und Gesetze. Die Steuerung von Migration im frühneuzeitlichen Territorialstaat des Alten Reiches (1648–1806)», in: Jochen Oltmer (Hrsg.), *Handbuch Staat und Migration in Deutschland seit dem 17. Jahrhundert* (Berlin 2016), 45–86. (Ich danke Andreas Fahrmeir für inhaltliche Auskunft und Nachweise.)

2 Friedrich II. von Preußen: Johannes Kunisch, *Friedrich der Große. Der König und seine Zeit* (München [3]2017); die Änderungen der Politik und Beschränkungen der Meinungsfreiheit unter Friedrich Wilhelm II.: *Kühn*, 391f.

3 Ablehnung von Kants Aufsatz durch die Zensur: *Kühn*, 421.

4 Die Umstände des Erscheinens der Religionsschrift: *Kühn*, 423f.

5 Auswirkungen des Zensuredikts: *Kühn*, 424. Kants Angst vor einer Entlassung: *Kühn*, 439.

6 Zu Crusius: Helke Panknin-Schappert, «Crusius, Christian August», *Kant-Lexikon*, 336f.

7 Hume über Willensfreiheit und Determinismus: David Hume, *Eine Untersuchung über den menschlichen Verstand*, übersetzt von Raoul Richter (Hamburg 1984), 8. Abschnitt (Über Freiheit und Notwendigkeit).

8 Zur Lockerung der Zensur nach dem Tod Friedrich Wilhelms II.: *Kühn*, 467.

15. Das Reich Gottes auf Erden: Kants Vernunftreligion

1 «Cuius regio»: Richard Potz, «Cuius regio, eius religio», in: Friedrich Jaeger (Hrsg.), *Enzyklopädie der Neuzeit*, Bd. 2 (Stuttgart/Weimar 2005), 822–824.

2 «Geplärre»: *Malter*, 526; Kants Vermeidung von Gottesdiensten: *Malter*, 115, 312; «in vielen Jahren keine Predigt gehört …»: *Malter*, 139; «gewiss nicht glaubt»: *Malter*, 97; «Die Religion wird keinen Fortbestand mehr haben …»: *Malter*, 463 (Vorländer liest statt «keinen Fortbestand» «keinen Verlust»; *Malter*, 463, Anm. 3). Zu den drei frühen Kant-Biografien als Antwort auf den Vorwurf der Irreligiosität: *Kühn*, 20–29.

3 Kant über das Verständnis moralischer als göttlicher Gebote: Claus-Dieter Osthövener, «Religion innerhalb der Grenzen der bloßen Vernunft», *Kant-Lexikon*, 415–423.

4 Hegels Kritik an Kants individualistischer Moralphilosophie: G. W. F. Hegel, *Gesammelte Werke*, Bd. 14: *Grundlinien der Philosophie des Rechts*, hrsg. von Klaus Grotsch und Elisabeth Weisser-Lohmann (Hamburg 2009), §§ 129–140.

5 Katholische Kant-Rezeption: Norbert Fischer (Hrsg.), *Kant und der Katholizismus. Stationen einer wechselhaften Geschichte* (Freiburg 2005).

16. Was ist (und wer ist) ein Mensch?

1 Kants Begriff der Menschenrasse: Susan Shell, «Menschenrassen», *Kant-Lexikon*, 1517f.

2 Die zwei späteren Aufsätze von Kant zum Thema Menschenrasse sind: «Bestimmung des Begriffs der Menschenrasse» (1785) und «Über den Gebrauch teleologischer Prinzipien in der Philosophie» (1788). Zu den Auffassungen Herders und Forsters: Mario Marino, «Noch etwas über die Menschenrassen. Eine Lektüre der Kant-Herder-Forster-Kontroverse», in: Simone de Angelis (Hrsg.), *Natur, Naturrecht und Geschichte: Aspekte eines fundamentalen Begründungsdiskurses der Neuzeit (1600–1900)* (Heidelberg 2010), 393–414.

3 Zur Ablehnung des Begriffs der Menschenrasse in der heutigen Biologie siehe die «Jenaer Erklärung» von 2019 (https://www.uni-jena.de/unijenamedia/universitaet/abteilung-hochschulkommunikation/presse/jenaer-erklaerung/jenaer-erklaerung.pdf).

4 Zur Geschichte des Rassismus: Christian Geulen, *Geschichte des Rassismus* (München [4]2021); «wissenschaftliche» Rassentheorien: ebd., 58ff. «Die Menschheit ist in ihrer größten Vollkommenheit in der Race der Weißen»: Der Philosophiehistoriker Michael Wolff hat darauf hingewiesen, dass Kant hier den französischen Naturforscher Georges-Louis Leclerc de Buffon zitiert, weshalb die Stelle nicht Kants eigene Meinung wiedergebe. Doch erstens zitiert Kant Buffon keineswegs wörtlich und eignet sich das Zitat dadurch an, und zweitens folgt aus dem Umstand, dass Kant sich hier auf Buffon stützt, keineswegs, dass diese Passage nicht Kants eigene Meinung wiedergibt, da sich ähnliche Formulierungen auch in von Kant selbst publizierten Schriften finden.

5 Zu den drei unterschiedlichen Einschätzungen von Kants rassistischen Äußerungen siehe exemplarisch: Bernd Dörflinger, «Die Einheit der Menschheit als Tiergattung. Zum Rassebegriff in Kants physischer Anthropologie», in *Kant und die Berliner Aufklärung. Akten des IX. Internationalen Kant-Kongresses*, Bd. 4, hrsg. von Volker Gerhardt; Rolf-Peter Horstmann; Ralph Schumacher (Berlin 2001), 342–352; Charles W. Mills, «Kant's Untermenschen», in: Andrew Valls (Hrsg.), *Race and Racism in Modern Philosophy* (Cornell 2005), 169–193;

Pauline Kleingeld, «Kant's Second Thoughts on Race», *Philosophical Quarterly* 57 (2007), 573–592.

6 Zur Debatte um die «Bestimmung des Menschen» in der zweiten Hälfte des 18. Jahrhunderts: Laura A. Macor, *Die Bestimmung des Menschen (1748–1800): Eine Begriffsgeschichte* (Stuttgart-Bad Cannstatt 2013).

7 Eine andere Lesart, die den biologischen und rationalen Aspekt des Begriffs des Menschen bei Kant enger aneinander rückt, vertritt Volker Gerhardt: «Was ist ein vernünftiges Wesen?», in South African Journal of Philosophy 8, 1989, 155–165; ders. *Immanuel Kant. Vernunft und Leben*, Stuttgart 2002.

17. Über den Witz und andere Vermögen: Kant als Psychologe

1 Zitat «Voltaire sagte ...»: Kant fährt allerdings sinngemäß fort: wenn das Lachen nur leichter hervorzubringen wäre!

2 Kant als Gesprächspartner: *Jachmann*, 115, 158; *Malter*, 57; Kants trockener Humor: *Borowski*, 62.

3 Humor in Kants Werk: Robert Clewis, *Kant's Humorous Writings. An Illustrated Guide* (London/New York 2021); Volker Gerhardt (Hg.), *Kant zum Vergnügen* (Stuttgart 2012).

4 Zum Vermögen des Witzes bei Kant siehe Robert Nehring, «Witz», *Kant-Lexikon*, 2674–2676.

5 Nietzsches Kritik an Kants Vermögenstheorie: Friedrich Nietzsche, *Jenseits von Gut und Böse* (Hamburg 2013), 16–18.

6 Zu Descartes' Dualismus von Leib und Seele siehe René Descartes, *Meditationes de prima philosophia. Lateinisch-Deutsch*, übers. und hrsg. von Christian Wohlers (Hamburg 2008), 6. Meditation.

7 Zum Paralogismus-Kapitel der *Kritik der reinen Vernunft*: Tobias Rosefeldt, «Paralogismen der reinen Vernunft», *Kant-Lexikon*, 1732–1736.

18. Zeigen die schönen Dinge, dass der Mensch in die Welt passt?

1 Kants Zeit als «galanter Magister»: *Kühn*, 141–143, 156–158, 163f.

2 Zur Entwicklung der Ästhetik im 18. Jahrhundert: Paul Guyer, *A History of Modern Aesthetics*, Bd. 1 (New York 2014).

3 Theodor Gottlieb von Hippel, *Der Mann nach der Uhr oder der ordentliche Mann*, hrsg. von Joseph Kohnen (Hannover 2009), 2. Auftritt, 35–36. (http://www.zeno.org/Literatur/M/Hippel,+Theodor+Gottlieb+von/Drama/Der+Mann+nach+der+Uhr,+oder+der+ordentliche+Mann/2.+Auftritt).

4 Der Magister in Hippels Lustspiel: ebd., 10. Auftritt, 54.

5 Freundschaft zwischen Kant und Green: *Kühn*, 185–188, 255.
6 Kants Literaturgeschmack: *Malter*, 73.
7 Kants Einteilung der Künste: Christel Fricke, «Kunst», *Kant-Lexikon*, 1354–1357.
8 Kant als Genie: F. W. J. Schelling, «Nachruf auf Immanuel Kant», in: ders., *Historisch-kritische Ausgabe: Werke*, Bd. 14 (Stuttgart 2021), 209–217 (siehe auch Kapitel 30). Zu Genieästhetik und Geniekult des 19. Jahrhunderts: Jochen Schmidt, *Die Geschichte des Genie-Gedankens in der deutschen Literatur, Philosophie und Politik 1750–1945*, Bd. 1: *Von der Aufklärung bis zum Idealismus* (Heidelberg 2004).
9 «... nur ganz Mensch, wo er spielt»: Friedrich Schiller, *Über die ästhetische Erziehung des Menschen in einer Reihe von Briefen*, mit einem Kommentar von Stefan Matuschek (Frankfurt 2009), 64.
10 «Die schönen Dinge ...»: Birgit Recki, «Schönheit», *Kant-Lexikon*, 2029–2033; siehe auch Birgit Recki, *Ästhetik der Sitten* (Frankfurt am Main 2001).

19. Der bestirnte Himmel über mir: Kant als Naturwissenschaftler

1 Gedenktafel in Königsberg: Hans Vaihinger, «Das Kantjubiläum im Jahre 1904», *Kant-Studien* 10 (1905), 105–155.
2 Kants Vertiefung seiner Kenntnisse in Physik und Philosophie während seiner Zeit als Hauslehrer: *Kühn*, 121f.; die physikalischen Aufsätze Kants aus dem Jahr 1754: «Untersuchung der Frage, ob die Erde in ihrer Umdrehung ... einige Veränderung ... erlitten habe» (1:183–192) und «Die Frage, ob die Erde veralte, physikalisch erwogen» (1:193–214).
3 Kants Nebularhypothese: Martin Schönfeld, «Allgemeine Naturgeschichte und Theorie des Himmels», *Kant-Lexikon*, 41–44. Kant als Wegbereiter der modernen Kosmologie: Stuart Clark, *Das unbekannte Universum. Raum, Zeit und die moderne Kosmologie* (Berlin, Heidelberg 2017), 21–24; 174–180.
4 Die ausbleibende Wirkung der *Allgemeinen Naturgeschichte*: *Kühn*, 129.
5 Kant als Naturwissenschaftler: Erich Adickes, *Kant als Naturforscher*, 2 Bde. (Berlin 1924/25); Kant als Wegbereiter für Sozial- und Politikwissenschaften: DFG-Projekt «Rationalität als pragmatische Weltklugheit: Kants Anthropologie und die modernen Sozialwissenschaften» von Alexey Salikov und Alexey Zhavoronkov (Goethe-Universität Frankfurt am Main).
6 Buffon: Eine erste deutsche Übersetzung der Naturgeschichte Buffons erschien ab 1750 (*Allgemeine Historie der Natur nach allen ihren besondern Theilen abgehandelt*, 8 Teile in 16 Bden., Hamburg/Leipzig 1750–1774); Naturgeschichte bei Rousseau und Hume: Jean-Jacques Rousseau, *Schriften zur Kulturkritik. Die zwei Diskurse von 1750 und 1755*, übers. und hrsg. von Kurt Weigand (Hamburg

[5]1995); David Hume, *Die Naturgeschichte der Religion*, hrsg. von Lothar Kreimendahl (Hamburg [2]2000).

7 Kant als Pionier der Idee der Selbstorganisation der Natur auf rein physikalischer Grundlage: Bernulf Kanitscheider, *Von der mechanistischen Welt zum kreativen Universum* (Darmstadt 1993), 166f.

8 Eine Umweltethik im Ausgang von Kants *Kritik der Urteilskraft* entwickelt Angela Breitenbach, *Die Analogie von Mensch und Natur* (Berlin 2009).

9 *Opus postumum* als «Hauptwerk»: *Malter*, 548.

10 Kants *Opus postumum*: siehe die Online-Edition der bereits neu transkribierten Konvolute (mit Faksimiles der Originale) unter https://kant.bbaw.de/de/abt-iii/opus-postumum sowie Eckart Försters wegweisende Studie *Kant's Final Synthesis* (Cambridge 2000).

11 Kants späte Jahre bis zu seinem Tod: *Kühn*, 478f.

12 Zur Parallelität zwischen Naturgesetzen und moralischen Gesetzen bei Kant: Eric Watkins, *Kant on Laws* (Cambridge 2019) sowie Eric Watkins, «Der bestirnte Himmel über mir, das moralische Gesetz in mir», in: Volker Gerhardt, Maja Schepelmann, Matthias Weber (Hrsg.): *Immanuel Kant 1724–2024. Ein europäischer Denker* (München/Berlin/New York 2022), 189–197.

20. Sind Tiere Maschinen? Kant über Teleologie

1 Vaucansons mechanische Ente: https://fr.wikipedia.org/wiki/Canard_de_Vaucanson.

2 D'Alembert über Vaucansons Automaten: Jean Baptiste le Rond d'Alembert, «Automate», in: Jean Baptiste le Rond d'Alembert/Denis Diderot, *Encyclopédie*, Bd. 1 (Paris 1751), 896a–897a; der Mensch als Maschine: Julien Offray de La Mettrie, *Der Mensch, eine Maschine*, übers. v. Th. Lücke (Leipzig 2001).

3 Die Ursachenlehre des Aristoteles: Otfried Höffe, *Aristoteles* (München [3]2006), 116–119.

4 Kant fährt fort, dass die Frage, wozu der Mensch da sei, nicht leicht zu beantworten sei, wenn man an die indigenen «Neuholländer oder Feuerländer» denke (5:378). Zur Einordnung von rassistischen Äußerungen wie diesen siehe Kapitel 16.

5 Final- und Zweckursachen (insbesondere bei Descartes und Leibniz): Stephan Schmid, *Finalursachen in der frühen Neuzeit. Eine Untersuchung der Transformation teleologischer Erklärungen* (Berlin/New York 2011).

6 Voltaire über Zweckursachen: Voltaire, *Candide oder der Optimismus*, aus dem Französischen von Wilhelm Christhelf Sigismund Mylius (Frankfurt 2008), 8.

7 Descartes über Vivisektion: René Descartes, *Von der Methode des richtigen Vernunftgebrauchs und der wissenschaftlichen Forschung* (Französisch-Deutsch), übers. und hrsg. von Lüder Gäbe (Hamburg [2]1997), 77.

8 Leibniz' Monadenlehre: Hans Poser, *Gottfried Wilhelm Leibniz zur Einführung* (Hamburg [4]2021), 122–151.

9 Wolffs Begriff der Teleologie: Stefanie Buchenau, «Die Teleologie zwischen Physik und Theologie», *Aufklärung* 23 (2011), 163–174.

10 Periodensystem der Elemente: Hayley Birch, *50 Schlüsselideen Chemie* (Berlin/Heidelberg 2016), 8–11, 204f.

11 Aktuelle Debatten über teleologische Beschreibung in der Biologie: Colin Allen/Jacob Neal, «Teleological Notions in Biology», *The Stanford Encyclopedia of Philosophy* (Spring 2020 Edition), hrsg. von Edward N. Zalta, https://plato.stanford.edu/archives/spr2020/entries/teleology-biology/. Mit Blick auf Kant: Angela Breitenbach, *Die Analogie von Mensch und Natur* (Berlin 2009), Kapitel 8.

12 Tierethik aus kantischer Perspektive: Christine Korsgaard, *Tiere wie wir* (München 2021).

21. Metaphysik: Letzte Fragen und keine Antworten?

1 Kants erfolglose Bewerbung auf den Lehrstuhl für Metaphysik und seine Ablehnung der Professur für Dichtkunst: *Kühn*, 144, 190f.

2 Zum Folgenden: Marcus Willaschek, *Kant on the Sources of Metaphysics* (Cambridge 2018), 21–36.

3 Geschichte des Wortes «Metaphysik»: Ludger Oeing-Hanhoff/Theo Kobusch/Tilman Borsche, «Metaphysik», in: J. Ritter et al. (Hrsg.), *Historisches Wörterbuch der Philosophie*, Bd. 5 (Basel 1980), 1186–1279.

4 Alexander Aichele, *Christian Wolff: Eine Einführung* (Stuttgart im Erscheinen).

5 Kants Lehrbücher: https://users.manchester.edu/facstaff/ssnaragon/kant/Lectures/lecturesTextbooks.htm.

6 Hume über Kausalität: Heiner Klemme, *David Hume zur Einführung* (Hamburg 2007), 37–57.

7 Die Vorgänge um Kants Berufung zum Professor: *Kühn*, 223f.; *Vorländer* (Teil 1), 187–189.

22. Kritik: Die Vernunft prüft alles, auch sich selbst

1 Adelungs Wörterbuch (*Grammatisch-kritisches Wörterbuch der hochdeutschen Mundart*, 5 Bde, Leipzig 1774–1786) findet sich online in der zweiten Auflage (4 Bde, 1793–1801) unter: https://woerterbuchnetz.de/?sigle=Adelung#0.

2 Kants Gebrauch von Latein und Deutsch als Wissenschaftssprache: Vorländer, *Kant* (Teil 2), 94–97.

3 Deutsches Wörterbuch von Jacob Grimm und Wilhelm Grimm: https://www.woerterbuchnetz.de/DWB.

4 Pierre Bayle: *Dictionnaire historique et critique* (Amsterdam/Leyde/La Haye/Utrecht [5]1740); in deutscher Übersetzung: *Historisches und critisches Wörterbuch*, hrsg. und übersetzt von Johann Christoph Gottsched, 4 Bde.

(Leipzig 1741–1744); moderne Auswahlausgabe: Pierre Bayle, *Historisches und kritisches Wörterbuch*, hrsg. und übersetzt von Günther Gawlick und Lothar Kreimendahl, 2 Bde. (Hamburg 2003/2006).

5 Titel mit dem Wort «Kritik» im Katalog der Deutschen Nationalbibliothek: https://bit.ly/3EtAVXd, abgerufen am 11.11.2022.

6 Zum Begriff der Kritik: Claus von Bornmann/Giorgio Tonelli/Helmut Holzhey, «Kritik», *Historisches Wörterbuch der Philosophie*, Bd. 4 (Basel/Stuttgart 1976), 1249–1282.

7 Kants Unterscheidung zwischen *a priori* und *a posteriori*: Reinhard Hiltscher, «a priori/a posteriori», *Kant-Lexikon*, 1–3.

8 Kants Unterscheidung zwischen analytischen und synthetischen Urteilen: Seung-Kee Lee, «analytisch/synthetisch», *Kant-Lexikon*, 86–88.

9 Zu Kants eventuellen Heiratsplänen: *Kühn*, 143, sowie *Kühn*, 203.

10 Kants Begriff der Kritik: Paul Guyer, «Kritik», *Kant-Lexikon*, 1302–1315.

11 Johann Gottfried Herder, *Eine Metakritik zur Kritik der reinen Vernunft*, in: ders., *Werke in 10 Bänden*, Bd. 8, hrsg. von Hans Dietrich Irmscher (Frankfurt 1998), 303–640.

12 Kants Metapher vom Gerichtshof der Vernunft: Sophie Møller, *Kant's Tribunal of Reason* (Cambridge 2020).

23. Wir müssen unsere Begriffe sinnlich machen!

1 Zusammenhang zwischen Idealismus und Vorstellungstheorie des Geistes: Marcus Willaschek, *Der mentale Zugang zur Welt. Realismus, Skeptizismus und Intentionalität* (Frankfurt [2]2015).

2 Kants Unterscheidung zwischen Anschauung und Begriff: Andrea Kern, «Rezeptivität/Spontaneität», *Kant-Lexikon*, 1974–1981.

3 Herder über Kants Vorlesungen: Johann Gottfried Herder, *Briefe zu Beförderung der Humanität*, Bd. 6 (Riga 1795), 173f.; auch in Herder, *Werke in 10 Bänden*, Bd. 7, hrsg. von Hans Dietrich Irmscher (Frankfurt 1991), 424.

4 Zu Johann Gottfried Herder: Michael Maurer, *Johann Gottfried Herder. Leben und Werk* (Köln 2014); zu Herder als Schüler Kants siehe John H. Zammito, «Herder, Johann Gottfried», *Kant-Lexikon*, 1017f.; zum Verhältnis Kant-Herder siehe auch *Kühn*, 155–164.

5 «Kunstreiche Buchstabendichtung»: Herder: *Werke in 10 Bänden*, Bd. 8, hrsg. von Hans Dietrich Irmscher (Frankfurt 1998), 310.

6 Zur neuzeitlichen Opposition von Empirismus und Rationalismus: Wolfgang Röd, *Die Philosophie der Neuzeit 2. Von Newton bis Rousseau* (München [2]1999); Johannes Haag/Markus Wild, *Philosophie der Neuzeit* (München 2019).

7 Kants Konzeption der Synthesis: Stefanie Grüne, «Synthesis», *Kant-Lexikon*, 2226–2229.

8 Definition «Erkenntnis»: Adelung, *Grammatisch-kritisches Wörterbuch der*

hochdeutschen Mundart (4 Bde., [2]1793–1801, unter: https://woerterbuchnetz.de/?sigle=Adelung#0, abgerufen am 06.05.2022), Sp. 1905.

9 Zum Verhältnis von Erkenntnis und Wissen bei Kant siehe Marcus Willaschek/Eric Watkins, «Kant on Cognition and Knowledge», *Synthese* 197 (2020), 3195–3213.

10 Zum Aufstieg der Erkenntnistheorie im 19. Jahrhundert siehe Richard Rorty, *Der Spiegel der Natur. Eine Kritik der Philosophie* (Frankfurt 2003).

11 «Ich habe das Glück genossen …»: Herder, *Briefe zu Beförderung der Humanität*, Bd. 6 (Riga 1795), 172–174; auch in Herder, *Werke in 10 Bänden*, Bd. 7, hrsg. von Hans Dietrich Irmscher (Frankfurt 1991), 424f.

24. Körper im Spiegel: Kant über den Raum

1 Kants Aussehen: *Kühn*, 141f., 411.

2 Zum Phänomen der Chiralität siehe das entsprechende Kapitel in Hayley Birch, *50 Schlüsselideen Chemie* (Berlin/Heidelberg 2016), 72–75.

3 Prioritätsstreit zwischen Newton und Leibniz: Thomas Sonar, «Der Prioritätsstreit zwischen Leibniz und Newton», in: Akademie der Wissenschaften in Hamburg (Hrsg.), *Gottfried Wilhelm Leibniz (1646–1716)* (Hamburg 2017), 117–137.

4 Der Raum als «sensorium dei»: John Henry, «Newton, the sensorium of God, and the cause of gravity», *Science in Context* 33 (2020), 329–351.

5 Zur Philosophie von Leibniz: Hans Poser, *Gottfried Wilhelm Leibniz zur Einführung* (Hamburg [4]2021); Raum und Zeit: 83–89; Leibniz' Kritik an Newton: Gottfried Wilhelm Leibniz/Samuel Clarke, *Der Leibniz-Clarke-Briefwechsel*, übers. und hrsg. von Volkmar Schüller (Berlin 1991).

6 Herz' Version von Kants Dissertation *De mundi*: Marcus Herz, *Betrachtungen aus der spekulativen Weltweisheit*, hrsg. von Elfriede Conrad, Heinrich F. Delfoss und Birgit Nehren (Hamburg 1990).

7 Kleists Kant-Krise: Wilhelm Amann, *Heinrich von Kleist. Leben, Werk, Wirkung* (Berlin 2011), 24f.

8 Relativitätstheorie und Raumzeit: Martin Carrier, *Raum-Zeit* (Berlin/New York 2009).

9 Zum Contergan-Skandal: Beate Kirk, *Der Contergan-Fall: eine unvermeidbare Arzneimittelkatastrophe? Zur Geschichte des Arzneistoffs Thalidomid* (Stuttgart 1999).

10 Kants Theorie der inkongruenten Gegenstücke: Felix Mühlhölzer, «Das Phänomen der inkongruenten Gegenstücke aus kantischer und heutiger Sicht», *Kant-Studien* 83 (1992), 436–453. Zur Geometrie inkongruenter Gegenstücke: Klaus Volkert, «Inkongruente Gegenstücke, Reliefs und erste Schritte», in: ders., *In höheren Räumen* (Berlin/Heidelberg 2018), 1–37.

25. Objektivität (fast) ohne Objekt

1 Zur Entstehungsgeschichte der *Kritik der reinen Vernunft*: *Kühn*, 269–274; *Vorländer*, Kapitel 7; sowie Wolfgang Carl: *Der schweigende Kant. Die Entwürfe zu einer Deduktion der Kategorien vor 1781* (Göttingen 1989).

2 Zur «Patchwork»-Hypothese: Norman Kemp Smith, *A Commentary to Kant's Critique of Pure Reason* (London 1918).

26. Streit um die Dinge an sich: Kants Kritik und ihre ersten Kritiker

1 Zur frühen Reaktion auf die *Kritik der reinen Vernunft*: *Kühn*, 291–295, sowie Tobias Rosefeldt, «Dinge an sich und der Außenweltskeptizismus. Über ein Missverständnis der frühen Kant-Rezeption», in: Dina Emundts (Hrsg.), *Self, World, and Art. Metaphysical Topics in Kant and Hegel* (Berlin/Boston 2013), 221–260.

2 Zu Berkeleys Idealismus siehe George Berkeley, *Eine Abhandlung über die Prinzipien der menschlichen Erkenntnis*, übers. und. hrsg. von Arend Kulenkampff (Hamburg 2004), sowie Arend Kulenkampff: *George Berkeley* (München 1987).

3 Johnsons «Widerlegung» von Berkeleys Idealismus: James Boswell, *The Life of Johnson* (Oxford 1969), 333.

4 Zu Eberhards Kritik: Michael Nerurkar, «Eberhard, Johann August», *Kant-Lexikon*, 446f.; Kants Antwort: «Über eine Entdeckung, nach der alle neue Kritik der reinen Vernunft durch eine ältere entbehrlich gemacht werden soll» (8:185–251).

5 Friedrich Heinrich Jacobi, *David Hume über den Glauben oder Idealismus und Realismus: Ein Gespräch*, hrsg. von Oliver Koch (Hamburg 2019); «*ohne* jene Voraussetzung», 109; «den kräftigsten Idealismus ...»: ebd., 112; zu Jacobi und Kant: Johannes Haag, «Jacobi, Friedrich Heinrich», *Kant-Lexikon*, 1195–1198.

6 Fichtes Besuch in Königsberg: *Kühn*, 412; zu Fichte im Kontext der frühen Kant-Rezeption: Peter Rohs, *Johann Gottlieb Fichte* (München [2]2007).

7 Karl Leonhard Reinhold, *Briefe über die kantische Philosophie*, 2 Bde. (Leipzig 1790/92); zu Reinhold: Martin Bondeli, «Reinhold, Karl Leonhard», *Kant-Lexikon*, 1943–1945.

8 «Evangelium der reinen Vernunft»: Karl Leonhard Reinhold, *Briefe über die kantische Philosophie*, Bd. 1 (Leipzig: 1790), 104.

9 Jacob Sigismund Beck, *Erläuternder Auszug aus den critischen Schriften des Herrn Prof. Kant: auf Anrathen desselben*, 2 Bde. (Riga 1793/1794), sowie als dritter Band: *Einzig möglicher Standpunkt, aus welchem die kritische Philosophie beurtheilt werden muß* (Riga 1796); zu Beck: Brigitte Sassen, «Beck, Jacob Sigismund», *Kant-Lexikon*, 221f.

10 Johann Schulz, *Erläuterungen über des Prof. Kant Kritik der reinen Vernunft* (Königsberg 1784); *Prüfung der kantischen Critik der reinen Vernunft*, 2 Bde. (Königsberg 1789, 1792); zu Schulz: Brigitte Sassen, «Schultz (Schulz), Johann», *Kant-Lexikon*, 2039.

11 Zwei-Aspekte-Interpretation: Gerold Prauss, *Kant und das Problem der Dinge an sich* (Bonn ^{3}1989); Henry Allison, *Kant's Transcendental Idealism: An Interpretation and Defense* (^{2}2004); «somit erkennen wir …»: Johann Schulz, *Erläuterungen über des Prof. Kant Kritik der reinen Vernunft* (Königsberg 1784), 26f.; «Denn wenn uns …»: ebd., 72.

12 Zwei-Eigenschaftsarten-Interpretation: Lucy Allais, *Manifest Reality. Kant's Idealism and his Realism* (Oxford 2015); Tobias Rosefeldt, «Dinge an sich und sekundäre Qualitäten», in: Jürgen Stolzenberg (Hrsg.), *Kant in der Gegenwart* (Berlin/New York 2007), 167–212.

13 Lockes Unterscheidung zwischen primären und sekundären Qualitäten: Bertram Kienzle, «Primäre und Sekundäre Qualitäten», in: Udo Thiel (Hrsg.), *John Locke. Essay über den menschlichen Verstand* (Berlin 1997), 89–118.

14 Zu den verschiedenen Interpretationen des transzendentalen Idealismus: Marcus Willaschek, «Transcendental idealism», in: Julian Wuerth (Hrsg.), *The Cambridge Kant Lexicon* (Cambridge 2021), 487–493.

27. Unendliche Reihe oder erster Anfang? Kant über Willensfreiheit

1 Zum Tod Greens und der folgenden Änderung in Kants Lebensweise siehe *Kühn*, 372f.; zu Kants Tischgesellschaften: *Jachmann*, 160–162; zur Freundschaft zwischen Kant und Motherby: *Jachmann*, 125f.

2 Kants Mittagstisch: *Kühn*, 377; Kants Tagesablauf: *Kühn*, 316, 449.

3 Zum Problem der Willensfreiheit aus heutiger Sicht: Geert Keil, *Willensfreiheit* (Berlin/Boston ^{3}2017).

4 Leibniz' Konzeption der Willensfreiheit: Hans Poser, *Gottfried Wilhelm Leibniz zur Einführung* (Hamburg ^{4}2021), 152–163.

5 Willensfreiheit und unbewegter Beweger: Roderick M. Chisholm, *On Metaphysics* (Minneapolis 1989), 12.

6 Zu Kants Auflösung der Freiheitsantinomie: Marcus Willaschek, *Praktische Vernunft* (Stuttgart 1992), 112–148, sowie Claudia Blöser, *Zurechnung bei Kant* (Berlin/Boston 2014), 83-116.

7 Eine Verteidigung der Willensfreiheit, die Elemente der kantischen Position aufnimmt: Marcus Willaschek, «Non-relativist Contextualism about Free Will», *European Journal of Philosophy* 18 (2010), 567–587.

28. War Kant ein Atheist?

1 Zu Spinoza: Helmut Seidel, *Baruch de Spinoza zur Einführung* (Hamburg ³2018); zur Religionskritik im 18. Jahrhundert: Winfried Schröder, *Ursprünge des Atheismus. Untersuchungen zur Metaphysik- und Religionskritik des 17. und 18. Jahrhunderts* (Stuttgart 1998); zum Deismus: Christof Gestrich, «Deismus», in: Gerhard Müller (Hrsg.), *Theologische Realenzyklopädie*, Bd. 8 (Berlin/Boston 1981).

2 Kühn über Kants angeblichen Atheismus: *Kühn*, 17; Heines Zweifel an Kants Gottesgläubigkeit: Heinrich Heine, *Zur Geschichte der Religion und Philosophie in Deutschland*, in: ders., *Historisch-kritische Gesamtausgabe*, Bd. 8.1, hrsg. von Manfred Windfuhr (Hamburg 1979), 89.

3 Kants Besuch der Theologievorlesung: *Malter*, 21.

4 Zu Leibniz' Theodizee: Hans Poser, *Gottfried Wilhelm Leibniz zur Einführung* (Hamburg ⁴2021), 163–179; zu Humes Einwänden gegen den teleologischen Gottesbeweis: Heiner Klemme, *David Hume zur Einführung* (Hamburg 2007), 63–73.

5 Gott als «Ideal der reinen Vernunft»: Jean Ferrari, «Das Ideal der reinen Vernunft», in: Georg Mohr/Marcus Willaschek (Hrsg.), *Immanuel Kant. Kritik der reinen Vernunft* (Berlin 1998), 491–523; zu Kants philosophischer Theologie: Wolfgang Ertl, «Gott», *Kant-Lexikon*, 887–895.

6 Anselms ontologischer Gottesbeweis und der Insel-Einwand: Burkhard Mojsisch (Hrsg. und Übers.), *Kann Gottes Nicht-Sein gedacht werden? Die Kontroverse zwischen Anselm von Canterbury und Gaunilo von Marmoutiers, Lateinisch-Deutsch* (Mainz ²1999).

7 Jacobis Buch, das den Pantheismusstreit auslöste: Friedrich Heinrich Jacobi, *Über die Lehre des Spinoza, in Briefen an den Herrn Moses Mendelssohn* (Breslau 1785); zum Pantheismusstreit: Wolfgang Erich Müller (Hrsg.), *Die Hauptschriften zum Pantheismusstreit zwischen Jacobi und Mendelssohn, mit einer Einleitung von Heinrich Scholz* (Waltrop 2004).

29. Wie alles zusammenhängt: Philosophie

1 Kants sich verschlechternder Gesundheitszustand seit 1803: *Wasianski*, 208, 239–242, 247.

2 Kants letzte Tage und sein Tod: *Wasianski*, 238, 265–268, sowie *Malter*, 590.

30. «Das reine Gold seiner Philosophie»: Kants Wirkung

1 Friedrich Wilhelm Joseph Schelling, «Immanuel Kant», in: ders., *Historisch-Kritische Ausgabe: Werke*, Bd. 14, hrsg. von Patrick Leistner und Alexander Schubert (Stuttgart-Bad Cannstatt 2021), 209–217. Zur Geschichte der Philosophie Kants und ihrer Rezeption im Deutschen Idealismus von 1781 bis 1806: Eckart Förster, *Die 25 Jahre der Philosophie* (Frankfurt 2011).

2 Otto Liebmann, *Kant und die Epigonen* (Stuttgart 1865).

3 «Das habe ich nicht gewollt»: Odo Marquard, «Das Komische und die Philosophie», *Gießener Universitätsblätter* 7 (1974), 82.

4 Frederick C. Beiser: *Hermann Cohen. An Intellectual Biography* (Oxford 2018).

5 «Der wahre und wirkliche Urheber des deutschen Sozialismus»: Harry van der Linden, «Cohens sozialistische Rekonstruktion der Ethik Kants», in: Helmut Holzhey (Hrsg.), *Ethischer Sozialismus. Zur politischen Philosophie des Neukantianismus* (Frankfurt 1994), 146–165.

6 Metaphysische Kant-Deutungen der 1920er Jahre: Max Wundt, *Kant als Metaphysiker* (Stuttgart 1924); Heinz Heimsoeth, «Metaphysische Motive in der Ausbildung des kritischen Idealismus», *Kant-Studien* 28 (1924), 121–159; Martin Heidegger, *Kant und das Problem der Metaphysik* (Bonn 1929).

7 Beispiele für «kantianisch» geprägte Werke von Jürgen Habermas: *Strukturwandel der Öffentlichkeit* (Neuwied 1962); *Erläuterungen zur Diskursethik* (Frankfurt 1991); *Faktizität und Geltung* (Frankfurt 1992); «von Hegel, Marx und Peirce belehrten Kantianer»: persönliche Kommunikation. Noch deutlicher kommt der Kantianismus in den einflussreichen Arbeiten des Habermas-Schülers Rainer Forst zum Ausdruck: *Die Noumenale Republik. Kritischer Konstruktivismus nach Kant* (Berlin 2021).

8 Rawls' Einfluss auf die Kant-Rezeption im angloamerikanischen Sprachraum: Ana Marta Gonzalez, «John Rawls and the New Kantian Moral Theory», in: Thom Brooks und Fabian Freyenhagen (Hrsg.), *The Legacy of John Rawls* (London/New York 2007), 152–176.

9 Peter F. Strawson, *The Bounds of Sense* (London 1966).

10 Kantianische Tierethik: Christine Korsgaard, *Tiere wie wir* (München 2021).

11 Kant in der Populärkultur: Tocotronic, *Pure Vernunft darf niemals siegen* (L'age d'or 2005); Nicolas Mahler, *Partyspass mit Kant: Philosofunnies* (Berlin 2015); Antje Herzog, *Lampe und sein Meister Immanuel Kant* (Frankfurt 2017); Hanno Depner, *Kant für die Hand: Die ‹Kritik der reinen Vernunft› zum Basteln & Begreifen* (München 2011).

12 Dürig/Herzog/Scholz, *Grundgesetz-Kommentar* (München 2022), Art. 1 Abs. 1 Rn. 36.

Bildnachweis

Abb. 1: Caroline Charlotte Amalia, Gräfin von Keyserlingk via akg-images
Abb. 2: Anton Graff, Leipzig, Sammlungen der Universität via akg-images
Abb. 3: Public domain, via Wikimedia Commons. https://commons.wikimedia.org/wiki/File:Berlinische_Monatsschrift.jpg
Abb. 4: Friedrich Heinrich Bils, Public domain, via Wikimedia Commons. https://commons.wikimedia.org/wiki/File:Kant_wohnhaus_2.jpg
Abb. 5: Maurice Quentin de La Tour, Public domain, via Wikimedia Commons. https://commons.wikimedia.org/wiki/File:Jean-Jacques_Rousseau_(painted_portrait).jpg
Abb. 6: Jean-Pierre Houël, Public domain, via Wikimedia Commons. https://commons.wikimedia.org/wiki/File:Prise_de_la_Bastille.jpg
Abb. 7: Jean-Jacques-François Le Barbier, Public domain, via Wikimedia Commons. https://commons.wikimedia.org/wiki/File:Declaration_of_the_Rights_of_Man_and_of_the_Citizen_in_1789.jpg
Abb. 8: Johann Georg Ringlin nach Zeichnung von Friedrich Bernhard Werner via akg-images
Abb. 9: Antoine Pesne, Public domain, via Wikimedia Commons. https://commons.wikimedia.org/wiki/File:Friedrich_II._(Pesne).jpg
Abb. 10: Johann Gottlieb Becker, Marbach, Schiller-Nationalmuseum via akg-images
Abb. 11: Gottlieb Doebler Duisburg, Museum Stadt Königsberg via akg-images
Abb. 12: Public domain, via Wikimedia Commons. https://commons.wikimedia.org/wiki/File:Canard_pr%C3%A9sum%C3%A9_de_Vaucanson_2.jpg
Abb. 13: Science Photo Library / akg-images
Abb. 14: Allan Ramsay, Public domain, via Wikimedia Commons. https://commons.wikimedia.org/wiki/File:Painting_of_David_Hume.jpg
Abb. 15: akg-images
Abb. 16: Pascha Johann Friedrich Weitsch, CC BY-SA 4.0, via Wikimedia Commons. https://commons.wikimedia.org/wiki/File:Marcus_Herz_portrait.JPG
Abb. 17: Emil Doerstling, Public domain, via Wikimedia Commons. https://commons.wikimedia.org/wiki/File:Kant_doerstling2.jpg
Abb. 18: Friedrich Hagemann, Public domain, via Wikimedia Commons. https://commons.wikimedia.org/wiki/File:Hagemann-Kant.png
Abb. 19: Andreas Knorre, Public domain, via Wikimedia Commons. https://commons.wikimedia.org/wiki/File:Kant_totenmaske_2.jpg

Personenregister

Das Register erfasst die im Haupttext genannten Personen.